郑州市地方志"一体两翼"工程

The "One Body Two Wings" Project of Zhengzhou's Local Chronicles

郑州地情报告

2023

郑 州 市 地 方 史 志 编 纂 委 员 会　主办

中共郑州市委党史和地方史志研究室　编著

中国水利水电出版社
www.waterpub.com.cn

·北京·

图书在版编目（CIP）数据

郑州地情报告. 2023 / 中共郑州市委党史和地方史志研究室编著. -- 北京 ：中国水利水电出版社，2023.12
ISBN 978-7-5226-2145-6

Ⅰ．①郑… Ⅱ．①中… Ⅲ．①郑州－概况－2023
Ⅳ．①K926.11

中国国家版本馆CIP数据核字(2023)第254021号

选题策划：马爱梅　宋建娜　李慧君

责任编辑：李慧君

书　　　名	**郑州地情报告（2023）** ZHENGZHOU DIQING BAOGAO（2023）
作　　　者	中共郑州市委党史和地方史志研究室　编著
出 版 发 行	中国水利水电出版社 （北京市海淀区玉渊潭南路1号D座　100038） 网址：www.waterpub.com.cn E-mail：sales@mwr.gov.cn 电话：（010）68545888（营销中心）
经　　　售	北京科水图书销售有限公司 电话：（010）68545874、63202643 全国各地新华书店和相关出版物销售网点
排　　　版	中国水利水电出版社微机排版中心
印　　　刷	北京印匠彩色印刷有限公司
规　　　格	167mm×237mm　16开本　27.25印张　405千字
版　　　次	2023年12月第1版　2023年12月第1次印刷
定　　　价	**98.00**元

凡购买我社图书，如有缺页、倒页、脱页的，本社营销中心负责调换

《郑州地情报告（2023）》编委会

田守文　　张文博　　刘迎晨　　马　飞　　张丝雨　　李伟峰
雍　超　　吴　超　　夏重阳　　付　强　　赵振浩　　党英豪
李伟涛　　王俊毅　　杨俊超　　宁　宁　　辛中美　　乔黎涛
涂卓吾

编 纂 说 明

一、《郑州地情报告》以马克思列宁主义、毛泽东思想、邓小平理论、"三个代表"重要思想、科学发展观、习近平新时代中国特色社会主义思想为指导，认真学习贯彻落实党的十九大和历次全会精神，坚持辩证唯物主义和历史唯物主义立场、观点和方法，继承和发扬我国优秀文化传统，提高地方志资源开发利用水平，充分发挥存史资政育人的功能作用，积极服务郑州市国家中心城市现代化建设大局，客观翔实地记述郑州市在经济建设、政治建设、文化建设、社会建设、生态文明建设方面的发展状况，力求达到思想性、资料性、科学性的统一。

二、《郑州地情报告》由郑州市地方史志编纂委员会主办，中共郑州市委党史和地方史志研究室编著。该报告依据地方志资料年报制度要求，充分反映郑州国家中心城市现代化建设的工作实践，是系统记述本行政区域政治、经济、文化、社会和生态等方面情况的年度资料性文献，为机关、企事业单位等组织及外来投资者和社会各界人士了解郑州、研究郑州、建设郑州提供丰富翔实的地情资料。

三、《郑州地情报告》以出版年号为卷次名称，自2018年创刊以来，每年出版一卷。

四、《郑州地情报告》总体结构划分为三部分：第一部分为总报告。第二部分为专题报告，收录各开发区、区县（市），部分市委部委、市直机关、人民团体的年度工作报告，突出展示各方面重点、亮点工作成效。

第三部分为调研报告，收录部分开发区、区县（市），市委部委、市直机关、人民团体的专题调研报告，对一些全局性、典型性课题进行深入调查研究。

五、《郑州地情报告》所辑录的内容由各开发区、区县（市），市直各部、委、办、局等单位组织提供，均经各供稿单位审核。

六、《郑州地情报告》在组稿、编撰、印刷、发行过程中得到各有关部门和领导的大力支持，撰写人员付出了艰辛努力，在此一并谢忱。本卷《郑州地情报告》中的疏漏和错误之处，敬请专家和读者批评指正。

中共郑州市委党史和地方史志研究室
2023 年 7 月

I 总报告

II 专题报告

目录

Ⅲ 调研报告

Ⅰ

总报告

政府工作报告

——2023年1月4日在郑州市第十六届 人民代表大会第一次会议上

郑州市人民政府代市长　何　雄

一、2022年及本届政府工作回顾

刚刚过去的2022年，极不平凡、极为艰难、极其难忘。党的二十大擘画了全面建设社会主义现代化国家、以中国式现代化全面推进中华民族伟大复兴的宏伟蓝图，为我们加快现代化建设指明了方向。百年变局和世纪疫情交织叠加，需求收缩、供给冲击、预期转弱"三重压力"更加凸显。

一年来，我们在省委、省政府和市委坚强领导下，坚持以习近平新时代中国特色社会主义思想为指导，全面落实习近平总书记视察河南及郑州重要讲话、重要指示，紧紧围绕迎接党的二十大暨宣传贯彻二十大精神这条主线，认真落实"疫情要防住、经济要稳住、发展要安全"重大要求，以"当好国家队、提升国际化、引领现代化河南建设"为总目标，锚定"两个确保"，开展"三标"活动，推进"十大战略"，加快"四高地、一枢纽、一重地、一中心"和郑州都市圈建设，稳中求进、难中求成，牢牢把控高质量发展主动权。一季度全市经济实现平稳开局，上半年完成生产总值 6740 亿元、增长 2.5%，在全国生产总值 20 强城市中排名第 14 位，较 2021 年前移 2 个位次；三季度以来，创新开展问题楼盘化解和安置房建设攻坚行动，全力以赴稳市场、稳预期、稳民生，经济企稳回升态势明显，但 10—11 月疫情持续时间长、冲击大，影响了三季度以来回暖向好态势。初步测算，2022 年全市生产总值增长 2% 左右，规模以上工业增加值增长 3.5%，固定资产投资下降 4%，社会消费品零售总额下降 4%，进出口总额增长 0.3%，实际吸收外资增长 323%，居民消费价格涨幅控制在 3% 以内。重点抓了以下工作。

（一）精准施策稳增长，全力稳住经济大盘。持续打好稳住经济大盘"组合拳"，带动经济稳中向好、稳中提质。把服务市场主体放在首位。落实国家和省稳经济一揽子政策及接续措施，出台 8 方面 45 条举措和 24 方面 109 条措施，依托"万人助万企"活动推进政策进企业、进园区、进集群；建立"郑惠企"政策服务平台，上线政策 1110 条，实现惠企政策"应上尽上""应享尽享""免申即享"，累计兑付资金 59 亿元；留抵退税 380 亿元，阶段性缓交水、电、气费用近亿元，减免中小微企业和个体工商户租金 2 亿元以上，降缓返补社保费 32 亿元。抓好双线嵌合机制，6263 家企业（项目）纳入"四保"白名单，应急状态下重点企业不停产、重大项目不停工。把重大项目建设作为重要支撑。高位推进稳经济重点项目集中攻坚行动，406 个"三个一批"项目投资 1140 亿元，省市重点项目投资 4670 亿元，补短板"982"工程项目投资 2395 亿元，综合考核位居全省前列。金融工具项目通过国家审核 25 个，已签约落地 5 个，投放资金 77.5 亿元；中长期贷款项目通过国家审核 544 个，签约 77 个，投放资金 49.62 亿元；贷款财政贴息项目通过国家审核 55 个，申报资金 36.8 亿元；专项债券项目通过国家审核 681 个，已发行 343.28 亿元。73 个小微企业园入园企业 7224 家。7 个高速公路项目、19 个道路快速化工程项目加快推进，中原大数据中心等 84 个新基建项目有序实施。把提振消费信心作为重要抓手。深化推进国际消费中心城市"九大工程"建设，抓牢德化步行街改造提升等一批重点项目，加快打造网红打卡地和特色消费地标。持续稳定汽车、家电、家居等大宗消费，新能源汽车新增9.4万辆、增长23.3%。开展"醉美·夜郑州"、金秋促消费系列活动，发放7.3亿元消费券带动消费300多亿元。创新落实金融支持房地产市场平稳健康发展16条政策，实施个人房贷延期展期、建立头部企业白名单、人才八折购房、组织团购房、降低个税契税、推动都市圈公积金互认互贷等措施，提振房地产市场信心。

（二）高端引领助转型，做强产业发展引擎。聚焦加快打造国家先进制造业高地，推动产业发展聚链成圈，高质量发展支撑更加厚实。制造业发展稳中向好。"1566"现代产业体系、"153N"战略性新兴产业体系加快构建，战略性新兴产业增加值增长12.3%，六大主导产业增加值增长4.6%。新增"四上"企业1237家，签约亿元以上制造业项目195个、签约额2133.2亿元，比亚迪新能源汽车等一大批龙头型项目落地建设，上汽发动机等220个项目竣工投产，富泰华5G智能手机精密机构件等548个重大技改项目加快实施，工业投资增长35.3%，占固定资产投资的18.2%，工业技改投资增长35.4%，占工业投资的40.3%。数字化转型深入推进。国家工业互联网平台应用中心加快建设，培育省级智能工厂（车间）30家、新增上云企业超1万家。成功创建国家区块链发展先导区，3个项目获评国家网络安全技术应用试点示范。郑州数据交易中心揭牌运营，数字经济增加值占生产总值的41.4%，占全省数字产业的比重达到51.7%。全省率先开建元宇宙产业园，编制完成《元宇宙产业发展行动方案》，46家企业签约落地。以人工智能、软件和信息技术服务、IT设备制造为主体的数据中心关联产业正在加快形成。居数字经济城市发展百强榜第14位。现代服务业提质增效。金融业增加值占生产总值的11.1%，金融机构本外币存贷款余额分别增长7.8%、7.2%；新增上市公司6家，在审及过会10家；郑商所成交量居国内同类交易所首位，普惠科创平台"郑好融"正式上线运行。中国特种物流总部、中国国际速递总部落户郑州，A级以上物流企业突破150家，3家企业入选全国冷链物流百强，中钢网入选中国互联网综合实力前百家企业。出台会展业促进条例，成为中部地区首个会展业立法城市。优化升级商品市场10家，打造千亿级商品市场集群5个，交易额突破5000亿元。"山·

河·祖·国"宣传登陆央视国际频道,"行走郑州·读懂最早中国"叫响全国;谋划推进博物馆群和中华文明主题乐园建设,全力打造中华文明全景式集中展示地。都市农业加快发展。新建高标准农田 4.57 万亩、高标准"菜篮子"示范基地 2000 亩;新建省级现代农业产业园 2 个、新增省级以上农业龙头企业 6 家,国家级农业产业强镇达到 4 个。创建全国休闲农业与乡村旅游星级示范企业 16 家,省级乡村旅游特色村 14 个、创客示范基地 2 个、特色生态旅游示范镇 5 个。

(三)换道领跑强创新,全面增创发展动能。中原科技城建设提质提速。优化提升 260 平方公里总体规划,与河南省科学院重建重振、国家技术转移郑州中心加速融合。持续推动北理工郑州智能科技研究院等科研平台和鲲鹏软件小镇、海康威视等项目建设;引进中航建设集团华中总部、京东科技中原总部等高质量项目 156 个,落地华为中原区域总部等项目 95 个。强力打造创新平台。龙湖现代免疫、天健先进生物医学等省实验室加快建设,超短超强激光平台、智能传感器关键技术公共服务平台稳步推进,新组建 140 个工程技术研究中心和 46 个重点实验室,国家级研发平台达到 55 家。加快培育创新主体。超聚变数字、致欧家居实现全省独角兽企业零突破。新增高新技术企业超过 1000 家、入库备案国家科技型中小企业 8000 家,分别占全省的 48%、37%,新增市级科技型企业 1912 家,总数达到 1.18 万家。在国家级科技企业孵化器考核评价中 15 家获评优秀,优秀率 65.2%,首次居全国第一;优秀总量达到 23 家,居全国第 7 位。持续优化创新生态。中原龙子湖智慧岛标准化、实体化、市场化建设运营模式全省复制推广,聚集双创载体 32 家、私募投资基金机构 247 家、大数据企业超 200 家。全社会研发投入 310.4 亿元、增长 12.2%,研发投入强度达到 2.45%,规模以上工业企业研发活动覆盖率超过 60%。加快建设国家人才高地。持续实施郑州人才工程,创新人才服务"四个一"模式,高质量筹办招才引智大会专场活动,引进培养高层次人才 110 名。实施青年人才新政 10 条,投用人才公寓 15 万套,集聚青年人才 21.4 万人;"人人持证、技能河南"建设强力推进,新增技能人才 57.68 万人、高技能人才 20.13 万人。

（四）改革开放聚合力，持续激发活力潜能。深化改革方面。"放管服效"改革持续推进。上线"一件事"405项、政务服务事项"免证办"304项、"即来即办"1028项、"3个工作日内办结"504项；企业开办时间压缩至0.5个工作日，工程建设项目最长审批时间压缩至41个工作日，"清单制＋告知承诺"试点实施，企业抵押登记"秒办"；2035项政务服务事项集中进驻审批大厅，加速实现"大厅之外无审批"；高频事项、便民应用达到2614项，"郑好办"综合指标排名全国第7位。国企改革三年行动圆满收官。市管企业公司制改制全面完成，城市发展等8家集团顺利组建，建立了市场化选聘、契约化管理、差别化薪酬等机制，中原环保、数智集团等企业开展市场化选聘职业经理人试点。市属国有企业资产总额达到2.1万亿元、增长14.7％。开发区改革强力推进。按照"整合、扩区、调规、改制"总要求，将全市26家开发区整合为17家，建立"六个一"推进机制，完善高质量发展考核评价办法。完成"三区三线"划定，城镇开发边界增加400多平方公里，产业用地增加近200平方公里，高新区、经开区在全国同类开发区中综合排名居第18位、第22位。事业单位、政府基金、农村金融、五水综改等领域改革稳步推进。扩大开放方面。充分发挥国家物流空港、陆港双枢纽优势，深度融入共建"一带一路"，全力打造国家开放高地，进出口总额完成5911亿元，继续稳居中部城市第一。制度型开放水平快速提升。高标准建设自贸区2.0版，推进自贸区、自创区"双自"联动；加快申建中国（河南）自由贸易试验区郑州开放创新联动区，探索建设RCEP合作示范区。国际贸易"单一窗口"全覆盖，郑州新郑综合保税区稳居全国第一方阵；"7×24"小时通关机制、"提前申报"通关模式全面实施，通关效率全国领先。"四条丝路"协同发力。持续实施郑州—卢森堡"双枢纽"战略，成功举办"空中丝绸之路"国际合作论坛。郑州机场北货运区运营，水果、冰鲜水产品等海关指定监管场地同步运行。郑州航空邮件处理中心项目前期加快推进。新开通洲际货运航线9条，全货机航线达到48条，货邮吞吐量53.5万吨，连续三年跻身全球货运机场40强。中欧班列集结中心加快建设，上街片区海铁联运首发开行，中欧班列（中豫号）开行 1572 班。跨境电商交易额 1180 亿元，全国首个跨境电商零售进口药品试点成功运营。招商引资成效显著。围绕主导产业完善产业链图谱和招商路线图，深化驻外办事（联络）处改革，常态化开展京津冀、长三角、粤港澳大湾区等重点区域招商；建立港资、台资、日韩、世界 500 强企业四个利用外资专班和重大外资项目工作专班，实际吸收外资 11 亿美元。

（五）统筹城乡促融合，稳步提升城市品质。郑州都市圈扩容提质。配合河南省做好《郑州都市圈发展规划》编制。郑开、郑港融合发展 25 项重点工程加快建设。机许市域铁路通车试运行，郑开兰城际高速延长线等重点项目加快实施，国道 107 高架快速道全面开工，连霍高速迎宾路站等新建工程建成投用。以都市圈内户口通迁和居住证互认为突破口，推动公共服务互利共惠、优质资源共建共享、政务服务联通互认、社会保障并轨衔接。高品质城市建设持续推进。高新产城、二七广场等 32 个城市更新项目加快推进，粮二库片区等 98 个城市更新项目谋划实施。轨道交通 6 号线一期首通段、城郊线二期开通运营，6 条在建项目加快建设；下穿二七广场隧道、北三环彩虹桥主体工程、环城货运通道等重大项目大头落地。郑州航空港站、郑济高铁郑州段投入运营，郑州南站枢纽项目持续推进。打通"断头路"50 条，新增公共停车泊位 5 万多个、共享停车泊位 7.58 万个。以"一体化、一张网"改革为抓手，新建改造供水管网 152.5 公里、热力管网 83.95 公里、燃气管网 298.55 公里，南水北调工程向市域供水 7.02 亿立方米；开展城镇燃气安全整治百日行动，排查供用气场所 3.26 万处，整治隐患近 8000 个，为 80 万户居民家庭加装燃气安全装置。新建绿地 771 万平方米、生态廊道 8 条，建成综合公园 24 个、公园游园 60 个。全面实施精细化管理"1+1+6"方案，入地改造架空通信线缆 150 公里、治理窨井盖 9.5 万座、拆除违法建设 206 万平方米、整治施工围挡 126 万平方米，生活垃圾分类覆盖率 98%。美丽乡村建设稳步推进。实施产业帮扶项目 133 个，全市行政村集体经济经营性收入全部突破 10 万元。人居环境集中整治扎实开展，新改建无害化厕所 1.6 万户、农村公路 240 公里，建成美丽乡村精品村 50 个、示范村 80 个、旅游精品线路 7 条。

（六）树牢"两山"理念，推动绿色低碳发展。深入推进黄河战略核心示范区总体规划和起步区建设方案，沿黄生态廊道建成开放，完成国土绿化及灾后恢复重建 2.38 万亩，抚育中幼林 3.21 万亩。黄河"清四乱"专项行动持续开展，黄河干流水质断面稳定达标。污染防治攻坚战成效显著。突出精准治污、科学治污、依法治污，空气优良天数达到 223 天，10 个国、省控断面全部达标，7 个城市集中式饮用水源地、14 个县级饮用水水源地取水水质达标率均为 100%，受污染耕地安全利用率 100%，重点建设用地安全利用得到有效保障。中央环保督查反馈问题全部整改到位并落实长效机制。"双碳"工作扎实推进。编制碳达峰行动方案及"碳中和城市"建设规划，汽车加氢站管理暂行办法发布实施，建成加氢站 12 座、推广氢燃料电池汽车 617 辆，超额完成省定任务，签约中广核等 8 个项目，总投资约 210 亿元；能源消费强度和总量"双控"持续推进，建成区重污染企业全部搬迁，新能源渣土车、网约车占比增大，新增及更新的公交车、出租车全部为新能源车。

（七）标本兼治强韧性，筑牢城市安全防线。高质量推进灾后重建。对照国务院调查报告指出的六个方面教训问题逐项整改，对标国家批复的灾后恢复重建总体规划实施"1＋15＋15"方案，3499 个灾后重建和能力提升项目开工 3451 个、完工 3320 个、完成投资 610 亿元。"一库一案"整治中小型水库 27 座，郭家咀水库等加固工程、金水河 4 个防洪卡口改造完成，"一点一策"整治城区积水点 163 处，防洪排涝修复工程加快推进，4.6 万受灾农户全部住上安全放心房。出台防汛应急预案，扁平化实体化实战化工作架构加快形成，新建地震应急避难场所 74 处、防汛紧急避险点 2889 处、市级应急救援保障仓库 1 座，组建整合应急救援队伍 7.1 万人，构建安全劝导、灾害信息、应急管理网络体系 17.6 万人。扎实开展防汛备汛，确保度汛安全和黄河安澜。高标准组织城市防洪排涝综合应急演练全国视频直播。高效统筹疫情防控。新冠疫情发生三年来，我们在党中央坚强领导下，在国务院联防联控机制工作组指导下，省市联动、扁平指挥，全市人民积极配合、无私奉献，各级各部门特别是街道社区基层干部、医务工作者、公安干警以及社会各界人士不畏艰辛、勇毅坚守，有的同志献出了宝贵生命。在此，向全市广大人民群众的拼搏奉献、辛勤付出致以崇高敬意！三年来，我们优化医疗资源布局、提升救治能力，关注重点人群健康监测，完善分级诊疗机制，畅通企业保供绿色通道，强化基层防疫网格力量，疫苗接种覆盖1217.1万人，60岁以上老人接种率91.01%；改造6家医疗机构为定点救治医院，构建"6＋N"应急医疗观察救治体系，尽最大努力保障了人民群众的身体健康和生命安全。强力推进保交楼和安置房建设。全国首创保交楼"4＋1"模式，落实支持资金300多亿元，保交楼项目实质性复工95%以上。列入省问题楼盘台账的"办证难""配套设施不完善"两类项目全部化解。新建成安置房2565万平方米、回迁安置群众15.3万人。有效化解各类风险隐患。存量金融风险三年出清任务全面落实，清理P2P机构25家、存量业务化解率98%。开展欠薪攻坚治理，追讨薪资3.48亿元。推进市域社会治理一体化，依托"一村（格）一警一民调一连"机制，探索公安、网信、宣传"3＋N"舆情引导处置等模式，常态化排查化解矛盾纠纷2.1万起。扎实推进安全生产。安全生产专项整治三年行动圆满收官，实现事故起数、死亡人数、受伤人数"三下降"。

（八）保障民生增福祉，提升群众幸福感。省、市重点民生实事超额完成。新增城镇就业13.3万人、农村劳动力转移就业4万人、稳岗267万人，城镇登记失业率2.58%。新投用公办幼儿园76所，市区新建中小学校24所、投用22所，投用高中9所。普通高中"双新"改革经验全国推广。高水平举办第九届中国博物馆及相关产品与技术博览会、黄帝故里拜祖大典等重大活动，郑州商都遗址博物院、郑州市文物考古研究院考古博物馆建成开放。河南省（郑州）儿童医院成为国家儿童区域医疗中心试点建设首批示范标杆。4个省级区域中医专科诊疗中心通过验收，乡镇卫生院、社区卫生服务中心服务能力100%达到国家标准，婴幼儿照护服务全国示范城市通过省级公示。职工医保门诊共济保障机制落地实施，受惠群众178.16万人次。新建更新社区健身活动中心20个，落实公共体育设施选址226块，更新健身路径300条、建设智能驿站40

个，郑州国际少林武术节入选中国体育旅游精品赛事。养老服务"五个一"建设加快推进，建成街道养老服务中心111个、社区日间照料中心1019个、特困供养机构12个、家庭养老床位6050张，全市161.7万老人全部入网智慧养老健康服务平台，获评国家级示范性老年友好型社区9个。稳步提高最低工资标准，继续上调退休人员养老金，发放高校毕业生生活补贴5.09亿元、老年人高龄津贴2.89亿元、残疾人"两项补贴"（困难残疾人生活补贴和重度残疾人护理补贴）9162万元、特殊困难群众救助金5亿元。棚户区改造新开工7791套、建成39223套、交付15503套，实物分配公租房10492套、人才公寓1110套，既有住宅加装电梯213部。建成一级农产品交易市场1个、二级农产品分拨中心4个，建设提升农贸市场20家、"微菜场"200家。

加强国防动员和后备力量、人民防空建设，深化全民国防教育，持续强化退役军人服务保障，双拥氛围更加浓厚。工会、共青团、妇女儿童、红十字、慈善、残疾人保障等事业健康发展。统计、外事、侨务、对台、参事、史志、文史、气象、地震、民族宗教、社科研究等工作取得新成效。

我们严守政治纪律、政治规矩，严格落实"三重一大"制度，坚持重大事项向市委报告，自觉接受人大及其常委会监督，自觉接受政协民主监督，自觉接受社会监督和舆论监督，认真办理人大代表建议和政协委员提案。党史学习教育扎实开展，"能力作风建设年"活动深入开展，重点工作跟踪审计常态化，政府自身建设水平和治理能力持续提升。

2018年以来，我们既经历了决战"三大"攻坚、决胜全面小康、迎接建党百年等历史性伟大时刻，也经受了史所罕见的"7·20"特大暴雨灾害侵袭、三年十多轮新冠疫情冲击等大战大考。面对严峻考验和艰巨任务，全市上下踔厉奋发、主动作为、应变克难，办成了一批打基础、管长远、蓄势能的大事要事，产业转型、创新驱动、城市品质、对外开放、民生福祉全面进步，综合实力一年一个新台阶，郑州高质量发展迈上了提质进位新征程、站在了蓄势赶超新起点！

——国家中心城市现代化建设迈出重大步伐。2018年以来，生产总值年均增长 4.8%，省会城市经济首位度提升至 21.6%，建成区面积突破 1300 平方公里、城镇化率达到 79.1%，常住总人口增加到 1274.2 万人，规模以上工业增加值增速保持"两个高于"，省市重点项目每年投资近 5000 亿元；市场主体超过 180 万户，居全国省会城市第 8 位。跻身中国城市综合竞争力 20 强、荣膺全球营商环境友好城市 100 强，第十一届全国民族运动会、第 29 届中国金鸡百花电影节等重大赛会成功举办，"国际郑"加快成为高质量发展区域增长极。

——先进制造业高地建设取得重大突破。主导产业占规模以上工业增加值比重提高到 83%，战略性新兴产业占比提高到 50.9%，高技术产业增加值占比提升至 36.4%。电子信息产业规模近 6000 亿元，智能传感器、网络安全、新一代人工智能、生物医药、节能环保、新材料等一批新兴产业集群聚链成圈。5G 网络规模居全国第一方阵，国家级互联网骨干直联点总带宽全国第 9 位。获批"中国制造 2025"试点示范城市、国家产融合作试点城市、国家燃料电池汽车示范应用城市群。

——创新高地和人才高地建设取得重大进展。国家超算郑州中心建成投用，国家新一代人工智能创新发展试验区获批建设。中原科技城、中原龙子湖智慧岛等科研功能平台投入运营，研发平台达到 4620 家、增长 63.8%。引进大院名所及院士团队在郑设立新型研发机构 14 家；引育高层次人才 1802 名、汇聚顶尖人才 91 名、建立院士工作站 27 个，科研人员突破 10 万人。建成科技孵化载体 297 家、在孵企业 1.5 万家；近三年高新技术企业数量、研发投入强度、技术合同成交额增速居国家中心城市首位。

——开放高地建设实现重大提升。郑州机场货运量年均增长 21%，中欧班列（中豫号）累计开行超过 6000 班；"网上丝绸之路"近年来保持 20% 以上增长，跨境电商"1210 监管模式"全国推广；依托铁海、公海联运建成内陆"无水港"。全国率先建成"米"字形高铁网，入选首批国家综合货运枢纽补链强链城市，获批全国第 4 个邮政国际枢纽口岸，成为内陆地区口岸数量最多、种类最全的城市，进出口总额稳居中部第一。

——生态文明建设取得重大成效。建成区绿化覆盖率提高到41.6%，建成各类公园游园1200个，人均公园绿地面积15.3平方米，成为长江以北唯一获评"国家生态园林城市"的省会城市。跻身国家区域再生水试点城市，国家土壤污染防治先行区、地下水污染防治试验区"双区"建设城市；深层地下水位回升幅度居全省第一，居全国37个重点监测城市前列；$PM_{2.5}$、PM_{10}等指标大幅改善，空气质量综合指数连续三年稳定退出全国后20位；能源结构更优、产业结构更强、交通运输结构更低碳，生态绿色成为郑州高质量发展的鲜明底色。

——民生社会事业实现重大跃升。民生支出占一般公共预算支出保持在80%左右。提前一年打赢高质量脱贫攻坚战，181个贫困村、9.6万贫困人口全部脱贫摘帽，历史性消除绝对贫困。学前教育入园率、普惠率达到95%、84.8%，组建教育集团111个。15分钟便民医疗圈全面建成，每千人拥有卫生机构床位数增加到8.61张，设置养老床位近6万张。90%以上的市民喝上丹江水，市区燃气普及率达96%，建成区集中供热率达85%。

变化有目共睹，成就凝聚艰辛。这些成绩的取得，根本在于习近平总书记的掌舵领航和党中央的坚强领导，在于习近平新时代中国特色社会主义思想的科学指引，是省委、省政府和市委坚强领导的结果，是市人大、市政协监督支持的结果，是社会各界鼎力帮助的结果，是全市上下顽强拼搏、共同奋斗的结果！在此，我代表市十五届人民政府，向全市各族人民，向各民主党派、工商联、各人民团体及各界人士致以崇高的敬意，向所有关心支持郑州发展的港澳台同胞、海外侨胞和国际友人表示诚挚的感谢！

回顾过去，我们清醒地认识到，经济社会发展和政府工作依然存在一些问题：推动传统产业迭代升级、新兴产业重点培育、未来产业破冰抢滩的力度还需要进一步加强。创新创业氛围需要进一步营造，与青年人才创新创业相配套的制度、城市、金融环境需要进一步优化。城市能级和核心竞争力还需进一步提升，综合交通枢纽地位需要持续巩固，供水供热供气等基础设施建设滞后于城市发展，出行难、停车难、就医难等民生问题解决的还不到位。受"7·20"特大暴雨灾害和多轮疫情叠加影响，企业特别是民营企业、中小微企业生产经营困难；安置房、问题楼盘、金融等领域潜在风险亟待持续化解。一些领域的不正之风、腐败问题依然存在，政府职能转变、营商环境优化任重道远。对此，我们将直面问题挑战，竭尽全力加以解决，决不辜负人民厚望与重托！

二、今后五年及 2023 年工作总体要求和主要目标

今后五年是国家中心城市现代化建设提质进位、迈上新征程的关键时期。我们要牢记"当好国家队、提升国际化、引领现代化河南建设"职责使命，抢抓国家实施"十四五"规划、推动中部地区高质量发展、黄河国家战略等重要机遇期，紧紧抓住高质量发展黄金窗口期，努力推动各项事业迈上更高台阶、实现更大跨越。综合实力持续增强。国家创新高地、人才高地、先进制造业高地、开放高地的地位作用充分显现，国家中心城市的区域辐射力、全国竞争力、全球影响力明显增强，成为中部地区高质量发展的重要支撑和高质量发展区域增长极。综合枢纽优势巩固提升。衔接国际国内的运输网络和物流体系加快形成，空中、陆上、网上、海上"四条丝路"畅通全球，人流、物流、资金流、信息流、技术流高度集聚，郑州成为辐射全国、链接世界、服务全球的国际综合枢纽。产业体系持续优化。凝聚创新人才、集聚重大科技平台、攻克关键核心技术，构建"六个一流"创新生态，推动"五链"深度耦合，把中原科技城建设成为全省创新策源地、国家区域科创中心，以先进制造业为支撑、以现代服务业为主导的产业体系基本形成。城市品质显著提升。强化规划引领、下足绣花功夫、精细化管理城市，努力打造富有现代气息、更加美丽宜居、充满生机活力、人民生活幸福的特色城市。生态环境质量显著改善。以碳达峰、碳中和引领绿色发展，能源消费强度和总量双控制度更加完善，普遍建立资源节约型、环境友好型发展方式，建设天蓝地绿水清的生态园林城市，基本建成人与自然和谐共生的美丽郑州。华夏历史文明传承创新基地中的全国重地加快建设。扩大"行走

郑州·读懂最早中国"品牌影响力，建成黄河历史文化主地标城市，打造中华文化传承创新中心、世界文化旅游胜地、中华文明全景式集中展示地。人民生活更加幸福。优质公共服务均等可及，打造全国重要的区域性教育中心、医疗救治中心，建设儿童友好型城市、老年友好型城市、青年发展友好型标杆城市，人民群众的获得感、幸福感、安全感持续增强。社会治理更加高效。市场化法治化国际化营商环境更加优化，全周期、全领域、全要素覆盖的公共安全体系加快构建，城市本质安全水平更优更高，社会治理体系、治理能力现代化水平居全国前列。经过五年不懈奋斗，教育强市、科技强市、人才强市、文化强市、体育强市、健康城市取得突破性进展，数字强市、创新型城市迈出决定性步伐。

2023 年是全面贯彻落实党的二十大精神开局之年，也是实施"十四五"规划承上启下的关键之年，政府工作的总体要求是：以习近平新时代中国特色社会主义思想为指导，全面贯彻党的二十大和中央经济工作会议精神，落实省委十一届四次全会、省委经济工作会议和市委十二届三次全会、市委经济工作会议部署，坚持稳中求进工作总基调，完整、准确、全面贯彻新发展理念，以"当好国家队、提升国际化、引领现代化河南建设"为总目标，全面开展"三标"活动、深入推进"十大战略"行动，加快"四高地、一枢纽、一重地、一中心"和郑州都市圈建设，更好统筹疫情防控和经济社会发展，更好统筹发展和安全，以风雨兼程的精神状态和一往无前的奋斗姿态，奋力推动经济发展全面提速提质，在全省高质量发展中挑大梁、在国家中心城市建设中起高峰，奋力谱写中原更加出彩的郑州篇章。

2023 年主要预期目标是：地区生产总值增长 7%，规模以上工业增加值增长 8% 以上，固定资产投资增长 15%，社会消费品零售总额增长12%，一般公共预算收入增长 3% 以上，研究与试验发展经费投入强度突破 2.6%，进出口总额保持正增长，居民收入增长与经济增长同步，居民消费价格涨幅控制在 3% 以内，节能减排、降碳指标完成国家及省定目标。

实现上述目标任务，我们必须保持战略定力，聚焦国家中心城市现代化建设之重之难之要，切实做到"五个坚定不移"。一是坚定不移把制造业高质量发展作为主攻方向，落实"三个转变"重大要求，构筑全链条先进制造业体系，实施质量强市战略，在增强制造业技术创新能力中蓄势赋能，在推动制造业和服务业融合中创造优势，在提升制造业开放水平中打开空间。二是坚定不移把创新作为引领发展第一动力，把创新摆在发展的逻辑起点、现代化建设的核心位置，坚定走好创新驱动高质量发展路子，在高质量发展中赢得竞争新优势。三是坚定不移巩固提升枢纽优势，加快形成陆、海、空协同联动发展格局，加快打造具有国际影响力的枢纽经济先行区。四是坚定不移打造市场化法治化国际化营商环境，切实落实"两个毫不动摇"，全面实施市场准入负面清单制度，系统性重塑行政审批制度，打造"六最"营商环境。五是坚定不移提升城市能级和品质，持续优化城市功能布局，完善城市基础设施，提升城市本质安全水平和精细化管理水平，让城市更加宜居宜业宜乐宜游。

三、2023 年重点工作安排

围绕年度经济社会发展目标，持续抓好以下重点工作。

（一）持续稳定经济运行。夯实"稳"的基础、激发"进"的动能，牢牢稳住经济大盘。强化投资关键作用。抓好 1000 个省市重点项目、年度完成投资 5000 亿元以上，产业项目投资占比提高到 48％以上，力争签约"三个一批"项目 120 个以上。聚焦专项债券和政策性、开发性金融工具，储备省重点项目 300 个，超 10 亿元项目占比 50％以上。高新产业园区 REITs 项目 6 月底前成功上市，航空港产业园区 REITs 项目等进入国家项目库。加快释放消费潜力。充分发挥市场广阔优势，充分释放内需潜能，以实施"九大工程"为牵引，加快建设独具特色的国际消费中心城市。落实我市支持房地产市场平稳健康发展 12 条政策措施，适度调整限购区域、支持团购在售商品住房、确保新市民都市圈居民购房同等待遇、推进租购并举、降低购房信贷负担、落实认房不认贷等措施，开展人才八折购房、新市民购房等活动，解决好青年人才、新市民等群体住房问题，稳定促进住房消费。落实免征新能源汽车购置税、放宽二手车迁入限制等政策，用好省市汽车消费券，稳定和扩大汽车消费；加密公交场站、城市快速路、四环沿线、地铁站点及公园等公用充电设施布局。开展新一轮新能源汽车、绿色智能家电、绿色建材下乡活动，推动大宗消费品以旧换新。扩容民宿、露营等"微度假"业态，推动夜间经济产业化、专业化、品质化。支持跨境直播、保税仓直播等"直播电商＋跨境贸易"，发展"网红经济""品牌经济""首店经济"，促进定制、体验、智能、时尚等新型消费。加快线上线下消费融合，培育壮大"智慧＋"消费。引导有条件的大型商圈、商业综合体业态升级，年底前完成德化步行街改造提升，争创"全国示范步行街"。持续办好"醉美·夜郑州"消费季系列活动，加快恢复消费市场活力。精准服务市场主体。深化"免申即享"工作，扩大政策清单范围，开展"送政策进园区进企业"活动，确保政策精准实施、直达快享。实施支持民营经济高质量发展转型升级助推、质量品牌争创、资源要素保障等七大行动，完善企业全生命周期服务链条，健全司法执法对民营企业的平等保护机制，引导广大民营企业增强预期、提振信心，聚焦实业、深耕主业。更新完善稳经济政策"工具箱"，力争新增市场主体 20 万户、总量突破 200 万户，培育"三高"企业 4000 家以上。扎实推进"万人助万企"活动，常态化开展"四项对接"，培训企业家 1000 名以上。全面落实各级各类惠企政策，让国企敢干、民企敢闯、外企敢投，迸发实体经济发展活力。强化金融支持实体经济发展。组织企业申报设备更新改造专项再贷款，融资担保支农支小业务占比 80％以上。引导金融机构通过"郑好融"平台加大对中小微企业支持力度，推进企业债券发行突破 100 亿元，信易贷入驻企业 5 万家、获贷 400 亿元；支持郑州商品交易所优势再造，壮大"期货＋现货"规模，打造全球有影响力的期货定价中心、期货价格避险中心和期货机构集聚中心。支持宇通集团并购引进汽车金融公司，推进市属投资平台公司基金板块整合，推动基金峰会已签约 12 个基金项目落地。

（二）持续完善现代化产业体系。实体经济是根本，产业发展是关键。我们要持续做强主导产业、做大新兴产业、做优传统产业、做实特色产业，全力拼经济抓产业。综合评价"亩均论英雄"企业9000家，新建小微企业园100个、投入运营60个以上，入园企业1万家以上。加快建设先进制造业高地。推进900个工业项目，构建"龙头企业＋产业链配套"产业集群生态；工业投资增长20％以上、技改投资增长50％以上，新增超百亿工业企业1~2家，新增入规工业企业300家、省级以上"专精特新"企业300家以上。培育壮大新兴产业。抓好兴港新能源产业园、三一新能源智能汽车制造等重大项目，推动汽车产能尽快达到300万辆，其中新能源汽车200万辆，本地配套率40％以上。瞄准打造万亿级电子信息产业集群，推进"芯、屏、网、端、器、用"全链条联动发展，支持鸿富锦、超聚变等龙头企业集群式链条式发展，推进惠科、龙芯中科、新型存储器等重大项目建设。筹建世界培育钻石推广（交易）中心。前瞻布局未来产业。加快燃料电池汽车应用示范城市群建设，规划建设加氢站200座以上，推广氢燃料电池汽车690辆以上。推进国家新一代人工智能创新发展试验区建设，打造20个深度应用场景和高水平人工智能应用解决方案。加快国家区块链发展先导区建设，完善区块链产业园及公共技术服务平台，推动全国区块链百强企业入驻。谋划创建国家元宇宙产业发展先导区，筹办中国元宇宙产业发展论坛，签约落地一批元宇宙产业项目。提质发展传统产业。推进建筑机械、电力设备、金属制品、阀门等传统装备领域智能化、成套化、绿色化、高端化发展。支持服装、家居、食品、耐材等产业壮大规模，提升品牌价值。支持中铁装备产业园、郑煤机产业园建设，打造国内领先的盾构装备及煤矿综采装备生产基地。推动铝加工向航空、汽车、动车用铝方向发展。推进河南航天智能制造产业园及三全食品航空港工业园、太古可口可乐扩能等项目建设；加快中部铝港产业园、全国重要智能家居研发制造基地建设。大力发展现代服务业。推进国家区域性金融中心建设。实施企业上市五年倍增计划，新增上市挂牌公司10家、股改50家、资本市场融资突破1200亿元。加快陆港型国家物流枢纽建设，新培育A级以上物流企业10家以上，争取新晋国家示范物流园区1个、"豫军"企业10家左右。提升本地建筑企业核心竞争力，新增特级资质企业 3 家、产值增速达到 12% 以上。加快"设计河南"先行区建设，推进"设计郑州"建设和"设计之都"申报，力争新认定省级以上工业设计中心 20 家。加快推进数字化转型。加快算力设施、储存设施建设，大力推进物联网、工业互联网、卫星互联网、千兆光网建设，全力打造中部地区首个城市算力网。力争数字人民币试点城市获批，争创国家级数字化转型促进中心。打造全球"灯塔工厂"，新增省级以上智能工厂（车间）20 家以上，建成国家工业互联网平台应用创新推广中心，实现国家"双跨"工业互联网平台零突破。新增 10 家市级数字经济产业园区、培育 50 家数字经济重点企业，规模以上软件和信息技术服务业达到 450 家，亿元以上软件企业超过 80 家，累计建成软件产业园区及"云上软件园区"10 家以上，力争数字经济突破 6500 亿元。落实支持平台经济规范健康持续发展政策，打造平台经济产业园。筹办 2022 世界传感器大会、2022 中国北斗应用大会、第三届世界数字产业博览会。

（三）持续推进创新驱动发展。科技是第一生产力、人才是第一资源、创新是第一动力。我们将全力打造创新主体多元共生、创新要素多维聚变、创新服务多链融合的一流创新生态，持续培育人才招引优势。稳步推进中原科技城与河南省科学院深度融合。大力引进国家大院名所、科技型头部企业、省内外龙头企业研发机构，推进龙子湖新能源实验室等 10 个重大科创研发项目加快落地，新谋划建设 5 家以上一流大学（科研机构）郑州研究院，力争新引进头部企业 20 个、省内外科技企业及高质量研发团队 30 个以上。优化"双拎"服务体系，打造"拎包"公寓 2000 套。打造高水平科创平台。推动嵩山、黄河等 7 家省实验室和哈工大郑州研究院、北理工郑州智能科技研究院等高能级研发机构创造更多关键性重大科技成果；推进超短超强激光实验装置、智能传感器中试平台大科学装置项目，鼓励规模以上工业企业和驻郑科研院所建设高能级研发平台，新建省级以上创新引领型平台 100 家。培育高水平创新主体。实施研发经费投入补助政策，扶持"双百"企业加速成为瞪羚企业、"隐形冠军"企业、龙头企业，力争新增高新技术企业 1000 家、科技型企业

1500 家，万人高价值发明专利拥有量 8.8 件以上，规模以上工业企业研发活动覆盖率达 70％。营造一流创新生态。聚焦新一代信息技术、高端装备制造、新能源、生物医药等重点领域，组织重大科技创新专项 20 项。优化完善"郑科贷"业务，发挥好天使投资引导母基金作用，健全投、保、贷、补一体化科技金融服务体系，鼓励支持龙子湖智慧岛等全国双创示范基地、双创载体建设。推进临空生物医药产业园等争创国家级孵化器，加快构建"众创空间＋孵化器＋产业园"全链条孵化体系。争创国家科技成果转移转化示范区，建设国家枢纽型技术交易市场，技术合同成交额超过 650 亿元。汇聚高水平创新人才。扎实推进招才引智，引进高端人才 50 名，博士以上优秀青年人才 1500 名，创新创业团队 40 个以上。持续推进百万大学生留郑计划，力争来郑留郑大学生 20 万人。加强技能人才培养，力争新增高技能人才 14.5 万人、技能人才 40 万人。

（四）持续深化改革扩大开放。推进重点领域关键环节改革。深化"放管服效"改革。优化企业开办等 8 项"一件事"，完成涉企不动产登记等 6 项"一件事"，实现"免证办"500 项、跨省通办 100 项，打造 10 分钟政务服务圈。深化国资国企改革。深化 8 家市级企业集团内部管理改革，完善现代企业制度，研究组建建筑企业集团，与郑煤集团形成"9＋1"差异化发展格局。通过资产资本化、证券化、货币化，积极招引头部企业、行业领军企业等战略投资者，鼓励二级公司与优势民营企业混改。以项目为支撑深度参与产业发展、资本投资、基础设施、城市有机更新等重点领域建设，在公共停车、供热、水务、物流等领域打造新的上市企业。支持国企参与新型研发机构建设。推进市场化选聘经营管理团队，推行目标考核制、薪酬激励约束机制。深化开发区改革。全面落实开发区"六个一"机制，推进高新区与荥阳市、经开区与中牟县合作共建区域高质量建设，创建产业转型示范开发区。推动郑州南站枢纽产业园申报省级开发区。深化农村改革。探索宅基地"三权分置"，推进集体经营性建设用地入市。发展新型农村集体经济，稳妥推进农业适度规模经营。深化农村金融改革，加大普惠性、政策性金融支持力度。深化要素市场化配置改革。出台新型产业用地政策和城市更新项目小地块调规出让政策，盘活闲置低效土地资源。推进国家级数据交易中心建设，构建云网深度融合的算力中心，创建国家级新型互联网交换中心，打造全国数据要素市场化配置样板城市。支持股权交易中心建设，依托郑州商品交易所，吸引交易企业落地。参股大宗商品贸易集团，发展现货交割仓。提升制度型开放水平。巩固扩大枢纽优势。枢纽是郑州的核心优势，我们将持续深化郑州—卢森堡"双枢纽"战略，继续办好"空中丝绸之路"国际合作论坛，建成航空邮件处理中心，争取中国邮政航空第二基地落地。加快机场三期扩建，开通郑州至巴黎、慕尼黑等客运航线，打造南至东南亚，北至俄罗斯、东北亚的"空中丝绸之路"，用好第五航权、争取第七航权，大力引进国内外头部航空、物流、货代、贸易企业，力争国际货邮吞吐量超过60万吨。开行中欧班列（中豫号）2800列，加快中欧班列集结中心示范工程、国际陆港航空港片区等重大项目建设。办好第七届全球跨境电商大会，推进海外仓全球化布局，完成跨境电商交易额1250亿元。海铁联运到发集装箱3万标箱。完善提升开放体系。高起点谋划自贸试验区空港新片区，加快联动区建设发展，推动合格境外有限合伙人试点落地，推广跨境电商O2O新零售模式，新形成高质量制度创新成果30项以上。抓好国家综合货运枢纽补链强链工作，加快国家骨干冷链基地建设，争创空港型国家物流枢纽经济示范区。推进新郑综保区扩区，加快建设全国重要国际邮件枢纽口岸，争取航空口岸过境人员144小时免签政策落地，积极推动海关特殊监管区由商品加工贸易向服务贸易、技术贸易转型。打造药品流通中心，力争成为全国重要的进出口药品集散地。做大进口汽车、粮食、肉类等业务，拓展铁路口岸进口水果、冰鲜水产品等指定商品进口功能。扩大开放合作空间。加强与RCEP国家贸易合作，打造RCEP合作示范区。推进中欧区域政策合作案例地区建设。深入推进国家服务外包示范城市、进口贸易创新示范区建设。大力发展现代会展经济，提升郑交会规模品质，加快打造国际会展名城。提高招商引资实效。深化市场化招商机制改革，突出产业链招商、龙头企业招商、基金招商、飞地招商。发挥港资、台资、日韩和世界500强四个专班作用，开展港澳台、日韩经贸活动和欧洲、中亚、东南亚、京津冀、长三角、粤港澳大湾区等招商活动，力争招商引资签约总额突破 7000 亿元，实际吸收外资 7.2 亿美元。

（五）持续提升城市能级品质。坚持用绣花功夫推动城市精细治理，以工匠精神推进城市品质提升，不断增强城市"颜值"、塑造城市"气质"，让城市生活更美好，人民群众更幸福。坚持规划引领。实施《郑州市国土空间总体规划（2021—2035 年）》，加快编制 38 项专项规划，编制完成县级总体规划，建立"3＋N"线规划管控体系；编制完成 TOD 战略规划、畅通郑州白皮书（2023—2025）、韧性城市规划纲要等，完善单元控规编制体系。加快城市更新。完善"1＋2＋N"政策体系，编制完成城市更新专项规划，成立城市更新导入基金，推进项目入库 60 个、开工 20 个，抓好金水河"一河两岸"、商代王城遗址等示范性项目建设，力争年度投资 1000 亿元。落实"无体检不更新"要求，有序开展城市体检。深入推进城市大脑建设，加快建设数字孪生城市、城市信息模型平台，培育智能建造骨干企业 10 家、智能建造示范项目 5 个，加快实现"一脑赋全城、一网治全城、一码通全城、一端惠全城"，着力打造宜居韧性智慧城市。完善城市基础设施。编制轨道交通四期规划，开工建设轨道交通 S2 线。开工渠南路新郑段等 15 条道路，开通金水路西延等 10 条道路。深化"一体化、一张网"改革，新建改造供水管网 144 公里、燃气管网 230 公里，新增供热面积 400 万平方米，更新改造排水管网 25 公里，为 170 万户居民家庭加装燃气安全装置。开展完整居住社区建设，健全完善居民适宜步行范围内的公共服务、便民商业、市政配套、休憩空间等物业管理及社区服务。新建绿地面积 300 万平方米以上、公园游园 40 个、道路廊道绿化 40 条，完成花园路、中原西路示范性绿道提升工程；实施南水北调十八里河退水利用、圃田泽水循环等一批水网优化项目；完成 49 处城市道路积水点治理，推进侯寨垃圾填埋场生态修复工程，加快西部垃圾焚烧发电项目建设。提升城市本质安全水平。落实"两年基本见效、三年巩固提升"要求，加快常庄水库加固工程、金水河调洪及分洪工程等项目建设。开工建设七里河分洪、南水北调防洪影响处理后续工程等项目，开展 70 座水库"一库一案"整治，推进桃花峪水库工程前期工作。强化城市精细管理。全覆盖推动"序化、洁化、绿化、亮化"精细化管理,推行机动车存放服务差别化收费,完善公共停车场及配套充电桩市场化运作模式,盘活新建共享停车位 50 万个,智慧停车管理平台用户突破 300 万。优化交通监控设施,提升道路绿化、城市家具品质,确保主干道亮灯率 98% 以上,次干道、支路亮灯率 96% 以上,道路照明设施完好率 96% 以上。高水平建设郑州都市圈。加快实施《郑开同城化发展规划》,落实郑开(兰考)同城化实施方案,加快建设郑开同城化示范区。制定都市圈规划实施方案,打造郑汴许核心引擎。推动"郑好办""汴捷办""洛快办"联网互认,构建郑州都市圈"一网通办"平台。推进郑许、郑洛、焦平等 8 个高速公路项目,加快国道 107 快速化改造、陇海路东延等 25 个郑港融城、郑开同城交通优化项目,推进郑开城际铁路公交化改造。加快建设郑开同城东部供水、肿瘤医院等工程。

(六)持续推进乡村全面振兴。强国必先强农,我们将着眼"农业更强、农村更美、农民更富",持续加大人力物力投入和财力保障,不断提升现代都市农业质量效益,全面加快宜居宜业和美乡村建设。扛稳粮食安全重任。严格落实粮食安全党政同责,严守耕地保护红线,坚决遏制耕地"非农化"、防止"非粮化",持续推进高标准农田建设,粮食播种面积稳定在 440 万亩;提升建设高标准"菜篮子"生产示范基地,推进蔬菜高标准生产基地、生态渔业示范基地项目建设;推进中原粮储新郑库区改扩建、市粮食和应急物资储备保障基地建设;强化农业科技支撑,做大做强种业企业。持续巩固拓展脱贫攻坚成果。统筹推进产业和就业,促进脱贫乡村持续发展,牢牢守住不发生规模性返贫底线。培育壮大特色优势产业,建设一批现代农业产业园、现代农业科技示范园、美丽牧场、农业产业强镇。推进农业与休闲旅游、生态涵养、健康养生、食品加工深度融合,提升农业效益和竞争力。加快美丽乡村建设。编制聚集提升类和特色保护类村庄规划,实现有条件、有需求的村庄规划全覆盖。新建 20~30 个精品村,将精品村、美丽乡村串点成线,培育乡村旅游消费热点。持续实施人居环境整治提升五年行动,巩固生活垃圾处置体系运行成效。推进"四好农村路"示范创建提质扩面、农村客货邮融合发展；实施乡村建设行动，推动基础设施和公共服务向农村延伸。做大做强县域经济。把产业发展摆在突出位置，明确县（市）主导产业发展规划，依托产业基础、资源禀赋，打造"一县一业""一乡（镇）一特""一村一品"，提高产业支撑力。深化县域放权赋能，推进创新驱动发展，促进人口集聚、产业集中、功能集成，争创省级城乡融合发展试验区，推动县域经济成高原。

（七）持续推动华夏历史文明传承创新基地中的全国重地建设。深入实施文旅文创融合发展战略，优化黄河文化带、环嵩山文化带、中心城区文化板块"两带一心"布局，聚焦"华夏之根、黄河之魂、天地之中、文明之源"，打造"山·河·祖·国"文化大标识，充分展示华夏文明、黄河文化主地标城市特征。塑造"行走郑州·读懂最早中国"品牌，优化精品线路，围绕核心节点布局旅游集散中心，完善提升公共服务基础设施，打造国际旅游目的地，创建国家级文旅消费示范城市。推进现代公共文化服务高质量发展，高标准通过国家公共文化服务体系示范区复审。实施文化惠民工程，繁荣文艺创作，培育特色鲜明的文化街区和文创园区，提升动漫、文创品牌影响力。规划建设中华文明主题乐园，打造"穿越中华文明 5000 年"沉浸式体验场景。积极构建"博物馆群＋大遗址公园"全景式中华文明集中展示体系，全力服务保障省博物馆群建设，加快黄河国家博物馆、黄河国家文化公园、大运河国家文化公园、宋陵遗址公园、双槐树大遗址保护展示和考古遗址公园、河南（豫西）抗日根据地郑州纪念馆等重大项目建设，谋划建设非物质文化遗产展示馆。办好黄帝故里拜祖大典、第八届中国（郑州）国际旅游城市市长论坛、第十三届中国郑州国际少林武术节等，积极申办首届世界大河文明论坛。

（八）持续推动绿色低碳发展。坚持"绿水青山就是金山银山"不动摇，全面践行习近平生态文明思想，让绿色低碳成为永恒主题，让良好生态成为最持久竞争力。大力发展清洁能源。增强能源外引和输运能力，力争光伏发电新增并网装机规模 58 万千瓦，开工建设荥阳环翠峪、登封大熊山抽水蓄能项目，加快 4 座 500 千伏变电站建设，开工登电"西热东引"长输供热管线项目。拓展山西煤层气等外气入豫通道，加快伊川—薛店天然气管线建设，做好30万吨/年以下煤矿分类处置。深入打好污染防治攻坚战。打造无废城市中原样板，进入全国无废城市第一方阵。加强$PM_{2.5}$和臭氧协同控制，持续推进空气质量好转。完成入河排污口整治，确保国省控断面全面达标、市控断面水质稳定达标；健全农村生活污水处理设施长效运维管护机制，污水处理率65％以上，黑臭水体动态清零。排污单位全部持证按证排污，"双百"任务全面完成。稳妥推进碳达峰碳中和。构建碳达峰"1＋11＋7"政策方案体系，实施碳达峰十大行动。划定工业用地红线，高耗能产业占工业比重稳定在30％以下；持续推进大宗货物运输"公转铁"，推动货运车辆、铁路运输电气化清洁化改造；落实能源消耗"双控"，实施煤炭消耗总量控制；新建建筑执行绿色建筑标准比例达90％以上，新建公共机构建筑、新建厂房屋顶光伏覆盖率达30％以上。加快打造绿色屏障。实施新一轮黄河战略三年行动计划，推进黄河郑州段滩区和邙岭生态专项规划；推动黄河郑州段数字化生态保护监测平台二期和市级管理平台建设。深化河湖长制，打造1条省级、10条市级幸福河湖。持续开展"绿盾"行动，巩固黄河流域专项行动整治成果；推深做实林长制，建设森林特色小镇9个、森林乡村100个。启动第二动物园、第二植物园建设，筹备第十一届中国花卉博览会。

（九）持续增进民生福祉。始终坚持人民至上，厚植为民情怀，继续办好省市重点民生实事，不断实现人民对美好生活的向往。把就业作为优先目标。统筹抓好减负稳岗扩就业政策落实，确保不发生系统性、规模性失业风险。全力促进高校毕业生、退役军人就业，支持农民工、下岗失业人员、残疾人多渠道就业，强化脱贫家庭、低保家庭及零就业家庭就业帮扶。完善创业培训、担保贷款、孵化、服务"四位一体"扶持体系，通过机关事业单位招考、国有企业聘用、中小微企业吸纳等方式推出20万个工作岗位，新增城镇就业13万人，农村劳动力转移就业3万人，城镇调查失业率控制在5.5％以内。高质量建设美好教育。推动义务教育均衡发展，持续培育优质教育集团。实施教育英才计划，年内引进培育中小学优秀校长 50 名、优秀教师 500 名；实施学前教育普惠扩容工程，公办园在园幼儿占比达到 50%，普惠性幼儿园覆盖率达到 85%；新建改扩建中小学校 15 所、投用 16 所，持续推进高中段学校建设。支持郑州大学、河南大学"双一流"建设，支持郑州职业技术学院、郑州旅游职业学院升本，持续提升市属高校办学水平。探索推进产教融合发展，加快中职学校标准化建设。持续建设健康郑州。加快郑州市中心医院高新区医院、郑州市第七人民医院滨河院区等项目建设。以城市医联体、县域医共体为依托，构建市域一体化医疗卫生服务体系。引进高层次人才（团队）100 名以上，打造品牌学科 30 个。申建国家创伤区域医疗中心、国家中医医学中心，创建全国基层中医药工作示范市。建设 1 个国家级、5 个省级区域中医专科诊疗（培育）中心，县级中医院全部达到二级甲等中医院水平、50% 达到三级中医院水平；国家免疫规划疫苗预防接种率 95% 以上，职业病危害申报和诊断机构质控率达到 100%。加快体育郑州建设。积极申办承办国际国内重大赛事，促进群众体育和竞技体育全面发展。构建全民健身设施三级服务体系，加快市民健身中心项目建设，更新健身路径 200 条、新建智能健身驿站 20 个。支持武术产业发展，做大做强体育产业，创建国家、省级体育产业示范基地。支持养老托育事业发展。养老床位达到 6 万张、创建老年友好社区 15 个，推进居家养老适老化改造，建成基层老年医疗康复（护理）中心 12 个、乡镇老年健康服务中心 30 个。开展婴幼儿照护服务示范创建，托幼床位达到 5 万张。优化食药监管和市场保供。深化国家食品安全示范城市创建，开展食品安全放心工程建设攻坚行动，加强药品、医疗器械、化妆品质量安全监管。优化升级专业市场 10 家、建设提升农贸市场 20 家、布局社区"微菜场"300 家，建成投用西部大型农产品交易市场。健全社会保障体系。实施全民参保计划攻坚行动。适度提高退休人员基本养老金。落实社会救助和保障标准与物价上涨挂钩联动机制，为符合条件的困难特殊群体足额发放补贴。加快推进城改项目后续建设，建成安置房 3000 万平方米，33 万未回迁群众实现户均首套房安置。全面开展"关爱你我他，温暖千万家"活动。

（十）持续守牢安全发展底线。统筹抓好疫情防控。全面落实新冠病毒"乙类乙管"要求，围绕保健康、防重症、强救治、优服务，扎实开展爱国卫生运动，积极做好医疗救治工作，进一步提高老年人新冠病毒疫苗接种率，加强相关药品和检测试剂储备，全力保障群众用药需求，完善公立医院重症救治体系，分级分类救治患者，加强重点场所重点人群防控工作，提升农村地区疫情防控能力水平，最大限度地保护人民生命安全和身体健康，最大限度地减少疫情对经济社会发展的影响。防范化解经济金融领域风险。稳妥化解红档金融机构风险，完善债券风险监测预警，切实做好防范和处置非法集资工作。加强政府、国有企业及平台公司债务管理，严格落实"631"债务偿还机制，坚决遏制新增政府隐性债务。防范化解重大安全风险。全面落实"两个坚持、三个转变"防灾减灾救灾理念，对标国务院安委会十五条硬措施、省五十条举措，严格落实"三管三必须"要求，坚决守住不发生重特大事故底线。加快构建大安全、大应急、大减灾格局，推动市综合性应急救援保障基地建设；建强应急指挥"一张图"，推动乡镇（街道）"1+4"、村（社区）"1+3"应急管理体系建设，构筑全流程多层次广覆盖的安全防护网。持续推进问题楼盘化解及保交楼工作。落实好金融支持房地产市场平稳健康发展16条政策，继续实行"统借统还、政府回购、项目并购、破产重组"及地产纾困基金"4+1"模式，引导金融机构加大对房企贷款支持力度，压实房地产企业保交楼主体责任，年底前147个商品住宅项目交付大头落地。多级联动消存量、控增量、防变量，构建全链条监督体系，全面实施交房即发证。持续深化社会治理。以防范化解重大风险为基点，积极融入党建引领网格化基层社会治理，锚定"三零"创建目标，深化"六防六促"专项行动和"一村（格）一警一民调一连"机制，创新发展新时代"枫桥经验"，全面落实《信访工作条例》，压实"四定四包"责任，最大限度化解防范风险隐患。规范加强网络管理，努力营造清朗网络空间。

加强国防教育和国防后备力量建设，支持驻郑解放军、武警部队、预备役部队、民兵和人民防空建设，深入开展双拥共建，推进军民融合深度发展。加强统计工作，做好第五次全国经济普查和第八次全国投入产出调查。促进民族团结、宗教和睦。支持工会、共青团、妇联、残联、红十字会、慈善等群团组织更好发挥桥梁纽带作用。做好外事侨务、港澳台及参事、史志、社科、档案、气象、地震等工作。

进入新阶段，肩负新使命。我们必须不断提升政府治理效能，建设人民满意的服务型政府。全面加强党的绝对领导。坚持把党的政治建设贯穿到政府工作各领域、全过程，坚定捍卫"两个确立"，增强"四个意识"、坚定"四个自信"、做到"两个维护"，持续增强政治判断力、领悟力、执行力，不断提高政府系统谋大局、稳经济、定政策、促改革、抓落实的能力水平。全面加强法治政府建设。深入贯彻习近平法治思想，坚持法治郑州、法治政府和法治社会一体化建设，争创全国法治政府建设示范市。深化政务公开，规范决策程序，提高政府立法、决策质量和行政执法能力。依法接受人大及其常委会法律监督工作监督，自觉接受政协民主监督，主动接受社会和舆论监督，加强审计监督。深化府院联动，提升公正文明执法水平，让权力在阳光下运行。全面加强执政能力建设。坚决把抓落实摆在首要位置，巩固"能力作风建设年"活动成效，严格执行"13710"工作制度，让抓落实、重实效成为政府工作主旋律。完善考评机制，以干成事论英雄、以解决实际问题论能力。落实正向激励和容错纠错机制，营造为实干者担当、让履职者尽责的良好氛围。全面加强党风廉政建设。认真履行全面从严治党主体责任，自觉接受纪律监督、监察监督、巡视监督，紧盯权力运行各环节，管好关键人、管住关键事，严肃整治腐败和侵害群众利益问题。严格落实中央八项规定及实施细则精神和省市有关规定，坚决整治形式主义、官僚主义，推动基层减负工作走深走实。坚持政府过紧日子、坚守节用裕民正道，严控"三公"经费和一般性支出，兜牢"三保"底线。

II

专题报告

郑州市 2022 年组织工作报告

中共郑州市委组织部

2022 年是党的二十大召开之年，也是郑州发展历程中极不平凡的一年。全市组织部门坚持一切工作向中心聚焦、为大局聚力，选干部配班子、抓基层打基础、建队伍育人才，动员广大党员干部战疫情、保项目、促发展，以组织工作之"为"为全局工作之"进"提供了坚强保障。

一、坚决扛稳政治建设责任，全力以赴做好迎接和学习贯彻党的二十大各项工作

迎接和服务党的二十大胜利召开、抓好大会精神学习贯彻，是 2022 年组织工作的重中之重。全市组织部门认真落实习近平总书记关于保持"平稳健康的经济环境、国泰民安的社会环境、风清气正的政治环境"的重大指示，以扎实的工作履行好迎接、学习、贯彻党的二十大政治责任。谋深抓实党的二十大精神教育培训首要政治任务。按照"多形式、分层次、全覆盖"要求，将二十大精神纳入教育培训课程内容，依托党校（行政学院）、干部网络学院，高质量谋划实施县处级干部集中轮训、科级以下干部全员培训；发挥好"万名党员进党校"载体作用，扩大教育培训覆盖面，引导广大党员深学细悟、入脑入心。圆满完成党的二十大代表推选工作。严把人选政治关、廉洁关、身份关，会同 24 家市级单位

对全部推荐人选进行联合审查，精心组织分团预选和正式选举，河南省69名（包括郑州市3名）二十大代表全部满票当选，我市代表推荐提名、资格联审等经验在央视《新闻联播》报道播出。深入开展党的十九届六中全会集中轮训。高效运用线上线下两种手段，在全省率先实现5万多名县级、科级干部培训全覆盖，引导党员干部深刻领会"两个确立"的重大意义，把坚决捍卫"两个确立"、坚定做到"两个维护"作为首要"国之大者"、最高政治原则，夯实了迎接二十大召开的思想基础。为打赢多轮抗疫硬仗贡献组织力量。面对五轮疫情侵袭，组织部门牵头负责大规模核酸检测，连续3轮24小时完成1200万人核酸检测，创造郑州速度、郑州质量，在全国树立标杆，受到中央领导肯定表扬。特别是面对第五轮大规模疫情传播的严峻挑战，坚持发动在一线、考察在一线、关爱在一线，先后抽调640名县处级干部、1971名科级干部、5674名党员干部支援疫情防控一线，指导组建1.7万个临时党支部，深入开展"三起来"活动、推进网格化"三色管理"，在大战大考中彰显了组织优势、组织力量。

二、深入开展"能力作风建设年"活动，为国家中心城市现代化建设增势赋能

开展"能力作风建设年"活动，是省委明确的一项政治任务，也是各项工作的总抓手和总保障。在市委坚强领导下，打破以往固有模式，从一开始就朝实处谋、往实里抓，把活动开展与中心工作有机融合，以能力大提升、作风大转变促进工作大提速、发展高质量。融入推动中心工作落地见效。紧扣"全年稳、全年红"目标，把活动开展与项目建设、疫情防控、社会稳定等结合起来，与开展"三标"活动、推进"十大战略"行动贯通起来，制定问题、整改、责任"三张清单"，建立区域观摩、评优评差、典型示范、巡回督导、正面引导"五项机制"，推动中心工作加速落地、发展势能持续释放、风险隐患有序化解，一批重大产业项目陆续开工建设，经济社会发展呈现出稳中有进、稳中向好的良好态

势。扎实推进"7·20"问题整改清仓见底。对照问题、责任、整改三张清单，督促各单位紧扣整改方案明确的四大方面问题、46个分项任务、127个细化措施，全力推进整改。深化"7·20"特大暴雨灾害追责问责案件以案促改，部署推动全市各级党组织召开专题民主生活会、组织生活会，查摆问题11978个，落实整改措施11236个，完善相关制度机制2824项，引导广大党员干部强化底线思维、树立正确政绩观，切实把教训变教材、教材变方案、方案变行动。抓好应急能力建设，将应急能力提升纳入各类培训必修课程，分层次举办应急处突能力提升专题培训班，全市5万余人参加线上学习和知识测试，通过率达99.7%。围绕领导班子应对和处置重大突发事件进行针对性考核，推动应急工作融入日常、抓在经常。全面提升干部能力作风。突出精准科学、实训实效，在全市广泛开展大学习大培训大练兵大提升，扎实推进"十大战略"行动进党校，市级层面举办各类培训班69个、培训7万人次，督导各单位完成832次培训及演练，参与16万人次，党员干部思维视野、知识素养、实战经验等不断加强。

三、围绕开局破题、高台起势，积极打造符合郑州国家中心城市现代化建设需要的干部队伍

聚焦"当好国家队、提升国际化、引领现代化河南建设"总目标，坚持从推动高质量发展的"需求侧"着眼，从干部培养选拔使用的"供给侧"发力，着力建设政治过硬、具备领导现代化建设能力的干部队伍。聚焦事业发展需要，圆满完成市人大政府政协换届。坚持从国家中心城市现代化建设发展需要出发，克服疫情影响、全面统筹推进，建立标准化作业、规范化运作工作流程，精心做好干部人事安排、代表委员推选、换届考察和大会选举，成功选举产生郑州市新一届人大、政府领导班子、监委主任、法检两长和郑州市出席省十四届人大代表，顺利实现了省委、市委人事安排意图，整个换届过程风清气正、严谨高效，取得圆满成功。抓住县乡换届契机，持续推动县乡领导班子结构功能"双优化"。把严的

主基调贯穿全过程，在换届调整中，结合每个区县（市）功能定位，开展多维度分析研判、高频次"沙盘推演"，一次性选拔 11 名优秀干部担任区县（市）党政正职、27 名优秀正科级干部进入区县（市）班子，256 名熟悉乡村振兴、新型城镇化、基层治理的优秀干部充实到 79 个乡镇班子中，推动县乡领导班子结构和功能"双提升"。稳妥推进开发区"三化三制"改革、深化乡镇（街道）管理体制机制改革，充分释放改革红利、激发创新创造活力。突出"高素质专业化"，选优配强市直部门领导班子。适应现代化建设精深化、专业化趋势，按照"让专业人干专业事"要求，坚持人岗相适、人事相宜，统筹全市干部队伍资源，认真开展岗位匹配度分析，对全市市直部门进行调强配优，一大批相关领域工作经验丰富或具备专业背景的干部充实进市直部门班子，优化了专业结构。打破固化藩篱，积极推进政法干部队伍交流。巩固政法队伍教育整顿成果，健全政法干部交流轮岗机制，结合县级领导班子换届，推动市县两级、法检之间、系统内外交流干部 46 名，推荐 3 名系统外 80 后、具有法学学历、政法工作经历的优秀年轻干部任基层法检"两长"，改善班子结构，激发政法队伍活力。推行"四挂钩"考核，全面激发干部活力。抓实"三标"活动，细化考核指标体系，每季度开展经济社会发展"四挂钩"考核，将考核结果与年度综合考评、干部选拔任用、评优评先、要素配置等挂钩，让干得好的考得好、干不好的往后靠，引导干部学起来、比起来、干起来、热起来。

四、以提升基层党组织的组织力和执行力为主线，大力实施基层党建质量提升三年行动计划

作为新一届市委抓基层党建的总抓手、施工图，目标是聚焦解决"人、治、物、效"难题，一年一个主题、三年整体提升，打基础、求实效、创品牌，以高质量党建引领经济社会高质量发展。2022 年围绕"强体系、固根基"，重点抓好 3 个方面。大力实施农村（社区）"五星"支部创建。围绕省委"五星"支部创建，结合郑州实际，创新开展以"村

级摘五星、乡级创五好、县级夺红旗"为主要内容的"摘星夺旗、三级争创"活动，持续深化"十佳百优"评选表彰，成功举办第二届"十佳"书记擂台赛，全面推行乡村干部"导师帮带制"，推动全市4137个无主管楼院物业服务、疫情防控、社会治安全覆盖，基层党建工作质效不断提升。郑州开展"亮赛比"活动、加强基层党组织书记队伍建设的做法，被写入全国村级组织换届工作总结，受到中组部充分肯定。深入推进党建引领网格化基层治理。建立217个一级网格、3551个二级网格、22018个三级网格，71422人进入各级网格，以网格为单元建立"基层党组织＋社会组织＋群众自组织"组织体系，依托"城市大脑"实施AI赋能，推进基层网格、物联网、视联网和政务网"四网融合"，"人、情、地、事、物、组织"六要素数据自动归集、动态掌握，基本实现了基层网格横到边、纵到底、管得住、能覆盖，着力提升基层党组织的政治领导力、思想引领力、群众组织力、社会号召力。统筹推进各领域基层党建提质增效。聚焦党建引领"十大战略"行动，持续完善机关党建"双抓双促"活动，每季度评选市直单位"十佳"党支部，营造比学赶超浓厚氛围。大力开展新兴领域党建提升年活动，统筹抓好国企党建"双融双促"、深化高校"示范学校、标杆院系、样板支部"创建、打造医院"德医双强"党建品牌等，形成各领域百花齐放的党建格局。

五、以打造国家创新人才高地示范区为牵引，加快建设国内一流、国际知名的人才高地

　　坚持把人才工作作为郑州决胜未来的一项战略性工程，主动融入国家"3＋N"人才高地和人才平台建设，高位谋划、系统推进，突出重点、强力攻坚，切实在科技创新和人才发展上集中发力、掀起热潮，推动国家创新高地、人才高地建设。青年创新创业行动实现高开高走。聚焦打造青年发展友好型城市，重磅推出扩大就业、创业扶持、安居保障等10条"青年人才新政"，聚焦青年人才的"急难愁盼"，开发更多就业岗位，实施人才安居工程，强化创新创业扶持，优化服务保障体系，以

优质的政策、暖心的服务吸引鼓励更多广大青年人才来郑创新创业，全年集聚青年人才 21.4 万人，超额完成年度任务。省委楼阳生书记专门批示："各市要借鉴郑州做法，有计划引进、留住、集聚青年人才，久久为功，优化人才结构，积厚人才红利！"招才引智工作质效实现系统提升。突出政策引才，围绕服务保障省委"1＋20"一揽子人才引进政策，同步制定 16 项政策落地方案，持续优化"郑州人才计划"，新引进培育市级创新创业项目 37 个以上，认定支持高层次人才 110 名；突出产业育才，以"人人持证、技能河南"建设为载体，大力实施青年数字人才培养"码农"计划，新培养数字人才 32151 人，超前完成全年任务；突出活动聚才，筹备开展"1＋7＋N"系列招才引智活动，为人才来郑提供更多空间舞台。高端人才创新平台实现高台起势。积极推进人才创新创业试验区特殊机制、特殊政策落实，全力服务河南省科学院与中原科技城、国家技术转移郑州中心融合发展，高标准服务嵩山、神农种业、黄河、龙湖现代免疫等省实验室建设，标准化推广智慧岛"双创"模式，河南欧美同学会郑州海归创新创业中心揭牌，人才创新创造舞台更加广阔、城市发展动能更为强劲。一流创新创业生态实现数字赋能。以建立线上线下人才全周期服务保障体系为目标，推动人才工作数字化转型，深化人才"一件事"改革，大力推进人才管理服务保障系统建设，实现全平台发布人才信息、全区域信息互通、全轨迹追踪人才动态等功能，成为国内领先的智能人才服务平台。

郑州市 2022 年宣传思想文化工作报告

中共郑州市委宣传部

2022 年，全市宣传思想系统坚持以习近平新时代中国特色社会主义思想为指导，深入学习贯彻习近平总书记视察河南重要讲话重要指示和关于宣传思想工作的重要思想，紧紧围绕迎接宣传贯彻党的二十大工作主线，全面开展"三标"活动，深入推进文旅文创融合战略行动，切实履行"举旗帜、聚民心、育新人、兴文化、展形象"使命任务，为郑州国家中心城市现代化建设提供坚强思想保证和强大精神力量。

一、高举伟大思想旗帜，坚决拥护"两个确立"的思想根基更加牢固

始终把学习宣传贯彻习近平新时代中国特色社会主义思想作为首要政治任务，教育引导广大党员干部深刻领悟"两个确立"的决定性意义，增强"四个意识"，坚定"四个自信"，做到"两个维护"。理论学习高质高效。深入实施党委（党组）理论学习中心组和"第一议题"学习提升行动，市委理论学习中心组率先垂范，年度开展中心组学习 16 次、"第一议题"学习 20 次。扎实开展县处级以上党委（党组）"第一议题"学习示范点和理论学习中心组学习示范班活动，市委理论学习中心组入选省级理论学习中心组学习示范班。对 10 个区县（市）和 24 个市直单位

的县处级理论学习中心组和"第一议题"学习进行巡听旁听，系统推进习近平新时代中国特色社会主义思想、党的二十大精神、《习近平谈治国理政》等学习，建立党史学习教育常态长效机制，不断提升广大党员干部武装头脑、指导实践、推动发展、服务群众的能力。理论宣讲灵活鲜活。精心组织重大主题宣讲和各种云宣讲、微宣讲、电视宣讲活动，以线上、线下相结合方式开展"党的创新理论万场宣讲进基层"活动，创新举办党的创新理论宣讲大赛，全年组织开展各类宣讲5000余场，受众达286余万人次，推动习近平新时代中国特色社会主义思想直抵千家万户、润泽百姓心灵。加强报、台、网、端、微立体化理论宣传阵地建设，建好用好"学习强国"郑州学习平台，扎实推进县级融媒号全部上线，被评为河南省"学习强国"学习平台推广运用工作先进单位。积极开展思政课改革创新，郑州博物馆、二七纪念馆入选全国首批"大思政课"实践教学基地。研究阐释深入扎实。创新搭建"社科专家线上谈""知郑明理""中州智库"等社科理论移动端网络传播矩阵，组织各类线上理论普及活动184期，生动阐释以习近平同志为核心的党中央治国理政新理念新思想新战略。深入开展"研究郑州"活动，推出《郑州国家中心城市建设的比较分析、方位研判及对策建议》《全面打造郑州特色宜居街区引领"低调奢华"城市建设》等6篇高质量资政专报，为郑州国家中心城市现代化建设提供坚实学理支撑。制定《郑州市"十四五"时期哲学社会科学发展规划》，引领全市哲学社会科学高质量发展。

二、聚焦聚力工作主线，学习宣传贯彻党的二十大精神的氛围热烈浓厚

按照中央、省委、市委部署要求，紧紧围绕迎接和学习宣传贯彻党的二十大工作主线，科学系统安排，有序有力组织，积极营造团结奋进、自强自信、国泰民安、争先出彩的浓厚氛围。全力服务保障，凝聚同心喜迎盛会。策划开展"奋进新征程 建功新时代"重大主题宣传，精心推出《沿着总书记的足迹》《大美中国·魅力河南生态行》《非凡十年·

出彩郑州》《非凡十年 见郑城长 '观观'带你看郑州》等系列报道；开展"新时代 新征程 争出彩"十大主题宣传教育实践活动 1200 余场次；举办"喜迎二十大 欢乐进万家"群众文化活动 5000 余场，受益群众 2000 万人次，有力宣传郑州十年来取得的辉煌成就，充分展示郑州争先出彩的生动实践，营造了全市上下喜迎盛会的浓厚氛围。聚焦盛会实况，扎实做好宣传报道。党的二十大召开期间，全市各级媒体坚持"两个奔赴、两个在线"，贯通会内会外，紧扣党的二十大报告的新论断、新表述、新部署，集中推出"代表风采""各界反响""非凡十年·看郑州""党的二十大时光"等系列报道，全面展现我市广大干部群众的心声与愿景，制作《双语主播读报告》《老外故事会：见郑非凡十年》等短视频，浏览量超过 500 万人次，87 位中国驻外使节大力点赞和转发转载，受到省委宣传部的通报表扬，省委常委、市委书记安伟给予充分肯定。扛牢政治责任，掀起学习宣传热潮。党的二十大胜利闭幕后，第一时间召开全市宣传思想文化系统专题会，紧扣"五个牢牢把握"重要要求，制定《党的二十大精神宣传报道方案》，安排部署学习宣传贯彻工作。组织全市各级党委（党组）通过"第一议题"、理论学习中心组、"三会一课"等多种形式开展学习。组织全市党员干部收听收看中央、省委宣讲团在郑宣讲报告会，开展市、县两级宣传宣讲活动 1200 余场。联动沿黄城市媒体开展"沿黄城市共奏时代大合唱"宣传，策划组织《二十大代表回基层》《二十大在我身边 主播为您读报告》《接续朗读 共读党章》等系列报道，推动党的二十大精神深入群众、入脑入心。

三、压紧压实主体责任，意识形态领域向上向好的态势持续巩固

强力推进意识形态工作责任制落实，持续加强各类意识形态阵地管理，及时研判处置风险隐患，意识形态领域主基调自信自强、大环境清新清朗、总态势向上向好。主体责任扛稳扛牢。市委常委会 3 次专题听取意识形态工作情况汇报，4 次召开市委意识形态联席会议，出台《郑

州市党委（党组）意识形态工作责任制专项检查测评办法》，对12家市直单位开展意识形态工作责任制专项检查，把意识形态工作纳入全市安全稳定集中督促检查，推动意识形态主体责任落地落细落实。预警研判全面精准。成立市委舆情管控专班，建立"1＋4＋N"舆情和意识形态分析研判机制，召开舆情和意识形态分析研判会35次，建立完善"列单、派单、办单、交单"四单交办闭环管理制度，印发22期《舆情风险和意识形态风险隐患提示清单》和15期专题督办清单，涉及87家单位131个风险点586项台账，有效防范我市敏感节点出现舆情风险。围绕突发应急事件等，召开新闻发布会37场，及时回应社会关切。阵地管控规范到位。持续健全网络综合治理体系，建立"3＋N"协调联动机制，进一步压实网络意识形态和网络安全工作责任。深入推进农村基督教专项治理、文娱领域综合治理，进一步规范印刷发行市场，持续推进各级各部门软件使用正版化，扎实开展"剑网2022""打假治敲""清朗·打击网络谣言"等专项行动，依法约谈150个属地网站和自媒体账号，依法打击50余个自媒体账号，处置违法违规网站3000多家，深入开展"正道""新风"集中行动，查办"扫黄打非"重大案件20起，查扣涉嫌非法出版物69.5万册，有效维护郑州市意识形态领域安全稳定。

四、巩固壮大主流舆论，全市上下团结奋进的信心决心更加坚定

紧扣"三个聚焦""三个大局""三个中心"，把握平实平稳、精准精确、高质高效的基调，全方位展现习近平总书记思想风范、反映新时代伟大变革、激发新征程奋进力量。重大主题宣传有声有色。统筹央媒省媒、线上线下，精心策划推出"十大战略"行动、"三标"活动等重大主题宣传。"行走郑州·读懂最早中国"网上系列报道阅读量达20亿人次。人民日报、新华社、中央广播电视总台等中央主要媒体共刊发正面宣传郑州报道3300余篇，其中，《新闻联播》栏目报道45次，形成强大舆论声势，广泛传播郑州好声音。防灾抗疫宣传凝心聚力。扎实推进"7·

20"特大暴雨灾害问题整改，全要素、全时段、全平台宣传预警体系基本构建，应急宣传和舆情引导机制更加完善，全社会风险意识和自救互救能力有效增强。开设"疫情防控攻坚行动进行时"专栏和话题，组织15个宣传报道小分队开展"记者下沉社区"活动，推出《致敬最美逆行者 防疫一线党旗红》《机关党员双报到 织密疫情防控网》等系列报道，全方位呈现全社会团结一致、守望相助、共渡难关的动人故事，缓解了焦虑、带来了信心、凝聚了共识。舆情应对处置有力有效。成立省、市舆情应对处置工作专班，成功化解敏感舆情36起，处理有害信息3.6万条。发展培育三级网评员3900余人、网络大V账号125个，舆论传播引导能力持续提升。成立境外媒体来郑采访管理服务工作领导小组，制定《境外媒体来郑采访管理服务工作指南》，审慎有度应对15次外媒来郑采访。创新搭建"郑在办"网络求助平台，有效解决群众急难愁盼问题20余万条，在党委政府和群众之间架起了"连心桥"，被国务院联防联控机制在全国推广。

五、强化核心价值引领，向上向善向美的社会文明风尚更加彰显

坚持以培育和践行社会主义核心价值观为引领，弘扬时代精神、倡树时代新风、培育时代新人。思想道德建设落细落实。制定《郑州市新时代加强和改进思想政治工作的实施意见》，不断推动我市新时代思想政治工作守正创新。开展"全民国防教育日""五星红旗点亮城市风景""国庆吃面 国泰民安""童心向党"等爱国主义教育活动，不断厚植人民群众的家国情怀，让红色基因、革命薪火代代传承。大力挖掘学习宣传"时代楷模""道德模范""最美人物""身边好人""新时代好少年"、志愿服务等先进典型。郑州市贾永升同学当选2022年度全国"新时代好少年"，郑州市红十字水上义务救援队、二七区淮河路街道绿云社区分获2021年度"全国最佳志愿服务组织""全国最美志愿服务社区"称号，"郑博小剧场——心中的幸福河"舞台剧志愿服务项目入选2022年度全

国博物馆志愿服务典型案例。文明实践活动成果显著。持续抓好《河南省文明行为促进条例》《郑州市文明行为促进条例》贯彻实施，广泛开展公共文明行为常识"八进"活动，深入实施不文明行为"四项集中治理"行动，市民文明素养指数连续四年实现攀升。中国志愿服务研究中心河南（郑州）分中心正式揭牌，郑州志愿服务研究工作进入"国家队"。制定《郑州市志愿服务积分兑换激励办法（试行）》，进一步完善全市志愿服务激励回馈机制，深入开展"绿城使者"志愿服务行动，持续深化"社区党建＋志愿服务"工作模式，全市注册志愿者人数达 239.6 万人。精神文明创建持续深化。围绕"一个争创　两个确保"总体目标，不断深化"1＋4＋3"文明城市创建工作体系；持续加强文明单位、文明校园、文明村镇、文明家庭等精神文明细胞工程建设；积极探索推动新时代文明实践中心、县级融媒体中心、县级网络应急指挥中心"三中心"融合发展。通过一系列群众性精神文明创建活动，城乡环境面貌、社会公共秩序、公共服务水平、网络文明建设等持续改善，人民群众的获得感和幸福感不断增强。

六、繁荣文化塑造品牌，黄河历史文化主地标城市形象特征更加鲜明

立足文化资源优势，深挖文化富矿，深入实施文旅文创融合战略行动，主动扛牢传承弘扬中华文明的郑州使命，文化的创新创造活力澎湃释放。规划体系持续完善。突出规划衔接、科学务实、系统协同，制定《郑州市"十四五"文化发展规划》《郑州发布"十四五"文化广电和旅游发展规划》《郑州市文物博物馆事业发展"十四五"规划》《郑州市"十四五"文化产业发展规划》等系列规划，文化事业产业发展规划体系健全完善。文化标识更加鲜明。坚持创造性转化、创新性发展，中华文明探源工程深入实施，双槐树遗址、大河村遗址、王城岗遗址、新砦遗址等重要考古遗址遗存成果显著，郑州商都书院街商代墓地考古成果入选"考古中国"重大发现。着力塑造"行走郑州、读懂最早中国"文化

品牌，加快推进中华文明主题乐园、黄河国家博物馆、大河村国家考古遗址公园等一批重点文旅项目建设，持续推进"百家博物馆"建设，郑州商都遗址博物院、郑州市文物考古研究院考古博物馆建成开放，全市已建成博物馆 110 家、遗址生态文化公园 50 处。郑州商城入选第四批国家考古遗址公园名单、宋陵入选国家考古遗址公园立项名单，加快形成"博物馆群＋大遗址公园"全景式中华文明集中展示体系。文化活动影响广泛。成功举办壬寅年黄帝故里拜祖大典，采取网上拜祖、观看直播、社交互动等方式，辐射全球 190 个国家华人"云"聚黄帝故里。高标准举办第九届中国博物馆及相关产品与技术博览会，网络点击关注人次达 5.35 亿，创出历史新高，得到国家文物局、中国博物馆协会充分肯定。持续举办 2022 年中国（郑州）黄河文化月，进一步凝聚讲好黄河故事的广泛共识。承办 2022 年全国网络文学工作会议，有力增强郑州网络文学影响力。一系列活动的成功举办，进一步提升郑州的知名度、美誉度。大力推进文艺精品创作，舞剧《水月洛神》全国巡演 14 场，歌曲《站在这里看黄河》获得"唱响黄河"全国优秀原创合唱作品征集一等奖，6 部作品入选河南省第十三届精神文明建设"五个一工程"，数量居全省之首，具有郑州文化特点、富有时代性、感染力的精品不断涌现。文化服务精准有效。数字公共文旅服务水平不断提升，"郑州文旅云"注册用户数超 134 万，平台服务覆盖人次超 4000 万。创新举办郑州市首届少儿网络春晚、2022 年郑州春晚等文艺活动，完成"舞台艺术进乡村、进社区""戏曲进校园"等活动 1000 余场，"精品剧目演出活动" 36 场，农村公益电影放映 2 万余场，全市博物馆纪念馆推出"繁星盈天——中国百年百大考古发现展"和"文明的渊薮——河南百年百大考古发现展"等精品展览 93 个，接待参观 210 万人次，制定《书香郑州建设实施方案》，举办郑州市第十九届绿城读书节等各类读书活动 3000 余场，公共文化服务全面提档升级，我市顺利通过国家公共文化服务体系示范区复核。产业活力有效激发。印发《郑州市建设文化旅游强市支持文化旅游融合发展实施细则》，设立产业扶持资金激励文旅文创产业发展。精心组织 45 项文旅消费活动，出台 67 项优惠措施，发放 2000 万元文旅消费券，全年接待游客 8949.28 万人次，旅游总收入 1132.35 亿元。举办"逐梦黄河　创领未来"郑州市 2022 年文化创意设计大赛，有力促进黄河流域文化交流。深化"放管服"改革，完成新闻出版、电影等行政审批事项 986件，荣获全国查处重大侵权盗版案件有功单位。积极推进全市报刊传媒类和宣传部直属事业单位重塑性改革，郑州非国有博物馆改革发展经验做法被中央文改办推广。

七、加强党的全面领导，宣传思想文化事业发展的基础更加坚实

持续加强党对宣传思想工作的全面领导，深入贯彻《中国共产党宣传工作条例》，全面落实从严治党要求，大力推动宣传思想战线队伍建设，不断提升宣传干部政治判断力、政治领悟力、政治执行力。党建主体责任全面落实。印发《市委宣传部 2022 年机关党的建设工作要点》，明确 6 个方面 17 项工作举措，班子集体和成员个人履行主体责任清单，扎实推动工作落实。成立部机关重大项目监督小组，强化经费使用全流程监督。建立党员干部廉政档案、与企业交往正负面清单，构建亲清政商关系。紧盯节假日、疫情防控、汛期等关键节点，开展值班值守专项督查，推动纪律作风持续向上向好。人才队伍培养有序推进。印发《郑州市宣传思想文化领域人才引进实施办法》，启动首批"郑州文化名家"培养对象培养工作，开展第二批次"郑州文化名家"培养对象暨第六批"四个一批"人才评选工作，推动全市宣传思想文化领域人才引进培养提档升级。开展"学宣传工作简史　讲身边宣传故事""宣传云讲堂""好书云分享"等活动，举办文化艺术工作理论业务、文化产业发展和外宣工作等培训班，有效提升全市宣传思想文化系统干部综合能力。能力作风建设不断强化。扎实开展"能力作风建设年"活动，聚焦省委、市委确定的重点任务，推进 45 项具体任务落实。按照全市"三起来"活动统一安排，组织机关党员干部下沉社区开展疫情防控工作，选派 80 人对口支援中原区、二七区疫情防控工作，展现了宣传干部的优良作风。深入

开展"三标"活动，积极创新宣传思想文化工作过程评价、考核督导，开展重点工作督导考评，建立考评结果与资金支出、评先评优、年度考核、干部任用"四挂钩"机制，每季度一考核、全年一总评，以考评推动责任落实到位、工作落地见效，督出压力动力，考出能力作风。

郑州市 2022 年统一战线工作报告

中共郑州市委统战部

2022 年，全市统一战线坚持以习近平新时代中国特色社会主义思想为指导，深入学习贯彻习近平总书记关于做好新时代党的统一战线工作的重要思想，认真落实中央、省委、市委决策部署，锚定"两个确保"，全面开展"三标"活动，主动融入"十大战略"，以"1＋5＋4"（围绕"一条主线"、实施"五大行动"、强化"四个建设"）为抓手，以落实《中国共产党统一战线工作条例》（以下简称《条例》）为重点，坚持正确政治方向，着力推进提质增效，切实服务中心大局，各领域统战工作取得了新进展、实现新发展。

一、围绕"一条主线"，凝聚共识抓引领

紧紧围绕迎接党的二十大、学习贯彻党的二十大精神这一主线，组织引导广大统战成员和统战干部扎实开展各具特色的学习实践活动，不断筑牢团结奋斗的共同思想政治基础。主题教育宣传。支持各民主党派、无党派人士开展"深化政治交接，锤炼能力作风，争先出彩二十大"主题教育活动，在非公有制经济人士中深入开展理想信念教育实践活动，在党外知识分子中开展践行社会主义核心价值观主题活动，支持在新的社会阶层人士中深入开展"凝聚新力量·筑梦新时代"主题教育活动，

其他领域结合各自工作特点，举办书画展览、辅导报告、演讲比赛、主题征文等活动，增进思想政治共识。学习培训提升。把党的二十大精神纳入"第一议题"、中心组理论学习、"三会一课"、主题党日活动内容，采取辅导讲座、讨论交流、专人领学等多种形式进行集中学习。坚持落实各民主党派、工商联、无党派人士联合中心组集中学习制度，年度组织联合中心组第 49 次集中学习，传达全国两会精神。组织各民主党派收听收看中共二十大盛况，围绕报告内容谈感想、谈体会，学习情况被《郑州日报》刊发。协助市委召开党外人士座谈会，通报党的二十大精神。引导各民主党派召开市委（扩大）会议，专题学习中国共产党第二十次全国代表大会精神，动员 245 个基层组织开展学习教育活动，确保学习教育全覆盖。开办"统战大讲堂"，依托"先锋讲坛""格局屏天下"郑州学习中心，及时召开辅导报告会，传达学习党中央和省市重要会议精神，引导广大统战干部和统战成员听党话、跟党走。实践活动牵引。围绕学习贯彻二十大精神和中央省委统战工作会议精神，着眼巩固和发展新时代统一战线，全面推动统战理论创新突破，确保上级决策部署在全市统战系统落实落地。印发《2022 年全市统战工作调研方案》《2022年度全市统一战线理论政策研究课题计划》，组织 7 个调研组到各区、县（市）开展大走访、大调研活动，形成调研报告 14 篇。召开"喜迎二十大，共话美好未来"涉台两岸婚姻家庭代表人士座谈会。组织全市统战系统 1.5 万余人参加"喜迎二十大，奋进新征程"网络知识竞赛，荣获全省"优秀组织奖"。编发《郑州统战信息》26 期，"最大同心圆"微信公众号共推送 226 期，推文 660 余篇，省委统战部采用"根在中原"网站采用我市信息 140 余条。配合中央统战部"讲述·非凡十年"征文活动，征集稿件 20 余篇。截至 8 月底，中央统战部采用郑州市统战部信息12 条，得分 120 分，暂居全省第一。

二、实施"五大行动"，聚焦重点求突破

着眼新形势新变化，注重系统谋划、整体推进，聚焦主责主业，抓

实"五大行动"，全面提升统战工作质效。实施参政议政增效行动，多党合作事业持续健康发展。紧扣政党协商水平提升，年度召开党外人士协商会、座谈会5次，确定重点调研课题14个，建立市民主党派"建言献策智库"队伍64名，组织撰写社情民意信息82篇，为市委、市政府决策提供参考。严肃纪律、严格程序、严把关口、严实责任，协助农工党郑州市委会圆满完成换届，顺利完成政治交接和组织交接，换届工作受到市委主要领导充分肯定，实现了"省委统战部满意、中共市委满意、广大成员满意"的目标。协助做好民主党党派省委会50余名换届人选的推荐考察、思想引导和教育培训。支持各民主党派开展"一党派一品牌"社会服务活动，年度开展社会服务20余次。加强无党派人士队伍建设，调整充实全市无党派人士人物库724人，人员结构进一步优化，市党外知识分子联谊会筹建工作稳步推进。实施民族宗教和谐行动，民族宗教工作水平不断提升。以铸牢中华民族共同体意识为主线，深化民族团结进步创建"7+N"活动。扎实开展铸牢中华民族共同体意识主题教育和民族宗教政策法规集中宣传月活动，制作宣传横幅5000余条、宣传板800余块，发放宣传资料30余万份。审定推荐惠济区、管城区西大街街道等3家单位为第十批全国民族团结进步示范区、示范单位。争取中央、省级衔接推进乡村振兴补助资金222万元，下拨市级资金300万元，对接扶持项目17个。实施"两个健康"提升行动，民营经济统战工作提档升级。严格标准程序，认真细致做好省工商联换届人选推荐工作。按照"三好一强"标准选配人选，圆满完成市县两级工商联换届，两级工商联党组书记、主席配备齐全，班子结构进一步优化。举办郑州市规模以上企业家高端研修班，组织非公经济人士线上线下培训64次，参训6000余人次，促进民营经济人士健康成长。积极向省推荐民营经济出彩河南人16名，省优秀民营企业28家、优秀民营企业家26名，"光彩之星"年度项目2个、年度人物1名。实施民营企业发展护航行动，提升服务民营企业的质效。大力宣传惠企政策，民营企业诉求响应平台注册企业5.6万余家，年度收到并办结诉求34个。抓好新时代民营经济"两个健康"示范区县（市）创建，"两个健康"持续深化。实施新的社会阶层人士出彩行动，新阶层人士统战工作创新发展。持续实施"扫盲区、归队伍、创品牌"三年行动计划，将新的社会阶层人士有效组织起来，全市208个乡镇级（街道办）完成建立联谊组织，实现市、县、乡三级联谊组织全覆盖。打造实践创新基地特色品牌项目37个，巩固提升实践创新"精品工程"6个，实现新的社会阶层人士统战工作"全域化"。全市新联会以联谊交友、会长轮值、座谈交流等形式，组织开展各类社会公益服务活动50余场次，受益群众上万人。疫情期间，累计捐赠款物418.2万元，各级联谊组织作用进一步彰显。积极探索新阶层代表人士综合评价体系，率先在金水区、新郑市进行示范试点。研究制定《郑州市"新乡贤回归工程"三年行动（2022—2024年）实施意见（试行）》，探索实施"新乡贤回归工程"，试点工作有序推进。实施港澳台侨凝聚行动，将港澳台侨海外统战工作开展得有声有色。组织开展台青台胞"品读郑州"特色交流活动，做好"台青黄河游记"两岸媒体采访郑州段活动和"2022两岸关系研讨会"参访代表接待工作。组织郑州市近2万名党员干部观看涉台教育"专家开讲"网络直播，促进两岸交流交融。严格规范赴台交流报批，年度受理因公赴台团组2批次。年度处理涉台信访投诉9起，持续推进涉台积案化解。积极参与郑州市利用"四个专班"招商活动，开展"台商郑州行"活动3次，参与台商50余人次，全年新增台资企业24家。指导市台协完成换届。圆满完成壬寅年黄帝故里拜祖大典嘉宾邀请及接待工作，我部被市委市政府评为筹办工作先进单位。加强欧美同学会组织建设，充实完善归国留学人员人才队伍，建立1512人的代表人士人物库。2月，河南欧美同学会郑州海归创新创业中心揭牌。关注台界侨界民生，接待侨务信访咨询800余人次，办理涉侨政务事项74件，看望慰问贫困台胞侨眷和代表人士102人次，发放老归侨困难补助金17万余元，发放困难企业老归侨退休生活补助9.6万元，切实把党和政府的关怀落到实处。

三、强化"四个建设"，筑牢根基增活力

注重理论武装，坚持党建引领，锤炼能力作风，切实提升统战工作

水平，实现统战工作规范运行。从严治党，强化机关党的建设。落实部务会"第一议题"制度，印发《市委统战部理论学习中心组2022年度分专题集体学习安排》，部务会先后3次以"第一议题"形式学习习近平总书记最新重要讲话精神，召开中心组（扩大）会14次。落实党员学习日制度，组织党员集体学习38次，开展各种学习教育活动9次，专题辅导报告会8场，开展线上学习交流6次。制定《2022年清廉统战建设工作方案》，落实领导干部"一岗双责"，层层签订党风廉政责任书。强化"以案促改"警示教育，编发《简报》18期，做好"1＋N＋E"智慧监督平台建设，筑牢党风廉政建设"防火墙"。召开组织生活会、"7·20"特大暴雨灾害追责问责案件以案促改专题组织生活会，严格落实"三会一课"等基本组织生活制度，27名党员被评定为优秀共产党员。大力开展"三标"活动，工作中主动亮身份、亮职责、亮承诺、争先进，疫情防控中向分包社区和居住地区"双报到"，开展协助核酸检测等社区服务工作1000余人次。印发《2022年精神文明建设工作要点》《创建全国文明单位工作实施方案》《关于持续推进创建全国文明单位"五项活动"的通知》，开展各类创建活动65次，持续推进"5＋1"群众性精神文明创建活动走深走实，不断巩固文明单位创建成果。凝心聚力，强化大统战格局建设。加强党对统战工作的全面领导，将统战工作作为党的建设专项考核重要内容，一并纳入全市综合考评体系。调整健全市委统一战线工作领导小组、市委台湾工作领导小组和各专项协调机制组成人员，充分发挥职能作用，明确成员单位职责分工，围绕《条例》要求，进行重点任务分解，建立"1＋5＋4"重大专项，成立28个工作专班，细化303个工作事项，定期开展讲评督办，推动《条例》走深走实。守牢底线，强化防范风险体系建设。认真贯彻落实《信访工作条例》，着力推进重复信访积案专项治理，解决信访案件4起。扎实做好"7·20"特大暴雨灾害追责问责案件"以案促改"工作，举一反三，全面排查风险隐患，以民族、宗教、民营经济、港澳台和海外领域为重点，建立健全统战系统防风险分析研判工作机制，组织市县统战、民宗及相关部门参加防范风险隐患调度会4次，召开全市统战系统防风险周分析研判会22次。开展保密教育培训和检查，定期排查研判意识形态领域风险，严防统一战线领域各类风险集聚、扩散、升级，确保统战领域平安健康发展。笃行实干，强化干部能力作风建设。成立市委统战部"能力作风建设年"活动领导小组，制定《市委统战部关于开展"能力作风建设年"活动的实施方案》《市委统战部能力作风建设年党员干部对标找差"四问"大讨论方案》，聚焦"提升能力、锻造作风、实干立身、争先出彩"主题，着力强化"政治能力""调研能力""创新能力""专业能力"，坚持深学细悟、深查细纠、深做细做，把"能力作风建设年"活动同做好各领域统战工作结合起来，紧扣主业主责方面亟待破解的135条问题难题和127条能力短板，各支部共制定整改措施262条，在固强补弱中推动转作风、提素能，推动形成锐意进取、攻坚克难、奋力开拓的干事氛围。

郑州航空港经济综合实验区（郑州新郑综合保税区）2022年经济社会发展报告

郑州航空港经济综合实验区（郑州新郑综合保税区）管理委员会

2022年，郑州航空港经济综合实验区（简称"航空港区"）锚定"两个确保"、实施"十大战略"，以喜迎二十大、宣传贯彻党的二十大精神为主线，以"三学三提升"为牵引，以体制机制重塑重构改革为动力，以全面从严治党为保障，高效统筹疫情防控和经济社会发展，扎实推进枢纽建设、产业培育、科技创新、城市塑造，争当全国航空经济发展的顶梁柱、制度型开放的排头兵，现代化国际化世界级物流枢纽建设迈出坚实步伐。2022年地区生产总值同比增长3.7%；规模以上工业增加值同比增长9.7%；社会消费品零售总额同比增长3.9%；一般公共预算收入同比增长3.7%。

一、统筹经济运行有力有效

全面落实高效统筹疫情防控和经济社会发展"1＋1＋N"工作体系，形成了以"四保"白名单企业（项目）为抓手的双线嵌合工作机制，为应急状态下保障重点企业（项目）生产经营奠定基础。尤其是富士康郑州科技园在受到了较大冲击的不利局面下，成为富士康在全国 45 个工厂中唯一实现全年未停产的工厂，全年实现产值超 5000 亿元，同比增长 9％以上，为稳定全区经济大盘发挥了"压舱石"作用。全面贯彻稳经济一揽子政策和接续政策措施，结合实际制定贯彻落实方案，建立台账化周报告机制，最大限度推动政策红利直达市场主体。研究出台稳经济促增长"10 条"、加快人才集聚促进房地产市场平稳健康发展"21 条"等政策措施，为企业爬坡过坎增添了底气和动力，落实各项政策惠企纾困资金 40 亿元，涉企无分歧账款清偿率达 100％。用活政策性金融工具，郑州航空港经济实验区新能源双碳产业园等 6 个项目通过国家发改委审核，郑州国际陆港等 3 个项目完成政策性金融投放 14.4 亿元。建立常态化经济运行监测研判调度机制，每季度印发工作方案，项目化、清单化推动各项工作落实，为经济平稳运行、快速恢复奠定基础。

二、产业发展体系更加明晰

围绕航空物流、高端制造、现代服务业三大主导产业，以"优势再造抢跑新赛道、创新驱动培育新动能"为主攻方向，谋划"6＋6"产业体系，创新开展产业链招商、平台招商、以商招商、资本招商，创新实施"头部企业＋运营公司＋孵化器＋生态构建"的项目建设运营模式，建立"链长制＋指挥部"，大力推行"模拟审批""容缺办理""联审联批"，坚持"签约即拿地、拿地即开工"和重点项目周例会等工作机制，全力打造以航空经济为引领的现代产业基地，初步形成了以航空物流、电子信息、生物医药、新能源汽车、航空制造、现代服务业为支撑的现代产业体系。航空物流产业，已入驻卢森堡货航、中原龙浩、顺丰、"三通一达"等物流业企业 400 余家，构建了服务于航空运输的现代物流产业体系，形成了电子产品和高端汽车零配件分拨中心、时尚服装分拨基地以及生鲜冷链、快邮件和跨境电商等新兴产业的集聚。电子信息产业领域，超聚变、光力半导体、记忆科技等高端电子产业落地投产，形成了从关键核心元器件到高端整机品牌、"芯屏网端器"全产业生态圈，成为全球重要的智能终端制造基地。2022 年电子信息产值突破 5000 亿元，达到 5281.4 亿元。生物医药产业领域，建成临空生物医药产业园，是河南省规模最大的生命科学与生物技术研发生产创新创业基地，也是河南省首家生物医药 CXO 一体化中试基地，已汇聚鸿运华宁、晟斯生物、美泰宝等一批生物医药领域龙头企业，截至 2022 年投产企业增至 33 家。

新能源汽车产业领域，比亚迪车厂车灯产线已率先投产，兴港新能源产业基地 2023 年将正式投产，相继引入一批动力电池、车规级半导体等配套企业，两年内将再形成一个千亿级先进制造业产业集群。航空航天产业领域，建成航空制造产业园，西安飞宇、广东优翼、艾维克等一批航空制造、航材供应企业相继入驻，2022 年 6 月份首套"河南造"航空模拟仿真设备走出国门。现代服务产业，已形成航空飞行培训、人力资源、跨境电商、飞机租赁、商贸会展等"多点开花"发展格局。截至 2022 年底，市场主体突破 6 万户，总量是 2012 年的 9.3 倍；规模以上服务业年营业收入达 340 亿元，限额以上贸易企业年销售额超过 1500 亿元。

三、枢纽开放势能显著提升

机场三期北货运区建成投用，郑州机场具备 4000 万人次、110 万吨的客货运保障能力。郑州国际邮件枢纽口岸获批，成为我国继北京、上海、广州后第四个重要国际邮件枢纽口岸。高铁郑州航空港站建成投用，形成河南"米"字形高铁网和中原城市群城际铁路网的重要枢纽站。国际陆港航空港片区开工建设，郑州港完成选址。郑许市域铁路即将投入运行，20 条道路优化提升项目有序推进。郑州机场电子货运、海外货站、空空中转等三大试点加快推进，国际地区通航城市增加至 42 个，全球货运前 20 位国际枢纽机场中开通 17 个航点。郑州机场全年累计完成旅客吞吐量 922.17 万人次，其中国际地区 4.46 万人次，同比增长 0.32%；累计完成货邮吞吐量 62.47 万吨，连续两年排名全国第六，其中国际地区货运量累计完成 52.2 万吨，占全部货邮吞吐量的 83.6%。成功举办郑州—卢森堡"空中丝绸之路"国际合作论坛分论坛，郑州—卢森堡

"空中丝绸之路"建设获评"全球服务实践案例"，河南—柬埔寨—东盟"空中丝路"启动建设。郑州新郑综保区获得全国海关特殊监管区绩效评估A类，稳居中部地区第一位。获批国家进口贸易促进创新示范区。

四、改革创新动力持续增强

重塑重构郑州航空港区管理体制机制有序推进，省委赋予新定位新目标新要求，战略优势进一步强化。航空港投资集团、科创集团两大平台公司成功转制，竞争力进一步增强。初步完成"管委会＋公司""三化三制"改革方案，为商务科教、空铁会展、双鹤湖科创、先进制造、国际港务五大产业园区全面开发建设积蓄能量。系统推进营商环境重塑，加快优化营商环境"1＋22＋2"一揽子改革方案落地见效，设立24小时助企服务热线和投诉监督通道，全面实现"清单之外无审批""大厅之外无审批""平台之外无审批"，极简审批、免证可办、免申即享、有诉即办、审管协同全覆盖，进一步提升企业群众办事体验感、满意度，叫响航空港区品牌。研究制定"1＋14"系列人才政策，柔性链接优质科创资源，新引进院士团队1个，认定市级高层次人才3名，入选郑州市首批产业急需紧缺人才88名，入选市级领航型和成长型企业家16名，新签约人才项目22个，新引进青年人才5.3万余名。2022年，新培育推荐郑州市科技型企业62家、国家科技型中小企业210家、高新技术后备企业78家，认定工程技术研究中心7家、省级企业技术中心2家。截至目前，全区科技型企业、高新技术企业累计分别达到395家、138家，市级以上研发平台累计达到133个，"专精特新"企业累计61家，高新技术产业增加值占规模以上工业增加值比重达到98％以上。

五、城市功能品质持续提升

岗李乡、大马乡等四个乡镇实现无感移交，实际管辖面积达到747.8平方公里。抢抓国土空间规划编制的历史性机遇，积极争取最优"三区三线"划定成果，新增城镇建设用地 223 平方公里，发展空间进一步打开。统筹生产、生活、生态空间布局，积极建立完善"总体规划—国土空间规划—重点片区规划—城市设计"四位一体的城市规划体系。河南省职工文体中心建成投用，河南省体育综合训练中心暨全民健身中心项目落地入区，高品质公共服务供给有效改善。新增绿化面积约 20 万平方米，空气优良天数达 190 余天，梅河老庄尚断面和丈八沟梁家桥断面各考核因子均达到地表水Ⅲ类标准。纳入市灾后重建项目库的 24 个项目全部完工，城市防灾减灾能力稳步提升，全区灾后重建工作获得郑州市能力作风建设年活动重点任务推进落实重点问题攻坚化解先进单位。大力推进教育医疗等公共服务均衡发展，回民中学航空港校区、桐柏一中实验学校建成投用，郑州财经学院航空港校区、郑州工程技术学院航空港校区、社区卫生服务中心、婴幼儿托育中心等项目顺利推进。前瞻推动数字城市建设，全域可视化项目加快推进，社会治理网格化运行管理平台已上线运行，网格电子地图已实现全域覆盖。

六、人民生活水平稳步提高

坚持就业优先，民生为本，积极做好高校毕业生、返乡农民工就业工作，新增城镇就业 6300 人，新增农村劳动力转移就业 1886 人。积极落实阶段性降低失业保险、工伤保险费率，失业保险稳岗返还以及特困行业阶段性缓缴社会保险费等政策，累计减征参保企业失业、工伤两项保险费 3434 余万元。加快推进安置房建设，新开工 26.47 万平方米，回迁群众约 6800 人。扎实推进脱贫攻坚与乡村振兴有效衔接，持续巩固脱贫攻坚成果，积极开展农村人居环境整治，推动乡村产业、人才、组织、生态、文化等全面振兴，坚决守住不发生规模性返贫底线。严格落实安全生产责任制，深入开展专项大排查大整治，切实抓好交通运输、消防、建筑工地、食品药品等领域安全。深入推进重复信访积案集中专项治理，积极做好欠薪、问题楼盘等问题化解。深入推进扫黑除恶专项斗争，稳步实施一批民生实事，社会大局保持和谐稳定。

郑东新区 2022 年经济社会发展报告

郑州市郑东新区管理委员会

2022 年，郑东新区 GDP 完成 1288.9 亿元，增速 1％，规模居全市第二、开发区第一；固定资产投资完成 496.4 亿元，规模居全市第一；社会消费品零售总额完成 567.6 亿元，规模居全市第二、开发区第一；规模以上工业累计完成增加值 31 亿元，同比增长 46.7％，增速居全市第一；扣除留抵退税因素，一般公共预算收入完成 127.3 亿元，税收规模、税收质量均居全市第一。全省 7 期"三个一批"活动中，高标准承办第三期和第六期"三个一批"重大项目建设活动，累计上报项目 72 个，总投资 979.9 亿元，开工率、投产率、达效率均为 100％。全区 65 个省市重点项目，完成投资 391.4 亿元，2022 年重大项目建设综合评价位居开发区第一。

一、聚合创新要素，中原科技城"磁场效应"加速释放

"三合一"融合发展提质增速。成立融合服务专班，加快推进国家技术转移郑州中心建设，河南省科学院 6 月 27 日正式入驻国家技术转移郑州中心，推动出台《河南省科学院发展促进条例》等法律文件。推进北理工郑州研究院、人工智能公共实验室等 6 个首批中原科技城双向融入

项目建设；23位首席科学家入职河南省科学院，服务保障河南省科学院组建数学研究所等6个研究院所，形成科研院所集聚之势。顶尖高校中原科学园规划选址方案获楼阳生书记签批，《中原科技城总体城市设计》编制工作被省委专题纪要予以肯定。

双招双引持续发力。围绕数字经济、生命科学主导产业，瞄准科技型"头部"企业、大院名所、人才团队等，招大引强、招新引优，累计招引华为中原总部、微软云暨移动创新中心等领军项目277个（2022年招引169个），推动嵩山实验室、黄河实验室等4个省级实验室建设运营，天健先进生物医学实验室即将挂牌，河南先进航空仿真技术研究院、文学军院士国际生物医学材料研究院等专业研究机构加快入驻，河南省电子装备柔性中试基地等10余家高能级科研机构纷纷入驻。引进各类高层次人才1316名。出台优秀人才经济贡献奖励实施细则，对年薪40万元以上优秀人才给予最高20%经济贡献奖励，最大力度激励优秀人才创新创业，累计审核1382人，初步测算奖励资金超1亿元。

龙子湖智慧岛No.1标准化建设全省推广。吸纳25名专家学者，引入上海张江跨国创新孵化平台运营团队，导入上海双创生态、专家赋能、企业助成、融通发展、品牌虹吸等五大双创体系，搭建中原龙子湖智慧岛No.1的数智双创平台，形成集产业、金融、人才等为一体的国际化、全链条双创生态。先后出台省、市支持中原龙子湖智慧岛No.1建设若干措施，制定完善建设工作方案、理事会章程等标准化规章制度，近日全省范围内选出15个"智慧岛"达到建设标准，智慧岛双创模式在全省得到复制推广。

项目建设提速增效。嵩山实验室正式入驻基金大厦办公，哈工大郑州研究院一期建成投用、二期开工建设。超聚变总部及研发中心、华为中原区域总部项目开工建设。马歇尔国际消化中心、3DXRAM新型储存器等重点项目加快推进。郑州国际文化交流中心、中原科技城科技创新园等"四梁八柱"项目主体全部封顶，总投资120亿元的鲲鹏软件小镇部分建成运营，签约引进各类项目37个。建设河南省区块链、元宇宙、网络货运数字等产业园，打造各级应用场景，实现未来产业前瞻布局，已引进远渡科技、北京极简、杭州趣链等高科技项目 95 个，初步形成创新驱动发展的良好局面。

双拎服务不断优化。整合楼宇资源近 170 万平方米，依托"10＋1"产业园，租赁 15 万平方米载体空间，为郑州数据交易中心等 40 余家省市重点项目及企业提供办公空间。储备人才房源 2000 余套，打造拎包公寓 500 余套，为河南省科学院、哈工大郑州研究院等 10 余个重点项目精准提供 280 余套拎包公寓。"双拎空间"服务体系日益完善。

二、全面优化升级，现代化产业体系加快构建

金融业发展态势良好。引入各类持牌金融机构 18 家，累计引入 407 家。郑州商品交易所新一代大数据和技术中心项目完成初步选址，中原银行旗下邦银金融租赁股份有限公司入驻东区，浙商银行、光大银行等大型金融机构落户龙湖金融岛。成功举办 2022 中国（郑州）国际期货论坛，郑商所国际影响力不断扩大。新增私募基金类企业注册设立 28 家，新增完成中国基金业协会备案登记的私募基金类企业 18 家。

总部经济持续加强。新增市级总部企业 8 家，新增总部企业数量全市第一。洽谈对接龙芯中科总部、新华三中原研发总部等项目 20 余个，签约东盟中心、中航建华中区域总部等项目 14 个，签约总金额 527.8 亿元。新引进超聚变总部基地及研发中心、华润数科中部区域总部等头部企业 13 家；新引进超凡视觉中原区域总部等省内外科技型企业 40 余家，计划总投资超过 230 亿元。

楼宇经济持续提升。建成投用商务楼宇 304 栋，总建筑面积 1380 万平方米，较去年增加超 20 万平方米；全口径税收超亿元楼宇 44 栋；新入驻中建二局四公司华中分公司等 70 余家办公企业，累计出租面积 1020 万平方米，出租率达 92％。

国际化商业体系初步构建。以建设国际消费中心城市先导区为引领，引进大型高端商贸企业、贸易型总部企业和商业连锁企业。目前，全区共有 11 个大型商业网点纳入管理，商业面积 203 万平方米，从业人员超

2万人，年度营业额达70亿元，纳税总额2.6亿元，华润万象城、新时代广场等高端商贸品牌纷纷入驻。

三、坚持改革开放，动能活力不断激发

开发区改革取得阶段性成果。深入贯彻省市关于开发区改革的重大部署，推动开发区明确主导产业、组建市场化运营公司、提前完成社会职能剥离。2022年7月21日先进制造业开发区党工委、管委会正式挂牌，7月底顺利通过全省开发区改革阶段性评估，圆满完成阶段性改革任务。

改革创新亮点纷呈。深入开展"万人助万企"活动，梳理统计全区948家重点税源企业，构建"政府主导、财政牵头、部门联动、属地跟踪、服务企业"的工作闭环模式。"万人助万企"活动第一季度排名开发区第二，其余三个季度均排名第一，受到安伟书记批示表扬。深化政务服务改革，开通"惠企政策一键直达"专区，梳理东区"助企纾困"政策135条、"惠民利民"政策71条。依托一体化政务服务平台技术支撑，梳理政务服务"免证办"事项清单30项，累计"免证办"722件，个体工商户"证照联办"全省率先投入运行。全区全年新增市场主体近4.8万家，市场主体累计近22万家，荣获2022年度郑州市"放管服"改革工作先进集体。

对外开放踱疾步稳。在自贸特色创新、外资外贸提升、特色金融培育等方面形成政策支持，突出自贸特色，与金融、总部经济和中原科技城专项政策形成优势互补，打造"1＋N"自贸政策体系。自贸区内新注册企业9927家（其中新设立外商投资企业39家），占郑州片区的74%；注册资本577亿元，占郑州片区的73%，新注册企业数与新增注册资本数均居郑州片区首位。《构建线上线下一体化全方位"双创"服务新模式》等2个案例入选河南自贸试验区第四批最佳实践案例。四是营商环境优化升级。印发《郑东新区2022年营商环境优化提升总体方案》，明确了"2022年营商环境评价进入全省市辖区前五名"目标和4个方面55

项措施；制定 9 个专项整改提升工作方案，细化工作措施 140 项，形成郑东新区营商环境优化提升"1＋1＋9"体系；打造任务清单、问题清单、创新清单"三个清单"，定责任、定时限、定标准、定措施，紧盯不放，营商环境得到全面优化。

四、突出精细管理，城市品质稳步提升

规划引领持续强化。将中原科技城总体城市设计成果纳入全市国土空间总体规划，高标准完成"三区三线"划定，调出基本农田 5 万亩，有力保障东区发展潜力和发展空间。将中原科技城全域划分为 65 个单元，进一步完善郑东新区规划体系，完成郑东新区应急避难场所专项规划、龙子湖智慧岛提升规划，落实韧性城市规划，启动郑东新区先进制造业开发区国土空间规划，规划引领作用持续深化。

城市管理水平持续提升。以智慧城市管理中心为核心，打造"1＋1＋N"新型城市基础设施，建设智慧城管、智慧公厕、智慧市政、智慧街区、智慧停车等平台，形成城市管理、社会治理、民生服务、产业发展等四大类 28 个业务应用。首届中原科技城金融岛·美好生活节、智慧岛"欢乐运动季"等活动成功举办，城市活力持续激发，社会各界反响良好。聚焦"序化、洁化、绿化、亮化"目标任务，推进城市精细化管理工作，建成公共停车场 23 处、停车泊位 6766 个，实现全区 185 处停车场 8 万余个停车位首小时免费停放，拆除各类违法建设 228 处、27 万余平方米，2022 年全市城市精细化管理工作年度考核排名第一，累计获市财政奖励资金 850 万元。

基础设施建设持续完善。新开工思源东街（商鼎路—莲湖路）、龙文路（中州大道—丰熙街）等 32 个项目；完工博学路（七里河南路—商鼎路）、魏河两岸（龙源西七街—龙源路）雨水泵站等 7 个工程。全区道路长度累计达到 940 公里，实现通车里程 677 公里，建成桥梁 115 座。龙湖区域路网已基本贯通，龙湖金融岛外环路地下空间工程已完成 9 处合建段主体结构施工，内环主管廊管道安装完成，内湖景观工程全部完成。

CBD副中心综合管廊工程、东站东广场地下空间主体工程完成竣工验收。

生态环境保护持续发力。开展环境污染防治攻坚,利用网格化大气监测监管系统对高值点位进行派单并督促整改,推进土壤、地下水污染协同防控,进一步改善大气、水、土壤环境质量,积极推进农村环境、"散乱污"企业综合整治,全年大气污染防治综合排名全市第一。象山人才公园和科学公园两个综合性公园完成建设,红染园、锦棠园等8个游园建成开放,新增绿化面积约87.6万平方米,完成全年目标任务的125%。

五、持续改善民生,群众生活幸福美好

聚焦优质均衡,育人水平全面提升。实施郑东新区中小学集团化办学,新组建8个教育集团,促进辖区义务教育优质均衡发展。全年新开工雍华路小学、春蕾幼儿园、云台路幼儿园3个项目,续建清华附中等14个项目,完成投资3.36亿元。全区公办园数量达到56所,学位19080个,公办学位占比58%,全面确立了学前教育阶段的政府主导地位。一年来,先后荣获全省义务教育阶段课后服务示范区、全省教育宣传先进县(市、区)、中小学信息化教学改革实验区等荣誉称号。

聚焦稳岗就业,社会保障不断强化。举办"万人助万企"等招聘活动21场,提供岗位4.5万个;"人人持证·技能河南"培训3.5万人次,新增技能人才4.3万人,完成比例居全市第一。大学生就业1.2万余人,完成全年目标的179%。策划"赢未来·汇郑东"青年大学生郑东行,吸引全国超5000名大学生参与,反响热烈。持续开展根治欠薪工作,办理各类平台欠薪问题线索1.2万余件,共为8100余名农民工追讨欠薪8500余万元。受理劳动人事争议案件3485件,涉及金额1.8亿元。探索"四有五联"劳动人事争议处理新模式,被河南省人力资源和社会保障厅推荐为全国调解仲裁领域先进单位,郑州国家干线公路物流港建设开发投资有限公司劳动人事争议调解委员会被人社部表彰为2022年度工作突出基层劳动人事争议调解组织,商都路办事处劳动争议调解中心荣获全省

第一批金牌劳动人事争议调解组织。

聚焦"一老一小"，服务能力不断拓展。依托互联网、物联网、大数据等信息化手段，深耕数字化居家养老服务新体系，建立"互联网居家养老"新模式，精准对接老年群体居家服务需求，开通助行、助急、助餐、助浴、助医、助洁"六助"重点服务项目，全区老年人入网率100%。建成1个街道养老服务中心，17个社区日间照料中心，龙湖办事处小郭村获评全市老年友好型社区。在河南省儿童医院挂牌成立郑东新区托育指导中心，成立7家街道普惠托育中心，老有所养、幼有所育的"一老一幼"人口服务体系进一步完善。

六、坚守底线红线，社会大局安全稳定

平安建设取得新突破。圆满完成"两会""二十大"等重大活动信访保障任务，二十大期间，实现零赴京、零登记、零滞留的"三零"目标，被评为全省二十大维稳安保工作表现突出集体。"零上访""四无"乡镇创建取得良好成绩，"零上访"村（社区）达到125个，占比87%，"零上访"企事业单位1500个，占比96%。信访代办案件共145起，成功化解139起，化解率96%，获得全省治理重复信访、化解信访积案先进单位，连续6年被评为全省平安建设工作先进单位。

刚性落实耕地保护任务。倒排工期、专班推进、连续作战，按时超额完成耕地流出问题排查整改任务，实现省级审核通过复耕面积3653.4亩，复耕通过率110%，获得省市充分肯定，被授予"郑州市耕地流出问题排查整改工作攻坚克难先进集体"。

城市本质安全水平巩固提升。全面推进"7·20"特大暴雨灾害灾后整改和重建工作，进一步编制完善防汛救灾应急预案，优化提升城市设施管养水平。区本级共制定整改举措403条，各乡（镇）办事处、国有公司制定具体整改举措765条，工作完成率均为100%。灾后重建和减灾能力建设不断强化，市政管养范围内846.6公里雨水管线全部疏通，谋划实施灾后恢复重建和能力提升项目199个，总投资24.34亿元，完成

投资 21.72 亿元，已开工项目 199 个，开工率 100%；已竣工项目 195 个，竣工率 97.9%。祭城路街道办事处正光街社区被应急管理部评为全国综合减灾示范社区，如意湖办事处馨悦苑社区、博学路办事处明理路社区等被评为全省综合减灾（安全）示范社区。

七、加强党的建设，执政之基更加巩固

基层治理能力不断优化。贯彻基层党建质量提升三年行动计划和"五星"支部创建部署，打造 2 个"五星"村（社区）、35 个"四星"村（社区），以点带面推动村（社区）整体提升，4 个村（社区）书记荣获全市"十佳百优"。完成"两新"党组织负责人全员培训，打造提升 4 个非公党建示范点，累计建立非公企业党组织 156 个、社会组织党组织 29 个。深入推进党建引领网格化基层治理，划分一级网格 12 个、二级网格 159 个、三级网格 791 个，建立一级网格收集"六要素"工作排名机制，与效能考评挂钩，以"大数据＋网格化"赋能基层治理，商都路办事处、龙子湖街道党建引领网格化基层治理工作全市观摩，郑东新区在全市基层党建工作考核中排名第一。

干部队伍素质持续提升。落实"7·20"应急能力提升专项整改，分期分批开展党员干部应急培训 100 余期，覆盖 4000 余人；组织"万名党员进党校暨能力作风建设提升主题培训"和党的二十大精神教育培训，累计参训 2500 余人；举办"十大战略"、优化营商环境等 30 余期主题培训班，覆盖 3300 余人，党员干部素质得到锤炼、能力获得提升。

郑州经济技术开发区
2022年经济社会发展报告

2022年，郑州经济技术开发区（简称"郑州经开区"）以高质量发展为主线，以项目建设为抓手，推动"二次创业"走深走实，全区经济社会发展稳中提质，地区生产总值完成1265.9亿元；规模以上工业增加值完成581.1亿元；固定资产投资累计完成432.9亿元；社会消费品零售额完成477.1亿元；财政一般预算收入完成108.4亿元。在全国230家国家级经开区综合发展排名中位居第23名，首次在中西部地区国家级经开区中排名第三，超越长沙经开区、西安经开区、武汉经开区，连续三年稳居国家级经开区前30强，稳居第一方阵。

一、坚持"制造立区"，现代产业体系初步建立

把"先进制造业"发展作为强区兴区的主攻方向，发挥产业基础优势，引领带动产业提升，把"四大工程"（六大产业培育工程、六大板块打造工程、十大重点建设项目带动工程、十大招商项目引领工程）作为提高经开区产业集群规模、推动高质量发展的主抓手和硬支撑。目前已经形成了汽车及零部件、装备制造、现代物流三个千亿级主导产

业集群，初步打造了以生物医药大健康、新能源汽车、高端装备为代表的战略性新兴产业集群；加快培育了以氢能及燃料电池、前沿新材料、专精特新等为代表的未来产业集群。2022年规模以上工业产值完成1785.9亿元。

汽车产业。拥有上汽、海马、东风日产、宇通等整车厂4家，宇通重工、宇通专用车、森源鸿马、宇通商用车、宇通矿用设备等专用车厂7家，精益达、优尼冲压等配套零部件企业131家，形成了130万辆产能，占全省的70%以上。2022年汽车产值869亿元，整车产量44.2万辆。

装备制造业。获批打造新能源及智能网联汽车和高端装备2个产业集群。集聚了郑煤机、中铁装备、海尔、富泰华等一批行业龙头，郑煤机是世界最大的煤炭机械生产商，中铁装备稳居行业世界第一，海尔热水器互联工厂成为全球热水器行业第一座"灯塔工厂"。2022年装备制造业产值662.2亿元。

现代物流业。以医药物流、快递物流、保税物流、冷链物流、汽车物流等高附加值业态为重点，集聚4A级以上物流企业26家，建成仓储面积800万平方米。2022年现代物流业营业收入2385亿元。

其他产业。食品烟草业实现产值422.6亿元，同比增长5.1%。河南中烟完成产值296.7亿元，同比增长6.8%。郑州双汇、益海嘉里、中粮等食品加工产业产值超百亿。生物医药产业完成产值43.1亿元，同比增长14%。

二、坚持"开放带动"，枢纽能级持续提升

郑州经开区是河南省"五区联动"的重要平台、"四路协同"的主要载体。2022年，实际利用外资额1.45亿美元，同比增长300%；进出口总额553亿元，同比增长9.2%；引进境内域外资金49.5亿元。

"陆上丝绸之路"越跑越快。获批陆港型国家物流枢纽。中东部唯一中欧班列集结中心加快建设，全球汇总部基地港加快推进，"一带一路"国际商务区初具形象。国际货运班列（郑州）开行达到2050班，形成了

"十九站点、七口岸"国际物流网络体系。

"网上丝绸之路"越来越便捷。全国唯一跨境电子商务零售进口药品规模化运营,成功举办全球跨境电子商务大会。跨境电商进出口货值490亿元,同比增长7.5%。

"海上丝绸之路"越来越通达。大力发展海铁联运,新增郑州至江苏太仓港线路,累计开通6条联运专线,2022年海铁联运到发集装箱2.8万标箱,同比增长56%。

自贸区建设加快推进。郑州片区经开区管委会正式设立;累计上报30余条创新案例,增列"9710""9810"监管方式,实现了跨境电商出口业务全模式、物流全通道;"关检合一"通过海关总署验收,"关铁融合"大监管区列入国家亮点工程。经开综合保税区区域整合基本完成。

三、坚持"项目为王",发展基础更加夯实

高标准高质量推动项目建设,以"三个一批""万人助万企"活动为带动,突出项目带动,以项目建设为抓手,实施项目化推进,重点推进10个投资超30亿元的重点建设项目和10个投资额10亿元以上、具有带动性的重大招商引资项目,拓宽项目建设、招商引资广度和深度,从原有的具体项目建设向开放创新领域延伸,从原有的全域配套建设向核心区域打造延伸,充分发挥项目支撑产业发展、提升城市形象、突出开放引领、强化创新驱动的作用。成立服务部(指挥部),建立"1+1+1"服务专班,全过程统筹项目推进、投产运营、后期监管、以商招商等工作。坚持"招大引强",招商引资成效显著,2022年签约重点项目54个,总签约金额902.3亿元,完成目标任务的121%。2023年,共谋划项目397个,总投资3016.5亿元,年度计划投资424.3亿元。其中,储备项目101个,总投资1250.6亿元;拟开工项目154个,总投资632.4亿元,年度计划投资154.9亿元;在建项目142个,总投资1133.5亿元,年度计划投资260.3亿元;竣工项目125个,总投资556.9亿元。

四、坚持"创新驱动"，动力活力持续释放

郑州经开区是郑洛新自主创新示范区和河南大数据综合试验区的重要功能区。2022年高新技术产业产值完成1311.2亿元，高新技术产业增加值完成302.6亿元。聚集科技型企业876家，高新技术企业311家，市级以上研发中心376家（国家级14家、省级138家），入选国家、省市各级人才工程444人（国家级38人、省级64人），获批院士工作站13家、新型研发机构4家、省级产业技术创新战略联盟3个、市级及以上博士后科研平台15家、上市企业7家。研发投入强度达到3.87%。获批组建新发突发重大传染病检测国家工程研究中心，是近五年来河南省获批的唯一一家国家级研发中心。获批建设河南省煤矿智能开采装备产业研究院和河南省体外诊断产品中试基地，产业研究院、中试基地达到3家，实现汽车、装备制造、生物医药等主导产业全覆盖。

五、坚持"以人为本"，城市品质全面提升

全区建成区面积85.26平方公里。通车道路里程350千米，公交场站5个，公交线路41条，停车位2万个，绿地总面积2865公顷，绿地率44.28%，绿化覆盖率44.89%。辖区主要分为起步区、滨河国际新城、国际物流园区、祥云办事处四大片区。2023年谋划了"六大板块打造工程"，即"一带一路"国际商务区板块、滨河新城核心板块、国际物流园区核心板块、祥云板块、圃田生态新城板块、经开区中牟扩区板块。"一带一路"国际商务区板块着力打造创意城市、全球商品消费、国际物流枢纽三个示范性产城融合集聚中心。滨河新城核心板块立足打造"一核两轴六组团"的产业布局和生态宜居产城融合示范区。国际物流园区核心板块立足打造现代智慧物流服务的示范区和宜居宜业新城。祥云板块围绕7500亩产业用地谋划建立专业化产业园区。圃田生态新城板块立足建设产城高质量融合的生态新城。经开区中牟扩区板块打造"战新化"

智造核心区、"数智化"创新引领区、"未来型"产业集聚区、"乐享型"宜居示范区。

六、坚持"人民至上"，民生福祉持续改善

坚持政府主导征迁安置，累计完成投资 251.6 亿元，建成投用安置房 583 万平方米，回迁群众 9 万余人，回迁率 85% 以上。全面做好"双减"工作，课后延时服务实现全覆盖，校外培训全面规范。辖区共建成学校 103 所，包括公办职业技术院校 1 所，市属高中 1 所，中职中专 2 所，中小学 47 所，幼儿园 52 所，在校学生近 8 万名，教师人数 5700 余名。公立医院 3 所、民营医院 2 所，基层医疗卫生机构 7 所，床位近 2000 个，郑州大学第二附属医院（经开区院区）、郑州市第七人民医院新院区建设快速推进，区域医疗水平大幅提升。大气质量显著改善，2022 年度综合指数 4.57，优良天数 235 天，PM_{10} 浓度 74 微克/立方米，两项指标全市排名第一。扎实做好信访稳定工作，压实安全生产责任，全面推进问题楼盘化解和保交楼专项行动，社会大局和谐稳定，人民群众获得感幸福感安全感显著提升。

郑州高新技术产业开发区
2022年经济社会发展报告

郑州高新技术产业开发区管理委员会

2022年，郑州高新技术产业开发区（简称"郑州高新区"）面对五轮疫情的严重冲击、宏观经济的下行压力、紧迫艰巨的灾后重建等多重困难和严峻挑战，立足自身优势、坚定发展信心，顶压前行、负重奋进，科学统筹疫情防控和经济社会发展，全面统筹发展和安全，经济社会发展呈现出较好韧性和潜力，实现了稳中有进、稳中向好的良好局面。

一、主导产业提质转型，发展质效更加稳固

以电子信息产业作为战略支撑，持续完善"4＋4"产业体系，坚持"扩链强链""延链补链"，积极构建产业生态，推动制造业向数字化、高端化、绿色化、智能化转型，推动传统产业与新兴产业协同发展。成功举办2022世界传感器大会、第六届"强网杯"全国网络安全挑战赛和2022中国北斗应用大会等重大活动，主导产业影响力持续提升，传感器产业位列"中国十大传感器产业园区"第四名，中部第一。

双招双引取得实效。新签约项目29个，签约额404.5亿元；引进省外资金27.47亿元。新签约项目包括投资80亿元的天集科创基地、投资

30 亿元的上海重塑科技郑州燃料电池产业化基地、投资 17 亿元的艾格莱德汽车传感及控制器研发生产基地、投资 15 亿元的河北清华发展研究院清智机器人创新中心、投资 15 亿元的北斗产业园孵化基地、投资 5 亿元的中南大学粉末研究院等重大项目。

项目建设持续发力。常态化开展"三个一批"活动,强化项目储备,扎实推进省、市重点项目建设,提升土地、资金、基础配套设施等要素保障,推动落地项目早开工、早投产、早见效。年度共承担省市重点建设项目 53 个,完成投资 234.8 亿元,完成比例 101.2%。全年六期"三个一批"项目 25 个,总投资 304.05 亿元。其中,"签约一批"项目 3 个,总投资 55 亿元,履约率 100%,已全部完成工商注册落地及开工建设;"开工一批"项目 15 个,已全部开工建设,总投资 178.65 亿元;"投产一批"项目 7 个,河南明晟新材年产 15 万吨超硬板材生产等 6 个项目投产达效,达效率 85.7%。

智改数转深入推进。战略性新兴产业持续培优,战新产业增加值占高技术制造业的比重达 57.6%。高技术制造业增加值同比增长 15%,占规模以上工业的比重达 23.7%。按照"中小企业上公有云,大型企业根据需求建设私有云"的整体思路,实施差异化的上云策略,提升企业上云深度,新增上云企业 907 家,累计上云企业 6067 家。5 家企业获批智能车间工厂,占全市的 35%,累计获批 26 家智能车间工厂;5 个园区获批河南省软件产业园区,占全省的 56%。成功获批河南省首批未来产业先导区(量子信息、前沿新材料)、数字化转型示范区;国家网络安全教育技术产业融合发展试验区正在积极申建中。

企业培育量质双升。格力电器、汉威科技、思维列控、郑州机械研究所等 4 家企业被认定为 2022 年河南省制造业头雁企业,全市占比 23.5%;辉煌科技等 6 家企业被认定为 2022 年河南省制造业重点培育头雁企业,全市占比 20%;新增国家级专精特新"小巨人"企业 18 家,累计达到 41 家,占全市的 37.6%;新增 99 家省级专精特新企业,累计 176 家,全市占比近三分之一;入选河南省瞪羚企业 19 家,占全省总量的近 20%;新增"三高"企业 347 家,累计达到 1027 家,占全市的

35%；推荐 100 家企业申报郑州市高新技术创新"双百"企业。森鹏电子入选制造业单项冠军示范企业，郑州磨料磨具磨削研究所、郑州机械研究所的产品入选制造业单项冠军产品。汉威科技获评 2022 年河南省杰出民营企业。众智科技、秋乐种业等 2 家企业成功上市，驰诚股份已经过会。

二、创新能力加速提升，引领作用不断增强

聚焦"六个一流"，深入推进"创新驱动、科教兴省、人才强省"行动，加快提升科技创新能力，奋力建设创新高地人才高地。规模以上工业企业研发活动覆盖率达 83.97%，高于全市 25 个百分点。全社会研发投入 58.2 亿元，占全市的 18.8%；研发投入强度 10.6%，超过全市平均水平（2.4%）4 倍。

创新主体不断壮大。全年新通过高企评审 668 家，预计净增 300 家左右，高企总数达 1800 家，同比增长 20%；已入库国家科技型中小企业 3059 家，占全市的 37.3%，占全省的 13.9%，完成市定任务的 109%；入选河南省瞪羚企业 19 家，占全省总量的近 20%；入选河南省创新龙头企业 13 家，占全省的 11%；64 家企业入选郑州市高新技术创新"双百企业"，新增市级科技型企业备案 525 家，占全市入库企业的 27.5%，完成市定任务的 116%。新增国家级专业化众创空间 1 家、省级 3 家。搭建"从潜在瞪羚到独角兽"的新物种企业梯度培育体系，2022 年认定瞪羚独角兽梯度培育企业 258 家，同比增长 44.1%。其中，80% 的企业分布在数字经济、绿色科技和智能制造领域，并涌现出机器人、传感器、北斗、智能网联汽车等未来赛道企业，"硬科技"属性持续增强。

创新平台建设持续加快。新增 1 家省级制造业创新中心（智能传感器），累计 4 家，占全市的 67%。新培育 2 家省级创新联合体，占全省的 17%，新增 21 家市级中小企业公共服务示范平台，占全市的 34%，新增 5 家市级小型微型企业创业创新示范基地，占全市的 45%。中机新材、联睿电子、海融软件入选郑州市 2022 年新型研发机构。亿达科技园获批

国家小型微型企业创新创业示范基地。郑州高新"智慧岛"入选全省首批授牌名单。

创新人才队伍持续聚集。高层次人才申报获批位居全市前列，省级博士后创新实践基地获批 3 家，申报 2023 年度河南省留学人员科研择优资助项目 3 个；积极挖掘招聘科研助理岗 910 个，数量居全省第一，收到科技部感谢信；多渠道推进"20 万高校毕业生来郑留郑"工作，吸引 6875 名青年人才来区留区就业创业，完成全年目标任务的 119%。

创新模式持续优化。积极开展创新积分制试点工作，为 2575 家科技型企业进行创新积分评价，参评企业数量在全国 59 个试点高新区中排第七，累计为 2173 家创新积分企业发放 2.7 亿元惠企政策资金；实施关键核心技术"揭榜挂帅"制度，12 个项目成功面向全球引进技术合作伙伴，8 个项目获得省市立项支持；建立关键共性技术及卡脖子技术清单 64 项，56 项已经实现产业化，其中，高性能 ITO 靶材制备、硅基气体敏感薄膜兼容制造等技术打破世界垄断。在火炬中心国家级科技企业孵化器 2021 年度评价中，8 家国家级孵化器获得 A 类评价，全省占比 40%。

创新成果取得突破。组织推荐 23 个项目参加第二届全国颠覆性技术创新大赛，3 个项目进入领域赛，占全省的 60%。专利授权量达到 10549 件，其中发明专利授权 1892 件，增幅 40%，全市第一，万人有效发明专利拥有量为 156 件；4 家企业获得第 23 届中国专利奖，18 家企业获批 2022 年国家知识产权强企，占全省的 16%；完成技术合同登记额 146.21 亿元，同比增长 39%；成功获批河南省唯一一个国家级知识产权强国建设示范园区；成功举办 2022 年河南省工业互联网安全职业技能竞赛，并获得突出贡献奖。

协同创新能力持续提升。搭建产学研用金合作平台，深入开展科技、金融、人才、政策、招商、国际等六项协同，促成企业、高校、科研院所、金融机构等创新要素间合作。河南工大高新技术产业研究院正式成立；组织各类线上、线下产学研金培对接活动 49 场，参与 5532 人次；向企业推送科技成果 1027 项，促成合作 23 项，提升企业创新发展软实力。

三、持续深化关键领域改革，发展活力持续释放

"放管服效"改革深入推进。出台"首问负责""延时服务""周末不打烊"等创新措施，企业和群众获得感不断提升。上线"刷脸办"事项20项，网上可办事项占比达到90%，行政许可类即办件占比63%，各项指标在各区县（市）中位居前列。推行"工业定制地"改革，审批流程再优化，完成一天出"四证"，全省首个实现工业用地带"施工图"出让，新开普和机械研究所两个项目拿地即开工，工业"定制地"经验做法得到河南省自然资源厅的充分肯定和河南日报专题报道；全市率先实施工业用地弹性年期出让，有效降低企业用地成本，促进土地高效合理利用；郑州地铁五龙口停车场上盖物业作为全省"首个"轨道交通上盖物业开发项目成功出让，标志着高新区土地综合利用开发向三维空间拓展，有力促进郑州市轨道交通可持续健康发展；全市率先成立区级考古发掘队伍，缩短现场考古发掘时间三分之一以上。

探索实施市场化发展模式。通过项目融资、债券融资、股权合作等多种融资模式，盘活国有资产，撬动社会资本，摆脱财政依赖，有效解决了基础设施建设、产业发展所需大量资金难题，中部第一支Reits基金（房地产证券化）项目已报国家发改委在审。推动招商引资从"税收减免、房租补贴、土地优惠"的传统模式向"土地代征、厂房代建、股债联动、作价入股、基金支持、以投代补"等市场化合作模式转变，既增强了招商吸引力，又减轻了财政负担。持续深化国企改革，优化"1＋3＋N"组织架构和绩效管理体系，推动国有企业高质量发展。郑州高新投资控股集团净资产从67.78亿元增加到101.12亿元，增长49.19%，是省内为数不多的AA＋县区级国有政府平台公司，荣获2022河南省开发区"金星奖"。省内首家成功申报并顺利发行供应链金融资产支持专项计划（ABS）2.15亿元。

国际合作取得成果。通过美国科特勒咨询集团、中德友好协会等国

际合作资源，不断完善国际协同创新体系架构，引入德国施密德高端装备项目、海德堡柔性传感器项目等多个重点国际项目，与美国科罗拉多州立大学、英国思克莱德大学等高校联合建成机器人平台、工业物联网平台等 7 个专业技术服务平台，实现关键技术联合攻关。持续服务区内存量企业国际化合作，开展区内企业"走进世界 500 强"系列活动；对接莱茵测试、花旗银行、亚马逊等 10 余家外资机构与区内企业开展合作。积极申报国家海外人才离岸创新创业基地，已通过中国科协专家委员会评审。

开放发展持续强化。组织跨境电商培训及对接交流活动，帮助企业发展跨境电商业务，服务跨境卖家、助力企业"出海"。推进"外贸贷"和出口退税资金池业务，落实外资企业"白名单"制度，推动"首席服务官"服务，积极为外商投资企业排忧解难。跨境电商交易额预计完成 68 亿元，预计完成货物进出口额 73.93 亿元；实际吸收外资完成 526 万美元，服务外包新增活跃企业数 28 家。

政策创新走在前列。出台《郑州高新区加快推进高质量发展若干政策措施（2022 版）》，基本实现了惠企政策体系上下贯通。制定《郑州高新区 2022 年春节期间暖企暖工若干措施》，第一批兑现政策奖补资金 450 万元，助力广大企业抗疫解困；优化惠企政策体系，发布《郑州高新区稳增长促发展纾困帮扶若干措施》及其实施细则，兑现相关补贴 1524 万元；依托中原中小指数服务平台，首次实现 5 项政策共计 6764.5 万企业奖补资金"免申即享"；全力促进消费市场复苏，制定并实施《郑州高新区活力高新·2022 金秋促消费系列活动方案》，共发放消费补贴近 200 万元。

助企纾困精准有效。深入开展"万人助万企"活动累计走访企业 6151 家（次），召开 716 场座谈会，收集各类企业问题 1878 个，问题解决率 100%，省市交办问题解决率 96%；多措并举帮助企业稳岗生产，减免中小微企业房租 2970 万元；为企业共减免税 44.98 亿元，累计举办各类线上主题招聘会、直播带岗活动 12 场，服务企业 1500 余家（次），达成就业意向 9785 人，发放稳岗返还补贴 4797 万元，助力稳定就业 8.5

万人。

金融支撑作用强劲。通过线上＋线下方式撮合银企对接，共为区内企业放贷 352 亿元；帮助区内企业直接融资 12.06 亿元。"中原中小企业成长指数服务平台"累计上线信用、类信用产品 69 个，累计支持企业融资 68.4 亿元；2022 年指数平台与合作银行通过智能匹配，主动抓取、推送企业融资需求等，为 700 家企业发放贷款 12.69 亿元，累计支持平台内企业股权、债权融资 68.4 亿元，纯信用贷款金额、笔数占比均超过 80%；持续建设科技金融广场，累计注册基金和基金管理机构 150 家，基金管理规模超 1000 亿元；依托深交所河南基地，举办"新三板转板上市战略意义与价值座谈会"等多场次活动，组织《资本力量》"1＋6"系列活动 6 场，累计支持企业融资 8.7 亿元。助推高科技中小企业进入多层次资本市场，形成省重点上市后备企业 37 家，市重点上市后备企业 90 家，区重点上市后备企业 200 家的培育体系。

四、产城融合加快发展，城市品质加速改善

空间拓展迈出实质步伐。积极推进与荥阳市、兰考县的合作共建区域开发建设。272.5 平方公里的合作共建区建设正式实施，国土空间规划、产业规划和 29 个专项规划已启动，第一批谋划基础设施项目、产业项目和重大创新项目正在加快推进，长期制约高新区产业发展的空间瓶颈获得历史性突破。国土空间规划"三区三线"划定以及重点项目举证工作取得重大成果，原 99 平方公里区域内永久基本农田全部调减，新增建设用地 9.3 平方公里；合作共建区调减永久基本农田 24.8 平方公里，为高新区未来发展争取了宝贵的空间。核心板块方面，控制性详细规划获批，基础设施建设大头落地，"四横三纵"主干道贯通，次干道建设收尾，内外互联的交通体系基本形成；围绕科创岛、总部园、创享谷、文体坊四个功能片区，重点洽谈对接项目单位 30 多家；首开区中部智慧港项目顺利摘地，天集科创基地项目完成签约。城市更新方面，制定《郑州高新区产城更新区域概念性规划及重点片区城市设计》《郑州高新区产

城更新区域产业发展规划》两个专项规划；产城更新项目作为一个整体于年初纳入郑州市城市更新项目库，河南盛鼎建筑科技产业园作为产城更新首个项目顺利开工建设，31家更新企业已初步完成更新策划方案的编制，获批建设北斗等2家小微企业园。

安置房建设全面推进。实现新增开工安置房10.77万平方米（含货币化安置），持续推进244平方米安置房建设，竣工交付安置房256.29万平方米，新增回迁村庄5个、回迁群众1.6万人，累计群众回迁率达到92%，新增网签安置房9120套、79.94万平方米。出台《郑州高新区货币化安置工作指导意见》，3个项目已开展货币化安置工作，其中秦庄项目2789万元货币化资金已发放完毕；五龙口三期项目首期货币化资金3.5亿元已筹集到位，正在有序发放；赵村二期项目20.5万平方米货币化安置方案通过"4+2"工作法审定。同时，积极筹措安置房建设资金，申请发行并拨付任砦、榆林、郭村、岳岗等安置房项目棚改专项债共计9.5亿元，融资装地400.65亩、20.61亿元，盘活使用企业各类保证金、监管资金15亿元。

城市基础设施建设步伐加快。全年新建完工道路20条，通车里程11.2公里；完成道路中修8条，面积共计10.7万平方米，打通区管"断头路"4条，完成市级交办高新区"断头路"打通任务，完成开元路辅路等13条道路绿化工程，完成紫竹路等3条道路绿化提升工程，新建公厕6座，全区188座公厕年度开放率达到97.22%。新建供水管网25公里、供热管网11公里、燃气管网13公里，改造老旧供水管网1.5公里，新增供热面积142万平方米，"供水供热一张网"实质性推进。非居民用户燃气安全装置加装全部完成，居民用户加装完成6.8万户。

城市"四化"管理推进有力。完成各类路面巡查检修6935处，整修约2.3万平方米，取缔占道经营、流动摊点560余处；利用闲置地块设置临时停车泊位12620个，引入云中邑股份等社会资本，新建设14处停车场并投入使用；专项整治难点问题，拆除违建41处，治理提升公区窨井盖7750座，管网清淤65公里，城区主次干道实现机械化清扫，累计清理各类垃圾共计8.3万吨，生活垃圾转运处置"日产日清"，生活垃圾分类覆盖率达 100%；完成绿化面积 36 万平方米，新建公园 1 个、游园 2 个，辖区屋顶绿化累计完成 2000 平方米；开展园林式居住区（单位）创建工作，完成申报省级园林小区 5 个，市级园林小区 1 个。

数智治理探索成效显著。优化数智治理顶层设计，制定全流程网格化基层治理制度规范，构建直达网格的基层治理体系，划分 5 个一级网格、78 个二级网格、302 个三级网格，实现全区"一张网、一套格"，夯实城市要素数字化底座，建设"人、地、物、事、情、组织"六要素数据库，绘制网格化 GIS 平台底图。强化数智赋能创新，依托平台资源打造涵盖三级网格日常巡查、防洪排涝、智能 AI 发现、智慧环保、12345 市长热线、数字化城管等多模块运转的综合性运行管理平台，进一步丰富场景应用；完成三级网格 348 项责任事项清单梳理、推进重点人群"三色管理"工作标注等，不断推进新型智慧城市建设，有效提升城市运行水平。

城市精细管理能力持续加强。持续深化"大城管"体系，持续推动数智赋能基层治理下的新型智慧城市建设，夯实城市要素数字化底座，推动平台应用持续优化。创新管养方式有效承接市级道路、绿化下放移交，承接道路 12 条（段）；智慧城管一期工程进入实用化应用，建设 102 个智慧停车场，接入停车泊位数 4.7 万个。

五、扎实办好民生实事，公共服务持续完善

坚持政府过紧日子、群众过好日子，全年教育及社会保障支出 9.16 亿元，占比达到 25.2%。

大力推动就业广覆盖。扎实推进"人人持证、技能河南"建设，全年完成各类技能提升培训 19888 人次，新增技能人才 26772 人，其中新增高技能人才 9127 人。实现新增登记就业 8975 人，零就业家庭保持动态清零；就业见习单位达到 112 家，占全市的 20%，提供就业见习岗位 3700 个。

不断深化健康高新建设。郑州市中心医院高新院区、郑州中西医康

复医院已开工建设，上海中医药大学附属龙华医院河南医院建设项目积极推进。高新区医保中心挂牌运作，完成 3 家综合性医保服务站建设，做实医保服务"15 分钟服务圈"。养老服务体系加快完善，新建社区养老服务设施（颐养之家）6 个；开展政府购买养老服务，累计服务老人 7760 人次；建立区办两级未成年人保护工作站 6 个，挂牌成立"高新区托育指导中心"，新建普惠托育中心 4 个，组建 5 个"科学育儿指导服务中心"，推动婴幼儿照护健康发展，不断完善社会保障体系。

教育事业提质发展。新投入使用 10 所中小学，新增加优质学位 18420 个；郑州大学实验小学教育集团被评为"河南省义务教育阶段优质教育集团"，郑州中学附属小学等 2 家教育集团被评为"郑州市首批公办中小学优质教育集团"，八一中学等 8 所学校入选郑州市"新优质初中"名单。积极推进双重预防体系建设，已经建成安全双重预防体系中小学、幼儿园 21 所，正在进行 34 所；成立高新区学前教育集团，探索"幼小衔接"共建体系，有效发挥优质资源辐射力和带动力；新增全国科普教育基地 2 家、河南省科普教育基地 3 家，科普教育事业不断增强。

文化体育事业持续发展。新建健身路径 5 条、智能健身驿站 3 个、社区室内健身活动中心 6 处，注册建立乡村文化合作社 41 个；开展公益培训活动 300 余场，各类演出 44 场；依托高新区网络安全科技馆和天健湖公园，打造文化、科技、旅游为一体的综合类 A 级景区，目前已完成初期线路规划。

六、切实提升治理能力，安全底线有力守牢

灾后重建成效明显。编制完成了高新区突发事件总体应急预案、高新区防汛应急预案、抗旱应急预案和防汛紧急避险安置预案，防指各成员单位及辖属单位共编制各类防汛预案 223 个。组建管委会、办事处、村（社区）和重点企业三级共计 2385 人应急抢险队伍。建成防洪排涝预警监测系统一期项目，持续推进积水点改造、雨水管网改造等应急抢险工程，完成雨污水管网改造 8 条，疏挖排水管 47.37 公里；完成辖区 4

座雨水泵站检修提升及 10 个积水点改造作业。开展应急避难场所建设工作，共新建应急避难场所 Ⅰ 类 2 个、Ⅱ 类 2 个。累计安排灾后重建项目 61 个，已完工 59 个，计划 2023 年开工项目 2 个。

高效化解风险隐患。纳入省市问题楼盘台账项目 14 个，化解 11 个，社会广泛关注的永威西棠项目建设进展顺利，特别是疫情期间项目坚持施工、抢回三个多月的工期，业主代表比较满意。推动平安高新建设，开展"三零"平安创建活动，符合条件的村（社区）57 个，企事业单位 1336 个，均达到目标要求。圆满完成北京 2022 年冬奥会、各级"两会"及党的二十大等重大信访保障工作和安保维稳工作，平安高新建设成果持续巩固。

深入开展城镇燃气安全排查整治"百日行动"、自建房安全隐患排查整治、危化品领域专项行动等各项工作，围绕重点行业领域，强化安全隐患排查整治工作，严厉查处各类违法违规行为，排查整改各类隐患 19738 处，有力保障了安全生产形势稳定。开展春秋季学校食品安全专项检查、畜禽肉市场销售质量安全专项整治行动、中药饮片专项整治等共计 20 余次专项整治行动；对辖区食品经营单位实现全覆盖检查，食品安全实现"零事故"。192 家经营有重点品种的药品入驻"码上放心"药品追溯平台，入驻率 100％。

生态环境持续改善。坚持减污降碳协同增效，持续推进扬尘源、工业源、移动源、面源污染治理，空气质量排名持续改善，为近 5 年最好水平。2022 年综合指数 4.65，在市区组正排第六，同比上升 2 名。PM_{10}、$PM_{2.5}$、NO_2 三项主要污染物浓度分别为 76 微克/立方米、43 微克/立方米、28 微克/立方米，超额完成市定年度目标，优良天数 230 天，超额完成市定年度目标。黑臭水体动态清零，土壤质量持续稳定，中央环保督察反馈问题全部整改到位，实现经济发展和生态环境保护"双赢"。

登封市 2022 年经济社会发展报告

登封市人民政府

2022 年，登封市承压奋进、聚势谋远，坚定信心、砥砺前行，全力拼经济、战疫情、惠民生、守底线，稳住了经济社会发展基本盘，保持了稳中向好的发展态势。全年地区生产总值同比增长 0.5％，增速居郑州六县（市）第四位，较 2021 年前移 2 位；规模以上工业增加值同比增长 5.2％，增速高于全国、全省、郑州市平均水平，居郑州六县（市）第三位，较 2021 年前移 3 位；固定资产投资同比增长 13.1％，增速高于全国、全省、郑州市平均水平，居郑州六县（市）第三位，较 2021 年前移 1 位；一般公共预算收入同比增长 7.1％，增速从 2021 年的郑州六县（市）末位，跃居首位；城镇居民人均可支配收入同比增长 3.1％，居郑州六县（市）第一位，较 2021 年前移 3 位；农村居民人均可支配收入同比增长 6％，居郑州六县（市）第二位，较 2021 年前移 4 位。

一、万众一心、众志成城，有力应对多轮疫情冲击

最大程度保护人民生命健康。始终把"人民至上、生命至上"作为第一准则，打赢了三年来势头最猛、规模最大、处置最难的疫情防控阻击战，守护了 73 万人民的生命健康安全。

最大力度提升疫情防控水平。因时因势优化防控机制，设置 1798

个防控服务单元，疫苗接种实现"应接尽接"，以防控战略战术的稳定性、灵活性对决病毒的复杂性、多变性，用最小代价实现了最大防控效果。

最大限度凝聚各方力量。面对疫情，全市上下闻令而动、逆行出征、连续奋战，广大医务工作者、社区工作者、社会志愿者、公安民警、城乡干部群众挺身而出，他们是奋战在抗疫最前沿的"最美逆行者""最坚定守护者"，共同筑起了抗击疫情的坚固防线。

二、攻坚克难、重整家园，灾后重建交出圆满答卷

受"7·20"特大暴雨灾害影响，全市累计倒塌损毁房屋 4676 户，受损水库 38 座、道路 90 公里、农田 14 万亩，15.9 万名群众受灾，直接经济损失达 27 亿元。面对天灾，不等不靠、主动作为，全力推进灾后重建。

聚焦群众生产生活。5 条国省干线公路、112 条农村公路完成恢复重建，4.95 万亩水淹农田完成排涝复耕，景区景点受损设施修复到位，172 家因灾停产规模以上工业企业全部复工，城乡生产生活功能和秩序全面恢复。

聚力重点工程领域。264 个纳入省专项规划项目第一时间开工建设，目前已基本完工；31 个应急水毁工程于汛期前完成修复，实现安全度汛；大冶镇、唐庄镇、告成镇 3 个集中安置点安置村民 277 户；完成农村山体滑坡隐患治理 336 处，有力保障了 1300 余户群众住房安全，汛期风险大幅度降低。

聚焦应急能力提升。投资 1000 余万元建设应急指挥中心，建立市级应急仓库 3 个、乡级 15 个，完成 15 个乡镇（街道）"一办一队一库一平台"建设，预置各类应急救援队伍 43 支 1757 人，全方位、多轮次开展防汛应急演练。灾后重建以来，始终秉持"一切为了受灾群众、一切以群众满意为标准"，经过一年多的奋战，受灾村镇于灾难后重生、在希望中前行，灾后重建工作实现大头落地，基础设施基本恢复

至灾前水平。

三、承压奋进、勇毅前行，产业发展动能持续增强

围绕实现"富民强市"的总目标，坚持不懈蓄动能、强支撑。

招商引资接连取得新突破。全年签约引进项目26个，签约额227.6亿元，其中10个项目实现当年签约、当年开工。特别是继引进海螺集团、三一集团、法国圣戈班之后，去年又成功签约引进了新疆中泰集团，这是入驻登封的第四个世界500强企业项目，对于全市发展具有里程碑意义，为高质量发展积蓄了后劲。

工业"压舱石"作用更突出。始终把工业经济作为稳增长的第一支柱，建立了"四保"白名单制度，保障了381个企业（项目）常态化运行；完成720家工业企业"亩均论英雄"综合评价，实施技改项目63个，新认定省级智能工厂（车间）3家，嵩山硼业等6家企业通过省级工程技术研究中心认定，昊运新材料等41家企业通过高新技术企业认定，嵩基水泥入选河南省省长质量奖提名企业，翱翔医药被评为国家知识产权优势企业；中禾科创产业园等46个项目开工建设，东方宇亿万林家居等39个项目建成投产；全年规模以上工业企业累计达到228家，吸纳产业工人2.7万名，为全市稳增长、稳就业发挥了突出作用。

文旅产业迸发新亮点。在多轮疫情冲击下，郑州市文旅产业坚持"在调整中求转变、在创新中稳复苏"，少林新游客服务中心完成生态停车场建设，大周封祀坛遗址生态文化公园形象初现。文旅营销推陈出新，开发世界文化遗产等数字藏品，在阿里平台销售业绩位居前列，打响了登封数字文创产品"第一枪"；成立"天地之中"革命老区文化教育培训公司，全市研学游取得新突破；推出"夜游嵩山""少林见，江湖见"功夫秀等系列营销活动，提升了嵩山IP热度，我市被评为首批河南省文化和旅游消费示范市，连续五年入选中国旅游百强县。

现代农业呈现新特色。全市"公司＋基地＋种植户"模式成效显著，药材种植达到1.5万亩，蔬菜种植达到3.8万亩，食用菌种植达到130

万棒；大力发展直播带货，全市农村电商达到 420 家，年销售额突破 1.2 亿元；新发展农民合作社 49 家，创成国家级示范合作社 2 家、国家五星级休闲农业精品园区 2 家，徐庄翡翠梨、石道水晶葡萄等 7 类农产品入选国家名特优新农产品目录，大金店镇被评为国家级农业产业强镇，宣化镇被评为河南省级农业产业强镇。

四、统筹推进、建管并举，城乡环境更加美丽宜居

坚持新型城镇化与乡村振兴一体推进，不断提升发展承载力。

科学规划效应凸显。完成"三区三线"划定，城镇开发边界扩展至 104.5 平方公里，编制完成美丽乡村精品村等 52 个村庄规划，处置违法建设 150 处、5.5 万平方米，盘活存量建设用地 1363.5 亩，收储土地 1084 亩，为未来发展预留了空间。

城市品质持续提升。深入推进城市有机更新，国道 G207 市区至大金店道路环境综合整治工程、乡道 X048 市区至白坪段改建工程顺利完成，南环二路西延工程开工建设，核心片区规划一路、规划二路进入收尾阶段，西旅游环路部分路段具备通车条件；卢店街道主要道路纳入城区保洁范围，城区保洁面积达到 538 万平方米；建成同心公园、石化游园，新增绿地面积 72.4 万平方米；城区新建供水加压泵站 6 座，延伸供水管网 68 公里，新增非机动车停车位 5 万余个，3 个老旧小区经过改造"脱胎换骨、焕然一新"，市民幸福感、获得感进一步增强。

乡村振兴焕发新颜。大力实施乡村振兴战略，推进基础设施和公共服务设施向农村延伸，新建农村公路 45.4 公里、农村供水管网 56 公里，升级改造农村电网 296 公里，343 家村卫生所（室）实现医保联网；继续实施燃气"通镇入村"工程，新铺管网 56 公里。美丽乡村建设步伐加快，实施郑州市级美丽乡村精品村项目 10 个，创建美丽乡村示范村 13 个，创成 3A 级景区村庄 5 个，入选河南省乡村康养旅游示范村 4 个，培育精品民宿 15 家，创建美丽庭院 2.8 万户，被评为郑州市"美丽庭院"创建示范县。

五、用心守护、厚植底色，生态环境质量持续提升

守护好绿水与青山。坚决落实最严格生态环境保护责任，持续推行林长制、河长制、湖长制，实现水有人治、林有人护；完成国土绿化2280亩、森林抚育1万亩，建成森林特色小镇1个、森林乡村17个。

打好污染防治攻坚战。加强水生态治理，全年治理河道26.8公里，白沙水库国控断面环境本底判定工作顺利通过中国环境监测总站论证，彻底扭转了多年来水质超标的被动局面；深入推进生态修复，完成废弃矿坑生态修复42个，治理面积3934亩，创成绿色矿山11家。空气质量稳居郑州市内县（市）首位。

走好绿色发展之路。坚决遏制"两高"项目盲目发展，推动嵩基水泥等5家企业实施节能降碳改造，完成405万吨煤炭减量消费任务，可再生能源发电装机规模达到26.9万千瓦，绿色低碳理念深入人心。

六、深化改革、勇于创新，发展内生动力持续释放

"放管服效"改革步伐加快。政务服务事项实现"一站式"办理，"容缺受理"60项、"免证办理"106项、"零跑动办理"2066项；15个乡镇（街道）便民服务中心全部设立"智慧政务服务区"，344个村（社区）实现便民服务站全覆盖，更多政务服务事项实现"就近可办"。

重点领域改革稳步推进。完成先进制造业开发区改革，加速推进国资国企改革，有序推进乡镇管理体制改革，事业单位、农村金融、"五水"综改等领域改革稳步推进。

科技创新能力持续提升。新入库国家科技型中小企业152家，新增郑州市科技型企业42家、高新技术企业24家，新入选"高新技术百强"企业2家、"高新技术百快"企业2家、国家级"专精特新"企业2家。

营商环境不断优化。实施市场主体智能审批，企业开办时间压缩至0.5个工作日，个体工商户随来随办；深入开展"万人助万企"活动，

落实各项惠企政策，提供应急转贷资金 8.5 亿元，成功创建中央财政支持普惠金融发展示范区；创新实施"企业安静生产日"制度，涉企检查大幅度减少，真正做到让企业舒心经营、安心发展，我市营商环境进入全省第一梯队。

七、用情用力、保障民生，更多发展成果惠及群众

脱贫成果更加稳固。聚焦"两不愁三保障"，千方百计拓宽脱贫群众增收致富渠道，守住了"不发生规模性返贫"的底线；发放脱贫人口小额信贷 1426 户 3309 万元，支持脱贫群众创业；有就业意愿的 1245 名易地搬迁群众顺利实现就业。2022 年，全市脱贫人口人均纯收入达到 16707 元，同比增长 14.9%，高于全省农村居民人均纯收入增速。

民生福祉更加殷实。强力推进安置房建设和"保交楼"工作，建成安置房 23.6 万平方米，2 个安置小区达到分房条件，8 个保交楼项目全部复工；新增城镇就业 5697 人，农村劳动力转移就业 7350 人，发放创业担保贷款 5240 万元，群众就业更有保障；完成 21 所中小学、4 所社区配套幼儿园建设提升工程，高考一本、二本上线率稳居六县（市）前列；完成县乡两级公立医疗机构去行政化改革，建成"六大共享诊疗中心"，市总医院入选"国家紧密型医共体建设"优秀实践案例；慈善事业取得长足发展，磴槽集团、天舜投资等社会各界踊跃奉献爱心，全年募集善款 2880 万元，受益群众 30 余万人次，为登封发展注入了更多温暖力量；市长热线与 110 报警服务台联动运行，解决群众身边事 1.3 万件，满意率达到 98%；建成 4 个街道养老服务中心、45 个社区日间照料中心，新建 1 家市级普惠托育服务中心、11 家乡级普惠托育机构，群众幸福感、获得感持续提升。

社会大局更加和谐。持续加强煤矿、非煤矿山、经营性自建房、城镇燃气、"九小"场所等重点领域安全监管，食品药品安全监管不断优化；深入开展"万警助万企"便民利企活动，建成重点消防站 2 个、一级站 7 个、二级站 2 个，"一队一中心"实现乡镇全覆盖；持续推进法治

登封、平安登封建设，深入开展普法宣传、矛盾调解、积案化解活动，荣获河南省"三零"平安创建先进县（市），群众安全感更加充实、更有保障。在我们身边，公安蓝、消防橙、环卫黄、志愿红用真心付出守护了万家安乐，构筑起美丽登封的靓丽风景线。

与此同时，档案、工会、共青团、妇女儿童、残疾人、老干部、老区建设、关工委、地方志、双拥、民兵预备役、红十字会等工作都取得了新成效。税务、电力、金融、邮政、烟草、通信、气象等部门，在支持和参与地方经济建设中都做出了新贡献！

巩义市 2022 年经济社会发展报告

巩义市人民政府

2022 年，巩义市紧紧围绕学习、宣传、贯彻党的二十大精神这条主线，锚定"两个确保"，开展"三标"活动，推进"十大行动"，较好完成了各项目标任务。

聚焦"疫情要防住"，倾力守护了人民群众生命健康。面对多轮疫情冲击，坚持人民至上、生命至上，落实落细各项防控政策，完善平急转换指挥体系，慎终如始抓好"外防输入、内防反弹"，连续三年守住了长周期不发生规模性疫情的底线。尤其是去年 10 月以来，面对最为严峻、最为复杂的疫情防控形势，全市上下团结一致、齐心抗疫，广大党员干部、公安干警、医务工作者和志愿者冲锋在前、连续奋战，始终保持昂扬斗志，用无私无畏守护了全市平安。疫情防控进入新阶段后，我们及时调整工作重点，提前做好重点药品物资储备，强化医疗机构分级分类诊疗，及时解决群众就医购药等各类急难愁盼问题，最大程度保护了人民群众生命安全和身体健康，为全市发展创造了条件、争取了时间、赢得了先机。在共克时艰的日子里，全市人民众志成城、守望相助，以实际行动诠释了伟大抗疫精神。

致力"经济要稳住"，全力实现了经济发展稳中提质。聚焦稳经济稳投资、保就业保民生，制定 8 方面 43 条稳增长政策，出台 35 条助企纾困措施，深入开展"万人助万企"活动，抓项目扩投资、抓招商增活力、抓要素强保障，全力以赴稳住经济发展基本盘。全市地区生产总值增长 4.2%，增速位居郑州十六县（市、区）首位，规模以上工业增加值增长 9.1%，固定资产投资增长 2.7%，一般公共预算收入增长 4.3%。巩义市位列中国县域经济百强县 45 位、工业百强县 41 位，连续 3 年获评中国最具幸福感城市。

坚持"发展要安全"，有力维护了社会大局和谐稳定。面对复杂的安全稳定形势，我们坚持底线思维，强化系统观念，守好筑牢安全稳定防线。高质量推进灾后重建，连续克服选址、施工、筹资等多种难题，482 项灾后重建项目竣工 455 项，114 项水毁水利设施全部完成修复，三年重建任务、一年大头落地，城乡基础设施防灾减灾能力显著提升。"1 防指 2 防办 16 专班"的应急指挥体系全面构建，安全生产、信访稳定等重点领域风险隐患有效化解，为全市营造了良好的安全发展环境。

一年以来，全市重点抓了以下工作。

一、千方百计推动经济企稳向好

坚持把稳经济作为首要任务，以超常规举措推进经济稳中提质。

重大项目提速增效。开展重点项目集中攻坚行动，280 项重点项目超额完成年度投资任务，53 个"三个一批"项目加快推进，为高质量发展注入强劲动能。

市场活力持续激发。建立重点企业、重大项目领导干部分包机制，持续推动惠企政策"应享尽享""免申即享"。抓好双线嵌合机制，364 家企业（项目）顺利纳入"四保"白名单，实现应急状态下重点企业不停产、重大项目不停工。全年净增市场主体 1.2 万户，总量突破 7 万户，新增四上企业 137 家。

消费动能稳步复苏。精心组织"激情夏日·醉美巩义"等系列促消费活动，带动各类消费 4.6 亿元。积极打造特色商业街区，园丁街、锦里路全面焕新升级，星月时代广场获评河南省品牌消费集聚区。

二、蹄疾步稳推进产业转型升级

聚焦全省先进制造业高地建设，强化创新赋能，补齐服务业短板，夯实农业发展基础，现代化产业体系加速构建。

主导产业能级持续提升。规模以上工业三大主导产业增加值增长11.5%，战略性新兴产业增加值增长12.7%，高新技术产业增加值占全市比重达85.7%，规模以上铝加工业产值突破1200亿元。全年新增规模以上工业企业68家、总数达到502家。五耐集团等6家企业创成省级智能工厂（车间），新增上云企业703家，两化融合贯标企业24家。先进制造业开发区荣获"国家绿色工业园区"和河南科技创新先进开发区"金星奖"，鲁庄镇铝精深加工等3个小微企业园建成投用。豫联集团、明泰铝业入围中国制造业500强，新昌铜业入选"河南民营企业100强"。

创新创造活力加速迸发。明泰铝业获评国家企业技术中心，天祥新材料通过郑州市重点实验室认定。"专精特新"企业培育力度不断加大，恒创精密、祥盛陶粒等4家企业获评国家专精特新"小巨人"企业，新增郑州市科技型企业60家，郑州市级以上"专精特新"中小企业105家。科技研发投入不断加大，规模以上工业企业研发覆盖率达到69.9%，全市高新技术企业总数突破200家。人才集聚效应持续凸显，签约引进中科清能李建刚院士团队，新招引高层次创新创业团队（项目）10个，新增技能人才2.4万人，新培养高技能人才8600余人。

服务业规模不断壮大。宋陵、双槐树遗址分别入选国家、省级考古遗址公园立项名单，永厚陵文化遗址公园、宋词园、赵普公园建成开放。嵩顶滑雪场、竹林长寿山、康百万庄园、杜甫故里等景区游客接待量持续攀升，全年接待游客563万人次。巩义市电商公共服务中心建成投用，市镇村三级物流配送服务实现全覆盖，被确定为河南省首批县域商业体系建设试点县（市）。

现代农业基础更加稳固。新建高标准农田2.57万亩，全市粮食产量达到15.7万吨。创成县级现代农业示范园6个，新增绿色食品8个。

三、统筹施策促进城乡融合发展

坚持城乡融合发展方向，持之以恒打基础、优布局、提品质，城乡发展更趋协调。

城市规模不断扩大。高质量完成国土空间总体规划"三区三线"划定，焦平、沁伊、郑洛3条高速公路全面推进，洛浦路、君道路等29个市政道路项目完成建设，巩城大桥、和义大桥等6座大桥，智云路和连山路等10条交通道路建成通车。

城市品质持续提升。常庄桥等10个市政道路积水点完成改造，嵩山路与中原西路交叉口等10个路口完成渠化建设。静脉产业园开工建设，第一水厂主体完工，铺设燃气管网310公里，供热管网5.1公里，新增供热面积32万平方米。印象巩义·城市客厅建成投用，双拥园、绿野公园等8个公园建成开放，新增绿化面积73万平方米，城市综合承载能力不断增强。

乡村建设扎实推进。美丽镇区建设持续加速，新改建农村公路75公里，农村生活垃圾长效处理机制持续优化，全域生活垃圾实现无害化处理。实施产业帮扶项目107项，西沟村、韵沟村等10个精品村进一步提升。

四、坚定不移推进绿色低碳转型

深入践行"绿水青山就是金山银山"理念，推动减污降碳协同增效，$PM_{2.5}$、PM_{10}等主要污染物指标连续三年下降，生态环境质量显著改善，一举创成全国生态文明建设示范区。

污染防治成效明显。突出精准治污、科学治污、依法治污，空气质量综合指数同比改善3.4%。全面落实河长制，常态化开展河湖"清四乱、三污一净"突出问题专项清理整治，伊洛河出境断面达到Ⅲ类水质，氾水河出境断面优于郑州市定目标，全市水源地水质达标率稳定达到100%。农用地、建设用地土壤污染风险管控持续强化，土壤安全利用率达到100%。

"双碳"工作全面推进。万达铝业、永安水泥等4家企业荣获"河南省能碳管理示范企业"称号。新注册登记新能源汽车数量同比增长23.2%，公交车新能源化率达100%，总投资85亿元的后寺河抽水蓄能电站先导工程顺利开工。

生态环境明显改善。深入推进林长制，完成营造林2000亩，森林抚育6700亩。矿山地质环境整治加快推进，完成治理面积1万余亩。生态水系工程加快建设，小浪底南岸灌区工程实施进度超80%。

五、持之以恒深化改革开放

持续推进改革创新、开放融合，发展动能更加强劲。

重点改革纵深推进。先进制造业开发区扩区、调规加快实施，"1区7园"发展格局初步形成。农村宅基地制度改革深入推进，国企改革不断加快。乡镇管理体制改革、事业单位改革等重点改革事项有序推进。

营商环境持续改善。44个职能部门2397个政务服务事项统一纳入政务服务网，推出道路运输证等"免证办"事项408项，环境影响评价等行政许可告知承诺事项199项，最大限度方便群众企业办事创业。政务服务事项办理时限压缩90%，"掌上办"事项达到300个，营商环境排名跃升至全省前10。

招商引资成效显著。编制完善产业链图谱、产业招商路线图，组建北京、上海、深圳3个招商联络处，多维联动开展驻外招商、回归招商、基金招商，全年新签约亿元以上项目57个、492亿元。河南大众年产15万吨高精铝电池箔、河南新华职业教育园等一批优质项目签约落地。利用巩义市先进制造产业发展基金成功招引中广核氢液化关键装备产业化项目，破解了氢能源储运环节的瓶颈。

六、用心用情提升群众幸福感

坚持政府过紧日子，把有限的财力更多用于保障和改善民生，完成民生支出 76.3 亿元，占一般公共预算支出的 81.1％，三级重点民生实事全面完成。

公共服务不断优化。就业质量持续提高，新增城镇就业 1.2 万人、农村劳动力转移就业 5074 人。高质量推进"人人持证、技能河南"建设，完成职业技能培训 2.8 万人次。教育事业不断发展，郑州商学院新校区开工建设，嵩山路小学等 4 所学校建成招生，累计新增公办学位 1 万余个。医疗服务稳步提升，医保全面归属郑州，郑州市医疗保障局巩义分局挂牌成立。市总医院永安分院建成投用，市人民医院东区医院二期工程开工建设。

社会保障更加有力。深入实施全民参保计划，全市城乡居民基本养老保险参保 40 万人。持续巩固拓展脱贫攻坚成果，脱贫户人均纯收入增长 14.4％、达到 2 万元。巩义市中心养老院主体完工，5 个街道综合养老服务中心全部建成，新增养老床位 540 张。婴幼儿照护服务托育体系持续完善，市总医院妇幼保健院托育中心建成投用，每千人 3 岁以下婴幼儿托位数达到 3.25 个。

社会治理不断完善。扎实开展积案化解"百日攻坚"行动和欠薪治理攻坚行动，积案化解率超过 80％。全力防范化解金融风险，安全生产形势稳定向好，食品安全监管不断加强，"三零"创建成效明显，社会大局保持和谐稳定，群众安全感、获得感、幸福感进一步提升。

国防动员、双拥共建、人民防空、民兵预备役等工作持续加强，退役军人服务保障体系更加完善。工会、共青团、妇女儿童、残疾人、文学艺术、慈善、红十字等事业健康发展。民族宗教、外事侨务、统计、史志、气象等工作取得新成效。

新密市 2022 年经济社会发展报告

新密市人民政府

2022 年，新密市按照"疫情要防住、经济要稳住、发展要安全"的总要求，锚定"两个确保"，紧扣"十大战略"，开展"三标"活动，高效统筹疫情防控和经济社会发展，扎实走好生态立市、工业（制造业）强市、文旅兴市发展路子，全力建设"三区两强一基地"，迈出了高水平展现中国式现代化县域图景的坚实步伐。

一、双线嵌合、加压赶超，经济运行稳中向好

全面落实上级稳经济一揽子政策和接续措施，系统推进国家"33＋19"、省"44＋77"、郑州"45＋109"配套政策及其细化措施，累计留抵退税 6.9 亿元，减免中小微企业和个体工商户租金 209.4 万元，降缓返补社保费 3843.8 万元，确保主体受益、援企稳岗。市场主体新增 4.3 万户，同比增长 62.9%，增量居郑州市六县（市）第一，增速居六县（市）第二。建立健全疫情防控和生产经营双线嵌合工作机制，推进"万人助万企"和"三个一批"，219 个省、郑州市和本级三级重点项目完成投资 253.8 亿元。其中，凯翔 20 万吨耐材项目实现当年立项、当年开工、当年投产。助推经济迅速恢复、抬升向好。2022 年，全市地区生产总值实现 735.8 亿元，同比增长 2%，在郑州六县（市）中总量、增速均居第

三，增速居郑州十六个区县（市）第四；规模以上工业增加值增长6.8%，居郑州六县（市）第二、郑州十六个区县（市）第五；固定资产投资增长23.4%，郑州居六县（市）第二、郑州十六个区县（市）第二。金融机构存款余额611.2亿元，比年初增长10.7%；各项贷款余额370亿元，比年初增长15.1%，增速居郑州六县（市）第一。新密市位居中国县域经济百强第74位和中国县级市基本现代化指数第98位。

二、保持定力、靶向攻坚，十大战略成效明显

深入推进创新驱动、科教兴市、人才强市战略行动，发展动能换挡提速。对接郑州市"一廊、两翼、四区、多点"科技创新格局，推动新密科技创新创业综合体、国家863郑州（新密）科技创新园、中南·高科环保智造基地等建设，搭建省级以上研发平台8家，技术合同成交额完成10亿元。新密科技创新创业综合体成功备案郑州中科云创和河南芝麻粒2家国家级众创空间，河南省科技厅已推荐备案郑州中科创新园和中原创新创业港两家国家级孵化器。健全"微成长、小升高、高变强"科技型企业梯次培育机制，高新技术企业达146家，科技型企业达343家，规模以上工业企业研发活动覆盖率达到63.5%。位居中国科技创新百佳典范县（市）第13位。

深入推进优势再造战略、换道领跑战略和数字化转型战略行动，产业格局持续优化。制造业体系增势。深入实施先进制造业产业链"双长制"，"11＋5"现代产业体系调优升级。新增"专精特新"企业87家，总投资88.2亿元的200个耐材技改项目开工123个，河南逸祥科技成为我市首家营收超10亿元制造业企业。战略性新兴产业占工业比重达27.1%，制造业增加值占地区生产总值比重达31.9%，入围全国制造业百强县（市）。现代服务业提质。普洛斯物流园建设加速，美宜佳河南产业园签约入驻。商品房销售面积33.9万平方米。数字化转型加快。新增智能化改造企业20家、"两化融合"对标贯标企业26家、"上云"企业449家，郑州瑞泰科技获工信部智能制造示范工厂称号。新建5G基站

174 座，实现城乡基本覆盖。

深入推进文旅文创融合战略行动，城市品牌更加响亮。"一号工程"古城保护和有机更新项目盛大开工，进展超过预期，迈出文旅文创融合的历史性一步。银基国际旅游度假区提速创建国家级旅游度假区，荣获河南省文旅文创先进集体、夜间文旅消费集聚区称号。魏长城文旅融合区列入"长城自然生态休闲之旅"主题国家级旅游线路，城关镇入选河南省民间文化艺术之乡，伏羲山神仙洞村被认定为河南省首批乡村康养旅游示范村，米村镇范村村等 3 个村获批河南省乡村康养旅游示范村创建单位，伏羲山沙古堆村等 4 个村成为河南省乡村旅游特色村，来集镇苏砦村被命名为河南省文化产业特色村，超化镇灵龟山田园综合体获评河南省休闲观光园区。全市创建省级五星级民宿 1 家、四星级民宿 3 家，河南省首批露营地 5 处。新密美食大道、伏羲山百姓街开放迎宾，文旅文创工作走在全省前列。全年共接待游客 1000 万人次，实现旅游综合收入 35.5 亿元，作为郑州大都市区休闲康养和近郊游、乡村游的首选目的地已享誉中原。

深入推进以人为核心的新型城镇化战略行动，承载功能显著增强。"三区三线"划定通过省级审核，焦平高速新密段有序推进，省道 S317 线郑州境新郑机场至新密段、国道 G310 郑州市西南段改建工程加快，"八纵八横"网络日益完善。棚户区改造新增建成面积 32.2 万平方米，回迁群众 4316 人。雪花山森林运动公园二期项目完工。加强精细化、智慧化管理，市生活垃圾焚烧发电厂项目启动，城区生活垃圾分类覆盖率达 98.2%。铺设燃气管网 20 公里，新增供热入网面积 15 万平方米。"城市大脑"一期项目优化推广，智慧医疗、物联环保等首批新密特色场景广泛应用。全国文明城市创建工作提质升级，城市外在形象、内生气质和功能品位持续攀升。获评中国县级市品牌百强第 61 位。

深入推进乡村振兴战略行动，衔接成果持续巩固。赓续脱贫攻坚精神，做好巩固拓展脱贫攻坚成果同乡村振兴有效衔接，纳入防返贫监测 813 户 2829 人，建设完成扶贫项目 98 个，拨付资金 1.5 亿元。用好扶贫小额贷款、"雨露计划"补贴等政策，为脱贫户和监测户发放贷款 638 户

2111.5万元。启动乡村建设行动，实施五大类乡村振兴项目92个2.8亿元，招募乡村振兴合伙人公司11家，全市行政村集体经济年收入全部超十万元，超百万元强村富村达到6个。新增省级示范家庭农场5家、农民合作社10家，粮食总产量达21.3万吨。完成整村推进农村户厕改造4874户，累计完成14.2万户，位居郑州市第一。农村公共基础设施管护体制改革工作成为郑州样板。

深入推进绿色低碳转型战略行动，生态价值双向转换。打好"蓝天、碧水、净土"保卫战，19家企业完成VOCs设施提标治理，54家企业完成脱硫设施升级改造。空气质量年度综合指数居郑州市六县（市）第二位。其中，NO_2年浓度和重污染控制天数管理质量位居郑州市十六个区县（市）"双第二"，优良天数位居十六个区县（市）第二位。双泪河马鞍洞断面水质达到省定标准，污染地块安全利用率达到100%。林长制、山长制全面实施，完成国土绿化5600亩，创新"智慧古树名木与旅游发展工程"，创建森林特色小镇6个、森林乡村及其示范村71个，森林覆盖率达43.96%。实施全域水系生态综合治理，3条河道、32座水库和138处农村供水工程全部重建完成，溱水河综合治理核心区"溱水之风"建成开放。新区供水工程一期进展顺利，大磨岭煤矿矿排水资源化利用一期项目如期完工，城乡供水一体化进程不断加快。

深入推进制度型开放战略行动，发展活力更加强劲。坚持招大引强、招新引优，健全重大招商引资项目领导分包、协同推进、专人专班、跟踪服务机制，设立驻长三角、珠三角、京津冀地区招商服务中心，落实"首席服务官"制度，组团参加第19届中国—东盟博览会，成功举办世融国际投资交流座谈会等系列招商活动。签约重大招商引资项目28个351.1亿元，落地项目21个286.9亿元，实现省外到位资金93亿元。总投资12亿元的创维无线电子信息产业园和总投资20亿元的越达4.0工业机器人项目签约落户。实现境外投资150万美元、跨境电商交易额11亿元。大力发展回归经济，评选市级明星项目3个、乡镇级明星项目18个，累计实现返乡创业兴业人才320人以上，开工项目65个101亿元，千年农业、熊猫生物科技等一批经济效益好、带动效应强、示范价值高的创业项目和领军人才不断涌现，返密兴业蔚然成风，回归"雁阵"逐步成型。

深入推进全面深化改革战略行动，内生动力全面激发。推进"放管服效"改革，梳理 2113 个服务事项，行政许可类事项承诺办结时限比法定时间压缩 91.7%。建设"郑好办"新密分厅，371 个事项实现"掌上办""一次不用跑"。推动行政审批制度改革，100 项政务服务事项"免证办"、500 项"三个工作日内"办结。设置"办不成事"特别窗口，政务服务指标全省排名上升 56 个位次。推深先进制造业开发区"三化三制"改革，"调规扩区"新增 5.1 平方公里，助推县域经济"成高原"。

三、倾心倾力、科学施策，为民情怀更加厚重

坚持人民至上、生命至上，科学精准落实常态化疫情防控措施，发挥一办十专班作用，以最短时间、最小代价迅速果断处置多轮多点突发疫情。落实好"保健康、防重症"转段政策，有序错峰、科学削峰、平稳渡峰，最大程度保护人民生命安全和身体健康。全力做好灾后恢复重建，341 个恢复重建项目完成投资 20.7 亿元，17 个集中安置点交付使用，实现了三年重建任务一年大头落地。加快乡镇、街道"1+4"和村（社区）"1+3"应急队伍建设，本质安全能力全面增强。实现九项民生支出 43.1 亿元，占一般公共预算支出的 76.4%，三级民生实事全部办理完成。新增城镇就业 7253 人，新增农村劳动力转移就业 7115 人。开阳路幼儿园等 2 所学校建设完工，育才街小学等 5 所学校建成投用。完善县域医共体建设，18 家基层医疗卫生机构实现全覆盖。攻坚化解问题楼盘 20 个，化解率 86.9%。落实"四个最严"要求，顺利通过省级食品安全示范城市初审。高水平完成党的二十大期间安保任务，实现"六个绝对不发生"和驻京"三零"工作目标，全年新密市平均万人访量在郑州市十六个区县（市）中最低。优化国防后备力量建设，开展"喜迎二十大、军人本色永不变"十大双拥共建活动，巩固发展军政军民团结，获评全省党管武装工作模范县（市）标兵。

四、勤勉履职、担当作为，政府效能明显提高

坚决落实市委重大决策部署，自觉接受市人大依法监督、市政协民主监督，提高站位对标干、担当有为务实干、严谨有序依法干、严以律己清廉干，政府系统自身建设不断加强。人大代表议案建议和政协委员提案办结率、满意率均为100％。深入推进"八五"普法，坚持市政府常务会集中学法，落实重大行政决策程序规定，法治政府建设长足进步。严格履行党风廉政建设责任制，认真落实中央八项规定及其实施细则精神，健全"三重一大"决策机制。落实政府"过紧日子"要求，大力压减一般性支出，"三公"经费下降34.9％，厉行节约、勤俭办事，真正做到了把宝贵的财力用在发展关键处、民生急需上。

同时，工会、共青团、妇联、残疾人事业、红十字会等人民团体工作成效显著，审计监督、外事侨务、电力通信、邮政烟草、消防气象等部门也为全市经济社会发展做出了积极贡献。

荥阳市 2022 年经济社会发展报告

荥阳市人民政府

2022 年，荥阳市经济开局平稳，生产总值一季度同比增长 2%，二季度增长 1.8%，上半年获评郑州市经济社会发展"四挂钩"考核发展进步奖。三季度，扎实开展重大项目攻坚、保交楼、问题楼盘化解、安置房建设等专项行动，经济运行态势向好，增长 3.4%。四季度，疫情跌宕起伏，持续时间长、冲击大，影响了经济稳中向好态势，主要指标增速收窄。我们难中求成、稳中求进，2022 年全市完成生产总值 558.8 亿元，增长 0.1%，增速在郑州十六个区县（市）中居第九位，较上年前移 5 个位次；规模以上工业增加值 64.1 亿元，增长 1.4%；固定资产投资 397.5 亿元，增长 25.9%；一般公共预算收入 50.2 亿元，增长 2.4%。荥阳市荣膺全国投资潜力百强县（市）26 位、综合实力百强县（市）56 位、科技创新百强县（市）65 位、新型城镇化百强县（市）68 位、县级市品牌百强 68 位、中部百强县（市）33 位。

一、精准发力、综合施策，全力稳住经济大盘

市场主体持续壮大。全面落实稳经济一揽子政策和接续措施，建立"1＋1＋N"工作体系，出台我市稳经济 55 条具体措施，常态化开展"万人助万企"，深入推进"八个深化"，解决企业各类问题 379 个，支付

惠企纾困资金 7066 万元，减缓返补社保费 1363.3 万元。新增市场主体 1.6 万户，增长 57.1%。建立健全疫情防控和生产经营双线嵌合工作机制，340 家企业（项目）纳入"四保"白名单。入驻"郑好融"平台企业 1.1 万家，授信贷款 17.2 亿元。

有效投资持续增长。230 个重点项目完成投资 352 亿元，"三个一批"重大项目开工、投产、达效指标转化率居郑州六县（市）第一位。申报专项债券项目 29 个，争取资金 27.4 亿元，发行总额居郑州六县（市）第一位。新增统计入库重大项目 276 个、投资规模 349 亿元，入库项目数量和投资规模均创历史新高。承接国家重大科技基础设施项目实现"零突破"，国之重器"中原之光"平台实验装置开工建设；中华文明主题乐园等一批具有重大影响力项目落户荥阳，郑洛高速、万山科创城等一批具有战略支撑作用项目加快推进。

消费活力持续释放。开展"夏之恋"缤纷季、金秋季促消费系列活动，带动消费 1.4 亿元。全力打造吾悦广场、中森玖巷等特色消费地标，持续稳定大宗消费，新增限额以上批零住餐企业 18 家。认真落实金融支持房地产市场平稳健康发展 16 条政策，组合推出系列购房促销活动，商品房销售面积 77.9 万平方米。

二、优化结构、加快转型，做强产业发展支撑

先进制造业提速扩量。深入实施产业链链长和产业联盟会长"双长制"，装备制造、新材料主导产业占比达 40%，战略性新兴产业增长 3.1%，高新技术产业增长 5.4%。签约亿元以上制造业项目 24 个、总投资 61 亿元，东南网架等 11 个项目竣工投产。实施工业技改项目 62 个，完成投资 33.8 亿元，增长 50.9%，新增规模以上工业企业 30 家。在全省率先实施数字化改造整体推进工程，完成数字化改造企业 24 家，实施"两化融合"对标企业 36 家，新增"上云"企业 701 家，数字经济产业园达成合作意向企业 150 家。3 个小微企业园投入运营，轨道交通产业园获评郑州市一星小微企业园。入围全国制造业百强县（市）。

现代服务业提档升级。加快先进制造业和现代服务业融合发展，鼎盛高新能源获评省服务型制造示范企业。深业医养综合体等项目加速推进，吾悦广场石榴街、广武农产品批发市场建成运营。忆江南旅游度假区获评省级夜间文旅消费集聚区，三山森林溪谷温泉庄园入选省休闲观光园区，新增省级乡村旅游特色村 3 个、郑州市 A 级景区村庄 7 个，创成省级全域旅游示范区。

现代农业提质增效。新增高标准农田 1.1 万亩、现代农业示范园 5 家，粮食总产量 22.4 万吨；蔬菜产量 33 万吨，生猪出栏 6 万头。培育龙头企业 2 家、省级示范家庭农场 3 家。新入选全国名特优新名录农产品 4 个。

三、改革创新、扩大开放，加快蓄积发展动能

重点改革再深化。先进制造业开发区挂牌成立，承接郑州市级经济管理权限 136 项，"三化三制"改革基本完成。"放管服效"改革不断深化，2162 项政务服务事项实现"最多跑一次"，1300 个事项"即来即办"，企业开办时间压缩至 1 天，"交房即发证"落地实施。营商环境评价连续两年保持全省县（市）前列。事业单位、国资国企等重点改革事项稳步推进。

创新驱动再提速。新增省级以上研发平台 11 家、"专精特新"企业 24 家，新认定高新技术企业 60 家、科技型企业 47 家，实施创新创业团队项目 7 个，中原智谷、奥特科创园孵化企业 50 家。全社会研发投入 9.5 亿元，规模以上工业研发活动覆盖率超过 65%。"人人持证、技能河南"建设扎实推进，新增技能人才 2.6 万人、高技能人才 1 万余人。

开放格局再拓展。对外贸易平稳发展，新增外贸企业 31 家，全年引进省外资金 94.3 亿元，进出口额达 10.7 亿元。高质量实施招商"125"计划，新签约项目合同投资额 397.8 亿元。

四、全面统筹、一体推进，加快城乡融合步伐

城市功能更趋完善。高标准编制国土空间总体规划，完成城镇开发

边界和永久基本农田划定。郑州市轨道交通 6 号线（一期）西段开通运营，荥阳迈进"地铁时代"。"郑上文脉活力带"等城市更新项目顺利启动，完成荥泽大道等 10 条道路升级改造，打通织机路等"断头路" 6 条，改造老旧小区 6 个。罗垌水厂配套调蓄池工程完工。新建（改造）市政管网 55 公里。

城市管理更加精细。以城市管理和城市文明"双提升"为抓手，持续深化"序化、洁化、绿化、亮化"管理，城市外在形象、内在气质和功能品位持续改善。新增停泊车位 4769 个，城区主干道机扫、生活垃圾无害化处理实现全覆盖。建成公园、游园 7 处，新增绿地 22.4 万平方米。"城市大脑"加快升级，数字化城管走在郑州前列。

乡村振兴更富成效。巩固拓展脱贫攻坚成果同乡村振兴有效衔接，防返贫动态监测和帮扶机制不断完善，实施产业扶贫项目 22 个，脱贫群众收入持续增加。"百镇千村工程"深入实施，市域村庄分类布局规划完成编制，建成美丽乡村精品村 8 个、示范村 13 个。新建（改建）农村公路 38 公里，新增城乡公交候车亭 136 座、站牌 332 个，全市行政村实现公交全覆盖，创成"四好农村路"省级示范县。农村人居环境整治提升行动扎实推进，规范集镇市场 542 个，改造户厕 5508 座，修复污水处理设施 172 处；创成省级卫生镇 4 个、卫生村 7 个，打造美丽庭院示范户5591 户。

五、强化治理、守护生态，厚植绿色发展底色

污染防治精准发力。空气质量不断改善，优良天数达 233 天，超额完成郑州市定目标任务。河湖"清四乱"等专项整治行动扎实开展，清理妨碍河道行洪突出问题 97 处，主要河流出境断面水质达到Ⅳ类标准，城市饮用水源地水质达标率 100％。农业农村和土壤污染防治持续深化，深度治理农村黑臭水体 16 个，全市畜禽养殖粪污综合利用率、受污染耕地安全利用率 100％。

"双碳战略"加快推进。鑫畅铝业、金渤磨料等企业参与用能权市场

交易，圣莱特、天瑞水泥成功申报省碳达峰试点企业。创建国家级绿色工厂 2 家、绿色设计产品 1 个。新增光伏发电装机容量 4.89 万千瓦。更换新能源公交车 72 辆，出租汽车加快实现新能源替代。

生态建设成效突出。实施国土绿化 2780 亩、森林抚育 4500 亩，创成森林特色小镇 2 个、森林乡村 15 个。深入推进黄河流域 6 个专项行动，邙岭生态修复及湿地保护持续深化，黄河滩区综合整治成果有效巩固。

六、标本兼治、靶向发力，筑牢城市安全防线

有力有序推进灾后重建。对照国务院调查报告指出的问题逐项整改，高标准制定"1＋1＋24＋1"实施方案体系，373 个灾后恢复重建和能力提升项目竣工，完成投资 35.2 亿元。180 处水毁水利工程汛前完工，防洪能力有效恢复提升。整治城区积水点 15 个，修复市政道路 525 处、排水窨井 498 座，城市防洪排涝短板加快补齐。村民住房修复安置全部完成，重建经验全省推广。全面修编防汛应急预案，建成应急避难场所 2处、防汛紧急避险点 292 处、应急仓库 21 个，整合应急救援队伍 1 万余人。扎实开展防汛备汛，有效应对多轮强降雨，确保了度汛安全和黄河安澜。

统筹做好疫情防控。坚持人民至上、生命至上，构建提级指挥、上下融合、扁平高效、集成作战的指挥调度体系，迅速果断处置多轮突发疫情。聚焦"保健康、防重症、强救治、优服务"，争分夺秒提升救治能力，千方百计保障药品供应，实现了"尽量错峰、有效削峰、平稳度峰"。

强力推进保交楼和安置房建设。综合运用保交楼"4＋1"模式，积极申请国家专项借款，大力引导商业银行提供配套融资支持，列入郑州市保交楼台账 9 个项目全面复工，列入省问题楼盘台账 6 个项目全部化解。建成保障性租赁住房 1918 套、安置房 14630 套，回迁安置群众 1.5 万人。

七、兜牢底线、为民惠民，巩固提升民生福祉

社会保障更有获得感。三级民生实事全面完成，全年民生支出 50.9 亿元，占一般公共预算支出 74.8%。发放创业贷款 8607 万元，新增城镇就业 6013 人、农村劳动力转移就业 6609 人。城乡低保标准分别提高至每人每月 750 元、525 元，发放残疾人补贴 3030 万元。募集善款 1672.2 万元，惠及困难群众 2 万人。新建街道养老服务中心 2 个、城镇社区日间照料中心 18 个、农村养老服务中心 55 个，新增养老床位 900 张。

社会事业更有幸福感。建成中小学、幼儿园 7 所，新增公办学位 1260 个，义务教育大班额降至 3.57%，普惠性幼儿园覆盖率提高至 94%。"双减"改革强力推进，义务教育教学质量持续提升。市中医院医技综合楼、人民医院老年病科楼等项目完工，紧密型县域医共体建设通过省级评估。千尺塔、魁星楼等修缮保护项目加快推进，王村镇获评省民间文化艺术之乡。新认定省最美公共文化空间 2 个，新增健身路径 60 条、多功能运动场及足球场 6 个。

社会治理更有安全感。"三零"平安创建成效显著，探索推行"三大一专一提升"机制，平安村（社区）达标率 76.9%。创新推进党建引领网格化基层社会治理，试点经验在郑州全面推广。安全生产"三年行动"圆满收官。建成消防安全服务中心 14 个，组建乡镇专职消防队伍 11 支。开展欠薪攻坚治理，追讨薪资 1.9 亿元。市域社会治理一体化推进，排查化解矛盾纠纷 2387 起。

八、勤勉履职、主动作为，持续加强自身建设

作风建设不断强化。"能力作风建设年"活动扎实开展，"13710"工作制度全面实行，政府效能持续提升。严格落实中央八项规定及实施细则精神，全面落实为基层减负各项措施，市政府召开会议、下发文件数量同比分别下降 12%、10%。积极回应社会关切，认真办理市长电话、

网民留言反映问题 2.2 万余件，回复率 100%。

廉政建设持续深化。全面加强政府系统党风廉政建设，始终把纪律规矩挺在前面，认真履行"一岗双责"，"三不腐"机制加快构建。不断强化审计监督，完成审计项目 113 个，为财政节支 1.4 亿元。厉行勤俭节约，严控一般性支出，"三公"经费持续下降。

法治政府加快建设。出台市政府重大行政决策程序规定，完善政府常务会议议事规则，依法研究决策议题 176 项。自觉接受人大法律监督和政协民主监督，260 件人大建议和政协提案全部办结。主动公开政府信息 4930 条，办理依申请公开政府信息 148 件。

同时，持续深化国防教育，不断加强退役军人服务保障，双拥氛围更加浓厚；工会、共青团、妇女儿童、红十字、慈善、残疾人保障等事业健康发展，民族宗教、史志、气象、地震等事业取得新的成效。

新郑市 2022 年经济社会发展报告

新郑市人民政府

2022 年，新郑市认真落实"疫情要防住、经济要稳住、发展要安全"重大要求，扎实推进"十大战略"行动，全面开展"三标"活动，事不畏难、行不避险，尽最大努力化解风险、解决矛盾、应对挑战，经济社会高质量发展迈出坚实步伐。全市地区生产总值突破 800 亿元、达到 819.8 亿元，增长 2.1%；地方一般公共预算收入 70.96 亿元，税收 34.19 亿元，总量稳居全省县（市）首位；固定资产投资 506 亿元，增长 10.7%；社会消费品零售总额 315.2 亿元；城镇和农村居民人均可支配收入分别达 40079 元和 28518 元，增长 2.9%、6.1%。全国中小城市综合实力百强县（市）、县域经济基本竞争力百强县（市）排名分别升至第 37 位、27 位，县域经济发展质量总体评价连年位居全省县（市）首位。

一、聚焦转型提质，产业结构持续优化，制造业稳步转型

新培育国家级专精特新"小巨人"企业 4 家、省级"专精特新"企业 11 家、高新技术企业 50 家、规模以上工业企业 25 家、入库国家科技型企业 165 家、郑州科技型企业 41 家。实施"三大改造"项目 81 个，创成省级智能车间 1 个、新一代信息技术与制造业融合发展企业 1 家。工业

投资增长 41.3%，占固定资产投资的 19.7%；工业技改投资增长 344%，占工业投资的 34.9%。建设以制造业为主的小微企业园 6 个，集聚入园企业 534 家。医药制造业、食品制造业增加值分别增长 16.6%、16.8%。

现代服务业提质发展。规模以上互联网和相关服务、软件和信息技术服务企业实现零的突破。推出 8 条精品旅游线路，创成省级特色生态旅游示范镇 1 个、乡村旅游特色村 1 个，通过省级全域旅游示范区验收。A 级以上物流企业达 11 家。金融机构存贷款余额分别达 790.6 亿元、666.2 亿元，继续保持全省县（市）首位。

现代农业基础更牢。粮食总产达 23.3 万吨，新培育省级农业产业化龙头企业 1 家、农民合作社 2 家、家庭农场 3 家，观音寺镇创成省级农业产业强镇。

二、强化互促共融，城乡面貌持续改善，城乡功能日益完善

高质量完成"三区三线"划定，城镇开发边界内新增建设用地 21.6 平方公里；31 个行政村"多规合一"实用性村庄规划形成初步成果。新建改造鼎坛南路等城乡道路 20 条，打通子产路、郑韩路东延、嫘祖路 3 条断头路，建设过街天桥 2 座，新增公共停车泊位 1437 个，整治窨井盖 8640 座，群众出行更加安全便捷。城市集中供热项目快速推进，新增供热面积 30 万平方米。新建改造供水管网 124 公里、燃气管网 53 公里，建成投运 6 项电网工程，村级寄递物流综合服务站覆盖率达 60%。

人居环境不断优化。改造 3 个老旧小区，既有住宅加装电梯 12 部，为 5 万户居民家庭加装燃气安全装置；新建安置房 93 万平方米，网签安置房 195.3 万平方米，1.4 万名群众入住新居。建成中华路公园等公园游园 11 个，完成郑新路等 5 条道路绿化景观提升，新增城市绿地 49.8 万平方米，创成郑州市级园林单位（小区）8 个。深入推进"治理六乱、开展六清"，创建"美丽庭院"4363 户，138 个规划保留村污水处理设施实现全覆盖，裴李岗、泰山村等一批美丽乡村加紧建设，农村生活垃圾

治理率 100%。

城市管理更加精细。探索推行网格化社会治理模式，成立新型智慧城市运行中心，建成 13 大类可推广应用场景。深入实施城乡环卫一体化，严格落实"路长制""街长制"，城市主次干道机械化清扫率、垃圾清运率、无害化焚烧处理率均达 100%，创成国家卫生镇 5 个、省级卫生镇 5 个，荣获 2022 年度郑州市环卫优胜杯。文明城市创建年度测评连续三年名列全省第一，为创建全国文明城市打下坚实基础。

三、深化改革开放，创新活力持续增强，发展动能快速集聚

以"三个一批"活动为抓手，全力推动项目招引建设，新签约人工心脏医研中心等高质量产业项目 27 个，总投资 347.4 亿元；雪麦龙食品等 95 个项目开工建设，宅乐送等 33 个项目竣工投产。新增四上企业 155 家，市场主体总量达 13 万家、居全省县（市）首位。新增技能人才 6.9 万人、高技能人才 3.4 万人，引进硕博士 877 名。

科技创新成果丰硕。新创郑州市级以上研发平台 18 家，技术合同成交额 14.6 亿元、增长 45.2%，规模以上工业企业研发投入覆盖率 75%，全社会研发投入强度达 1.84%，全省唯一通过首批国家创新型县（市）验收。新增注册商标 3402 件、发明专利 314 件。

营商环境不断优化。深化"放管服效"改革，2044 项政务服务事项全部进驻政务服务大厅，"马上办"事项 1389 项，政务服务自助终端实现乡镇和社区全覆盖，"不见面开标＋AI 智慧辅助评标"入选省优化营商环境优秀案例，营商环境总体评价客观指标连续两年排名全省县（市）首位，评为全省营商环境建设先进县（市）。深入开展"万人助万企"活动，落实落细稳经济一揽子政策和接续措施，在全省县（市）率先出台稳经济助企纾困 30 条硬举措，减免缓各项税费 15 亿元，为市场主体提供贷款近 60 亿元。落实"双线嵌合"机制，纳入"四保"白名单企业（项目）250 家，实现应急状态下重点企业不停产、重大项目不停工。

重点改革成效显著。创新开展跨省域远程异地评标,"新潢合作"成为国内全流程、全环节跨行政区域异地交易首创,公共资源交易改革经验荣登省委改革办典型案例红榜并全省推广。新郑经济技术开发区挂牌成立,整合面积 30.25 平方公里,"三化三制"改革基本完成,发展规划确定初步方案。粮食储备管理运营机制、事业单位人事制度、农村宅基地等重点领域改革取得新成效。

四、突出标本兼治,环境质量持续提升,污染治理有效有力

常态推进大气污染防治,PM_{10}、$PM_{2.5}$ 等主要指标均完成省、郑州市下达任务,空气质量优良天数达 228 天。严格落实"河长制",全面完成妨碍河道行洪突出问题排查整治,深入开展饮用水水源地问题整改"回头看",国控、省控断面水质稳定达标,集中式饮用水水源地水质达标率 100%。重点行业重金属污染物排放量零增长,建设用地及农用地安全利用率均达 100%。

生态环境向优向好。坚持植绿护绿并重,全面压实"林长"责任,全年新造林 1400 亩、森林抚育 5500 亩,创成森林特色小镇 1 个、森林乡村 15 个。老观寨水库区域生态修复项目完工蓄水,新区污水处理厂一期基本建成,南水北调中线观音寺调蓄工程、水系连通工程、龙湖西部污水处理厂建设稳步推进,黑臭水体实现全域动态清零。

绿色发展提速提质。加快能源结构调整,实施光伏发电项目 17 个,新增并网容量 1.5 万千瓦;建成充电站 10 个、直流充电桩 300 个,更换新能源公交车 292 台,全市公交线路实现新能源车辆全覆盖。

五、坚持共建共享,民生福祉持续增进,社会保障扩面提质

新增城镇就业再就业 9593 人、农村劳动力转移就业 6133 人,发放

创业担保贷款 7616 万元。继续上调退休人员养老金，城乡居民最低保障标准和特困人员供养标准分别提高至每人每月 750 元、1125 元。持续巩固拓展脱贫攻坚成果，贫困人口稳定脱贫、持续增收。

文体事业蓬勃发展。成功举办壬寅年黄帝故里拜祖大典，完成新密禹抗日民主政府旧址等一批文物保护单位修缮，以第一名成绩荣获全省现代化公共文化服务体系建设绩效考核优秀县（市）称号。新建健身路径 35 条、智能健身驿站 4 个、多功能运动场 1 个，人均体育场地面积达 2.3 平方米。

教育事业欣欣向荣。新建改扩建中小学、幼儿园 21 所，新增学位 5210 个；普惠性民办幼儿园达到 150 所，覆盖率达 96.1%；高考综合评价连续 31 年保持郑州市内县（市）领先位次。被评为郑州市义务教育阶段课后服务示范市、郑州市"提升中小学作业设计质量的实践研究"推广应用示范区。

健康新郑深入推进。紧密型县域医共体建设成效明显，建成市级医共体信息化平台，完成 87 个村卫生室医疗设备升级改造，基层卫生院（社区卫生服务中心）服务能力全部达到国家标准；建成 1 家托育指导中心、12 家普惠托育中心。高度关注老龄事业，建成 3 个街道养老服务中心、67 个社区日间照料中心，完成 100 户家庭适老化改造，创成国家级老年友好型社区 1 个。

社会事业全面发展。深化双拥共建，再获全省双拥模范城荣誉称号，实现"八连冠"，为创建全国双拥模范城奠定坚实基础。建强普法阵地，创成郑州市级民主法治乡镇 4 个。夯实统计基层基础，乡级统计基础规范化建设达标率 100%。被评为全省红十字系统"99 公益日"互联网筹资先进县。

六、着眼治防一体，安全稳定持续向好，守牢疫情防控底线

始终坚持人民至上、生命至上，争分夺秒与病毒赛跑，高效精准处

置多轮突发疫情，尽最大努力保障人民群众身体健康和生命安全，顺利完成疫情防控平稳转段。

安全基础更加牢固。新建应急避难场所8个、防汛紧急避险点399个，建成投勤乡镇专职消防救援站6个，3个城市消防站建设加紧推进，完成33个老旧小区消防设施改造提升，113个灾后重建和能力提升项目全部开工、竣工109个。投用市级应急指挥平台，组建应急管理专家库和72支应急救援队伍，应急处置能力持续提升。

社会秩序和谐稳定。深化"三零"平安创建，集中开展矛盾纠纷大排查大起底大化解活动，圆满完成党的二十大维稳安保任务，荣获全省党的二十大维稳安保工作先进集体。安全生产责任压得更紧更实，消防、煤矿、燃气、房屋建筑等重点领域安全隐患得到有效整治，安全生产形势持续稳定。严格落实房地产调控政策，全力推进问题楼盘化解攻坚，保交楼工作取得明显成效。深入推进全民反诈，依法严厉打击各类违法犯罪行为，群众安全感更有保障。

工会、共青团、妇女儿童、慈善等事业健康发展，税务、医保、人防、粮食、供销、气象、融媒体、黄帝文化研究、地方志等工作取得新成绩，邮政、烟草等部门和各高等院校都为全市经济社会发展做出了积极贡献。

中牟县 2022 年经济社会发展报告

中共中牟县委　中牟县人民政府

2022 年新冠疫情频发高发，对经济造成持续反复冲击，特别是二季度以来，地区生产总值、一般公共预算收入等指标不同程度下滑，经济运行震荡下行，需求收缩、供给冲击、预期转弱"三重压力"更加凸显。面对空前考验，全县上下以习近平新时代中国特色社会主义思想为引领，在省市党委、政府和县委的坚强领导下，在县人大、县政协的监督支持下，全面落实"疫情要防住、经济要稳住、发展要安全"的重大要求，稳中求进、难中求成、奋力攻坚，一产增加值、社会消费品零售总额增速全年保持郑州六县（市）第一位，固定资产投资、居民人均可支配收入逆势增长，荣获国家级荣誉 4 项、省级荣誉 16 项、市级荣誉 87 项，获评发展潜力、投资潜力、科技创新、营商环境四个"全国百强县"，交出了一份殊为不易的发展答卷。

一、防风险保稳定工作力度持续加强

坚决筑牢疫情防控屏障。坚持人民至上、生命至上，压实"四方责任"、筑牢"三道防线"，严格落实"63321"机制，聚焦聚力快研、快封、快筛、快调、快转、快隔、快治、快解"八快"闭环高效处置，切实做到"放中管、动中清、清面断链拔点"，以最快速度、最低层级实现圈住封死、捞干扑灭，把疫情对群众生命健康、正常生活和经济社会发展造成的影响降到最低。专门制定万邦市场"双统筹"工作方案，强化全流程、全环节、全时空管理，守牢了全省全市的"米袋子""菜篮子"。严格落实国务院联防联控机制优化防控工作的二十条措施和"新十条"措施，因时因势调整防控举措，持续提高疫情防控的科学性、精准性、有效性。

深入推进"7·20"以案促改和灾后恢复重建。持续改作风、改机制、改管理、改监督，切实变教训为教材、变教材为方案、变方案为行动。制定"1+1+14"（1个总体实施方案、1个实施意见、14个专项实施方案）灾后恢复重建实施方案体系，实施灾后恢复重建和防灾减灾项目84个，其中已完工83个，完工率98.8%。扎实推进贾鲁河综合治理工程，对县域内9条内河及重点防范部位进行拉网式排查整治，完成水毁水利设施修复444处、地下管网清淤404公里、房屋调查及加固修复31.2万幢，全面消除各类安全隐患。持续加强应急管理体系建设，所有乡镇（街道）、园区全部设置应急管理办公室，所有村（社区）全部设置"一站三员"；制定县级专项应急预案15个，县乡村三级预案编制工作全部完成；设立县级应急避难所4处、防汛应急储备仓库2个，建立269人的专业人才库，组建应急队伍36支、4227人，开展应急管理专题培训3000余人次、应急演练439次，防灾减灾救灾能力全面提升。

有效防范化解各类风险隐患。突出抓好安全生产工作，坚持大排查大执法机制，紧盯建筑施工、农村自建房、校园、消防、防溺水等重点领域，深入排查整治各类安全隐患，未发生较大及以上生产安全事故，防溺亡工作经验做法全国推广。突出抓好问题楼盘化解工作，扎实开展保交楼活动，专班推进、合力攻坚，有效维护群众合法权益、推动房地产市场健康发展。突出抓好金融风险防范化解工作，遏增量、化存量、防变量并举，深入开展政府隐性债务化解工作和供销社等领域专项整治行动，坚决守住不发生系统性风险的底线。突出抓好信访综治工作，以"三零"单位创建为抓手，深入开展"六防六促"专项行动和"大排查、大化解"攻坚月活动，严格落实领导干部接访下访机制，充分发挥三级民调员作用，高效化解各类矛盾纠纷，社会大局保持和谐稳定。

二、经济韧性在顶压前行中持续增强

持续强化经济分析调度。严格落实常态化疫情防控下经济运行调度机制，找差距、补短板、挖潜能，精准施策、靶向发力，召开分析研判会议 30 余次，出台稳经济促增长"13 条"等措施，奋力冲刺全年目标。建立中牟县工业小升规培育库，健全完善企业梯次培育机制，"个转企" 47 家、"小升规" 5 家、"规改股" 17 家，凯雪冷链在北交所完成注册。

市场主体活力更足。克服财政收支困难，顶格落实国家、省市一揽子惠企政策，出台符合中牟实际的"稳增长 10 条""稳经济 13 条"，"减、免、缓、退"各类税费 16.6 亿元，兑现奖补资金 9400 万元，帮助企业获取金融支持 83.3 亿元，延期还本付息 74 亿元，用真金白银换企业轻装上阵。深入开展"万人助万企"活动，解决企业难题 672 件。完成"个转企" 70 家、"小升规" 72 家；新增有效市场主体 1.7 万户，逆势增长 14.2%。发挥"首席服务官""金牌店小二""星级服务员"作用，全力做好 115 家"四保"白名单企业（项目）保障工作，帮助企业解决难题。

有效投资持续扩大。把项目建设作为对冲经济下行、稳定经济大盘的重中之重，克服资金难题，强化要素保障，建立"8643"推进机制，全力实施项目攻坚。"三个一批"压茬推进，9 个签约项目全部开工，32 个开工项目全部投产，16 个投产项目全部达效。190 个政府投资项目、87 个产业项目扎实推进，完成投资 113.4 亿元；45 个省市重点项目年度投资完成率达 134.5%。实施专项债项目 14 个，利用债券资金 18 亿元，撬动投资 175.7 亿元。

消费市场加快复苏。围绕汽车、家电、住房、文旅等重点领域，接续出台促消费激励措施，大力开展"醉美·夜郑州"相约在中牟、春夏购物节、金秋消费季等促消费活动，发放消费券 1582 万元，带动社会消费 2.5 亿元。只有河南·戏剧幻城、电影小镇上榜郑州夜经济十大地标。中牟县连续两年荣登全省"双十一"购买力最强县（市）榜首。

三、产业体系在新旧转换中持续优化

先进制造业提质发展。郑东智能装备产业园、汉丰科技园二期、质检中心智能网联测试基地等 7 个项目建成投产，中原数字印刷产业园等 28 个项目加速推进，上海均和等 15 个项目开工建设，新引进先进制造业项目 16 个。以北京北斗博通项目入驻为标志，集成电路产业实现"零突破"。江苏清能落地开工，氢能产业进入导入期。中牧生物、四环医药建成投产，生物医药产业集聚效应逐步提升。新增省级智能工厂 12 家、"三高"企业 22 家；实施技改项目 37 个，技改投资增长 67%，工业投资增长 61%，产业集聚度达 85%，高新技术产业开发区获评四星级国家新型工业化产业示范基地。

现代服务业多元发展。文旅产业生态持续完善，只有河南·戏剧幻城获评国家 4A 级景区，海昌海洋公园全面复工，金世纪建国饭店等 29 个项目加快推进，海宁皮革城二期等 3 个项目开工建设。成功举办第四届全球文旅创作者大会、河南省智慧文旅大会，现代服务业开发区成为国家旅游科技示范园区。总部经济加快集聚，首家特级资质建筑类央企总部落成投用，河南机械装备投资集团、中铁十七局河南建设公司签约落地。联合设计大厦等 11 个设计类项目有序推进，设计产业与优势产业协同升级的发展格局加快形成。

现代农业特色发展。坚决扛稳粮食安全政治责任，新建高标准农田 9000 亩、高标准"菜篮子"生产示范基地 2000 亩，成为全市唯一夏粮种植面积、单产、总产"三增长"县（市）。新增全国名优特新农产品 3 个、绿色农产品 9 个，姚家镇春岗村获评国家"一村一品"示范村。农田水利建设不断强化，成为全省唯一连续 26 届夺得"红旗渠精神杯"的县（市）。

四、发展活力在创新驱动中持续释放

创新能力不断提升。创新载体增量提质，新增国家高新技术企业 29

家、市级以上创新型企业 89 家、专精特新企业 40 家、科技企业孵化器 1 家，国家科技型中小企业达到 186 家，新认定省、市研发机构 9 家，省级小微企业创业创新示范基地实现 "零突破"。实施科技研发项目 595 个，全社会研发投入增长 11.7％。科技成果加速转化，完成技术合同登记 146 项，成交额增长 32％。深入推进 "人人持证·技能河南" 建设，新增技能人才 1.7 万。大力开展全民科学素质提升 "五大行动"，获评全国科普示范县。

改革成效不断显现。"放管服效" 改革纵深推进，2128 项政务服务事项全部实现 "一门办""一网办"，全流程办事时间压减 90％以上。创新设置 "办不成事" 窗口，主动听群众 "难听话"，最大程度解决群众办事难问题。开发区 "三化三制" 改革扎实推进，"管委会＋公司" 模式初步构建，14 名职业经理人为国资国企注入新鲜活力。事业单位、农业农村、五水综改等领域改革深入推进，内生动力更加强劲。

开放格局不断扩大。开放平台能级大幅跃升，40.6 平方公里区域纳入河南自贸区郑州开放创新联动区，67 平方公里区域纳入中原科技城协同发展区，创新联动效应进一步加强；与航空港区、经开区、郑东新区产业协作、创新协同、基础设施共建共享更加紧密，区域协同发展格局进一步深化。招商引资成效显著，新引进项目 24 个，协议资金 393 亿元，增长 19.4％。对外贸易持续向好，进出口总额达到 26 亿元，增长 11.8％。

五、城乡品质在有机更新中持续提升

规划体系更加完善。《中牟县国土空间总体规划（2020—2035 年）》中期方案和 "三区三线" 划定高质量完成，城镇开发边界达到 227 平方公里，居全省县（市）第一位，为发展 "四大片区"、打造 "四个中牟"、承载优质项目提供了更足空间、更广舞台。编制专项规划 11 项、详细规划 13 项，"千村示范、万村整治" 村庄规划梯次展开，绘好了中牟城乡建设 "工笔画"。

城市功能更加完备。新建改建市政道路51条，22个老旧小区改造有序实施。紫东变电站建成投用，雁鸣、姚家等6个变电站加快建设。新建"新能源＋地热能"供热站2个，开启清洁供暖新模式，群众用暖更加多元。高度关注群众"脚下的安全"，治理提升窨井盖2.4万座。施划停车位1800个，"停车难"问题进一步缓解。生活垃圾分拣中心加快建设，设置垃圾分类设施6000个，垃圾分类从"新时尚"变成"新日常"。

农村环境更加宜居。新建通村道路13条，实施村内道路硬化项目21个。全域推进"六清六乱"集中整治，生活垃圾"日产日清"，官渡污水处理厂建成投用，黑臭水体动态清零，"四化"工作机制全省推广，成为郑州市唯一一个获得全省农村人居环境先进县的地区。美丽乡村建设扎实推进，建成市级美丽乡村精品村3个、示范村54个，打造乡村旅游精品线路3条、"五美庭院"2万户，中牟乡村更具韵味、更富魅力。

生态底色更加靓丽。持续打好蓝天、碧水、净土保卫战，空气质量综合指数连续4年好转，水、土质量持续稳固。新增生态林1275亩、抚育林2000亩，建成森林特色小镇1个、森林乡村11个，实施重点节能改造项目6个。黄河湿地自然保护区问题整治成效显著，鸟类栖息地保护区高标准建成，鸟类品种从169种增至275种，呈现出黄河国家战略的中牟秀美画卷。空气质量综合指数、优良天数、PM_{10}、$PM_{2.5}$等指标均居六县（市）前3位。

六、民生福祉在共建共享中持续增进

社会保障更加有力。坚持节用裕民，政府一般性支出压减30％，压减幅度翻了一番，民生支出达到53.5亿元，占一般公共预算支出的74.4％。51项省、市、县民生实事高质量完成。脱贫成果持续巩固，脱贫人口人均纯收入增长16％。千方百计稳岗就业，新增城镇就业3384人、农村劳动力转移就业5844人，零就业家庭动态清零。克服财政困难，减征缓征养老、失业、工伤保险3760万元，足额发放社保资金6.5亿元、特殊群体救助补贴8294万元，困难群众基本生活得到有效保障。

拥军优属情更浓、意更真，连续七届蝉联全省双拥模范县。

公共服务更加优质。全县上下万众一心、同舟共济，直面多轮疫情严重冲击，以最快速度拔点、断链、清面，顺利渡过疫情高峰，实现平稳有序转段。优质医疗资源加速集聚，国家妇产区域医疗中心落户中牟；紧密型县域医共体建设纵深推进，县域内就诊率达到90.2%。坚持教育优先发展，郑州四十一中、郑州五十六中两所优质高中建成招生；新增公办幼儿园10所、中小学3所，增加中小学学位7800个；"双减"成效显著，"官方带娃"惠及更多家庭。养老服务体系不断优化。文化供给更加丰富，文明新风沁润中牟，以第一名成绩通过省级文明城市提名城市复审。

社会治理更加高效。应急管理体系持续完善，"7·20"特大暴雨灾害问题整改高质量完成，防灾减灾救灾能力大幅提升。安全生产专项整治三年行动圆满收官，"10+25"大排查大执法成效持续巩固，未成年人防溺亡工作经验全国推广，统筹发展和安全更加有力有效。强力攻坚"保交楼"专项行动成效显著。农民工欠薪治理扎实有效。守住了不发生系统性金融风险的底线。大力开展"三零"创建、"六防六促"专项行动，强力推进治安打击整治"百日行动"，人民群众安全感持续提升。

七、党的执政能力和领导水平持续提升

着力强化思想理论武装。坚持把学懂弄通做实习近平新时代中国特色社会主义思想作为必修课、首修课、终身课，县委常委会带头落实"第一议题"制度，传达学习习近平总书记重要讲话指示精神20次，带动各级党组织及时跟进学、全面系统学、融会贯通学。严格落实巡听旁听制度，县委理论学习中心组开展集体学习17次，推动各级党委（党组）理论学习中心组上下联动、同上"一堂课"。深入宣讲党的创新理论最新成果，开展各类宣讲活动170余场次，分批组织党员干部进行轮训，县委常委带头讲党课、讲思政课，持续推动全县理论学习教育入耳入脑入心。

着力建强基层战斗堡垒。坚持大抓基层鲜明导向，以"五星"支部创建为牵引，建立县级领导干部分包联系制度，制定责任清单，明确目标要求，月汇报、季观摩、半年评定，持续推动基层党建全面加强、全面过硬，基本建成1个"五星"支部和7个"四星"支部。深入开展"三起来"活动，全县403个小区、楼院实现党组织全覆盖；扎实开展"双抓双促"活动，深化国企党建工作与生产经营深度融合，"两新"党组织"两个作用"进一步彰显。积极稳妥推进农村党员排查整顿，对十八大以来3504名新发展党员进行全面排查，核实认定问题党员641人，党纪政务处分555人。

着力守好意识形态阵地。严格落实意识形态工作责任制，定期召开县委意识形态联席会议，持续巩固意识形态向上向好态势。大力推动传统媒体和"中牟发布"新媒体矩阵资源通融、内容兼融、宣传互融，做大做强主流舆论。积极开展"剑网2022"专项行动，全面排查整治网站、自媒体、移动客户端等领域风险隐患，持续加强意识形态阵地管理。坚持走好新时代网上群众路线，高质量办理人民网留言、市长热线交办事项，有效解决群众急难愁盼，妥善处置敏感舆情350余起。精心开展主题宣传，大力宣传中牟独特的空间区位、深厚的历史文化、优美的生态环境、生动的发展实践、广阔的发展前景，着力塑造展示中牟良好形象。

着力打造过硬干部队伍。扎实开展"能力作风建设年"活动，深入推进"大学习、大培训、大练兵、大提升"，建立完善乡村干部导师帮带制，全面提高干部能力素质。深入开展"三标"活动，强化经济社会发展"四挂钩"考核结果运用，推动形成干事创业、勇争一流的良好氛围。有序推进事业单位管理岗位职员等级晋升工作，完成首批977人等级晋升，干部活力进一步激发。坚持把疫情防控大战大考作为练兵场、赛马场，74个县直单位1万余名党员干部冲锋一线，筑牢了疫情防控的红色屏障，干部能力作风明显提升。

着力推进党的自我革命。认真履行管党治党主体责任，制定实施《关于加强"一把手"及领导班子监督的若干措施》，着力形成全面覆盖、常态长效的监督合力。大力推动全面从严治党向基层延伸，紧盯"小微权力"规范运行、集体"三资"规范管理，探索建立监督体系与治理体系相衔接的体制机制，查办了西街村党委原书记陈松林等典型案件，成为郑州市唯一一个省级村（社区）集体"三资"提级监督试点县。充分发挥监督保障执行、促进完善发展作用，紧紧围绕中央、省市委决策部署落实和疫情防控、营商环境、民生事业等全县中心工作开展监督。持续整治群众身边的不正之风和腐败问题，查处违反中央八项规定精神问题16起27人。保持高压反腐态势，处置问题线索310件，立案145件155人，给予党纪政务处分158人，采取留置措施9人，移送检察机关审查起诉10人。精准运用"四种形态"，批评教育帮助和处理420人次，前两种形态占比84.2%，推动监督执纪持续向"管住大多数"拓展。持续深化以案促改，开展警示教育305场次，1.1万人受教育，风清气正的政治生态不断巩固。

同时，工会、共青团、妇女、儿童、青少年、慈善等事业健康发展，统计、粮食、物价、气象、人防、消防、融媒体、地方志等工作取得新成绩。

中原区 2022 年经济社会发展报告

中共中原区委　中原区人民政府

2022 年，中原区坚持以习近平新时代中国特色社会主义思想为指导，紧紧围绕迎接党的二十大暨学习宣传贯彻二十大精神这条主线，牢牢把握高质量发展主动权，认真落实"疫情要防住、经济要稳住、发展要安全"重大要求，在迈向第二个百年奋斗目标开局之年，在实施"十四五"规划的第二年，以起跑即冲刺、开局即决战的姿态拼搏奋斗，坚持"稳"字托底、"进"字驱动、"优"字引领，全区各项工作实现了顶压前行、稳中求进、难中求成。2022 年，全区生产总值完成 765.3 亿元，同比（下同）增长 1.9%；财政一般公共预算收入（剔除留抵退税影响）完成 50.2 亿元，下降 2.6%；固定资产投资下降 4.1%；规模以上工业增加值增长 4.5%；社会消费品零售总额下降 2.1%；城乡居民人均可支配收入 47759 元，增长 4.9%。

一、抓项目稳增长，经济发展取得新进展

克难攻坚抓项目。37 个省、市重点项目完成投资 409.2 亿元，超额完成年度目标。滚动开展"三个一批"活动，"签约一批"开工率、"开工一批"投产率、"投产一批"达效率均为 100%。

千方百计稳主体。出台中原区"11 条"激发市场主体活力措施等助

企惠民政策；开展"万人助万企"活动，实现政策兑现"应上尽上""应享尽享""免申即享"，累计留抵退税 22.54 亿元，拨付惠企资金 8201 万元。帮助 28 家企业融资 2.7 亿元，筛选 96 家企业（项目）纳入"四保"白名单，实现重点企业应急状态下不停产、疫情期间不停工。

聚焦主题促消费。在全市率先开展汽车促销，持续开展金秋促消费等活动，稳定汽车、家电、家居等大宗消费。落实人才八折购房等政策，提振房地产市场信心。提升中原万达休闲一条街等消费集聚地，打造"醉美·CCD"特色消费场景、网红打卡地，西部消费中心繁荣兴盛。

二、强创新促转型，产业发展注入新活力

创新驱动更加强劲。认定省级创新型中小企业 107 家，省、市级研发平台各 6 家，省、市级科技企业孵化器各 1 家；新增郑州市科技型企业 145 家。技术合同成交额 28.58 亿元，万人有效发明专利拥有量 10.51 件。中原区粮谷技术研究院等 3 家新型研发机构注册落地。成功举办 2022"郑创汇"国际创新创业大赛和 2022 年全国"双创"活动周河南主会场活动。

发展方向更加明晰。优化完善四大主导产业发展目标，明确以科技服务业为主攻方向，以都市型工业为支撑，着力构建"一区多园"的产业发展空间布局，产业发展思路更加聚焦、明晰。

发展布局更加优化。按照功能鲜明、重点突出、协调推进、产城融合的原则，对东部区域突出城市更新，对中部区域突出产业提升，对西部区域突出基础提质，推动城市能级、产业布局更加优化，城市气质、内涵底蕴不断提升。

三、深改革扩开放，动能释放跑出新速度

招商引资成效明显。围绕主导产业完善产业链图谱和招商路线图，常态化开展京津冀、长三角、粤港澳大湾区等重点区域招商，签约黄河

智谷·中原企业总部港等 28 个重点项目，投资额 412.3 亿元，完成年度目标的 108.8%。

营商环境持续优化。33 个部门 1147 个事项进驻大厅，实现区级政务服务事项 100% 进驻；整合办事频次较高的社保、民政等 84 个事项纳入各街道"就近办"。新增市场主体 2.7 万家，增长 75%。"小原帮办、说办就办"成为全省政务服务金字招牌；连续两年在全省"全域化"营商环境评价中，位列 54 个市辖区第二名；在全市率先常态化召开"企业家座谈会"，我区成为河南省 20 个民营经济示范城市试点之一。

多项改革落地见效。中原发投集团 AA＋主体信用评级跟评稳定，全年融资 82.47 亿元支持全区经济社会发展。国企改革三年行动圆满收官，中原区现代服务业开发区挂牌运营。大力发展楼宇经济，助推以楼聚产、以产兴城，楼宇经济已成为城区经济发展的亮点。深入落实新型工业用地等改革，全年供应土地 1792 亩。

四、精建设细管理，城市形象实现新提升

重点片区高标推进。郑州中央文化区北部片区，3 条道路完成施工，6 条道路加快建设；市民大道、雪松路管廊基本完工，秀水河景观及水源工程正在收尾；科技绿芯、江浙沪企业家产业园等项目加紧推进。二砂文化创意园片区，二砂文创园：能源路等 3 条道路正在施工，18 家知名头部文创公司入驻项目一期；二期业态布局、3 万平方米招商工作基本完成，正在吸引郑州中原数字城市转型研究院、开心麻花等 16 家知名企业入驻。芝麻街 1958 双创园：编制完成园区二期建设规划方案；入驻企业 150 余家，2022 年纳税 3258 万元；新签约郑州奔驰智联网产业园等 15 家优质企业（项目）。国棉三厂特色历史文化街区：启动控制性详细规划、历史文化街区保护规划编制；项目一期申请地方政府专项债 7 亿元。须水河片区：2 条道路施工完成，中原路以北 8 个拆迁地块土方清运完成，同步做好各类手续办理；中机六院二期等项目建设取得扎实成效。

城市精细化管理有序实施。对 60 条道路、11 座桥梁路面及附属设施

进行精修精养。完成架空线缆入地 10.5 公里，治理窨井盖 5220 座；加装燃气安全装置 14.7 万户。纵深推进"常态化管理＋专项整治"治理模式，先后荣获环卫优胜杯金杯、月季花杯金杯等多项省市级荣誉。

基础设施加快建设。西站北街等 20 条道路加快建设，泰州路等 10 条道路具备通车条件。既有住宅加装电梯 33 部。更新改造供水管网 10.12 公里、热力管网 11.27 公里，完成 79 个庭院 73 公里、8 条道路 83.6 公里的燃气管网改造；新建公共停车场 45 处，新增泊位 0.6 万个。轨道交通 6 号线一期工程、轨道交通 10 号线征迁任务全部完成。

五、治污染美环境，绿色发展再上新台阶

污染攻坚成效显著。全区重点污染物浓度持续降低，优良天数 234 天，各项指标均完成市定目标，创近年来最好成绩。辖区河流、水库水质稳定达标，土壤环境质量持续稳固。

园林绿化提档升级。新建 5000 平方米以上综合性公园 1 个、5000 平方米以下游园 7 个，新增绿地 29.5 万平方米。

"双碳"工作扎实推进。建成区的重污染企业全部搬迁；5 家渣土清运企业新增新能源渣土车 186 台；"散乱污"企业动态清零；全区煤炭消费总量维持在"零"。

六、防风险守底线，本质安全展现新作为

加快灾后恢复重建。纳入省市规划的 101 个灾后重建项目，竣工 99 个，完成投资 7.78 亿元；纳入市灾后重建工作台账的 211 处城镇既有住宅受损房屋，恢复重建基本完成。"7·20"特大暴雨灾害问题整改全部完成。配合做好常庄水库加固提升、须水河、贾峪河等河道疏浚、堤防填筑、生态修复等工作。

强力推进安置房建设和问题楼盘化解。回迁群众 2.24 万人、1.8 万套；完成网签 1.18 万套、84.2 万平方米。化解省、市交办问题楼盘案件

41 个；列入市"保交楼"专项行动台账 11 个项目，全部通过复工验收；保交楼"四盯四保"经验做法全市推广。

全面提升安全生产、应急救援能力。完善"1＋10＋14＋N"的工作运行机制，排查整改隐患 10872 处。构建"区级＋街道＋社区＋楼院"应急管理体系，编制专项应急预案 43 个，组建 50 人的区级综合应急救援队伍，应急能力显著提升。

七、强弱项补短板，民生事业结出新硕果

公共服务更加优质。始终坚持教育强区，新建、续建中小学、幼儿园 19 所，建成投用 12 所；招聘教师 386 名；调整组建 4 大类 20 个教育集团；"双减"改革持续走深走实。建成社区健身活动中心 2 个，更新健身路径 40 条。2 家社区卫生服务中心业务用房完成交付，建成中原区老年健康指导中心。14 个街道养老服务中心、106 个社区日间照料中心正常运营。建设提升农贸市场 5 家、"微菜场"30 家。全区食品生产经营单位全部完成"6S"标准化建设，成功创建省级农产品质量安全示范区、食品安全示范区。

民生保障更加有力。发放就业资金 1844 万元，新增城镇就业 2 万人，城镇登记失业率始终控制在 3.5％以内；救助城乡低保家庭 907 户、1061 人，困难残疾人及重度残疾人 3445 人。分配公租房 983 套。

社会治理更加高效。健全"和顺中原"一站式多元解纷机制；深入开展"三零"创建，形成"1144"工作模式；推动启福城等一大批问题楼盘有序化解；府院联动高效化解行政争议 269 件，连续五年被评为"郑州市平安建设先进县（市）区"。

八、加强民主法治建设，安定局面持续巩固

支持人大及其常委会依法履行职权。支持人大及其常委会依法决策重大事项、行使人事任免权、监督权，支持、配合人大代表就经济高质

量发展、城市环境综合整治、环境保护等重点工作开展视察，对代表提出的建议及时交办督办，办结率100%。

充分发挥人民政协专门协商机构作用。支持和保障人民政协积极履行政治协商、民主监督和参政议政职能，引导政协委员为全区高质量发展、现代产业体系建设、城市有机更新等重点工作建言资政，提案办结率100%。

巩固和发展最广泛的爱国统一战线。实施参政议政增效、民族宗教和谐、"两个健康"提升、新的社会阶层人士出彩、港澳台侨凝聚"五个专项行动"，不断强化大统战格局，最大限度凝聚起共同奋斗的力量。切实加强党对民族宗教工作的领导，全力支持工青妇等群团组织依法依章履职。党管武装得到新的加强，军地协同、军民融合深入发展，2022年被省委、省政府和省军区联合表彰为双拥模范区，被市委、市政府和警备区联合表彰为党管武装模范区。全面推进依法治区，充分发挥区委全面依法治区委员会的统筹领导作用，持续完善法律顾问制度和公共法律服务体系，扎实开展"八五"普法等系列活动，全力推进法治政府建设。

九、全面加强党的建设，政治生态持续向好

坚决扛稳管党治党主体责任，深入贯彻新时代党的建设总要求，推进全面从严治党不断向纵深发展，持续巩固风清气正的政治生态，为经济社会发展提供坚强保证。

强化政治建设。将捍卫"两个确立"作为政治信念、政治忠诚、政治立场、政治态度，切实把"两个确立"转化为做到"两个维护"的思想自觉、政治自觉和行动自觉。把学习宣传贯彻党的二十大精神作为重大政治任务，结合"能力作风建设年"活动，组织"第一议题"、区委中心组理论学习45次，健全"学、思、用、督"全链条贯彻落实闭环机制，推动中央省市委各项决策部署条条落实、件件落地、事事见效。定期听取人大、政府、政协、法院、检察院党组工作汇报，完善党的各个

委员会工作机制。用好"学习强国"线上平台，强化基层党组织"三会一课"组织生活制度，拓宽党员干部学习渠道，提高学习质量，确保学习效果。

夯实思想建设。统筹中原发布新媒体矩阵及各区级网络宣传平台，开设党的二十大精神宣传专栏，策划推出一批接地气、易传播的新媒体产品，牢牢掌握网上舆论主导权；强化意识形态"1＋4＋N"联席会议、四单交办、两清单一报告等制度落实，建立意识形态工作通报制度，下发意识形态工作通报 3 期，社会舆情报送情况通报 29 期；旗帜鲜明开展网上舆论斗争，迅速有效处置敏感网络舆情，坚决管好互联网主阵地。

筑牢基层基础。全面强化"三起来"活动，启动实施"基层党建质量提升三年行动计划"，把"五星"支部创建作为基层治理总抓手、总牵引，先后召开 6 次推进会，落实落细各项任务。"亮赛比"活动扎实开展，书记抓、抓书记的工作机制日趋成熟，强队伍、强作风的工作载体更加有效，见贤思齐、比学赶超的氛围更加浓厚。统筹推进各领域基层党建，在城市社区，持续推进"红色物业"示范社区、示范小区建设，突出抓好无主管楼院实现党组织和工作全覆盖，实现党建工作与物业服务水平双促进、双提升；在农村，着眼抓重点、补短板，全面落实"三年强村计划"，指导过渡村、回迁村对照村集体经济"十种发展路径"调整完善产业规划，发展壮大村集体经济；在非公，制定非公试点建设方案，从"党务、政务、企业、人才、职工"等 5 个方面，明确 45 条建设标准，扎实推进小微产业园党建，芝麻街 1958 双创园入选郑州市"两新"组织工委首批党建联系点。坚持重基层、重实绩选人用人导向，先后调整干部 15 批 95 人次；拓展"双百工程"成果，优先选拔 8 名相对比较优秀的干部进入科级干部队伍。启动全区事业单位职员等级晋升工作，为 654 名一般人员晋升职级。

全面从严治党。聚焦廉洁文化，统筹推进清廉中原建设，挂牌成立"新时代廉洁文化站"282 个，遴选来自各行各业的"清风观察员"1760 名，召开"清风恳谈会"500 余次，第一时间化解群众难题。深入化解基层矛盾，信访举报同比下降50％。毫不松懈"纠四风"、树新风，紧盯春节、清明、五一、端午等关键节点，对节日前后工作作风情况、厉行节约反对浪费情况、公车使用情况、公款吃喝、公款旅游等问题开展检查，累计开展监督检查5轮，通报单位16家，整改问题135个。

二七区 2022 年经济社会发展报告

二七区人民政府

2022 年，二七区坚持以习近平新时代中国特色社会主义思想为指导，克服疫情反复冲击、经济下行和风险叠加等超预期因素考验，坚决落实"疫情要防住、经济要稳住、发展要安全"的重要要求，与全区人民携手共进、砥砺前行，经济社会发展取得新的成效。

一、全力稳住经济大盘

2022 年全区地区生产总值完成 785.6 亿元，总量市内六区第二，增速市内六区第三；社会消费品零售总额完成 482.5 亿元；固定资产投资完成 271 亿元；规模以上工业增加值完成 30.7 亿元。

有效投资不断扩大。树牢"项目为王"理念，"三个一批"项目综合评价全市第一，项目开工率、投产率、达效率均达 100%。统筹推进 370 个重大项目，完成投资 287.3 亿元；40 个省市重点项目完成 101.9%。用好专项债券和政策性、开发性金融工具，新增发行债券 15.4 亿元，申报发行额度市内六区第一。积极保障项目用地需求，持续加强土地运作，完成土地上报 533.6 亩，征收、收储 1896.2 亩，供应 1578 亩。

招商引资强力推进。围绕主导产业完善产业链图谱和招商路线图，常态化开展重点区域招商，新签约特飞科技中原区域总部基地等 20 个项目，签约额 450.7 亿元，"125" 招商计划完成率 100%。梳理推介 42.8 万平方米商务商业闲置资源，对接 22 家行业头部企业，新落地比亚迪工厂店等 15 家优质企业。培育正岩建设集团等 4 家市级总部企业、25 栋纳税超千万商务楼宇。持续扩大对外开放，深度融入共建 "一带一路"，引进域外境内资金 98.5 亿元，进出口总额完成 24.6 亿元。

助企纾困精准有力。落实国家和省市稳经济一揽子政策及接续措施，统筹万人助万企 "八个深化"，出台惠企政策三十条、中小企业纾困帮扶等若干政策，实现对全区 719 家 "四上" 企业、90 个项目单位分包服务全覆盖，累计解决问题 478 个。完成增值税留抵退税 29.9 亿元、个转企 130 户，为 97 家企业发放奖励扶持资金 803 万元、500 余家企业减免房租 3164.5 万元，实现惠企政策 "应上尽上" "应享尽享" "免申即享"。抓好双线嵌合机制，筛选 143 家企业（项目）纳入 "四保" 白名单，实现了应急状态下重点企业不停产、重大项目不停工。

二、加快产业转型升级

围绕传统产业优势再造、新兴产业重点培育、未来产业谋篇布局，加快推进 119 个重大产业项目，完成投资 72.7 亿元，做强产业发展引擎。

现代商贸业提质增效。统筹推进国际消费中心城区建设，深化二七商圈城市复兴，积极实施 "提质一批、升级一批、引进一批、振兴一批"，德化步行街入选全国步行街改造提升试点、首批国家级旅游休闲街区，华润万象城位居全市商业类 "十大消费集聚区" 榜首。二七广场及周边建筑外立面改造等六大类 47 项工程项目完成投资 16 亿元。电商产业快速发展，培育省级电商示范基地（企业）12 家，省市级跨境电商示范基地 2 家，跨境电商交易额达 5.7 亿美元，同比增长 26.5%。郑投科技创新园获评国家级电子商务示范基地。致欧家居成为全省第一家本土跨境电商上市企业，实现全省 "独角兽" 企业 "零突破"。

现代制造业培优培强。推动深国际等 48 个重点项目建设，总投资

16.8亿元的康师傅饮品中原区域总部等3个项目签约落地，总投资20.5亿元的名扬窗饰、丰捷等5个项目建成投产，总投资3.9亿元的郑州顶益新增生产线等15个技改项目达产运营。郑投等8个小微企业园累计吸纳企业305家，新增省级服务型制造示范企业1家，新纳入省级智能制造项目库企业2家。中物科技园、灏宇产业园等被认定为省级科技企业孵化器。

文旅康养业大力发展。河南工艺美术交流中心、河南省曲剧话剧艺术传承中心等文化项目开工建设。统筹"乡村振兴＋美丽乡村＋恢复提升"，建业足球小镇等18个文旅项目加快推进，樱桃沟社区、申河社区等美丽乡村精品村建设初见成效，樱桃沟管委会入选第二批全国乡村旅游重点乡镇。积极培育健康医疗、智慧养老等产业，加快推进仲景医药健康产业园等13个项目建设，精准对接联东U谷·二七生命健康产业园、东方医院健康养老宜居综合体等20余家企业实现落地。

三、持续提升城市品质

城市功能不断完善。总投资849.4亿元的二七广场及周边地区、二七南部城区等6个城市更新项目加快推进，完成投资162.4亿元。在建市政道路75条、121.9公里，打通"断头路"3条，完成汝河路等14条支线路网改造。新增公共停车泊位6505个，全区3070个道路停车泊位和267个经营性停车场数据接入市级智慧平台。

城市管理更加精细。高标准建成投用"数智二七"城市运行管理中心，全面实施精细化管理"1＋1＋6"方案，入地改造架空通信线缆34.3公里、治理窨井盖6559座、拆除违法建设387处21.1万平方米、整治施工围挡331处44.6万平方米，生活垃圾分类覆盖率达98％以上。开展城镇燃气安全整治百日行动，累计加装12万户燃气安全装置。深化"物业城市"建设，辖区三环内办事处及马寨镇418个路段、1052万平方米环卫作业实现专业化、标准化管理。

生态环境持续向好。统筹污染防治和碳达峰工作，空气质量年综合指数 4.69，优良天数 230 天，超出全市平均天数 8 天，PM_{10}、$PM_{2.5}$ 等主要指标明显下降，五次月考核全市第一。持续开展河湖"清四乱""三污一净"专项行动，累计巡河 1.3 万次。新增绿地面积 26.1 万平方米，新建综合性公园 3 个、微公园 2 个。土地安全利用率稳定保持 100%。

四、加速释放改革创新动能

营商环境持续优化。持续深化"一网通办、一次办成"政务服务改革，1217 项政务服务事项实现"应上尽上、全程在线"，即办件达 726 件、位居市内五区第一。全年受理各类行政审批及公共服务事项 111 万件、服务群众 166 万人次，满意率 100%。新增市场主体 2.9 万户。在全省营商环境考评中被评为先进市辖区，其中"获得信贷指标"考核位列全省 54 个市辖区第一。

重点领域改革扎实推进。二七经开区按照"整合、扩区、调规、改制"总要求，以"三化三制""管委会＋公司"为重点，统筹推进改革各项任务。高标准完成"三区三线"划定，划定城镇开发边界 90.3 平方公里，占全区总面积的 58.3%。精准衔接省市国土空间规划，进一步明确主导产业和功能布局，规划产业用地占城镇用地比例由 5.7% 提高到 8.8%。国企改革三年行动圆满收官，事业单位、财税、科技等领域改革稳步推进。

科技创新力度加大。新增高新技术企业 47 家、后备企业入库 69 家；新增市级科技型企业 84 家、国家科技型中小企业评价入库 393 家；新增省级研发平台 15 家。郑投科技创新园众创空间获省级众创空间认定。全社会研发经费投入 23.9 亿元，同比增长 18.1%，投入强度 3.04%，全市排名第三。技术合同成交额 28.9 亿元，同比增长 107.2%。实施《二七区创新创业团队项目资助实施细则》等相关人才政策，不断优化人才引育环境。开展第二届"二七英才"评选奖励，持续办好人才关心的"关键小事"72 项，有效激发本土人才创新活力。

五、全力保障和改善民生

始终坚持以人民为中心的发展思想，不断增强人民群众幸福感、获得感、安全感。

就业质量稳步提高。新增城镇就业 1.99 万人。"人人持证、技能河南"建设强力推进，新增技能人才 4.89 万人、高技能人才 1.39 万人。

养老事业大力发展。聚焦服务网络、服务力量、服务内容、服务延伸"四个关键"，确定郑州大学第五附属医院为区老年健康管理中心，推动医养联合体试点工作。累计建成街道养老服务中心 12 个、社区日间照料中心 135 个，改造 690 户家庭养老床位，实现城镇社区养老服务设施全覆盖。累计为 1.5 万名老人发放高龄津贴 2126 万元。桐树洼社区入选河南省首批乡村康养示范村。

美好教育全面推进。深化"多元投资、市场运作"建校机制，大力推进汝河路小学南溪路校区等 17 所中小学校项目建设。新增公办幼儿园学位 7440 个，普惠性民办幼儿园 114 所，覆盖率达 94.5%。深化"一校多区""名校托管"等办学模式，完善"集团化办学"机制，不同类型教育集团达 41 个，区域教育高位均衡发展。

社会保障更加健全。累计发放低保、特困人员等困难群众救助资金 2188 万元。分配公租房 3282 套。"慈善日"暨"99 公益日"活动公众线上筹款首次突破千万元大关，迈入全省第一方阵。建立全国首个"幸福家园"爱心驿站，入选全国首批"幸福家园"示范县区。退役军人服务保障水平不断提升，累计为重点优抚对象发放抚恤优待金 2422.8 万元，5 篇工作经验被国家退役军人事务部收录、在全国印发推广。成功实现省双拥模范区"三连冠"、市双拥模范区"八连冠"。

公共服务优质共享。全区 18 个乡镇（街道）文化站和 140 个村（社区）综合性文化服务中心实现全覆盖、全达标，并对群众免费开放。32 个公共文化服务场馆在"郑州文旅云"平台上线，累计发布公共文化活动 363 场（次）。文明城市创建质量全市领先，道德模范入选人数和层级位列全市第一。

六、更好统筹发展和安全

灾后重建高质推进。总投资 20.3 亿元的 358 个灾后重建和能力提升项目完工 355 个。"一库一案"整治中小型水库，金水河综合整治工程二七段加快推进。建立健全"1＋14"扁平化实体化实战化指挥体系，构建完成"1＋3＋X"应急预案体系和 525 人的安全劝导、灾害信息、应急管理网络，新建 4 处地震应急避难场所、154 处防汛紧急避险点，组建整合 4081 人的应急救援队伍。

疫情防控高效统筹。坚持人民至上、生命至上，因时因势优化调整防控措施，强化基层防疫网格力量，疫苗接种覆盖 99.4 万人，60 岁以上老人接种率达 99.4％，最大限度保护人民生命安全和身体健康。

安全生产常抓不懈。全区所有高危行业企业、规模以上企业全部建立双重预防体系。聚焦消防隐患、建筑房屋、施工工地等重点领域开展拉网式排查，累计检查企业、单位、门店等 1.4 万家，整改隐患 2.6 万条。加强食药监管和市场保供。17 家农贸市场、11 家大中型商超、1 家农产品批发市场通过食用农产品追溯系统建设验收。安全生产专项整治三年行动圆满收官，实现事故起数、死亡人数、受伤人数"三个下降"。

"保交楼"及安置房建设强力推进。用好保交楼"4＋1"模式，落实支持资金 15.8 亿元，18 个"保交楼"项目实质性复工率 100％。新开工安置房 291 万平方米，基本建成 100 万平方米，网签安置房 4719 套，通过建设回迁、盘活经适房等方式，新解决 2546 户 10181 人首套房安置问题。

社会治理更加高效。深化"平安二七"建设，统筹推进"六防六促"等专项行动，坚持四治融合，抓好"三零"单位创建、"一村一品"等十件事。社区社会组织工作经验入选河南省年度基层治理创新案例。深入开展依法治区、公共法律服务等重点工作，成立区级矛盾排查调解中心，成功调解群众各类纠纷案件 4559 件，矛盾预警排查处置工作全市第二。上级交办案件化解率 100％。圆满完成党的二十大及全国两会等重要节点信访维稳工作。

金水区 2022 年经济社会发展报告

金水区人民政府

2022 年，面对百年不遇的疫情冲击、错综复杂的外部环境、交织叠加的困难挑战，金水区坚决落实"疫情要防住、经济要稳住、发展要安全"重大要求，迎难而上、砥砺前行，经济社会各项事业再上新台阶，取得全国高质量发展百强区第 20 位、全国创新百强区第 8 位、全国投资竞争力百强区第 10 位、全国幸福百强区第 15 位等 4 个"全国百强区"标志性成果；获评全国 212 个国家级"双创示范基地"评估考核优秀档次第二名、中国楼宇经济（总部经济）标杆城区第 12 位、首批国家知识产权强县建设示范区等 10 余项国家级荣誉。

一、有效应对前所未有的复杂局面，奋力拼出了逆势上扬的发展曲线

2022 年，五轮疫情先后来袭，有效工作时间大幅压缩，经济运行、城市运转承受巨大压力，"开门红""半年红"良好态势受到直接冲击。

创新精准防控"硬举措"。不断完善"一键切换、平急转换"应急响应机制，率先在全省建成区级临检中心，率先在全市搭建智慧防疫指挥服务平台，率先在全市启用酒店式医学观察点；特别是在疫情防控最吃劲的关键时刻，组织动员 1.8 万名机关干部、党员志愿者，24 小时驻守

高风险小区单元，争分夺秒"流调"、通宵达旦"追阳"、随时服务"上门"，收获了"你永远可以相信金水"的至高评价。

因时因势调整防控"着力点"。全力"保健康、防重症、强救治、优服务"，爱心医疗包及时送达重点群体，新冠疫苗接种基本实现全覆盖，最大限度保障了人民群众生命安全和身体健康。

打好稳住经济"组合拳"。以"万人助万企"活动为牵引，持续开展"千企万户"融资专项支持计划，出台"助企暖心双十条""抗疫助企26条"一揽子激励措施，惠企政策"应上尽上、应享尽享、免申即享"，为中小微企业和个体工商户，减税降费退税44.1亿元，提供担保贷款33.8亿元，协调金融支持150亿元；市场主体逆势新增5.4万户，成为中部六省首个总量超过30万户的区县（市）；建立双线嵌合机制，122家重点企业（项目）纳入"四保"白名单，在应急状态下有力保障了"企业不停产、项目不停工、物流不停运、城市整体运行不停摆"；实现地区生产总值1932亿元、增长1.8%，一般公共预算收入114.2亿元，税收占比达85.2%，规模以上工业增加值增长14.1%，增速全市领先。

二、搭建支撑经济发展的四梁八柱，全力迈出了高质量发展的坚实步伐

始终把项目建设作为核心引擎。以"三个一批"为引领，谋划实施"四库"项目354个，其中新基建、产业优化升级、创新能力提升项目占比超过42%，龙子湖新能源实验室等52个重点项目建成投用，20个专项债券项目通过国家审核，是前两年的2.2倍。

始终把提振消费作为重要抓手。成功举办2022中国（郑州）新消费产业品牌峰会，入驻邀拍总部等新零售、新国潮企业50个，引进爱马仕等国际国内一线品牌首店60家，农科路酒吧休闲一条街获评省级夜间文旅消费集聚区，金水宣传海报再次登上纽约时代广场户外大屏幕，国际范、时尚味、科技感十足的消费中心形象吸引"全球目光"。

始终把产业园区作为主要战场。金水科教园区以"双第一"的名次，

成功获批省、市两级软件产业园，信息安全特色产业基地成功入选国家火炬特色产业基地；河南科技园区主营业务收入实现两位数增长、突破180亿元，助力众诚科技成功登陆北交所，成为全省首家信息系统集成服务"主板上市"企业；国家知识产权创意产业试点园区建成全省首个地理标志知识产权运营中心，组建全省首家生物农业知识产权运营联盟，完成全省首例植物新品种质押贷款，获评国家级知识产权强国建设试点园区。

始终把产业高质量发展作为主攻方向。牵头成立郑州元宇宙产业联盟，实质性开工全省首个元宇宙产业园，山谷网安等4家企业入围河南省大数据优秀企业，中钢网入选中国互联网综合实力百强企业，区级税收超百万楼宇达到168幢，建成市级小微企业园3家，占全市的近1/6，数字经济核心产业增加值连续两年增长10%以上，数字经济规模占GDP比重突破40%，对经济增长贡献率达到46.5%。

三、全面厚植开放创新的根基沃土，持续增强了转型升级的不竭动力

创新之势越聚越强。郑州金科智慧岛创成全省首批智慧岛，新培育"专精特新"企业252家、高新技术企业281家、科技型企业301家，成为全省首个高新技术企业突破1000家、科技型企业突破2300家的区（县）市。狠抓创新成果转化，牵头制定国家（行业）标准233项，登记技术合同成交额91亿元、增长76%。全面实施"青年菁英计划"，7位院士专家领衔科研项目落户金水，2.1万青年人才创业金水，20.4万"金标准"人才汇聚金水。

开放之门越开越大。深度融入"一带一路"建设，加大外贸主体培育力度，完成外贸进出口131亿元、跨境电商交易额118.8亿元，稳居郑州市内六区第一。高标准推进自贸区2.0版，新挂牌国际钢铁交易产业园、易宝支付跨境电商产业园等3个联动园区，增设20个自贸集群注册板块，形成"全域自贸"发展模式，有效辐射带动全区136.66平方公

里开放发展。扎实开展高质量招商大比拼，国家电投、中铁五局等一批央企集团纷纷布局，河南物产集团、黄河"三中心一实验室"等一批总部型研发型项目快速落地，全年招商签约额突破 500 亿元。

改革之路越走越宽。以"市场化、平台化、资本化、品牌化"战略为指引，金水投资集团、金水控股集团基本完成市场化改革，携手获评 AA＋主体信用评级。以"一网通办、一次办成"改革为主线，100 个事项"免证办"、1000 个事项"即来即办"、500 个事项"3 个工作日办结"，全年办结审批服务事项超过 100 万件，"5G＋全景式智慧政务"成功入选国家第八批社会管理和公共服务综合标准化试点项目。

四、有机更新街区城区的功能形态，系统展现了高品质现代化城区的全新风貌

城区韧性显著提升。统筹抓好"7·20"特大暴雨灾害问题整改、以案促改和灾后恢复重建，8 个明沟暗渠系统疏浚，21 个积水点综合整治，56 公里燃气管网安全升级，135 公里区管道路"雷达体检"，94 个灾后恢复重建项目高标建成，3000 多条可量化整改任务提前销号，金水的"里子"更实、"底子"更厚。

承载能力持续增强。圆满完成"三区三线"划定任务，新增 11.73 平方公里城镇开发边界，发展空间得到有效释放。高标规划 47 个城市更新项目，杜岭片区、司家庄片区示范开工，10 个项目入选市项目库，城区全面进入内涵式发展新阶段。持续优化交通环境，入地改造架空线缆 34.4 公里，推行"P＋R"换乘停车模式，城市精细化管理相关经验得到市委市政府主要领导充分肯定，并在全市推广。

乡村振兴成果丰硕。精心整治人居环境，1.2 万处"六乱"问题得到有效清除，沿黄片区水、电、气主管道铺设完成，2022 年第三季度农村人居环境集中整治排名全省第一。制定《乡村振兴产业项目帮扶办法》，马渡村入选全省首批乡村康养旅游示范村创建单位，金水乡村振兴工作得到省委领导同志批示肯定。

生态环境更加优质。深入推进省级生态区创建，新建公园游园 4 个，新增绿地 25 万平方米，预调 800 万立方米黄河水补充水系生态，149 处建筑工地纳入智慧监管，空气质量指数排名全市前列。

五、积极回应人民群众的美好向往，精心交出了惠民利民富民的幸福答卷

保障水平稳步提升。高质量推进"人人持证、技能河南"建设，不断丰富线上线下创业就业服务，新增各类技能人才 8.6 万人、就业再就业 3.9 万人，总量均居全市第一。新建各类养老服务设施 55 个，完成家庭适老化改造 2220 户，获评全国养老服务先进单位。广泛开展"善行金水"等慈善救助活动，发放各类救助补助资金 2800 多万元，困难群众感受到更多温暖。

公共服务更加均衡。新投用公办幼儿园、中小学 11 所，龙门实验学校等 5 所学校被评为全省首批优质教育集团、占全市的 1/3，荣获全国义务教育优质均衡先行创建区、全省教育信息化 2.0 示范区。新改造提升卫生服务中心（站）69 个，居民健康素养水平提升至 32%，高于全市平均水平，荣获省级慢性病综合防控示范区。新建成托育中心、母婴室 67 个，出生预警监测服务体系覆盖全区，并代表全省在国家人口长期均衡发展会议上进行经验交流。深入开展"云端看非遗"等系列活动，街头艺术创新案例入选中宣部《宣传思想文化工作案例选编》。

基层治理有效加强。创新"一楼一案一专班一银行一法官一干警"工作机制，重点保交楼项目顺利复工，360 万平方米安置房基本建成，8000 多名群众回迁新居。认真落实国务院安全生产十五条硬措施，扎实推进房屋建筑、消防安全、劳动密集型企业等集中整治，安全防控水平不断提高。深入开展重复信访专项治理，荣获全省平安建设考评"优秀"等次区（县）市。大力推进"数智金水"城市大脑建设，区级运行中心和 17 个街道分中心建成投用，重点部位、核心场所实现可视化智慧管理。

六、严格落实管党治党的政治要求，不断彰显了忠诚干净担当的政府形象

强化政治建设统领。深入学习贯彻党的二十大精神，时时、处处、事事对标对表，坚定捍卫"两个确立"、坚决做到"两个维护"，高标抓实中央环保督察、国家统计局统计督察"回头看"、市委专项巡察等反馈问题整改，确保上级有部署、金水有行动、落实见成效。

强化法治建设牵引。严格执行区人大及其常委会的决议决定，自觉接受人大法律监督、工作监督和政协民主监督，认真办理人大建议 218件、政协提案 192件，办结率 100％。深入实施"八五"普法，制定法治政府建设实施方案，严格落实重大行政决策程序，强化规范性文件合法性审查，法治建设成效、人民调解工作均排名全市第一，"五室一庭"行政执法保障机制被中央依法治国办通报推广。

强化作风建设保障。认真落实全面从严治党主体责任，严格执行中央八项规定及其实施细则精神，加强审计结果运用，持续压缩非急需非刚性支出，风清气正的政治生态进一步巩固。

同时，工会、共青团、红十字、残疾人、妇女儿童等事业健康发展，民族宗教、地方史志、外事侨务、粮食流通、国防动员、人民防空、双拥共建、民兵预备役、退役军人事务等工作都取得新成效。

管城回族区
2022年经济社会发展报告

管城回族区人民政府

2022年，管城回族区深入贯彻党的二十大精神，全面落实"疫情要防住、经济要稳住、发展要安全"的重大要求，深入开展"三标"活动，全区经济社会发展在逆境中呈现出降幅收窄、承压回稳、韧性增强、总体平稳的良好态势。初步统计，2022年地区生产总值完成678.2亿元，规模以上工业增加值完成22.8亿元，固定资产投资完成308.7亿元，社会消费品零售总额完成565.2亿元，同比增长1.7%，位居郑州市内六区第一，一般公共预算收入完成45亿元，增速郑州市内六区排名第一。

一、逆势发力扩投资、促消费，经济发展质量稳中有进

项目建设支撑有力。坚持"项目为王"，291个重点项目完成年度投资进度109%，44个"三个一批"项目，开工率、投产率、达效率实现3个100%。坚持要素跟着项目走，谋划申报专项债券项目22个，到位资金13亿元，同比增长67.5%；完成土地收储1500亩、供应2344亩。

消费动能有效释放。以"老字号＋新业态"打造一批特色商业文化

街区，顺城街获央视专题报道，平等街在"郑州夜经济地标"评选活动中一举夺冠。开展"悦享生活、乐购管城"7大类37项促消费活动，发放2800万元消费券，带动消费50亿元。

营商环境持续改善。出台"助企纾困13条""稳经济促增长18条"等系列措施，依托"万人助万企"活动推动各级政策直达快享，留抵退税11.5亿元，兑付帮扶资金1.7亿元，帮助企业融资5.2亿元。优化"管城企联帮"13710企业直办平台，解决企业难题800余件。创新"七库联通"工作机制，实施优质企业梯次培育，新增"四上"企业198家，市场主体逆势增长29%，总数达16万家。

招商引资成果丰硕。坚持"走出去"招商、产业链招商、小分队招商，签约福耀玻璃"一中心三基地"、海信智慧教育全国总部、全景医学等59个项目，总投资390亿元。成功申建自贸区开放创新联动区，引进境内域外资金98.4亿元，完成跨境电子商务交易额7.7亿美元。

产业质效不断提升。聚焦产业链优化提升，出台产业发展36条扶持政策，软件和信息技术服务业营收同比增长21.1%，工业技改投资、战略性新兴产业增加值分别增长57.2%、16.6%，增速均位居郑州市内六区第一，全区三次产业比重调整到0.1∶24.1∶75.8。

二、聚焦核心建平台、强支撑，片区承载能级持续跃升

郑州南站枢纽产业园。30平方公里城市设计和产业规划通过市规委会审批，7640亩永久基本农田核减获自然资源部批复，园区建设指挥部投入实体化运行。扶轮外国语高级中学等29个基础公共配套项目正加快推进，青年双创产业园等4个项目选址落地，中国储运（郑州）产业园项目主体竣工。

管城经济技术开发区。金岱智慧产业园入选全市首批重点园区，金岱数字创新园、智能建筑科技产业园等3个小微企业园加快建设，小微企业园建设模式在全市推广。低效用地整治成效明显，完成土地收储283

亩、供应 273.9 亩，中铁七局五公司等 16 个项目实现签约。文治路、文德路等 5 条道路综合改造圆满完成。

商都历史文化片区。书院街商代墓地考古成果入选"考古中国"重大发现，全国首个商代金覆面考古发掘刷新中原黄金文化认知。郑州商城国家考古遗址公园建成开放，成功入选第四批国家遗址公园名单，"两院"开馆迎宾，东城垣遗址博物馆落成揭幕，成为省会文化新地标。10 大类公建项目大头落地，"六街六片区"初具雏形，亳都古巷主体即将封顶，顺城街·代书胡同片区等 3 个协同风貌区实现开街，顺城街被评为省级旅游休闲特色街区。

三、多措并举重建管、促振兴，城区功能品质不断优化

城市更新步伐加快。阜民里、北庆里、北大街老旧片区改造掀起建设高潮，高标准完成城南路、商城路等 16 条道路更新改造。以旧工业区搬迁改造为契机，规划建设云时代医疗器械产业园等 10 个区级小微企业园。启动实施 18 个老旧小区改造，设置长效物业管理基金，全区 576 个无主管楼院实现"红色物业"全覆盖。

基础设施日臻完善。交通路网体系持续优化，明月路等 15 条道路完工通车，龙山路等 8 条"断头路"全面打通，渠南路等 14 条市政重点道路完成征迁，豫五路等 27 条新续建道路加快推进。新改建 30 座公厕、21 座环卫中转站，完成 4.6 公里排水管网改造、3.1 万米架空线缆入地整治、6070 个停车泊位建设和 7389 座公共区域窨井盖治理，城区承载力进一步提升。

城市管理更加精细。深入开展"六个专项整治"行动，以重点区域 57 条示范路为带动，分批打造精细化治理严管街，初步构筑"大城管"体系和精细化治理格局。全力推进数字化城市管理，实现全区智慧化城市管理全覆盖。新续建社区垃圾分类箱房 300 座，垃圾分类覆盖率达到 98％以上，被评为全国首批垃圾分类示范教育基地。

乡村发展更具特色。毕河、河西袁美丽乡村建设有序推进，张华楼、大湖被评为河南省农村人居环境集中整治行动先进单位，芭堤芭堤度假小院成为新晋网红打卡地。

安居工程顺利推进。建成安置房 221 万平方米，完成网签 11344 套，回迁群众 12002 人，征迁 6 年的商都历史文化片区全部实现回迁。15 个"保交楼"项目均实现全面持续实质性复工，房屋交付总量位居全市前列。跨度长达 16 年的紫金悦城问题楼盘成功化解，破产重整经验获住建部肯定并在全省推广。

四、凝心聚力抓改革、促创新，内生动能活力加速释放

科技创新提质增效。坚持把创新摆在发展全局的核心位置，先后引进 53 家创新创业企业，认定省市高层次人才 7 名，引进青年人才 11258 名。新认定高新技术企业 47 家、国家科技型企业 269 家、省级"专精特新"企业 4 家、市级以上研发平台 11 家，技术合同成交额达 18.7 亿元，超额完成市定任务。规模以上工业企业研发活动覆盖率达 66.7%，全社会研发强度达到 2.6%，高于全市平均水平。

重点领域改革扎实推进。深化"放管服效"改革，1166 项服务事项实现"一网通办"，上线 82 项"一件事一次办"、103 项"免证办"、507 项"即来即办"、249 项"3 个工作日内办结"，荣获郑州市"放管服"改革工作先进集体称号。积极推动区属平台公司三项制度改革，建中集团资产总额达 192.1 亿元，实现营收 29.8 亿元，完成融资 29.2 亿元，战略支撑作用进一步增强。

五、持之以恒优生态、美环境，绿色发展理念深入践行

污染防治攻坚持续用力。空气质量年综合指数 4.58，全市排名第二，

优良天数达到 232 天，创 7 年来最好水平。扎实推进"四水同治""五水综改"、河湖"清四乱"专项行动，累计清理修复水毁工程 21 处、河道 20 万平方米，4 条河流水质达到 Ⅲ 类标准，南水北调环境污染风险点全部消除。严格建设用地土壤环境质量联动监管，重点建设用地安全利用率达 100%。

绿色低碳发展持续推进。引导重点企业实施节能技术改造，完成投资 4753 万元。大力推进"3+2"新能源替代工作，新增新能源汽车充电端口 828 个。实施生态项目 33 个，新增绿化面积 60 万平方米，建成区绿地率达 36%，正加快构建"15 分钟生态圈"。

六、用情用力惠民生、强保障，群众幸福指数稳步提升

全年民生领域支出 27.1 亿元，占一般公共预算支出的 71.1%，82 项省市区重点民生实事全面完成。

社会保障水平不断提高。新增技能人才 3.6 万人，城镇登记失业率控制在 4% 以内，"零就业家庭"动态清零。发放城乡低保、困难群众救助等各类资金 2 亿元，惠及群众 10 万余人次。分配公租房 1260 套，建成人才公寓 410 套，既有住宅加装电梯 25 部。

公共服务质量更加优质。实施集团化办学、名校托管，新改扩建 18 所中小学、25 所幼儿园，10 所中小学幼儿园建成投用，新增学位 3.3 万个，完成郑州市第五高级中学迁建。"双减"政策全面落实，校外培训机构削减比例达 91.8%，漓江路小学课后服务模式成功入选教育部典型案例。郑州市大肠肛门病医院新院区主体完工，管城区总医院扩建、中西医结合医院迁建工程加快建设，被评为郑州市深化医药卫生体制改革工作先进集体、郑州市医疗保障工作先进单位。建成 12 家街道级养老服务中心、109 家社区日间照料中心，豫丰医院康养中心、爱睦家护理院等医养结合模式在全省推广，平等街社区、青翠路社区获评"全国示范性老年友好型社区"。建成 3 家示范托育机构、7 家标准化托育机构，提供

托位 3312 个。

社会事业蓬勃发展。站马屯等遗址生态文化公园建成开放，更新 33 条全民健身路径，开展 40 场"舞台艺术送基层"等系列文化惠民活动，平等街非遗文创街区入选全省"最美公共文化空间"，获评全国科普示范区。持续深化双拥共建，退役军人服务体系不断完善。扎实推进"争创民族团结进步示范单位"系列活动，民族团结进步向心力进一步增强。建成新型智慧城市运行中心，网格化基层治理经验被焦点访谈及省市主流媒体宣传报道，代书胡同社区荣获全国先进基层群众性自治组织。

七、毫不放松保平安、守底线，社会大局保持和谐稳定

疫情防控成效明显。面对多轮新冠疫情，2486 名县处级领导、机关干部下沉高风险单元，各级各部门特别是街道社区基层干部、医务工作者、公安干警、民兵预备役以及社会各界人士不畏艰辛、勇毅坚守，尽最大努力守住了不发生规模性疫情的底线。第一时间落实国务院优化疫情防控"二十条""新十条"等举措，设置 5 个医学救治点，16 家医院开设"新冠线上问诊"，核酸采样小屋改造为"发热诊疗点"，有效保障了群众就医用药需求，实现平稳转段。

安全防线更加稳固。深入推进灾后重建，实施 125 个灾后恢复重建和应急能力提升项目，街道、村（社区）"1＋4"应急体系持续优化，城乡基础设施防灾能力显著提升。积极推进国家食品安全示范城市创建工作，以最严标准查处食品违法问题。扫黑除恶常态化推进，夏季治安打击整治百日行动成效位居全市前列。巩固安全生产专项整治成果，扎实开展危化品、燃气、自建房等重点领域风险隐患排查治理，444 家企业完成双重预防体系建设，守住了重特大安全生产事故"零发生"底线。

群众诉求有效回应。扎实推进"三零"创建，全面开展突出涉稳风险和重点人员"大排查、大起底、大化解"专项行动，393 件重复信访积案全部化解，党的二十大期间实现"零进京、零登记、零滞留"，荣获

河南省"三零"创建工作先进区称号。开展欠薪攻坚治理，追讨薪资 6221 万元，切实保障农民工合法权益。

八、坚定不移转作风、提效能，政府自身建设全面加强

坚持和加强党的全面领导，深入学习贯彻党的二十大精神，巩固提升党史学习教育成果。自觉接受人大法律监督、政协民主监督和社会各界监督，高质量办结区人大代表建议 166 件、政协委员提案 144 件，办结率和满意率均达 100%。严格执行重大行政决策程序，建立"3+4"政府工作会议制度，采取定期例会、现场办公等方式，确保各项决策部署落实落地。扎实开展"八五"普法，全力建设法治政府。评审各类政府投资项目 38 个，完成审计项目 23 个，核减工程造价 3314.3 万元。严格执行中央八项规定及实施细则精神，守牢廉洁从政底线，政府系统党风廉政建设取得新成效。

同时，人防、史志、粮食、机关事务、慈善、红十字会和国防动员等各方面工作均取得了优异成绩。

惠济区 2022 年经济社会发展报告

惠济区人民政府

2022 年，惠济区围绕迎接党的二十大暨宣传贯彻二十大精神这条主线，以建设"创新活力之城、大美幸福惠济"为目标，聚焦"两个确保"、强化"三标"意识、深入推进"十大战略"行动，全力以赴稳经济、稳预期、稳民生，上半年全区经济持续回暖向好，在第二季度全市经济社会发展"四挂钩"考核中跃居六区第二，但 10—11 月疫情持续时间长、冲击大，严重影响经济恢复态势。2022 年，全区生产总值完成306.2 亿元，固定资产投资完成 200 亿元，社会消费品零售总额 213.8 亿元，规模以上工业增加值下降 2.5%，一般公共预算收入完成 26 亿元、税收质量 84.8%。重点做了以下工作。

一、坚持统筹调度，经济大盘稳中向好

助企纾困政策落实有力。在全市率先制定"双提""双惠"助企惠民4 方面 23 条措施，出台全区 33 条稳经济促增长一揽子政策，第一时间发放各项补助直达资金 5.03 亿元，留抵退税 6.49 亿元，协调各类贷款 156亿元，201 个企业（项目）纳入"四保"白名单，引导信基、四季物流港等市场方为 6520 家商户减免租金 4150 万元，极大提振发展信心。

项目建设联动推进。80 个重大项目纳入省"十四五"重点项目库，

30个省市重点项目涉及的78项联审联批事项全部办结；149个区级重点项目完成投资197亿元，31个新开工项目实质性开工；滚动推进24个"三个一批"项目，签约率、开工率、达效率均为100%。全年完成土地征收402亩、供应2150亩，申报政府专项债27.6亿元，要素保障精准有力。

营商环境不断优化。扎实推进60个商事登记"一件事"线上办理和50个跨部门、跨领域、跨层级"一件事"线下办理；区级政务服务大厅建成投用，入驻市区两级审批部门41个，可办事项1295项，全年办理业务20.1万件，办结率100%。深入开展"万人助万企"活动，500余个问题全部办结。加强"诚信惠济"建设，被评为郑州市2020—2021年度社会信用体系建设工作先进集体。

二、加快产业升级，发展质效稳步提升

新兴产业加快布局。花园口新兴产业园产业发展研究报告完成编制，起步区控规完成调整，引入项目8个，古荥智能制造产业园产业发展研究初步方案和城市设计完成编制；3个小微企业园建设稳步推进，惠济区粤浦科技智造谷、电子信息智能制造基金小镇列入"郑州市重点建设小微企业园名单"，产城融合新格局加快形成。

现代商务商贸服务业再上台阶。外贸逆势上扬，进出口总额达9.2亿元，同比增长61%；跨境电子商务进出口额6.18亿元，完成年度目标任务的105%。郑州首家珠宝玉石直播孵化基地——抖音电商直播基地郑州运营中心全面启动，带动消费1.2亿元；发放各类消费券3000万元，撬动汽车、百货消费超10亿元，河南省数字消费产业园成功签约，郑州国际花卉商务中心完成摘地，现代商务商贸服务业基础更加坚实。

文化旅游加速融合。大运河文化片区一期用地控规、5个专项规划通过市级审批，大运河国家文化公园设计方案编制完成，汴河遗址公园环境整治设计方案通过国家文物局审批，黄河颂剧院完成土地摘牌，黄河国家博物馆主体结构封顶。成功举办"2022中国（郑州）黄河合唱

周"线上活动，荥阳故城遗址生态文化公园一期开园运营，接待游客21万人次。

三、深化改革开放创新，发展活力持续释放

重点改革实现突破。惠济经开区整合方案获批，调规、扩区工作有序推进。国企改革三年行动圆满收官，天河控股（河南）有限公司组建完成，"1＋3＋N"经营管理体系成型，内生动力持续激发。事业单位重塑性改革、农业农村等领域改革稳步推进。

招商引资成效显著。围绕六大主导产业，绘制招商图谱，组建京津冀、长三角、粤港澳三大区域招商专班，开展精准招商、上门招商，收集新浪商业元宇宙总部等项目线索134条。强化项目全周期服务，全年新签约项目27个，签约额383.8亿元，新开工项目22个，投资额289.6亿元；实际吸收外资2858万美元，居郑州市内六区第二。

科创能力不断增强。创新主体发展壮大，新入库国家科技型企业149家，新增"专精特新"企业15家、市科技型企业51家，均超额完成年度目标。研发平台不断扩充，郑州财经学院数智金融重点实验室被认定为市重点实验室，1家企业获批省企业技术中心，3家企业获批市工程技术研究中心，规模以上工业企业研发活动覆盖率达61％。强化科技成果转化，技术合同成交额2.17亿元，增长35.7％，创历史新高。人才队伍增量提质，引进知名专家学者12人、高校毕业生5560人；强力推进"人人持证、技能河南"建设，新增技能人才3.6万人、高技能人才1.1万人。

四、统筹城乡发展，功能品质持续提升

城区功能日趋完善。以城市更新行动提升城区功能品质，荥泽古城文旅融合一期等6个项目列入市城市更新项目库，4个老旧小区改造稳步推进；52条道路加快建设，银河街等6条道路建成通车，北三环彩虹桥主体工程大头落地；地铁7号线、8号线一期3个站点主体完工，46条

水毁道路完成修复；桥南水厂并网运行，惠及群众超 30 万人。

城市管理精细智慧。建立区、镇（街道）两级城运中心和"市域治理一体化"管理平台，在全市率先实现 107 个事项线上闭环处置，处置效率提升 60% 以上，获评"数字郑州"建设工作先进单位。强化"四化"整治，拆除违法建设 7.2 万平方米，新增停车泊位 8225 个，3283 个全时段路内泊位和 96 个经营性停车场实现智慧管理；整治提升窨井 4132 座，10 余公里架空线缆实现入地，改造老旧管网 12 处、2000 余米，47 条道路实现亮灯，城市精细化智慧化管理水平不断提升。

乡村振兴稳步推进。4 个美丽乡村精品村加快推进，孙庄村一期建设完成，成功入选 2022 年省级乡村旅游特色村、乡村旅游创客示范基地。持续开展 34 个行政村人居环境集中整治，农村人居环境全面改善。乡村产业持续发展，新培育市级龙头企业 1 家，申报国家级龙头企业 1 家，成功举办 2022 年第四届郑州种业博览会暨第七届中原国际种业科技展览会（简称"中原地展"），成为种业行业新名片。

五、推动绿色发展，生态环境持续改善

沿黄生态保护加快实施。持续开展黄河"清四乱"专项行动，大力推进滩区湿地整治和保护，184 个点位全部整改完成。黄河花园口地表水水源地保护区规范化建设完成，花园口国控断面水质稳定达标。沿黄生态廊道（惠济段）建设完工，黄河支流水环境综合治理工程获得中央预算内资金 1.94 亿元。

污染防治扎实推进。深化"散乱污"企业等治理，PM_{10}、$PM_{2.5}$ 年均浓度分别为 79 微克/立方米、48 微克/立方米，优良天数达 213 天；严格落实河长制，各级河长累计巡河 2.4 万次，金洼干沟花园路雨水抽升泵站改造和张牛支沟环境综合治理完工，城市黑臭水体基本消除；强化土壤污染源头防控，土壤污染防治先行区加快建设。

生态绿化持续改善。深入推进林长制，完成国土绿化 4900 亩，新增绿地 30 万平方米，创建森林特色小镇 1 个、森林乡村 2 个，新建成公园、游

园、微景观 5 个,道路绿化 34 条,"绿色生态"城市底色加速绘就。

六、响应群众关切,民生福祉持续增进

高质量办理省市区民生实事,民生支出占比达 74.2%。

美好教育全面提升。区实验初级中学等 3 所中小学、区实验幼儿园开元园区等 6 所公办幼儿园建成投用,新增学位 6210 个,学前教育普惠率超 90%,高于市定任务 10 个百分点;郑州市第 38 高级中学、郑州科技工业学校完成选址;成立紧密型教育集团 4 个,区实验小学教育集团荣获首批河南省义务教育阶段优质教育集团;"双减"工作走深走实,被评为 2022 年郑州市课后服务示范区。

卫生健康体系不断完善。获批省市"示范中医馆"3 家,完成区疾控中心、区人民医院改造提升,成功创建省级慢性病综合防控示范区。加强重症医疗资源及基层医疗服务能力建设,辖区三级医院综合 ICU 床位达到总床位数的 4%,镇卫生院、街道社区卫生服务中心服务能力达到国家标准。

文体事业不断丰富。开展传统文化推广等线上线下品牌活动 800 余场、文化惠民演出活动 44 场,打造"惠声惠色"公益培训品牌,受益群众 2100 余人。建成健身路径 34 条、多功能运动场 2 座、健身驿站 3 个、室内智能健身中心 4 个,全民健身中心项目加快建设,"15 分钟健身圈"体系持续优化。

社会保障底线全面兜牢。新增城镇就业 2962 人,超额完成目标任务,"零就业家庭"动态为零。扎实做好困难群众兜底保障,发放各类救助及补贴资金 582 万元;普惠托育机构增至 24 家,8 个镇(街道)养老服务中心、31 个社区养老服务中心建成投用,配建率均为 100%。

七、守牢安全底线,社会大局和谐稳定

高效统筹疫情防控。新冠疫情发生三年来,全区上下同舟共济、同

心抗疫，我们倾心倾力、因时因势，精准落实上级疫情防控政策，优化医疗资源布局，完善分级诊疗机制，做好重点人群健康检测，加强基层防疫网格建设，及时高效处置多轮疫情冲击，最大程度保障了人民群众身体健康和生命安全。

持续打造安全城区。健全应急管理组织体系，制定完善各类应急预案，储备1000余万元应急物资，建立三级救援队伍109支2985人，建成15处应急避难场所；83个灾后恢复重建和能力提升项目实现竣工，竣工率98%。扎实推进消防、道路交通、自建房、城镇燃气等重点领域安全专项整治，全区安全生产形势总体稳定。

强力推进保交楼和安置房建设。灵活运用保交楼"4+1"模式，落实专项资金2.2亿元，9个保交楼项目全面复工；22个问题楼盘项目化解销号21个，化解率95.5%，居市内五区第一。扎实推进安置房建设三年攻坚行动，融资装地344亩、23亿元，安置房新开工152万平方米、建成276万平方米、网签1万余套，回迁1.1万人，圆满完成市定目标任务。

有效化解风险隐患。加强财政预算执行管理，动态监测债务数据，政府性债务风险可控。强化食品药品安全全过程监管，切实保障群众"舌尖上的安全"。持续开展信访攻坚，国家、省市交办案件化解率100%，圆满完成党的二十大等重要时间节点安全稳定保障工作。

行政效能大幅提升。完成政府投资项目评审278个，核减资金4.31亿元。深入实施"八五"普法，75个村（社区）建立公共法律服务工作站，"一村（社区）一法律顾问"实现全覆盖。严格落实"三重一大"制度，及时向区委报告重大事项，主动接受人大、政协及社会各界监督，办结省市人大建议、政协提案5件；高质量办理区人大代表建议94件、区政协委员提案166件，办结率均为100%，满意率分别为98.9%、100%。

同时，人防、慈善、残疾人、红十字、机关事务、地方史志、民族宗教、国防动员、退役军人事务、关心下一代等工作取得新成效。

上街区 2022 年经济社会发展报告

中共上街区委　上街区人民政府

2022 年，面对艰巨繁重的改革发展任务和多轮疫情严重冲击，上街区坚持以习近平新时代中国特色社会主义思想为指导，认真落实习近平总书记关于河南和郑州的重要讲话指示精神，紧紧围绕迎接党的二十大召开和学习宣传贯彻党的二十大精神这条主线，认真落实"疫情要防住、经济要稳住、发展要安全"重大要求，高效统筹稳增长、调结构、促改革、惠民生、防风险等各项工作，稳中求进、难中求成，经济社会发展和党的建设取得新进展、新成效。

一、聚焦助企业强实体，经济运行平稳有序

坚决落实国家和省市稳经济一揽子政策及接续措施，统筹抓好双线嵌合，深入开展"万人助万企""三个一批"等活动，遴选"白名单"企业（项目）214 家，帮助企业解决问题 350 个，发放各类奖补资金 9634 万元，减税降费 3.44 亿元；79 个重点项目完成投资 52.08 亿元，13 个专项债项目、28 个中长期贷款项目通过审核，总投资 170.5 亿元；新引进上海远怀等项目 58 个，总投资 289.96 亿元，盘活闲置厂房、楼宇 8.36 万平方米；分批投入各类消费券 600 万元，带动消费 2000 万元。荣获全市扩大有效投资专项优胜单位、全市高质量发展贡献奖。

二、聚焦兴产业优结构，转型发展提速升级

制造业竞争力不断增强。全区规模以上工业企业亩均税收达到 13.9 万元/亩，增长 29%；新入规模以上工业企业 8 家，新增"专精特新"企业 12 家、"上云上链"企业 600 家；完成智能制造评估评价企业 53 家、两化融合贯标认证企业 10 家；奥克斯智能空调生产基地一期建设稳步推进，奥克斯科技城建成投用，6 个小微企业园累计签约入驻企业 302 家；晋潞光电等 9 个制造业项目建成投产，新生印务等 11 家企业完成智能化改造，天马新材料成为上街区首家北交所上市企业、被认定为省级智能车间。开发区"三化三制"改革稳步推进，上街区先进制造业开发区挂牌成立。上街区成为全市再生金属产业发展三个试点之一，荣获全市制造业高质量发展工作先进单位。

现代服务业蓬勃发展。金融业增加值占生产总值比重达到 13.32%；丹尼斯、景文百货等大型商超线上销售额同比增长 60% 以上；方顶驿文化旅游度假区一期建成，二期主体封顶；引进互联网等行业区域总部类项目 5 个、建筑业企业 7 家、现代物流业企业 2 家，中铝物流中部陆港公司获批国家 4A 级物流标杆企业，实现零的突破。

三、聚焦抓创新扩开放，发展活力不断增强

开放平台加快建设。国际陆港上街片区建设取得重大进展，海铁联运国际班列正式开行，标志着上街区成功开辟了一条直达港口、走向世界的便捷通道；海关监管作业场所（场地）修建性详细规划、生产服务型国家物流枢纽申报方案完成编制；中铝物流网络货运平台建成运营，日均交易额达到 300 万元。国家通航产业综合示范区建设稳步推进，人工增雨郑州基地建成投用；三和消防版无人机正式列装市消防支队，并在全国推广，美邦通航入选国家航空医疗救护联合试点；豫中（郑州）省级区域性综合应急救援保障基地、郑州市综合应急救援保障基地挂牌

成立；通航运营企业累计飞行作业 3850 小时，完成农林植保作业 500 余万亩，培养无人机"飞手"1000 余人，接待航空科普研学 3.5 万人次。

科技创新成效显著。科技型企业、高新技术企业总量分别突破 200 家、100 家，新培育市级工程技术研究中心 4 家，规模以上工业企业研发覆盖率达到 65%，技术合同成交额达到 3.27 亿元，同比增长 62%；创新平台建设实现多项零的突破，中铝郑州有色金属研究院成为河南省创新龙头企业，郑州轻研合金获批河南省博士后创新实践基地，中关村 e 谷获评国家级科技企业孵化器、国家级众创空间。

营商环境更加优化。"放管服效"改革持续推进，实现 100 个事项"免证办"、500 个事项"3 个工作日内办结""不见面"审批事项占比达到 99.8%，企业开办时间压缩至 0.5 个工作日，工程建设项目最长审批时间压缩至 41 个工作日。建立"四转"企业培育库，完成"个转企"23 家、"小升规"35 家，新增市场主体 6613 户。上街区在全省营商环境评价中排名第五，比上年度提高 9 个位次。荣获全省营商环境建设先进单位、全市社会信用体系建设工作先进集体、全市"数字郑州"建设工作先进单位、全市依法行政工作先进集体。

四、聚焦精建设细管理，城市环境不断改善

规划体系更加健全。"三区三线"正式划定，国土空间总体规划进一步完善，4 个专项规划、10 个区域控规编制完成。

灾后重建高效开展。"7·20"特大暴雨灾害追责问责案件以案促改暨问题整改工作圆满完成，印发"1＋9"总体方案及专项实施方案，建立气象预报等十项机制，完成应急指挥中心建设和应急智慧网络建设，实施汜水河修复等灾后重建提升项目 159 个、总投资 8.17 亿元，其中 150 个项目已竣工，切实保障了城市本质安全。

城市更新深入实施。修建长乐街、孟津路南延等 6 条道路。铺设水气暖管网 8 千米。新建 4 个应急避难场所。完成 10 个老旧小区改造、5 个党群服务中心亲民化改造，128 个无主管楼院实现"智慧哨兵"全覆

盖。修复破损道路 5600 平方米、人行道 2700 平方米，治理窨井盖 2609 座。完成 3 个安置区"四证"办理。上街区荣获全市高品质城市建设（百城提质）核心板块建设工作先进区。

人居环境有效提升。完成淮阳路沿线、金华路节点整治。开展共享单车管理专项治理行动，设立停放站点 79 个。46 处经营性停车场全部接入智慧停车平台。整治提升施工围挡 86 处、拆除 108 处。加装居民用户燃气安全装置 6961 户。建成区级生活垃圾分拣中心和 150 座垃圾分类亭。新增绿地面积 5.21 万平方米，新建公园 1 个、游园 3 个，完成道路绿化 1 条。荣获全市创建国家生态园林城市工作先进集体、全市"月季花杯"竞赛活动银杯。

污染治理持续攻坚。148 家涉 VOCs 排放企业完成"一企一策"治理，74 辆渣土车全部更换为清洁能源车辆，1304 家餐饮服务业单位全部安装油烟净化设施，"散乱污"企业和散煤动态清零，与周边区域联防联控切实加强，空气质量有效改善，优良天数达到 211 天。枯河、汜水河上街区断面持续稳定达标，饮用水水源地水质达标率 100%。土壤环境质量总体保持稳定，建设用地安全利用率 100%，重点行业重金属排放量实现零增长。

五、聚焦惠民生增福祉，社会事业稳步推进

就业创业稳定扩大。发放创业担保贷款 1630 万元，新增城镇就业 2835 人，完成各类技能培训 10723 人次，登记失业率控制在 2% 以内。荣获全市招才引智工作先进集体、全市构建和谐劳动关系暨失业保险援企稳岗工作先进集体、全市职业技能提升行动和竞赛工作先进单位。

美好教育全面实施。在全市率先实现公办园在园幼儿占比超过 50% 的省定目标，普惠率达到 99.1%，超出省定目标 19.1 个百分点；建成投用实验初中小学部等项目，新增学位 2040 个，全面消除大班额；高考本科上线人数 707 人，上线率达 77.78%，创历年之最；师资力量进一步优化，招聘同工同酬教师 66 名，培养市级以上各类名师 57 人；"双减"政

策全面落实，被评为全市"五育"并举实验区。

卫生健康不断改善。在全市率先完成疾控中心标准化建设与实验室能力提升；郑州市第十五人民医院启动胸痛中心和卒中中心项目建设，建成区级医院感染、临床检验和护理3个质控中心；三级中医药服务体系基本建立，区中医院获评河南省示范中医馆；1家托育指导中心、5家基层育儿指导中心建成投用。

文体事业繁荣发展。注册乡村文化合作社37家，举办文艺演出活动200余场，惠及群众13万人次，开展"双百工程"艺术培训300余期。建成更新全民健身路径12条、社区活动中心、智能健身驿站、多功能运动场各1个。

民生保障扩面提质。发放城乡低保救助金、特困供养金、残疾人两项补贴等资金1007万元；居家社区养老"百千万"温暖工程深入实施，提升改造街道养老服务中心3个，新建社区日间照料中心7个，完成适老化改造230户，创建国家级、省级老年友好社区各1个。荣获省实施妇女儿童发展规划工作突出集体。

六、聚焦防风险保稳定，社会大局安定和谐

疫情防控高效有力。坚持人民至上、生命至上，全面贯彻中央、省市疫情防控各项决策部署，科学精准、以快制快，以最短时间最小代价打赢疫情阻击战，成为全市唯一一个始终保持动态清零的区县（市），为全省全市疫情防控大局做出了上街贡献。国务院"新十条"和"乙类乙管"等措施出台后，第一时间调整防控重心，扩充发热门诊，优化诊疗服务，统筹物资供应，加强疫苗接种，实现了从"防感染"向"保健康、防重症"的平稳转换。

风险化解稳妥有序。强力攻坚"保交楼"专项行动，帮助企业协调申请国开行专项借款，首批资金拨付8400万元，配套融资授信额度1.68亿元，5个保交楼项目全面实质性复工。深入实施国企改革，全面启动区属国有企业市场化改革，制定出台《上街区区属国有企业市场化改革

实施方案》等系列改革文件，完成郑上新城建设发展集团有限公司架构搭建。持续化解遗留问题，区属国有企业办证、未供即用土地办证、十五院项目建设、通航嘉苑问题楼盘、中央名邸安置房办证等长期遗留问题基本解决到位。全力抓好社会稳定，开展重复信访积案专项治理，综合化解率100%、位居全市第一，顺利实现党的二十大期间"三零"目标；细化落实安全生产十五条硬措施，安全生产专项整治三年行动圆满收官，全区安全生产形势持续平稳，群众安全感、满意度达到99.1%、位居全市第三。荣获全省驻京信访工作先进区、全市平安建设先进区、全市信访工作专项先进单位、全市防范化解重大风险攻坚战成效专项先进单位。

七、坚定不移推进全面从严治党向纵深发展

坚持把政治原则、政治要求、政治标准贯穿始终，健全贯彻落实习近平重要讲话指示批示精神和中央、省市委决策部署的"闭环"机制，省市委领导165项批示事项全部办理到位，全面整改省委生态环境保护督察、灾后恢复重建专项巡视反馈问题，以整改促进工作整体提升。持续完善"第一议题"和领导干部讲党课、讲思政课等制度，开展区委理论学习中心组集体学习9次，深化"党的创新理论万场宣讲进基层"活动，建强用好"学习强国"上街融媒号，推动理论学习教育更加深入人心。大力培育和践行社会主义核心价值观，深入开展"四史"宣传教育，实施公民道德素养提升工程，引导全民坚定信仰信念、弘扬正气新风。从严落实意识形态责任，定期召开联席会议，完善分析研判机制，形成"四单"工作闭环，走好新时代网上群众路线，解决群众急难愁盼问题200余条。坚持以"基层党建质量提升三年行动计划"为引领，以"三起来"为抓手，实施基层党建"书记项目"，深化"五星"支部创建、机关"双抓双促"和支部书记"亮赛比"活动，基层党组织战斗堡垒作用和党员先锋模范作用充分彰显。严格执行《推进领导干部能上能下规定》，以"四挂钩"考评机制为导向，坚持"督事""考人""用人"相结

合，全年开展科级干部选任 8 批次，提拔 33 人、重用 7 人；以"能力作风建设年"活动为载体，大力弘扬"干事干练干净"优良作风，实施"头雁培育""党员培优""熔炉淬炼"行动，党员干部能力作风得到明显提升。常态化制度化推动以案促改，严格落实中央八项规定及其实施细则精神，驰而不息纠治"四风"，全面加强对"一把手"和领导班子监督，开展政治巡察、专项巡察 4 轮，灵活运用监督执纪"四种形态"，始终以零容忍态度惩治腐败，保持风清气正的良好政治生态。

郑州市 2022 年发展和改革工作报告

郑州市发展和改革委员会

2022 年，国际环境不确定不稳定因素明显增多，国内疫情高发频发，对经济造成持续反复冲击，面临的形势极其复杂、挑战极其严峻，稳经济任务之重、挑战之大、难度之高都是近些年来前所未有的。面对风高浪急的国际环境和艰巨繁重的改革发展稳定任务，在以习近平同志为核心的党中央坚强领导下，全市上下认真落实党中央、国务院和省委、省政府各项决策部署，积极应对超预期因素冲击，高效统筹疫情防控和经济社会发展，大力推进"四高地、一枢纽、一重地、一中心"和郑州都市圈建设。

一年来，面对异常困难的形势，全市发展改革系统坚定贯彻落实市委、市政府各项决策部署，以"当好国家队、提升国际化、引领现代化河南建设"为总目标，一季度全市经济实现平稳开局，上半年完成生产总值 6740 亿元、增长 2.5%，在全国生产总值 20 强城市中排名第 14 位，较 2021 年前移 2 个位次；但 10—11 月疫情持续时间长、冲击大，影响了三季度回暖向好态势。2022 年全市地区生产总值增长 1%，规模以上工业增加值增长 4.4%，固定资产投资下降 8.5%，社会消费品零售总额下降 3.3%，一般公共预算收入下降 3.7%，进出口总额增长 3.1%，实际吸收外资 12 亿美元，增长 367.9%，居民消费价格同比上涨 1.2%。

一、聚焦稳中求进，多措并举稳定经济运行

积极应对疫情冲击。落实中央和省稳经济一揽子政策和接续措施，出台郑州市 8 方面 45 条政策举措和 24 方面 109 条接续措施，累计留抵退税 380 亿元，减免中小微企业和个体工商户租金 2 亿元以上，降缓返补社保费 32 亿元。全市市场主体超过 180 万户，居全国省会城市第 8 位。全面落实高效统筹疫情防控和经济社会发展"1+1+N"工作体系，动态管理白名单企业（项目）6263 个，确保应急状态下重点企业不停产、重大项目不停工。多措并举扩大有效投资。67 个重大基础设施项目完成投资 216.6 亿元，中原大数据中心等 84 个新基建项目有序实施；全市工业投资同比增长 32.5%，分别高于全国、全省平均水平 22.2、7.1 个百分点。高质量推进灾后重建，3499 个灾后重建和能力提升项目开工 3451 个、完工 3320 个、完成投资 610 亿元，超额完成年度目标。持续抓好重点项目建设。924 个省市重点项目，累计完成投资 4706.1 亿元，新开工项目 215 个，超额完成年度目标；406 个"三个一批"项目投资 1140 亿元，补短板"982"工程项目投资 2395 亿元；281 个基础设施项目集中开工，总投资 598 亿元，完成投资 142.9 亿元；组织开展两批次重大项目集中开工活动，累计开工项目 157 个，总投资 1321.5 亿元。

二、聚焦进位增能，深入实施重大战略规划

全力推进黄河流域生态保护和高质量发展核心示范区建设。编制完成《郑州市"十四五"黄河流域生态保护和高质量发展实施方案》，积极组织实施 40 项年度重点任务和 61 个重点项目，年度完成投资 102.4 亿元。沿黄区域交流合作不断加强，与 9 省区省会城市联合签署《黄河流域共同保护母亲河倡议书》。积极推进郑州都市圈一体化发展。编制《郑州落实都市圈发展规划实施方案》，完成了创新协同、产业链动、设施联通等 15 项都市圈一体化发展专题研究。在兰考设立郑开同城特别合作

区，进一步提升郑开同城化能级。谋划郑开（兰考）同城交通优化项目25个，总投资490.5亿元，建设规模共计447.8公里；豫中LNG应急储备中心项目竣工；郑开旅游年票正式发行，住房公积金实现互认互贷、同城化运行；郑开兰高速公路实行小型客车免费通行。加快推进重大战略规划。牵头推进"十大战略"行动，制定实施了"十大战略"行动计划方案；"十四五"专项规划体系基本完成；郑州国家中心城市市域一体化发展规划编制加快推进。不断提升基础设施水平。"米"字形综合运输通道加快形成，郑济高铁河南段开通运营，郑州成为全国首个"米"字形高铁枢纽城市；轨道交通全年建成运营232公里，在建185公里，6号线一期西段、郑州南四环至郑州南站城郊铁路二期实现初期运营；大力推进供水、供气、供热、污水处理、垃圾处理设施建设，新建供热管网36.95公里、燃气管网85公里、供水管网270.88公里。

三、聚焦转型攻坚，加快构建现代经济体系

加快补齐创新短板。嵩山实验室、黄河实验室等七家省实验室建设加快推进，推进超短超强激光实验装置、智能传感器中试平台大科学装置项目，国家重大科技基础设施实现"零突破"；安图生物组建的新发突发重大传染病检测研究中心获批国家工程研究中心，全市国家级研发平台达到55家；新增高新技术企业超过1000家，研发投入强度达到2.45%，规模以上工业企业研发活动覆盖率超过60%。全市研发经费310.4亿元，研发投入强度达到2.45%，三年平均增幅位居9个国家中心城市第一位，首次超过国家平均水平（2.44%）。提速产业换道领跑。电子信息产业集群规模近6000亿元，智能传感器、生物医药、节能环保、新材料、铝及铝精深加工等一批新兴产业集群聚链成圈；成功入选2022年度"工业稳增长和转型升级成效明显市（州）"名单（全国10个），获批国家燃料电池汽车应用示范城市群，成功创建国家区块链发展先导区；新增富驰、超聚变2家超百亿企业，累计达到17家；加快构建"153N"战略性新兴产业发展体系，印发实施《郑州市新基建建设示范

区发展规划（2021—2025 年）》等 11 个专项规划。大力发展数字经济。研究制定了《郑州市元宇宙产业发展行动方案》。建设开通 5G 基站 1.6 万个，累计建设 4.2 万个；加快建设国家工业互联网平台应用中心，培育省级智能工厂（车间）30 家、新增上云企业超 1 万家。超聚变数字、致欧家居实现全省独角兽企业零突破；郑州数据交易中心成立运营，先进轨道交通盾构机智能工厂等 33 个项目成为第一批河南省数字化转型典型应用场景，数字经济对经济增长的贡献率超过 70％。推动绿色低碳发展。积极推动碳达峰碳中和工作有序开展，全年节能 5.2 万吨标准煤；郑州市成功入选国家废旧物资循环利用体系建设重点城市；全市引入外电 234.3 亿千瓦时，占全社会用电量 37.6％，同比增长 4.97％；完成地热项目采暖面积 203 万平方米，光伏发电装机新增 40 万千瓦时，新能源汽车充电终端累计达 2.5 万个。

四、聚焦激发活力，大力推动深化改革开放

重点改革深入推进。获批两个省级要素市场化配置改革专项试点；加快推进开发区"三化三制"改革，全市开发区由 26 家优化整合为 17 家；积极推动高新区、经开区调规扩区工作扎实开展。营商环境持续优化。"放管服效"改革扎实推进，实现政务服务事项"免证办"304 项、"即来即办"1028 项、"3 个工作日办结"504 项；企业开办时间压缩至 0.5 个工作日，工程建设项目审批压缩至最长 41 天，企业抵押登记实现"秒办"，成功申建河南省优化营商环境示范市，在全省营商环境评价中，连续 4 年排名首位。对外开放持续拓展。成功举办"空中丝绸之路"国际合作论坛，新开通洲际货运航线 9 条，货邮吞吐量 53.5 万吨，连续三年跻身全球货运机场 40 强；深度融入共建"一带一路"，中欧班列（中豫号）开行 1572 班。跨境电商交易额 1180 亿元，全国首个跨境电商零售进口药品试点成功运营，进出口总额稳居中部第一；深入推进中欧区域政策合作案例地区建设，组织开展中德柔性电子合作项目签约活动，成功引进法国中法教育交流协会在郑州设立办事处。

五、聚焦党建引领，不断强化机关能力作风

政治机关意识更加牢固。坚持"第一议题"制度和党组理论学习中心组学习制度，全年党组会学习习总书记重要讲话 73 余篇，组织开展了 13 次中心组集体学习、交流研讨，以上率下引导党员干部时刻绷紧政治这根弦。组织战斗力持续提升。深入落实基层党建质量提升三年行动计划，综合处党支部等 5 个党支部获得全市"党建引领'十大战略'最强战斗堡垒"荣誉称号；多次启动"双报到"应急机制，积极参与社区疫情防控工作，尤其是 2021 年 11 月初，紧急组建 120 余人的党员突击队，全力支援中原区三官庙街道防控一线 40 余天。纪律作风不断加强。坚定不移推进全面从严治党和党风廉政建设，以"能力作风建设年"活动和"7·20"特大暴雨灾害追责问责案以案促改为契机，坚持党建引领，打造"四强"党支部，被市纪委授予 2022 年度"清廉郑州"建设优秀示范点。为民办事务实见效。科学谋划 2023 年度郑州市年度民生实事；成功入选第一批建设国家儿童友好城市名单；获批积极应对人口老龄化重点联系城市；全力做好保供稳价，全年完成肉蛋菜应急储备总量 1.05 万吨，成品粮储备规模 5.4 万吨，成品油储备规模 1.5 万吨，原粮储备规模 54.15 万吨。

郑州市 2022 年教育工作报告

郑州市教育局

2022 年，在市委、市政府的坚强领导下，郑州教育工作深入贯彻习近平总书记关于教育工作的重要论述，全面落实全国、全省和全市教育大会部署，坚持党对教育工作的全面领导，坚持人民至上，坚持立德树人，强力推进各级各类教育优质协调发展，教育教学质量持续提高，教育服务能力持续增强，人民群众教育获得感、幸福感、安全感大幅提升。

一、抓作风强能力，坚定政治立场扛稳政治责任

扎实推进能力作风年建设活动。围绕目标任务，建立例会制度、完善工作台账，实施"七大工程"，明确重点工作任务清单 24 条，强化督导检查，编发简报 44 期；扩大宣传教育，发布活动信息 130 余条，河南日报、郑州日报进行了系列报道。

深入开展"7·20"特大暴雨灾害整改工作。查摆出 10 个问题，制定 14 条整改措施，全部整改到位。

持续加强意识形态工作。严格落实意识形态工作责任制，健全"1＋4＋N"舆情和意识形态风险分析研判机制，突出教育领域重大风险防范化解，完善思政课体系建设，全面提升大中小学思政课质量和水平。

二、抓发展优机制，深入推进教育领域综合改革

深化"双减"改革。"四级包保"等5个典型案例全国推广；校内"三提高"（提高作业管理、课后服务、课堂教学水平）提质晋位，主阵地作用更加凸显，作业设计案例获评教育部一等奖，金水区课后服务工作获评全国先进、管城区漓江路小学入选全国典型案例；校外持续加强培训机构常态化监管，进一步规范校外培训秩序，建立日常排查"四级包保制"，面向社会通报6批次28起违规培训典型案例。

实施优秀校长、优秀教师引进。制定《中小学校教育英才计划实施方案》，计划两年内引进100名优秀校长、1000名优秀教师。引进计划已分解到各开发区、区县（市）和局直属学校，正在组织实施，具体引进工作2023年启动。

推进义务教育集团化办学。制定《义务教育集团化办学实施方案》，明确4个方面18项措施。文件出台后，全市共新成立教育集团9个，参与集团化办学学校增加了55所；创建评比出30个市级优质教育集团，其中21个入选省首批评定的100个优质教育集团。

三、抓建设扩资源，持续优化教育资源配置布局

加压推进公办园投用。推动出台《郑州市幼儿园布局规划（2021—2035）》。全市计划投用公办园76所，截至2022年12月，76所公办园中，46所已于秋季实现（预）开园，剩余30所已经完成基本投用装修工作，具备投用条件。76所公办园投用招生后，公办园在园幼儿占比可达到50%，普惠园学位覆盖率将达到85%以上。

市区中小学建设工作。计划新建中小学22所、投用25所。截至2022年12月，新建中小学22所全部开工；计划投用的25所已投用24所。

高中段学校建设工作。2021年开工的10所学校已全部投用，截至

12 月，2022 年计划开工的 10 所高中中，已立项 10 所、完成设计招标 10 所、完成可研批复 8 所、完成第一阶段施工许可证办理 4 所。

四、抓质量促提升，全面推进各类教育协调发展

推进学前教育普及普惠发展。加快推进公办园建设和投用，全面提高幼儿园普及普惠程度。截至 2022 年 12 月，学前教育三年毛入园率达到 95%，普惠率达到 84.76%。

推进义务教育优质均衡发展。全面启动义务教育优质均衡创建工作，金水区、中牟县作为第一批已经启动（金水为国家级先行县，金水、中牟为省先行县）。郑州市教育局和金水区教育局被河南省政府评为河南省义务教育学校标准化建设先进单位。

推进高中多样化发展。构建"1.2.3.4.5"实施模式（建构"理论→实践→再理论→再实践"螺旋上升式发展路径；聚焦教师专业提升、学生核心素养两个层面提升；实施学习理论基础、打造精品课程、强化研究改善、展示郑州风采"四大"专项行动；关注学生、教师、课堂、评价、学校五个维度变化），打造出"双新"郑州品牌，"双新"经验在全国、全省工作会议上做典型发言。实施普通高中学科基地建设工作，省级初评拟认定学科基地 82 个，我市一级学科基地入围 17 个，占比约 59%；二级入围 11 个，占比约 21%，合计占全省比例约 34%。

推进职业教育产教融合发展。锚定"职业教育建高地"，筹备全市职业教育大会，拟定《郑州市职业教育创新发展高地建设实施方案》，明确 5 大举措 20 项任务。专项推进中等职业学校标准化建设，市属中职学校年度任务基本完成，已通过省教育厅验收。推进"人人持证、技能河南"建设，共 17 所中职学校完成备案，累计培训 10168 人次。

推进高等教育内涵提升发展。加快推进优质高等教育资源引进工作，哈工大郑州研究院（简称郑研院）二期工程列入河南省第三期"三个一批"项目建设名单，郑东新区已交付郑研院一期场地，正式启动二期工程建设。十余支由国家级人才领衔的高层次团队正有序入驻，校企联合

培养的第一届研究生（148名），已在哈工大校本部正式报到。截至2022年12月，郑研院已正式获批河南省博士后创新实践基地，并围绕团队研究方向引进了11名博士后。积极承办教育部2022届高校毕业生就业促进周活动，达成招聘或就业意向累计5.57万人。组织郑州市数字人才考试工作，25所试点院校完成考试33425人次，通过25124人。

五、抓民生暖民心，着力推进两项服务提质增优

打造"官方带娃"2.0版本。实施中小学午餐供餐工程，严格落实陪餐首尝制，加强对中小学午餐供餐及学校食品安全管理人员的培训，确保中小学午餐供餐安全、优质。印发《郑州市中小学课后服务工作指南》，指导各区县（市）建立健全课后服务工作机制，开展郑州市课后服务示范区、示范校评选，助力课后服务提质增效工作，提升课后服务工作水平。

郑州市 2022 年科技工作报告

郑州市科学技术局

2022 年，全市科技创新工作深入贯彻落实习近平总书记关于科技创新重要论述和视察河南、郑州的重要讲话精神，按照全国、全省科技工作会议精神，落实省市"两会"和市委全会暨市委经济工作会议精神，以"能力作风建设年"活动为抓手，全面开展"三标"活动，聚焦"六个一流"，深入推进"十大战略"行动，落实重点举措，强化推进落实，加快提升科技创新能力，奋力建设创新高地，切实为国家中心城市建设提质晋位提供科技支撑。

一、集聚创新要素，建设一流创新平台

新一代人工智能试验区建设。围绕打造人工智能应用场景、提升人工智能创新能力、培育人工智能产业集群、提升人工智能治理水平，细化了 20 项重点任务，培育了 30 家人工智能标杆企业，对接华为、商汤科技等人工智能创新龙头企业，深化物联网、视联网、车联网等领域合作。

中原科技城建设。坚持与河南省科学院重建重振、国家技术转移中心融合发展。制定支持全省创新龙头企业在中原科技城设立研发中心政策，构建"研发在郑州、孵化在周边、转化在全省"的科技研发及成果转化格局。

重大创新载体建设。推进嵩山实验室、黄河实验室等 6 家省实验室

建设运行，积极筹建天健先进生物医学实验室，在人才引育、条件待遇保障、科技成果转化收益分配、科研项目组织实施及经费管理自主权等方面给予政策支持。重大基础设施超短超强激光平台正式开工，智能传感器（MEMS）产业共性关键技术创新与转化平台正在加快研究确定投资模式、建设规模。

科技研发平台建设。2022年度新组建140个工程技术研究中心和46个重点实验室，针对"7·20"特大暴雨灾害以案促改采取"绿色通道"方式依托郑州市气象局建设"郑州市大城市气象防灾减灾重点实验室"。安图生物获批国家新发突发重大传染病检测国家工程研究中心，国家级研发平台累计58家。

二、强化服务意识，培育一流创新主体

高效服务企业。开展"万人助万企"活动，先后下企业调研30余人次，为企业处理难题23项。强化政策宣讲，围绕高新技术企业认定、国家科技型中小企业评价及相关科技创新政策，开展线上线下相结合的政策宣讲活动，举办培训10场次，培训人数超5000人次。

高新技术企业培育。优化申报流程，加强高新技术后备企业入库工作，全年共受理4批次高新技术后备企业2318家，累计入库企业5128家。由每年多批次申报改为常态化受理，全年新增1059家高新技术企业，高新技术企业总数5189家。

科技型企业培育工作。全年入库郑州市科技型企业1912家，全市累计科技型企业11800家；入库国家科技型中小企业突破8000家，达到8187家，占全省总数的37%，超额完成年度省定7000家目标任务，稳居全省首位。

三、加大研发投入，凝练一流创新课题

创新科技项目组织方式。探索实施"揭榜挂帅"制重点研发专项，

实现"谁有本事谁就揭榜",推动原始创新、集成创新能力和产业核心竞争力全面提升,经过技术难题(需求)征集、榜单凝练,共遴选 23 项"揭榜挂帅"制重点研发专项项目面向全国公开发布。

开展重大科技创新专项。启动 2022 年度郑州市重大科技专项,围绕新一代信息技术、新材料、高端装备、生物医药、现代农业等领域,聚焦国内领先技术、全市主导产业和战略性新兴产业重大需求,征集 35 项重大科技专项备选项目。

全社会研发投入实现突破。2021 年度全社会研发投入经费达到310.4 亿元,全社会研发投入强度达到 2.45%,首次超过国家平均水平(2.44%),实现历史性突破。2019—2021 年度,在 9 个国家中心城市中,全市全社会研发投入强度增速位居第一位。

四、紧盯政策落实,集聚一流创新团队

充分发挥政策引才效能。贯彻落实省委"1+20"人才政策,研究制定《郑州市创新创业团队项目资助实施细则》《郑州市重点科研院所及创新平台引进人才实施细则》,通过重大战略招才引智、创新平台高端人才引进、海外高层次人才引进等专项活动,激励各类人才在郑持续开展创新创业。

协调推进人才计划实施。积极贯彻落实"郑州人才计划",出台《郑州市科学技术局"人才引进一件事"政务服务工作实施方案》,推荐报送国家重大人才计划 6 项,中原英才计划(引才系列)项目 9 个,中原英才计划(育才系列)项目 29 个。

开展科技成果申报。全市共有 176 项科技成果进入省科学技奖获奖公示名单,占全省的 56.8%,其中特等奖 1 人、一等奖 15 项、二等奖76 项、三等奖 84 项。

加强外国人才引进工作。开辟绿色通道、不见面审批、全程网上办理、扩大境内申请范围等措施,全方位做好服务工作。全年审核办理外国人来华工作许可业务超过 400 件,引进外国专业人才超过 200 人。

五、推进体制改革，创设一流创新制度

贯彻落实科技体制改革指示精神。全力推动全市科技体制机制改革创新，牵头制定《郑州市创新发展综合配套改革实施方案》，从建设一流平台、凝练一流课题、汇聚一流人才、打造一流创新金融、营造一流创新环境5个方面，提出了46条改革措施，为全市创新发展制定了"施工图""路线图"。

改革惠企资金拨付模式。会同相关部门，通过"亲清在线"惠企惠民资金兑现平台，仅用4天时间实现科技资金全部直达企业（单位），资金总额7.9亿元，惠及企业数量5619家次，市科技局成为郑州市首家实现全部业务政策通过"亲清在线"系统线上兑付的市直部门。除市级资金，省级财政科技项目经费采取同样方式，由市科技局实现了资金直达项目单位。

推进郑州技术交易市场建设。通过"线上＋线下"同步运营，形成以技术交易市场线上线下平台为核心，链接全市近百家新型研发和技术转移机构的服务网络，累计开展各类对接活动80余场次，征集发布省内外高校科研院所技术能力清单300余项，培养专业化技术经理人700多名。

六、提升科技服务，厚植一流创新文化

孵化载体"量质"双提升。2022年度国家备案众创空间，全市15家众创空间晋级国家队行列，创科技部2015年备案以来之最，占全省新增总数的79%，居全国第二位；2022年新增河南省863软件孵化器等4家国家级孵化器，占全省新增总数的44%。

科技贷款为企业纾困解难。积极开展"郑科贷"业务和科技金融资助，全年已备案34.94亿元，放款23.82亿元，用1亿元的风险准备金，撬动了35倍社会资金，缓解企业融资难题。推动政策性担保机构建设，

全年共担保放款 90 笔，担保金额 5.72 亿元。

举办高能级创新活动。持续开展"郑创汇"国际创新创业大赛，吸引来自日本、马来西亚、北京、深圳、天津等国内外 150 余个项目参赛，35.3 万线上观众通过直播观看决赛，"郑创汇"大赛成为郑州创新创业的一张亮丽名片。

郑州市 2022 年工业发展报告

郑州市工业和信息化局

2022 年，全市工信系统在市委、市政府正确领导下，以习近平新时代中国特色社会主义思想和党的二十大精神为指导，深入贯彻落实上级各项决策部署，聚焦制造业高质量发展主攻方向，围绕建设国家先进制造业高地战略定位，大力实施换道领跑战略，深入推进"万人助万企"活动，高效统筹疫情防控和经济社会发展，全市工业经济综合实力显著增强，各项工作取得明显成效。

一、工业经济量质齐升，综合实力显著增强

工业经济较快增长。2022 年，全市规模以上工业增加值同比增长 4.4%，增速高于全国平均水平（3.6%）0.8 个百分点，位居 9 个国家中心城市第 4 位，全国 27 个省会城市第 13 位，全国 35 个大中城市第 15 位。制造业增加值增长 4.7%，占全市工业增加值比重达到 88.7%，对全市工业增长贡献率达到 94.7%。

产业结构持续优化。2022 年，工业六大主导产业增加值同比增长 5.9%，占规模以上工业比重达到 83.3%；工业战略性新兴产业增加值同比增长 14%，战略性新兴产业占规模以上工业比重达到 52.5%，首次突破 50%，占比在全国重点城市中位居前列；六大高耗能行业占全市工业

比重下降到 26.9%。成功入选工信部 2022 年度工业稳增长和转型升级成效明显市。

项目建设成效显著。2022 年，全市新签约亿元以上工业项目 218 个，总签约额 2504 亿元。354 个项目开工建设，255 个项目建成投产，工业投资增长 32.5%，高于全国（10.3%）、全省（25.4%）22.2、7.1 个百分点，创十八大以来最好成绩。

创新活力不断提升。2022 年，全市高技术制造业增加值同比增长 14%，高于全市平均增速 9.6 个百分点，占工业增加值的比重达到 38.5%，创历史新高。全市规模以上工业企业研发覆盖率达到 60%，制造业研发投入占全市研发投入达到 70%，制造业成为全市科技创新的主阵地和核心载体。

融合发展深入推进。2022 年，全市滚动实施智能化改造项目 134 个，海尔热水器互联网工厂获评全球"灯塔工厂"，新增 30 家省级以上智能工厂（车间）、27 家省级以上新一代新技术融合新模式项目，37 家省级以上服务型制造示范企业（平台、项目），新一代信息技术与制造业融合发展加速推进。

二、强化运行监测，工业经济实现平稳较快增长

着力运行监测调度。坚持每月召开工业经济运行分析会，分析研判全市工业经济运行态势，做好全市 66 家龙头企业和区县（市）产值 30/20 强，358 家重点企业运行数据监测分析工作，研究解决存在的困难和问题。坚持市工信局班子成员分包联系 16 个板块工作机制，共开展督导调研 200 余次，对区县（市）经济运行、项目建设、安全生产等重点工作进行督导，压实工作责任。

深化企业服务。持续开展"万人助万企"活动，服务企业高质量发展。起草印发《郑州市 2022 年"万人助万企"活动工作方案》，建立健全"13345"工作机制，持续推进"八个深化"工作，依托"亲清在线"平台，分类施策推动问题解决，共选派 6027 名助企干部包联企业 16339

家，累计走访企业 31672 家（次），解决企业反映问题 13013 个，解决率 100%，编发工作简报 267 期、专刊 203 期。举办"四项对接"活动 293 场，有效解决企业融资、产销、用工困难。

强化要素保障。统筹疫情防控和工业经济发展，完善"四保"企业白名单工作体系，动态管理白名单企业 1906 家，其中省级白名单企业 170 家、市级 626 家、县级 1110 家，积极推动资源、要素、政策向白名单企业倾斜，确保疫情防控应急状态下企业不停产、项目不停工。

加强督导考核。印发实施《郑州市"万人助万企"活动成效考核办法》，加强对区县（市）主要工业指标的考核和重点工作推进督办，确保市委、市政府各项决策部署落到实处；做好 2022 年度"换道领跑"战略专项绩效考核工作，全市"换道领跑"工作被河南省能力作风建设年领导小组办公室通报表彰为推动落实"十大战略"成效明显省辖市。

三、实施"换道领跑"战略，产业结构进一步优化

高位嫁接传统产业。深入推进"亩均论英雄"改革，完成 9005 家工业企业年度分类评价，倒逼企业加快转型升级；推动落后低效产能淘汰，落实 27 家耐材企业、39.58 万吨产能退出资金补贴 1734 万元；推进制造业高端化、智能化、绿色化改造，实施技术改造项目 548 个，工业技改投资增长 31%，技改投资占工业投资比重达到 39.5%，15 家企业获评河南省能碳管理示范企业，全市绿色工厂（园区）达到 49 家。

培育壮大新兴产业。制定实施支持新兴产业发展"6+1"专项政策和 10 个新兴产业链提升专案，加快战略性新兴产业发展，全市战略性新兴产业增加值同比增长 14%，高于全市工业平均水平 9.6 个百分点。战略性新兴产业主要产品产量快速增长，电子计算机整机产量增长 115%，达到 139.5 万台，光缆产量增长 12.3%，达到 297.1 万芯千米，新能源汽车产量增长 36.7%，达到 6.98 万辆。

谋篇布局未来产业。按照"现有产业未来化"和"未来技术产业化"工作思路，加快谋划燃料电池、区块链、人工智能、虚拟现实、量子信

息、氢能与储能等未来产业。积极发挥燃料电池汽车示范应用城市群牵引带头作用，制定示范应用工作方案，引进重塑科技、亿华通、江苏清能等一批重点项目。成功创建国家区块链发展先导区，郑州数据交易中心揭牌运营，省、市两个元宇宙产业园开工建设，46家重点企业签约落地。

四、外引内培并举，制造业发展后劲持续增强

强化制造业招商引资。制定实施郑州市世界500强企业招商引资工作方案、2022年郑州市制造业开放招商实施方案。深入开展"四个专班"专项招商，比亚迪新能源整车二期及30亿瓦时新能源动力电池、一汽解放新能源商用车基地、重塑科技（郑州）燃料电池产业化基地、超聚变服务器生产制造基地、氢液化关键装备产业化基地等重大项目顺利签约。全市新签约亿元以上项目218个，总签约额2504亿元。积极筹备中国（郑州）国际智能网联汽车大赛、中国（郑州）产业转移系列对接活动等重大活动。

加快重点项目建设。落实郑州市加快工业投资及先进制造业项目建设年度工作方案，统筹推进900个重大工业和信息化项目和168个省、市重点制造业项目建设。全年工业和信息化项目共完成投资987亿元，比亚迪新型动力电池项目等354个项目开工建设、上汽郑州产业基地高效节能发动机项目一期等255个项目建成投产。

着力优质企业培育。健全优质企业梯度引育机制，制定专项政策，分类推进领军型企业、"高技术高成长高附加值"企业、"小升规"企业、"专精特新"企业培育。2022年，认定头雁企业17家，新增国家级专精特新"小巨人"企业48家，累计达到111家，省级以上"专精特新"企业302家，累计达到565家。1186家企业通过市级"三高"企业初审，新增规模以上工业企业274家，累计达到2697家。新增富驰、超聚变2家超百亿企业，累计超百亿企业达到17家。着力推进中小企业发展，监测推进153个小微企业园建设运营，截至目前，73个小微企业园开工建

设，集聚入园企业达到 7224 家。

五、强化创新引领，创新对发展的支撑作用显著提升

"设计河南"郑州先导区建设取得积极进展。制定《郑州市建设"设计河南"先行区打造设计之都行动方案（2022—2025年）》，推进设计创新、强化数智融合、引育设计人才、营造设计生态六大重点任务。加快工业设计中心建设。截至目前，共建成省级以上工业设计中心共 35 家，其中国家级工业设计中心 2 家。推动设计在经济社会的全渗透、高赋能，全面提高"设计郑州"建设水平。

创新平台建设高效推进。河南省煤矿智能开采装备产业研究院、河南省先进光子技术产业研究院 2 家省级产业研究院挂牌成立，初步建立 72 家企业的郑州市产业研究院后备库；河南省高性能轻合金创新中心、河南省新型耐火材料创新中心获评省级制造业创新中心培育单位；开展 2022 年度市级企业技术中心认定工作，新认定 30 家郑州市企业技术中心。

创新主体培育再上台阶。持续开展规模以上工业企业研发活动全覆盖，推动全市规模以上工业企业研发覆盖率达到 60%。重点做好制造业单项冠军、质量标杆、技术创新示范企业培育工作，2022 年，新增 4 家单项冠军企业（产品）、1 家全国质量标杆企业、1 家国家级技术创新示范企业，新增 12 家省级质量标杆企业、5 家省级技术创新示范企业。深入推动国家新一代人工智能创新发展试验区建设，培育宇通客车等 18 家人工智能标杆企业和郑州大学第一附属医院"大规模心电智能诊断数据库"等 5 个人工智能典型应用场景。

六、深化数字化转型，融合发展提质提速

实施智能化改造行动。持续开展智能制造诊断服务活动，依托两化融合评估系统和智能制造评估评价公共服务平台，共对 1211 家企业开展

了线上诊断服务。强化"项目带动、项目化推进"，滚动实施 134 个智能化改造项目；发挥试点示范带动引领作用，海尔热水器互联网工厂获评全球"灯塔工厂"，新培育 30 家省级智能工厂（车间）、37 家省级以上服务型制造示范企业（平台、项目），其中国家级 6 家；27 家企业获批省级以上新一代新技术融合新模式项目，其中国家级 3 家。

加快工业互联网平台培育。按照"一中心、一大脑、N 系统、X 服务"的平台架构，谋划建设全市工业互联网公共服务平台。支持本地制造业龙头企业、软件企业和基础电信运营商建设特色型、专业型工业互联网平台，2022 年，新认定省级工业互联网平台培育单位 1 家，3 家培育对象完成验收省级验收，郑煤机工业互联网平台获评工信部面向重点行业的特色型工业互联网平台。实施"万企上云上平台"行动，上云企业累计超过 6.2 万家。

加快软件和信息服务业发展。积极谋划产业路径，强化企业培育，推进园区建设。成功创建国家区块链发展先导区，3 个项目获评工信部 2022 年网络安全技术应用试点示范项目，6 家园区被认定为河南省软件产业园区，3 家园区被认定为省级大数据产业园，32 家企业被认定为河南省大数据产业发展试点示范项目，24 家企业获批 2022 年度河南 DC-MM（数据管理能力成熟度模型）贯标试点，24 个平台入选省大数据创新平台，36 家企业的 41 个软件产品被认定为河南省首版次软件产品。软件和信息服务业主营业务收入同比增长 8.5%。

加快军民融合发展。召开了市委军民融合发展委员会第一次全体会议和郑州市军民融合产业发展工作专班第一次会议。指导全市成立了 16 个军民融合发展委员会及其办公室，制定了工作规则、会议制度，建立健全了军民融合发展体系。认真梳理军民融合领域重点项目，对 7 家单位 31 个项目建立台账，积极推动军民融合项目入规入统。

七、强化政策供给，发展环境进一步优化

进一步完善政策体系。制定出台支持战略性新兴产业发展"6＋1"

专项政策、支持"专精特新"中小企业高质量发展的实施意见、加大对中小企业纾困帮扶力度的实施意见、支持燃料电池汽车示范应用若干政策、郑州市优秀企业家评选奖励办法等系列政策，开展制造业高质量发展若干政策修订工作，制造业高质量发展政策体系更加完善。

推进政策资金落实。认真落实国家、省、市支持先进制造业发展相关政策。组织开展制造业高质量发展奖补项目申报工作，截至目前，共收到 683 家企业申报的 995 个项目，申报企业数量、项目数量和申报金额均创历年新高。市级初审、专家评审后，通过项目 922 个，奖补金额约 10.4 亿元，现已进入第三方审计环节。落实"满负荷"生产、企业挖潜增效等专项惠企政策，其中，落实第一季度和第二季度"满负荷"奖补资金 3160 万元、5460 万元，第一季度工业企业挖潜增效奖补资金 5293.1 万元。

加大惠企政策直达企业力度。推动出台《郑州市惠企政策"免申即享"工作方案》，将 19 条惠企政策纳入郑州市首批 25 项"免申即享"惠企政策清单。进一步精简制造业高质量政策申报程序，实行线上申报、线上评审、线上拨付。依托"万人助万企"活动，加强政策宣传、宣讲，营造制造业高质量发展浓厚氛围。

八、做好工业企业疫情防控工作，树牢安全生产底线

统筹推进全市工业企业疫情防控工作。制定实施《关于郑州市工业企业疫情防控的指导意见》《郑州市工业行业疫情防控工作指南和白名单企业保障办法》等系列政策措施，指导督导工业企业开展疫情防控工作。截至目前市、县督导专班已累计检查 17000 余次，发现问题隐患 2670 多个，重点人群监管平台录入信息 13918 条。做好防疫物资保供工作，完成全市 4378 个便民核酸采样屋建设运行，实时监测郑州市疫情防控物资生产企业情况，保障防疫物资供应稳定。

抓好安全生产工作。落实"三管三必须"要求，持有序开展大暗访、大排查等活动，全年累计召开安全生产会议 650 次，指导企业 3187 次

（家），开展宣传教育活动 3656 次。扎实开展"7·20"特大暴雨灾害追责问责案件以案促改，组织开展了专题知识培训和防汛应急演练，全面增强防灾减灾和应急处突能力。

强化煤炭、电力、民爆等行业安全监管。制定了郑州市工信系统以及煤矿、民爆、电力行业"1＋3"防汛应急预案，超前开展安全风险研判工作，严格落实重大隐患挂牌制度，高密度开展年度安全监督执法检查工作。今年以来，共开展安全风险研判 105 矿次，研判出高风险煤矿 15 矿次，中风险煤矿 36 矿次，制定一矿一策管控措施，确保重大安全风险可防可控。开展煤炭安全监管执法检查 268 矿次，查出各类问题和隐患 6359 条，处罚煤矿 42 矿次，处罚金额 475.5 万元，对 13 名相关责任人进行约谈警示，对 10 名矿长进行追责问责。召开电煤周例会 25 次，落实企业补贴资金 9000 万元，库存电煤稳定在 100 万吨左右。排查各类电力设施隐患 1448 处，已完成整治 1177 处。

郑州市 2022 年民政工作报告

郑州市民政局

2022 年，郑州市各级民政部门坚持以习近平新时代中国特色社会主义思想为指导，严格按照市委、市政府的部署要求，认真践行"民政为民、民政爱民"工作理念，主动适应新形势新变化，不断改进措施方法，确保了各项工作有序推进。

一、社会救助工作

推进社会救助和乡村振兴有效衔接。做好低保等社会救助制度扩围增效，适当放宽低保准入条件，落实农村低保"单人户"政策，2022 年全市纳入低保重度残疾人 9286 人、"单人户"低保人员 1.01 万人。全面应用河南省社会救助管理系统。及时做好人员信息统计、动态监测，全面录入全市低保对象、特困人员、低保边缘家庭等低收入其他信息。全年共录入低保对象 4.97 万人、特困人员 1.34 万人、低保边缘家庭 1622 人、支出型困难对象 251 人、三类户对象等 7041 人。建立防止返贫监测数据比对共享长效机制。主动与乡村振兴部门定期进行数据比对，指导县市将符合条件的监测户及时纳入兜底保障范围，并对基本生活陷入困境的低收入家庭及时给予临时救助，坚决守住不发生规模性返贫的底线。

增强社会救助兜底保障能力。调整提高低保标准。印发《关于调整提高城乡最低生活保障标准和特困人员救助供养基本生活标准的通知》，2022年7月1日起全市低保标准提高至每人每月750元，特困人员救助供养基本生活标准提高至每人每月1125元。及时下拨救助资金。2022年共下拨社会救助资金8717.27万元，其中省级社会救助补助资金4443.55万元、市级社会救助资金3463.72万元，困难群众一次性生活补贴资金162万元、取暖补贴资金627.77万元、价格临时补贴资金20.23万元。救助保障困难群众。2022年全市共发放资金5.89亿元，其中城乡低保和特困供养金4.9亿元、残疾人两项补贴资金9163.5万元、困难群众临时救助资金677.8万元。

加大综合监管力度。完善低保认定办法。印发《郑州市最低生活保障审核确认办法》，对低保对象中的重度残疾人、重病患者等困难群体每人每月增发100元低保金，将符合条件的重病、重残人员，参照"单人户"纳入低保范围。开展专项治理活动。成立困难群众救助补助资金专项治理工作领导小组，大力开展救助审计工作调研督导，建立台账销号制度，查找出的23条具体问题线索全部整改完成，切实维护了困难群众的合法权益。加大救助政策宣传。开展"阳光救助暖万家"主题社会救助政策宣传月活动，畅通求助热线电话，扩大宣传影响面，让群众及时了解救助政策。

开展"寒冬送温暖"系列活动。贯彻落实省、市"关爱你我他（她）·温暖千万家"行动方案，全力开展"寒冬送温暖"行动。据不完全统计，已累计筹措发放9904.01万元，保障困难群众25.02万人次、5.99万户次，赠送衣被2.5万件（条）、生活和防疫物资4500份、生活大礼包3225个、中药汤剂3万袋、蔬菜10万余斤、口罩30万只。

二、养老服务工作

完善养老服务发展体系。健全完善政策。拟定《关于推进基本养老服务体系建设的实施意见》《郑州市十四五养老服务发展规划》。建立养老用房保障机制。联合印发《郑州市新建住宅小区配建社区养老服务设施建设、移交与管理办法》，明确民政部门全流程参与新建项目并联审批，要求自竣工验收合格之日起 90 日内，无偿将项目配建的社区养老服务设施移交当地民政部门用于开展非营利性养老服务。开展养老服务用房用地清查清理工作。成立由政府分管领导任组长，民政、资源规划等 8 部门为成员的领导小组，制定《郑州市养老服务用房用地清查清理工作实施方案》，对配建养老用房用地落实情况进行专项清查清理，移交民政部门 65 个。

大力推进养老服务设施建设。加强养老领域项目谋划。全市共谋划家庭养老床位、信息化平台、街道养老服务中心和医养结合等福彩公益金支持项目 36 个，申报资金共计 8000 余万元。积极与国有平台公司和金融机构对接，谋划推荐金融支持普惠养老融资贷款项目 34 个，资金约 7 亿元。圆满完成"五个一"工作任务。截至 2022 年底，建成县级特困供养机构 12 个、家庭养老床位 6050 张、街道综合养老服务中心 111 个（2022 年新建 44 个）、社区日间照料中心 1019 个（2022 年新建 325 个），推进老年人信息入网 161.7 万人，入网率 100%，实现全市街道、城镇社区养老服务设施全覆盖。推进养老服务品牌化、连锁化运营。鼓励养老机构依托周边小区建设开放式适老社区，鼓励养老企业规模化、连锁化发展。2022 年全市成功引进省外知名养老企业 2 家，全市连锁运营 10 个点位以上的养老机构（企业）已达 12 家。

促进养老服务工作健康发展。组织实施职业技能培训。线上＋线下相结合组织开展全市养老护理职业培训和技能竞赛。全市培训养老管理护理人员 8900 余人次，新增养老服务技能人才 4400 余人，新增养老服务高技能人才 1100 余人。开展专项整治行动。针对养老服务领域防诈骗和腐败作风问题，制定专项治理方案，建立风险隐患等级从高到低的"红橙黄绿"风险管控名单，公布举报热线，收集涉诈问题线索 2000 余条，排查养老服务机构及场所 519 个，发现违规开展养老服务场所 4 个、存在安全隐患的养老服务机构 7 个，均已依法依规进行了处置整改。做好高龄津贴发放。建立郑州市高龄津贴信息平台，推行高龄津贴申请线上线下结合，在郑好办 App"亲清在线"开设高龄津贴申报板块，通过惠民惠农财政补贴资金"一卡通"系统统一发放，全面取消年审。2022

年，全市共发放高龄津贴 2.86 亿元，惠及 20.86 万人，其中民政部门发放资金 1.21 亿元，惠及 8.94 万人。

三、儿童福利和慈善事业发展

全面落实儿童福利政策。2022 年全市共发放基本生活费 1709 万元，保障孤儿 1153 名、事实无人抚养儿童 918 名。健全儿童志愿服务体系，初步形成以社工、心理咨询师、律师专业队伍为主体，社区、居民等社会爱心力量参与的志愿服务队伍，开展入户探访、心理疏导等常态化关爱保护 350 场次。推进收养评估工作，依法依规办理收养业务，保障被收养人的合法权益。2022 年，全市共办理收养业务 50 例。

扎实做好未成年人保护工作。印发《未成年人保护工作领导小组成员单位职责任务分工》等文件，为开展未成年人保护工作提供指引。积极推动未成年人保护工作站建设，全市共建成乡镇工作站 83 个。选优配强儿童督导员、儿童主任队伍，确保每个乡镇（街道）至少有一名儿童督导员、每个村（居）至少有一名儿童主任，全市共配备儿童督导员 215 名、儿童主任 3267 名。

大力推进慈善事业发展。2022 年，设立备案慈善信托项目 9 个、备案资金 1753.69 万元，成立慈善基金 43 个。筹备完成《慈善法》学习宣传月活动、"99 公益日"活动、第 7 个"中华慈善日"和第 15 个"郑州慈善日"大型庆祝宣传活动，实施慈善项目 28 个。2022 年全市共筹募善款 4.5 亿元，其中市级募集 1.3 亿元，惠及困难群体约百万人次。2022 年，郑州市共销售福利彩票 12.37 亿元，同比增长 7.73%。

四、基层社会治理

扎实推进基层政权建设。开展村级议事协商创新实验工作，推进巩义市鲁庄镇后林村、新密市城关镇高沟村 2 个全国村级议事协商创新实验试点建设。推进村级建制调整的制度化、规范化、程序化，研究制定村委会调整的要求和程序。在全市创建了 190 个村委会规范化建设和"阳光工程"示范村，开展村规民约"回头看"和村民委员会换届"回头看"，评选出 32 个优秀村规民约在全市推广。广泛收集群众关心关注的重点问题、建议，研究出台《关于建立健全城乡社区工作事项准入制度的指导意见》，建立依法自治清单、协助政府工作事项清单和负面清单，为梳理网格化基层治理事项清单提供基础依据。

规范社会组织管理服务。全市 5315 家社会组织，建立党组织 2019 个、委派党建指导员 3296 个，实现社会组织党建全覆盖。成立郑州市清廉社会组织创建工作专班，在全市社会组织领域开展示范创建工作，市本级 3 家示范点被市纪委监委评为首批清廉郑州建设优秀示范点。建立郑州市社会组织登记管理工作联席会议制度。2022 年全市依法办理社会组织登记事项 1122 件，其中市本级 237 件。开展社会组织年度检查，年检率达 95％。全市共约谈违规社会组织 373 家、警告处罚 281 家，打击非法社会组织 9 件次。顺利完成社会团体分支机构专项清理、社会服务机构非营利监管专项行动等阶段性任务，撤销"僵尸型"社会组织 214 家。组织开展社会组织评估，评定出 5A 等级社会组织 24 家、4A 级 13 家、3A 级 12 家。动员引导行业协会商会减免或降低会费，减轻企业负担 359.27 万元。为高校毕业生提供就业岗位近 3500 个，引导社会组织参与疫情防控志愿服务活动近 20 万人次，捐赠各类物资近 5000 万元。

提高社会工作专业化水平。印发《关于加强郑州市社会工作人才队伍建设加快推进社会工作发展的意见》，开展"社工站主题培训"等各类专题培训 123 场，累计培训 8.89 万人次。开展 72 学时集中培训，选拔 36 名市级社工督导。全市共建成基层社工站 168 个，其中乡镇（街道）社工站 132 个、社区社工站 36 个。畅通投诉举报渠道，开展志愿服务活动记录证明抽查，全面排查违法违规志愿服务活动。

五、专项社会事务方面

做好婚姻登记工作。积极推进婚俗改革，开展婚嫁"新事新办好家庭"选树活动。推进婚姻登记"跨省通办"试点，满足群众在非户籍办理结婚登记的需求。2022年，全市办理婚姻登记8.84万对，其中结婚5.51万对、离婚2.13万对，补领婚姻证件1.2万对，办理涉港澳台婚姻登记19对。

全力提升殡葬服务能力。成立局主要领导任组长的特殊时期应对专班，争取提前下拨惠民殡葬资金1000万元、追加殡葬设施采购专项资金1040万元，满足群众殡葬服务基本需求。推进公益性公墓建设，落实惠民殡葬政策，筹备开展"清明雨绿色风文明行"树葬和网络祭祀等活动，推进绿色文明殡葬。2022年全市共投入惠民殡葬资金2487.04万元、惠及2.12万人，火化率达到83.93%，同比增长13.49个百分点。

做好残疾人福利工作。畅通残疾人两项补贴线上申领渠道，推动残疾人"两项补贴"按月足额发放，实现应补尽补、应退尽退的动态管理。做好精神障碍社区康复服务工作，积极推动农村重度残疾人照护服务工作。2022年，全市累计发放困难残疾人生活补贴1631.78万元，惠及1.57万人；重度残疾人护理补贴5172.63万元，惠及5.95万人。

做好流浪乞讨人员救助服务工作。印发《关于进一步做好疫情防控期间流浪乞讨人员救助工作的紧急通知》，开展救助管理机构"开放日"活动和夏季送清凉、冬季送温暖专项救助行动。2022年，全市共救助2708人次。

积极做好区划地名和界线管理工作。贯彻落实省委、省政府"打造内陆开放新高地"的总体要求，完成航空港区托管尉氏县2个乡镇行政区划变更，为航空港区新增184平方公里的发展空间。推进撤乡镇设街道工作。开展《地名管理条例》学习宣传活动，完成4.51万条地名词条审核上报工作。开展三级地名志、地名词典的编纂，完成地名文化遗产千年古镇、千年古村落认定和申报。完成138条道路、118个住宅区的命名。开展郑州新乡和郑州焦作边界线联合检查，制定应急纠纷预案，签署睦邻友好协议，完成150公里界线、7颗界桩的联检。开展平安边界建设，落实"两图一责"工作机制，开展边界纠纷隐患的排查，保持了市、县两级114颗界桩和1381公里的边界平安稳定局面。

六、疫情防控方面

按照市委、市政府部署，市民政局主要领导亲自带队，分管领导具体负责，分批带领 30 余名民政干部充实到社会防控部。结合国家、省、市要求，因时因势调整优化防控政策。下发《郑州市民政局关于进一步做好当前民政服务机构疫情防控工作的紧急通知》等文件。成立 9 个督导检查组，监督检查 16 个区县（市）各类民政服务机构疫情防控情况。封闭管理期间通过全市养老服务机构智慧化监管平台，24 小时不间断对养老机构疫情防控情况进行检查，市、区县两级通过手机端不定时进行抽查，发现问题立即督促整改落实，全力确保民政服务机构安全。联合市农委成立郑州市村疫情防控工作专班，推进村疫情群防群控和"无疫村"创建。根据市委部署，选派 144 名党员干部下沉中原区、二七区、高新区、新郑市等高风险点位参与社区疫情防控。

郑州市 2022 年司法行政工作报告

郑州市司法局

2022 年，郑州市司法局在市委、市政府的坚强领导下，在省司法厅的正确指导下，坚持抓重点、破难题、保稳定、促发展，强化政治担当，积极主动作为，各项工作取得明显成效，被市委、市政府表彰为依法行政工作先进集体、优化营商环境先进集体、"放管服"改革工作先进集体、"数字郑州"建设工作先进单位。

一、安全稳定工作扎实有效

持续加强监狱、戒毒、社区矫正管理，做好刑满释放人员安置帮教工作，开展规范律师网络言行专项行动，全市监狱、戒毒场所实现安全"六无"目标，社区矫正对象无脱管、漏管及重大舆情发生，有效实现了重要时间节点全市司法行政系统安全稳定。根据机构改革和机关内设机构职能调整，结合工作实际，成立了局信访和平安建设工作处，加强对局系统信访和平安建设工作的统筹指导。市监狱顺利通过了"省级文明单位"重创，齐礼阁所成功举办"6·26"国际禁毒日宣传活动，白庙所在"郑好办"上线戒毒服务平台，石佛所选定了搬迁新址，为全系统持续安全稳定奠定了坚实基础。

二、全面依法治市工作稳步推进

提请印发并实施"一规划两方案"。召开市委全面依法治市委员会会议和办公室会议，圆满完成迎接、配合中央依法治国办督导调研各项工作，金水区"五室一庭"行政执法保障机制被中央依法治国办作为典型经验进行推广。起草法治郑州建设考核方案，制定绩效考核目标清单，以考核为抓手推动全面依法治市工作在全市落地落实。深化宪法学习宣传教育，组织开展国家宪法日、宪法宣传月活动，落实宪法宣誓制度。举办习近平法治思想网络培训班，对全市 3000 余名领导干部和行政执法人员进行了网络培训。依托河南干部网络学院开设依法行政学习专题，对全市 4.6 万名党员干部进行法律法规培训。落实"谁执法，谁普法"责任制，召开市委全面依法治市委员会守法普法协调小组会议，全面总结"七五"普法工作，安排部署"八五"普法任务，推动普法工作取得新进展。

三、法治政府建设成效明显

健全完善党委（党组）中心组学法制度和政府常务会议学法制度，全面推行行政相对人法律风险防控制度。持续推进服务型行政执法示范点（标兵）创建，通过组织"比武练兵""微宣讲、走基层""结对子、传帮带"等活动，提升行政执法规范化水平。强化行政复议化解行政争议主渠道作用，市县两级行政复议机构共立案受理 1571 件、办结 1257件。制定《郑州市行政机关负责人出庭应诉工作规定》，强力推动行政机关负责人出庭应诉。制定《郑州市人民政府法律顾问工作规则》，市政府聘请法律顾问 36 名，充分发挥法律顾问在重大行政决策、重大项目洽谈等重要政府事务处理中的智囊顾问和"防火墙"作用。推动府院联动工作落实，成立办公室，建立联席会议制度，完善工作机制。开展法治政府示范创建，制定创建全国法治政府建设示范市工作方案，筹备召开动员会；中原区"小原帮办政务服务体系"被命名为第二批全省法治政府建设示范项目。

四、政府立法和规范性文件管理工作不断加强

加强重点领域立法，组织起草并如期提请审议了《郑州市不动产登记服务条例》《郑州市实施〈中华人民共和国家庭教育促进法〉办法》《郑州市会展业促进条例》等地方性法规；提请审议并颁布实施《郑州市消防安全责任制实施办法》《郑州市警务辅助人员管理办法》《郑州市人民政府重大行政决策程序规定》等政府规章。组织开展郑州市重点领域立法后评估工作，对《郑州市轨道交通条例》等地方性法规进行部分修改，废止《郑州市旅游业管理条例》《郑州市非公有制企业权益保障条例》。加强行政规范性文件管理，全面贯彻落实合法性审核制度，加强备案审查，及时纠正违法和不适当文件。组织行政规范性文件全面清理，共梳理各级各部门行政规范性文件 4735 件，宣布废止、失效 713 件，修订 3 件，进一步消除制约经济发展的制度性障碍，释放市场活力。

五、行政执法协调监督有力有效

推进乡镇（街道）综合行政执法改革，梳理乡镇（街道）行使处罚权清单，制定《郑州市开展乡镇综合行政执法工作实施方案》，稳步将基层管理迫切需要且能有效承接的行政执法事项下放给基层。开展重点执法领域行政处罚案卷评查工作，对食品药品、公共卫生等 13 个重点执法领域办结的行政处罚案件进行随机抽查评比，促进执法效果不断提高。指导各级行政执法部门编制"免于处罚事项""从轻处罚事项""减轻处罚事项""不予实施行政强制事项"等"四张清单"，为企业发展打造包容有序、充满活力的法治化营商环境。开展郑州市委托行政处罚清理，保留市直部门委托处罚事项 27 项。建立行政执法监督基层联系点、实施行政执法监督员制度，确定郑州交通规划勘察设计研究院等 10 家单位为

行政执法监督基层联系点，聘请 23 名行政执法监督员，进一步推动行政执法全过程监督。

六、公共法律服务水平持续提升

积极稳妥推进城区律师事务所管理体制改革，55 家原省直管律师事务所、111 家原市直管律师事务所全部落实属地管理，由县级司法行政机关行使日常监管权，我市律师事务所管理体制初步实现权责明确、层次清楚、系统有效。坚持把继承传统与开拓创新相结合，把总结成绩与谋划发展相统一，落实严的标准、严的措施、严的规矩，郑州市第七次律师代表大会顺利召开，市律师协会换届选举任务圆满完成。目前全市执业律师总数占全省 50%，位居全国各大城市第 6 位，万人律师比位居全国各大城市第 5 位。积极稳妥推进公证改革后续工作，成立领导小组，制定工作方案，统筹推进各项改革任务落实。积极做好 26 家原省属司法鉴定机构下放后的管理服务工作，召开司法鉴定人协会会员代表大会，增补理事和副会长，充实行业管理力量。持续推进公共法律服务体系建设，2022 年全市公共法律服务实体平台共受理来访群众法律咨询 4.3 万人次，"12348"公共法律服务受理热线咨询 13 万人次，全市共办理各类法律援助案件 2.5 万件。市法律援助中心被评为"全省 12348 公共法律服务热线工作先进单位"。圆满完成 2022 年国家统一法律职业资格考试客观题考试组织工作。

七、基层基础进一步夯实

印发司法所强基创优三年行动方案，成立领导小组，明确目标任务。召开区县（市）司法局长座谈会和全市司法所建设工作推进会，对星级司法所和"枫桥式司法所"创建工作进行再安排再部署。2022 年全市共有 6 个司法所被省司法厅命名为"枫桥式司法所"，16 个司法所被命名为"五星规范化司法所"。依托公共法律服务中心建立 16 个县级调解中心，成立乡镇（街道）、村（社区）人民调解委员会 3576 个，实现了乡镇（街道）、村（社区）人民调解委员会全覆盖。全市以购买服务方式选聘专职人民调解员 6067 人，确保了县级人民调解中心 5 名、乡镇调委会 2 名、村居调委会 1 名专职人民调解员。综合运用司法所、人民调解、村（居）法律顾问、法律援助、社区矫正等五种力量开展矛盾纠纷"六防六促"专项行动，排查出六类矛盾纠纷 3.5 万多件，化解 3.3 万多件，有力预防和减少了"民转刑"案件的发生。

郑州市 2022 年财政工作报告

郑州市财政局

2022 年，郑州市财政局坚持以习近平新时代中国特色社会主义思想为指导，深入贯彻落实党的二十大精神，积极应对经济下行、灾情疫情影响，认真贯彻落实市委市政府决策部署，开展"三标"活动，发挥财政职能作用，支持稳经济、促发展，为"十大战略行动"提供坚实的财力保障，促进生产生活秩序恢复和经济社会持续健康发展。

全市地方一般公共预算收入完成 1130 亿元，同比下降 3.7％。其中，税收收入完成 724.3 亿元，占地方一般公共预算收入的比重同比为65.8％。全市地方一般公共预算支出完成 1448 亿元。

争取中央直达资金 156.8 亿元，已分配 154.9 亿元，进度为 98.8％。发行政府专项债券 343.3 亿元。

一、全力支持稳住经济大盘

全面落实积极的财政政策。加快留抵退税办理，全市留抵退税退库380 亿元，其中小微企业退库 136.5 亿元，占总退库规模的 35.9％，做到应退尽退、快退。发行政府专项债券 343.3 亿元，支持医疗、住房、水利、农林等 282 个重点项目建设，促进扩投资、稳预期。实施阶段性降低失业、工伤保险费政策，累计减征 10.2 亿元。制定 18 项政府采购稳经济促增长专项措施，将面向中小企业的采购预留份额提高至50％以上，比财政部高出10个百分点，为中小微企业添订单、增动力。

多措并举助企纾困。综合运用应急转贷周转资金、"郑科贷"、"外贸贷"等纾解企业资金难题，"郑科贷"授信规模36.5亿元，累计授信66.9亿元，有效撬动社会资本和金融机构助力科技型企业发展；投放应急转贷周转金39.2亿元，累计投放109.3亿元，为广大中小企业节约融资成本超3亿元；"亲清在线"累计开放110个政策线上申报，开辟"免申即享"专区，直接兑付资金2万余笔59亿元；政府采购合同融资为310家中小微企业提供普惠信贷融资8.6亿元。减免城市基础设施配套费3.6亿元，完成非税收入退付2亿元，推动行政事业单位减免企业房租8017万元，有效减轻市场主体经营成本。

大力支持促消费。投入资金7.3亿元，支持开展第三届"醉美·夜郑州"消费季、金秋促消费等活动，带动消费300多亿元，持续稳定汽车家电家居等大宗消费，有效促进消费市场回暖。

二、支持加快推进灾后重建

统筹发展和安全，做好灾后重建资金保障，筑牢安全底线。市财政累计统筹财政、红十字会、慈善总会非定向捐赠资金115.5亿元，争取上级支持郑州市极重灾区和重灾区新增专项债限额178.2亿元，全年争取上级资金15亿元、亚投行贷款5.19亿欧元，支持学校、医院、水库、河道等重点领域重大项目建设。加强救灾资金使用监管，严格落实"点供"调拨制度和资金调度"报账制"，确保灾后重建资金专款专用。足额安排资金，支持全市"1＋15＋15"灾后恢复重建实施方案体系和31382防洪防涝规划体系建设，促进全市应急处置能力全面提升。

三、支持完善现代化产业体系

支持产业转型升级。强化惠企政策靠前发力，加快涉企资金拨付，市本级累计拨付资金 93.5 亿元。加大财政支持力度，对新认定为国家级专精特新"小巨人"企业、省级"专精特新"企业提高奖补标准，支持汽车产业、铝工业等核心技术攻关及绿色化、数字化、智能化发展。完善财政扶持政策，支持智能手机产业发展。支持比亚迪新能源汽车项目落地、上汽发动机项目竣工投产。发挥基金作用，以基金招商的方式引进年产值 80 亿的氢液化装备研发生产项目。

支持开放体系建设。拨付资金 6.1 亿元，支持新开通洲际货运航线 9 条，全货机航线达 48 条，中欧班列集结中心加快建设，中欧班列（中豫号）开行 1435 班。争取亚投行贷款 1.3 亿欧元，支持郑州国际陆港多式联运物流枢纽体系建设。支持跨境电商大会连续六年成功举办，全国首个跨境电商零售进口药品试点成功运营。落实省、市支持外经贸发展奖补政策，发挥"外贸贷"和出口退税资金池作用，推动外贸外经稳中提质。

支持绿色转型发展。加快推进"双碳"工作，大力推广氢能燃料汽车，市区巡游出租车全部实现新能源替代，全力支持打好蓝天、碧水、净土保卫战。

四、支持换道领跑战略落地

支持创新驱动。全市科技支出 90.9 亿元。大力支持中原科技城建设、省科学院重建重振和国家技术转移郑州中心融合发展，落实重大科技专项、科技型企业科技研发补助、高新技术企业奖补等，支持鲲鹏软件小镇、海康威视等重点项目建设及超短超强激光平台、智能传感器关键技术公共服务平台建设。

支持人才高地建设。支持智汇郑州人才工程实施，制定出台《中原科技城优秀人才经济贡献奖励实施细则（试行）》，设立 100 亿元青年创新创业基金，推进人才公寓建设，带动更多创新型企业入驻中原科技城，打造创新资源集聚、创新人才汇聚、创新动能厚植的高峰。

五、支持统筹城乡融合发展

推进高品质城市建设。拨付资金 53.8 亿元,支持 6 号线一期、12 号线一期等 6 条地铁线路、郑州航空港站配套工程建设,新增城郊线二期、6 号线一期首通段两条初期运营线路,郑州航空站开通运营。拨付资金 38.2 亿元,支持二七广场隧道工程、彩虹桥工程、渠南路快速通道、省道 315 与省道 238 乔楼至汜水段新建工程等加快实施,连霍高速新国道 107 站新建工程顺利完工。拨付资金 41.9 亿元,打通"断头路"50 条,加快供水、热力、燃气管网等市政设施改造更新及生活污水垃圾处理,建设绿地、生态廊道、公园游园,推进中心城区有机更新。

支持生态环境改善。拨付资金 94.1 亿元,支持黄河流域生态保护和高质量发展,推进生态环境持续改善。大河村国家考古遗址公园、黄河国家博物馆等项目加快建设,城市、森林、湿地、农田、流域生态系统建设持续推进,75.6 公里沿黄生态廊道建成开放。

支持推进乡村振兴。拨付资金 22.9 亿元,支持脱贫攻坚与乡村振兴有效衔接,大力发展农业生产,改善农村人居环境,推进市级美丽乡村建设,支持巩义市成功申报 2022 年省级美丽乡村重点县建设试点。

六、支持保障民生福祉

社会保障更加健全。全市社会保障和就业支出 136.3 亿元。支持重点群体就业,全市新增城镇就业 13.3 万人、农村劳动力转移就业 4 万人、稳岗 267 万人、新增技能人才 57.68 万人。支持居家社区养老"百千万"温暖工程,开展彩票公益金支持养老服务体系建设发展工作,支持 3 岁以下婴幼儿照护服务。全市最低生活保障标准、特困人员救助标准稳步提高,发放高校毕业生生活补贴、老年人高龄津贴、残疾人补贴、特殊困难群众救助金共计 10.5 亿元,事实无人抚养儿童、艾滋病病毒感染儿童列入社会救助保障范围。积极推广运用民生资金"一卡通",发放补贴项目 114 项、受益群众 650.76 万人次，涉及金额 26.04 亿元。

人民教育更加美好。全市教育支出 250.1 亿元。落实城乡统一、重在农村的城乡义务教育经费保障机制，促进城乡义务教育优质均衡发展。设立学前教育发展专项资金，支持各区县（市）新增、改善公办幼儿园办学条件。全市公办幼儿园新增 76 所，市区新建中小学校 24 所，市属新建"9＋1"所高中投入使用。支持"双减"改革扎实推进。支持哈工大郑州研究院加快建设。

健康郑州持续推进。全市卫生与健康支出 132.3 亿元。拨付资金 53.6 亿元，支持方舱医院、定点救治医院、便民采样屋、流调人员队伍建设等，新冠疫苗接种覆盖 1217.1 万人。支持市县一体高质量推进紧密型县域医共体建设，县域医共体全部实质性运行。稳步推进郑州市中心医院创建国家创伤骨科区域医疗中心，郑州儿童医院国家儿童区域医疗中心运行良好。建立健全职工医保门诊共济保障机制。支持推进 DIP 付费方式改革。

大力开展文化惠民。全市文化旅游体育传媒支出 16.8 亿元。落实公共图书馆、美术馆免费开放政策。更新全民健身路径 300 条，建设智能健身驿站 40 个，更新、新建社区健身活动中心 20 个。支持文物保护和文博事业发展，黄河文化月系列活动、第九届中国博物馆及相关产品与技术博览会顺利举办，郑州国际少林武术节入选中国体育旅游精品赛事，国家文化和旅游消费试点城市成功创建。

支持加快住房保障。全市住房保障支出 59.1 亿元。加快推进棚户区改造及安置房、公租房建设，大力发展保障性租赁住房。支持老旧小区改造，完成住宅小区加装电梯 200 多部。设立运作郑州市房地产纾困专项基金。支持问题楼盘化解，争取保交楼中原银行专项贷款授信额度 50.1 亿元，重点用于 55 个保交楼项目复工复产，助力保交楼、保民生、保稳定。

七、持续深化财政改革

完善财政体制。全面落实省财政直管县改革，调整市与区县（市）

财政体制，出台《市与区县（市）共同财政事权支出责任分担办法》，理清市与区县（市）财政事权和转移支付事项。

加强财政管理。落实《关于进一步深化预算管理制度改革的实施意见》；出台教育支出均衡性和用款匹配度管理制度，启用教育类项目库管理平台，全面开展教育专项资金全生命周期项目入库评审；制定实施《郑州市轨道交通运营服务成本规制办法》，提升财政管理水平和财政资金效益。

提升基金效能。制定《郑州市产业发展基金管理办法》，壮大基金规模，完善投资运作体系，放宽返投认定标准，成功举办"2022中国（郑州）基金产业投资合作峰会"，项目签约总额近400亿元；加快推进高新区红土创新投资基金、登封嵩岳产业基金等子基金设立，支持区域经济发展。

推进投融资体制改革。落实国企改革三年行动计划，完成金融资本投资集团组建。发挥企业市场化投资作用，鼓励引导市级国有企业参与全市重点项目，推动污水净化公司重组上市。

防范财政风险。坚持"三保"支出在财政支出中的优先顺序，做到"三保"支出精准滴灌，兜紧兜牢"三保"底线。强化政府债务管理，规范开展存量债务化解，坚决遏制新增隐性债务，守牢财政运行风险底线。

郑州市 2022 年人力资源和社会保障工作报告

郑州市人力资源和社会保障局

2022 年，全市人社系统坚决贯彻落实党中央和省委、市委决策部署，在大事要事中尽显担当、在逆势困境中攻坚克难、在迎接挑战中砥砺奋进、在栉风沐雨中勇毅前行、在抢抓机遇中干事创业，夺取了疫情防控和事业发展"双胜利"，为全市经济发展、民生保障、社会和谐作出了积极贡献。

一、就业形势继续保持稳定

全市城镇新增就业 13.94 万人，完成年度目标任务的 107.2%；农村劳动力转移就业 4.17 万人，完成年度目标任务的 119.1%；城镇登记失业率 2.58%，低于 4% 的控制目标。提请市政府印发《郑州市人民政府关于印发郑州市稳就业若干政策措施的通知》，筑牢了"稳就业""保就业"基础，切实鼓舞了全市就业创业热情。利用线上线下平台，组织"春风行动""招聘夜市"等招聘活动 411 场次，提供就业岗位 37 万个，初步达成就业意向 18 万人。以创业促就业，指导建立市级创业孵化园和新型创业孵化平台 54 家，吸纳入孵创业企业 2000 余户，带动就业近

2 万人；创新大众创业导师团服务模式，将全市 77 名大众创业导师分成 5 个组到新设立的"东西南北中" 5 个工作站，为社会创业者提供便捷高效的贴身服务。采取多种方式，强化高校毕业生、就业困难人员等重点群体就业。深入开展"万人助万企"活动，走访 70 家企业，发现解决问题 175 个，助企业纾困。推进农村劳动力转移就业、返乡创业，组织农村劳动力职业技能培训 4.88 万人，完成年度目标任务 139.5%。脱贫人口中 16～60 周岁劳动力就业 2.92 万人，基本实现了"应就业尽就业"。合理开发乡村公益性岗位，现有 1772 名建档立卡脱贫人口等农村困难人员在公益性岗位就业。到卢氏开展结对帮扶，开展招聘和创业培训活动。

二、社会保障工作稳步推进

全市城镇企业职工养老保险、城乡居民养老保险、失业保险、工伤保险分别参保 548.93 万人、275.44 万人、318.74 万人、263.21 万人，分别完成年度目标任务的 100.5%、104.6%、103.8%、104.5%。持续提升基本养老保险保障水平，从 2022 年 1 月 1 日起，为 2021 年底前已按规定办理退休手续并按月领取基本养老金的企业和机关事业单位退休人员提高基本养老金水平，总体调整水平为 2021 年退休人员月人均基本养老金的 4%。联合多部门转发《关于助企纾困扩大阶段性缓缴社会保险费政策实施范围等问题的通知》，缓缴扩围行业所属的生产经营困难企业，可申请缓缴三项社保费单位缴费部分，缓缴期间免收滞纳金。全市各类企业申请缓缴三项社保费共计 3.1 亿元，惠及企业 3140 家、职工 23.69 万人。落实阶段性减免企业社会保险费和缓缴政策，减征失业保险费 8.21 亿元、减征工伤保险费 4.33 亿元。稳步推进失业保险稳岗返还工作，印发《关于做好 2022 年度失业保险稳岗位提技能防失业工作的通知》，首次采用"免审即享"方式，全市累计审核发放企业 7.86 万家，核定返还资金 8.21 亿元，涉及稳岗职工 158.61 万人；享受返还资金的企业中，中小微企业、个体工商户占比达到 99.4%。部署全市社保基金管理提升年行动暨社保基金管理领域腐败和作风问题专项整治工作，追回各项待遇 2525.72 万元。深入推进以社保卡为载体市民卡建设，拓展支付领域和应用场景，全市累计发行社会保障卡 1020.1 万张，累计签发电子社保卡 796 万张。

三、人才人事工作创新发展

高质量推进"人人持证、技能河南"建设，出台《郑州市高质量推进"人人持证、技能河南"建设工作方案》，完成职业技能培训 46.84 万人次，完成年度目标任务的 115.7%；新增技能人才 57.69 万人，完成年度目标任务的 147.9%；新增高技能人才 20.13 万人，完成年度目标任务的 140.8%。成功举办河南省第一届职业技能大赛，郑州市代表团共获得金牌 23 个、银牌 16 个、铜牌 4 个，金牌数和奖牌总数均为各代表团首位，金牌数占全部赛项的 66%。积极搭建清华大学研究生社会实践郑州基地，最终确定 28 个重点项目、109 个常规项目向清华大学推荐。常态化受理高层次人才认定工作，认定郑州市高层次人才 110 人。扎实推进招才引智工作，根据省大会总体方案安排，结合郑州国家中心城市现代化建设实际，制定了《第五届中国河南招才引智创新发展大会郑州市总体方案》，谋划了"1＋7＋N"郑州市专场活动，成功举办大会郑州专场开幕式，圆满完成省大会各项会务保障工作任务，全方位助推精彩出彩。招引各类人才 56052 人，其中博士后 3 人，博士 216 人，硕士 3804 人，本科及其他 52029 人；征集重点项目 203 个，投资金额 2409.7 亿元。大专学历以上高校毕业生通过各种渠道初步达成招聘或就业意向累计 21.4 万人。落实青年人才生活补贴政策，今年为高校毕业生发放生活补贴 5.72 亿元。拟定郑州市推行县以下事业单位管理岗位职员等级晋升制度实施方案，推进实施县以下事业单位管理岗位职员等级晋升制度。创新优化招聘流程，开展"线上"笔试、面试工作，取得良好效果。印发《郑州市人力资源服务机构引进人才奖励实施办法》，促进全市人力资源服务业发展。进一步完善郑州市"三支一扶"工作管理办法，顺利完成年度 158 名"三支一扶"高校毕业生的招募和定岗任务。高标准建设规范化零工市场，目前市内五区已基本完成第一阶段工作任务，零工市场手机 App 线上平台建设相关准备工作稳步推进。

四、劳动关系总体和谐稳定

2022 年 1 月起，郑州市最低工资标准调整为 2000 元/月、20 元/小时；联合开展"构建和谐劳动关系企业行"活动。联合市多部门出台了《关于维护新就业形态劳动者劳动保障权益实施方案的通知》，维护全市新就业平台企业持续健康发展。做好劳动关系风险隐患排查和重大劳动关系矛盾风险应对处置工作，促进社会和谐稳定。持续抓好调解仲裁联系点建设，强化劳动人事争议多元调解工作；稳步推进劳动人事争议"要素式"办案，推进争议案件办理更加快捷、高效、便民。全年受理劳动人事争议案件 2.13 万件，调解成功率 68.7%，当期结案率达 99.6%，为 3.19 万名劳动者挽回经济损失 7.57 亿元。以根治欠薪为重点，强化柔性、服务型执法，创新工作模式，加强源头治理，畅通举诉渠道，劳动保障监察工作全面扎实推进。全年共受理处置各类线上、线下欠薪投诉 7.16 万起，为 4.13 万名农民工追发工资待遇 4.35 亿元，全年未发生因欠薪导致的群体性极端事件。完成农民工工资保证金监管业务的交接工作，出台了一系列政策规定，确保了农民工工资保证金监管业务的顺利实施。

五、自身建设水平不断提升

局系统各级党组织坚持"围绕中心、建设队伍、服务群众"，着力抓好政治机关建设、基层党组织建设、党员教育管理、意识形态等重点工作，持续推动党建与业务深度融合，党的各项建设稳步发展，为人力资源和社会保障事业发展提供了坚实的组织保障。强化党对法治政府建设的领导，全面推进人社领域依法行政。深入开展"能力作风建设年"活动，开展对标找差"四问"大讨论，编发简报 24 期。狠抓营商环境优化，人才流动便利度指标再次蝉联全省第一。加大放管服改革力度，共梳理"免证办"事项 17 项，"即来即办"事项 103 项，"3 个工作日办结"事项 59 项。建成 181 个社银一体化服务网点，开发并提供电子地图预约服务。加快推进网上办进度，社保静默待遇认证、灵活就业退休申报等 8 个事项上线"郑好办"。重复信访积案集中专项治理工作取得阶段性成效，全省重复信访积案交办的 943 件人社领域案件（含 37 起医保类案件）已实现动态清零。

郑州市 2022 年自然资源
和规划工作报告

郑州市自然资源和规划局

2022 年，全市自然资源和规划系统在市委、市政府的坚强领导下，全面贯彻党的二十大精神，深入贯彻习近平总书记视察河南、郑州时的重要讲话精神，认真落实省委、市委全会和经济工作会议精神，坚持以建设现代化国家中心城市为总统揽，主动作为谋"大事"，踔厉奋发抓"要事"，应变克难解"难事"，全面开展"工作有标杆、落实有标准、突破有标志""三标"活动，全力助推"十大战略"行动和市委市政府各项决策部署落地落实、取得实效。

一、守牢耕地保护红线

牢记耕地保护"国之大者"，以坚决的态度、强力的措施，牢牢守住耕地和永久基本农田保护红线。在"三区三线"划定中，坚持耕地保护优先，优先划定了耕地保护控制数 283.1 万亩（永久基本农田控制数 208.5 万亩），做到优先划定、应划尽划、应保尽保。严格实行非农建设占用耕地先补后占，连续 23 年实现耕地占补平衡。强力推进 2021 年耕地保护督察、生态廊道绿化违规占用耕地问题整改、农村乱占耕地建房专项整治等，违法占用耕地比例降为3.68％。天眼系统建设有序推进，执法体制改革加快推进。全面完成了自然资源部下发郑州市2021年上半年耕地卫片问题529个、4733.18亩整改任务，耕地流出排查整改10.52万亩，超额完成1.01万亩，整改率达110.62％。

二、擘画国土空间蓝图

注重战略思维、系统思维，坚持规划先行，以高水平的空间规划引领城市建设。"三区三线"划定成果通过自然资源部审查，以"全球创智枢纽、山河魅力名城"为远景蓝图的《郑州市国土空间总体规划（2021—2035年）》形成报批成果，科学布局生产空间、生活空间、生态空间，整体谋划郑州国土空间开发保护格局。坚持把实现人民对美好生活的向往作为城市规划建设的出发点和落脚点，构建完成"31382"城市防洪防涝规划体系，制定儿童友好城市规划建设标准，加快编制郑州市总体城市设计、城市更新专项规划、燃料电池汽车加氢站布局专项规划等，编制完成高中外迁、"占地造湖"、小微企业园、人才公寓等90余项控规和771个"多规合一"的实用性村庄规划。郑东新区创新采用"单元控规＋地块控规"编制方法；《中原科技城总体城市设计》正式发布；《河南省中原科技城总体规划管理条例》获得省人大常委会审议通过。精准定位城市建设、产业发展、民生保障等，合理谋划国土空间规划体系，在航空港区统筹开展重点地区城市设计国际竞赛工作，启动编制经开区、高新区扩区国土空间概念性总体规划，分别拓展建设用地规模约70平方公里和50平方公里。

三、强化土地要素保障

聚焦经济社会发展，优化配置土地资源，保障土地要素供给。统筹各类用地需求，科学划定城镇开发边界面积2075.2平方公里，新增城镇开发边界面积466.02平方公里。谋划全市"三个一百平方公里"高品质产业空间布局,在全省率先创新性划定第四条控制线"工业用地红线"。加强重点项目用地保障,合理配置使用年度计划指标,按照"急事急办、特事特办"的原则,开辟绿色审批通道,"随到随办、即时办理、限时办结","郑州大学超短超强激光平台建设"项目一周内完成组卷上报。编制完成土地供应计划和基准地价及标定地价,研究制定预申请、降低竞买保证金比例、土地出让价款分期缴纳等制度,出台《郑州市城市有机更新工作中新型产业用地管理办法》。全面推广新型工业用地"标准地"出让模式,首次实施我市(全省)两宗工业用地"标准地"带"施工图"挂牌出让。上报建设用地 3.62 万亩、批回 2.04 万亩、完成征收 1.04 万亩,全市供应土地 7.16 万亩(签订价款 731.62 亿元),盘活存量建设用地 5.03 万亩。

四、推进生态保护修复

深入践行绿水青山就是金山银山的理念,系统推进矿山生态环境恢复和综合治理。统筹划定生态保护红线面积 82.02 万亩,谋划构建具有郑州特色的生态空间大保护格局。持续推进持证矿山生态修复治理工作,全市持证矿山治理面积 0.64 万亩。大力推进"十三五"期间历史遗留矿山生态修复工作,治理面积 0.59 万亩,治理率 100%。做好新增图斑治理和中央生态环保督察交办问题销号工作,存量违法问题图斑修复 477 个,治理面积 1.32 万亩,治理率 92.6%。积极谋划生态修复项目争取上级资金支持,成功申报 3 个生态修复项目 7 个工程,工程总投资 4.94 亿元,生态修复总面积 2.86 万亩。建成绿色矿山 29 家,其中,国家级 10 家、省级 19 家,建成总数及占比均在全省前列。积极申报全域土地综合整治与生态修复试点,编制完成项目实施方案。

五、夯实资源管理基础

不断打牢自然资源管理基础,为自然资源保护利用、管理决策和公共服务提供有力支撑。正式发布郑州市第三次全国国土调查成果，完成2021年度国土变更调查监测图斑举证和核查整改。全面推进多要素城市地质调查，编制完成矿产资源规划，做好矿产资源统计、评审备案、压矿审批和关闭退出煤矿验收。制定出台《郑州市测量标志普查保护工作的实施方案》，全市586个测绘标志点完成外业普查任务。发布《郑州市"十四五"基础测绘规划》，印发《进一步加强基础测绘工作的意见》，全面启动全国地理信息平台（天地图）郑州节点建设。下发《一码管地工作实施方案（试行）》，8月份全面上线运行。完成2021年度城市建成区通告工作。政务公开、财务管理、建设档案管理等方面稳步提升、成效显著。

六、持续优化营商环境

持续深化资源规划领域"放管服"改革，不断提升群众和企业获得感和满意度。省市重点项目联审联批任务保障率100%，"万人助万企"累计走访企业1169家，解决问题672个，解决企业用地需求7349.3亩，问题办结率和企业满意率均为100%。扎实开展"双随机、一公开"工作，持续开展"体外循环"和"隐性审批"问题专项整治，扩大工程建设许可阶段方案联合审查范围，加快建设智慧审图系统，完成全市首例通过"验登合一"方式同时完成竣工验收备案和不动产登记。《郑州市不动产登记服务条例》通过省人大审查批准，2022年10月1日正式实施，启动实施保交楼项目"交房即发证"，研究制定存量房带抵押过户政策。"登银合作"模式改革入选"河南省经济体制改革十大案例"，并得到自然资源部主要领导批示肯定。

七、全力防范化解风险

树牢人民至上、生命至上理念，全力答好安全"第一答卷"，维护安全稳定大局。以市委专项巡察为契机，扎实推进"7·20"特大暴雨灾害问题整改、以案促改工作，94 条问题整改可量化举措、436 个以案促改问题全部完成整改。修编完善市本级地质灾害"一预案四制度"，调整更新了全市 1943 名工作人员、地灾防治责任人、群测群防员信息。开展全市教育系统地质灾害防灾减灾知识"进校园、进课堂""进企业"活动，对全市 3500 多所中小学、幼儿园，100 多家矿山企业共计 255.9 万人次进行地质灾害宣传教育。先后发布地质灾害气象风险预警 32 次，381 处纳入综合治理的隐患点全部完成治理。坚持"小型、分散、实用"的原则，以提高受威胁群众紧急转移避险能力为核心，全市分级组织演练 414 次，涉及 20698 人，首次实现全市所有隐患点避险演练全覆盖。积极化解信访突出问题，提前两个月完成市政府交办的重复信访案件，全面完成问题楼盘化解工作，依法化解资源规划行政争议和矛盾纠纷，党的二十大期间没有来自我市资源规划领域的干扰。巩固提升安全生产专项整治三年行动成效，坚决防范遏制重特大事故发生。新冠肺炎疫情暴发后，迅速启动双报到应急机制，先后组织党员干部组成 7 个专班，分赴 5 个街道办事处，在 8 个社区 19 个居民小区进行卡口值勤、核酸检测、物资运送等志愿服务，高标准地完成了各项防控任务。

郑州市 2022 年城乡建设工作报告

郑州市城乡建设局

2022 年，在市委、市政府坚强领导下，全市城乡建设系统坚持以习近平新时代中国特色社会主义思想为指导，认真贯彻落实中央、省市决策部署，围绕"33311"工作思路，坚持稳中求进、难中求成，全市城乡建设各项工作均取得明显成效。

一、"三标"活动扎实推进

坚持将"三标"活动与能力作风建设年一体谋划、深度融合，明确追赶标杆、衡量标准、突破标志，梳理形成局党组层面"三标"内容 7 项、班子成员 34 项、机关各处室及直属单位 110 项，其中整体工作以成都为标杆、建筑业发展以武汉为标杆，永葆奋进姿态，全面学习追赶。一年以来，全局上下坚持在国家中心城市行列中定标杆、找差距、明方向，争先进位、比学赶超的氛围更加浓厚，各项年度目标任务均顺利完成。

二、"三项"建设加速推进

城市基础设施建设步伐加快。加快市政道路建设。2022 年，市城建局负责的市政工程项目已累计完成产值 71 亿元，其中渠南路（陇海路以北段）、下穿二七广场隧道工程主体已基本完工，彩虹桥旧桥拆除全部完成、新建桥梁主体完成 80%，农业路西延、新龙路等开工建设，打通"断头路"50 条。海绵城市、综合管廊统筹推进。制定出台《郑州市系统化全域推进海绵城市建设实施方案（2022—2024 年）》《海绵城市建设工程施工与验收导则》等文件，有效提高海绵城市建设政策保障水平，全市海绵城市达标区面积占建成区面积比例达到 25.2%。加快综合管廊在建项目建设，8 个在建综合管廊项目已形成廊体 83 公里。协调推进市政公用设施建设。大力推进公共停车泊位、供水、供气、供热、污水处理、垃圾处理设施建设，其中全年建成公共停车泊位 5.2 万个，郑州东部原水干管工程已开工，新建供水管网 80 公里、热力管网 42 公里、燃气管网 85 公里。

城市更新和安置房建设全力推进。城市更新方面。组织成立城市更新市级工作领导小组及办公室，并制定了"管理办法""更新规划""资金管理办法"等文件，建立"市级统筹、区级推动、横向协作、纵向联动"的工作推进机制。已发布更新项目 37 个，总投资 3255 亿元，2022 年完成投资 149 亿元。安置房建设方面。出台《关于积极推进大棚户区改造项目货币化安置工作的实施意见》，引导群众自愿选择以购代建、货币化安置等多种方式实现快速安居。加强与政策性银行对接，与国开行签订 1600 亿元贷款规模的战略合作协议，农发行首批 27.5 亿元贷款已批复，多渠道融资路径已打通。全年建成安置房面积 2739 万平方米，回迁安置群众 16.16 万人。

防洪能力提升和灾后农房建设稳步推进。扎实开展"7·20"特大暴雨灾害问题整改和以案促改工作。严格落实"统一思想坚决改、对照问题靶向改、举一反三深入改、统筹推进全面改""四个改"要求，立行立改问题全部完成，长期整改问题持续推进。金水河综合整治工程加快推进。2022 年汛期前帝湖、大学北路桥等四个防洪卡口改造工程顺利完工，有效保障了金水河正常泄洪排涝。加强与亚投行的沟通对接，目前下游 7 个标段、上游 1 个标段顺利开工。水毁农房灾后重建任务按时保质完成。全市需集中安置 1.2 万户，共安排 84 个集中安置类项目，按建设模式分为美丽乡村模式 45 个、城镇社区模式 39 个，全部按时实现竣工交房。建筑领域防汛能力明显增强。已完成年度积水点改造任务 12 处、雨水泵站提升 8 座。李月庄明沟实现开工建设。修订防汛预案、专案，组建 23 支应急救援队伍，加强防汛物资设备储备，开展各类防汛应急演练 200 余次，保证了安全度汛。

三、"三项"管理提质增效

建筑行业管理成效明显。建筑业产值保持稳步增长。代拟出台《关于支持建筑业高质量发展的十条意见》，深入开展助企纾困活动，组织实施建筑企业政策奖励，共对 308 家（次）实施市财政资金奖励 3188.69 万元。经受住了四季度超预期疫情影响，全年完成建筑业产值 5516 亿元，增速 1.7%，占全省的 1/3，保持了增长韧性。营商环境更加优化。深入推进工程建设项目审批制度改革，制定"1+9""一揽子"改革方案，推行联合审图、"验登合一"，最长审批时间压缩至 41 工作日以内，建筑许可指标连续两年在全省营商环境评价中排名第一。优化招投标监管流程，进一步缩减投标保证金退还时限。开展施工图审查差异化管理，对于信用评价 AAA 级勘察设计企业扩大免审范围，进一步优化营商环境。建设市场秩序更加规范。信用体系建设不断完善，出台"建筑工程信用评价办法"，评定 AAA 级企业 419 家，发布"红""黑"名单信息 141 条、13 条。全面开展"双随机一公开"检查，全年移送违法线索 153 件，完成"双零"企业资质动态核查 2475 家，配合开展"欠薪"专项整治行动。强化设计引领，按照"设计郑州"要求，引导全市勘察设计企业做优做强、多出精品。按时发布建筑材料价格信息，新增材料 99 种，助力企业经营发展。绿色转型发展扎实推进。成功申报全国第一批智能建造试点城市。全年新开工装配式建筑面积 291 万平方米、通过施工图审查的绿色建筑面积 1556 万平方米。新增纯电动混凝土运输车 451 台，淘汰燃油车 1886 台。

工地现场监管更加严格。全面推进双重预防体系建设，扎实开展安全生产隐患排查和督导检查，有效防范遏制各类安全事故发生。创建省安全文明施工标准化工地 76 项。全面提升质量管理能力，加强质量监督标准化、智能化、差别化、信息化机制建设，强化精品意识、提升监督效能。全年获得"中国建设工程鲁班奖"等国家级奖项 5 项、"中州杯"等省级奖项 19 项，创建省质量标准化示范工地 83 项。科学精准管控扬尘，统筹经济发展和环境保护两个大局，坚持差异化管理、信息化建设，不断提升控尘管理智慧化、精细化水平。郑州市 PM_{10} 全年平均浓度为 77 微克/立方米，空气综合指数全国排名稳定退出后二十。认真抓好疫情防控工作。坚持迎难而上，按时完成会展中心、中博中心、技师学院等医学观察点建设任务和下沉社区支援服务工作。严格消防审验，优化调整审验环节技术审查和现场评定工作分工，探索标准化验收模式，积极服务国际金贸港、郑州第五十六高级中学、地铁 6 号线等省市重点项目验收。消防设计审查、验收平均办理时限分别压缩至 3 个、6 个工作日。

村镇建设管理科学推进。完善农村住房安全保障机制。健全巩固拓展脱贫攻坚成果，加强对脱贫人口住房安全的常态化监测，逐步建立健全农村低收入群体等重点对象住房安全保障长效机制，完成 24 户危房改造任务。做好农房建设过程指导。加强农村建筑工匠培训，全市已累计培训农村建筑工匠 1676 人。科学编制农村住房设计图册，引导村民依图册建房提高农房建设质量、改善农村建筑风貌。强化传统村落保护发展。指导各县（市）积极申报省市专项补助资金，加快编制保护与发展专项规划，同时深入挖掘我市历史文化资源，推荐 8 个省级传统村落申报国家级传统村落，其中登封市白坪乡寨东村、登封市大金店镇袁桥村、新密市超化镇超化村、新密市大隗镇大隗村等 4 个村已列入第六批中国传统村落名录。

郑州市 2022 年住房保障
和房地产管理工作报告

郑州市住房保障和房地产管理局

2022 年，全市房管系统以习近平新时代中国特色社会主义思想为指导，认真贯彻国家、省、市决策部署，以保障人民群众"住有所居"为重点，坚持稳字当头、稳中求进、以进促稳工作总基调，大力开展"三标"活动，强力攻坚保交楼、稳民生，全力稳定房地产市场，统筹推进常态化疫情防控、保障性住房建设管理、住房租赁市场发展、物业服务质量提升、城镇房屋灾后重建等工作，较好地完成了年度各项目标任务。全市棚户区改造新开工 7791 套、实际建成 3.92 万套，公租房实物分配 1.05 万套，筹集保障性租赁住房 5.06 万套，盘活存量房用作人才公寓 5.01 万套，均超额完成了年度目标任务。全市商品房投放 791.94 万平方米，商品房销售 1058.46 万平方米，二手房交易 619.82 万平方米。全市受理各类房屋交易确认业务 21.6 万件，办理商品房预售资金监管 186.12 亿元，办理存量房资金监管 50.1 亿元。全市新筹集租赁住房 3.9 万套，新增专业化住房租赁企业 45 家，新增物业管理面积 371.05 万平方米，完成既有住宅加装电梯 213 部。全市归集维修资金 8.65 亿元，核准使用 2.27 亿元。办理非郑户籍人才购房 1280 件，有 6668 名青年人才申请首次购房补贴，补贴金额 3.5 亿元。全市安置房网签 13.9 万套，公租房网签 7329 套。

一、全力以赴稳定市场，房地产市场保持基本平稳

强化政策保障。及时出台《关于促进房地产业良性循环和健康发展的通知》和一系列配套政策，从供需两端发力，综合施策，稳定房地产市场，新建商品住房价格指数年度同比达到 97.7，房价基本保持稳定。协调信贷支持。推动首套住房商业贷款利率大幅下降，二套住房最低首付比例由 60％下调为 40％。开展商品房促销活动。组织"郑美好·购房节"和"金秋惠·购房节"系列活动，开展商品房团购活动，提振了市场信心。金水区、中原区、郑东新区团购活动现场组织有序、保障有力，荥阳市、新密市、巩义市、中牟县商品房促销活动成效比较明显。实施重点企业动态监测。围绕重点企业投资、销售、建设、交付等关键节点，实施动态监测，发现问题及时整改提升，有效规范了企业和项目管理。荥阳市、新密市、中牟县项目管理规范，企业好评度高。加强商品房预售资金监管。修订《郑州市商品房预售资金监管办法》，推广使用预售资金监管系统，维护了交易双方合法权益。规范房地产市场秩序。实施打击"以房养老"诈骗专项行动，开展房地产市场"双随机、一公开"检查，90 家企业被通报批评，32 家企业被责令整改。新密市、新郑市、荥阳市重视程度高、检查力度大，市场规范效果好。

二、多措并举助企纾困，保交楼工作全面起势破局

创新化解模式。采取"棚改统贷统还、项目并购、政府回购、破产重组"及地产纾困基金"4＋1"模式，回购存量房用作人才公寓 38 个项目，推动 31 个项目进入破产程序、6 个项目审结完毕，对接 3 个项目使用 7 亿元纾困基金。申请专项借款。首批 60 个项目 70 亿元借款全部到位，完成支付 38.78 亿元，第二批 82 个项目获批 57.3 亿元、到位 15.65

亿元。协调银行配资。先后对接 15 家银行 72 个分支机构，批复 20 个项目 50.46 亿元，落地 10 个项目 26.44 亿元。清偿政府欠款。确认 5 家头部房企 53 亿元政府欠款，争取中原银行专项贷款授信 50.1 亿元，支付 18.34 亿元。开展专项行动。实施强力攻坚保交楼五大专项行动，列入保交楼台账的 164 个项目复工率达到 98.78%，累计交付房屋 11600 余套，落实交房即发证 2271 套，引导企业自筹资金 130 多亿元。荥阳市、二七区、高新区交付房屋推进力度大、成绩比较突出。化解问题楼盘。全市 356 个交办案件，化解 323 个，化解率 90.73%。巩义市、上街区、登封市、荥阳市、中牟县、航空港区等单位化解率均达到了 100%，金水区化解了 50 个问题楼盘，化解数量最多。推进恒大项目建设交付。全市恒大项目完成交付 2666 套，10 个项目顺利销号，如期完成住建部下达的 70% 的销号任务。

三、坚持完善制度体系，保障性住房供给有效增加

推进棚户区改造。超额完成棚户区改造新开工、基本建成任务。高新区棚户区改造工作成效突出，综合排名区县（市）第一；中牟县基本建成目标任务完成率达到 123%；二七区、荥阳市也较好地完成了交付目标任务。强化公共租赁住房管理。建立公租房运营管理评审、监督、服务考评制度，推进统一管理、统一运营，全市公租房运营管理水平不断提升。特别是金水区、高新区公租房分配力度大，目标完成率高。发展保障性租赁住房。强化政策支撑，开展项目梳理和筹集房源认定，筹集保障性租赁住房 5 万余套，超额完成年度目标任务。管城区、惠济区摸排全面细致，筹集保障性租赁住房成绩突出。抓好青年人才住房保障。盘活存量房用作人才公寓 5 万余套，完成 1110 套人才公寓配租，圆满完成市民生实事年度目标任务。探索发展共有产权住房。初步拟定了实施方案和管理办法，计划以新建人才公寓大户型项目为试点，积极探索共有产权住房制度。

四、巩固深化试点成果，长租房市场发展更趋规范

全面总结中央财政试点经验。形成并提交《郑州市 2019—2022 年中央财政支持住房租赁市场发展试点绩效自评报告》，配合财政部驻河南监管局完成了试点绩效评价工作。加大特色经验推广力度。回迁富余安置房变成时尚租赁住房经验做法，得到住建部肯定和《中国建设报》刊发推广。规范住房租赁市场。启动住房租赁资金监管，开展市场巡视 80 余次，曝光租赁企业 12 家，约谈 25 家公司，保障了承租方合法权益。高新区率先启动住房租赁资金监管；二七区有效解决了住房租赁纠纷 1500 余件。提升住房租赁管理水平。优化非住宅改建租赁住房工作流程，培育村集体租赁服务企业 136 家、纳管安置房源 10.7 万套。金水区率先完善非住宅改建租赁住房手续；高新区培育发展村集体企业成绩突出；经开区租赁住房项目基本建成面积近 200 万平方米；郑东新区盘活安置房用作租赁住房 7300 余套，超额完成目标任务；新郑市全年无差错办理 2600 余件房屋租赁合同网签备案。筹建青年人才驿站。累计筹建青年人才驿站 45 个、床位 5401 张。郑东新区高效完成了 8 名高端人才的免租住房供应和 400 个床位的人才驿站筹建工作；荥阳市人才驿站筹建进度快，目标任务完成率达到 127%。

五、持续提升服务质量，物业管理效能不断增强

提升物业服务小区防汛能力。印发《郑州市既有建筑物地下空间排水防涝提升改造专案》，对 3260 个物业小区、1026 个受灾小区摸底排查，组织小区防汛应急演练 6984 次。金水区、中原区、惠济区、郑东新区压实主体责任，实施分类指导，居民小区防汛能力提升明显。督导物业服务小区疫情防控。累计出动检查人员 3 万余人次，发现并督促整改小区疫情防控问题 2789 处。中原区、二七区、高新区指导企业落实防控措施及时有力，防控效果比较好。持续推进党建引领提升物业服务。指导 15 个区县（市）

成立物业服务行业党委，行业党员达到3536人。荥阳市、巩义市、新郑市、金水区以开展行业"亮、赛、比"活动为载体，推进物业项目示范点打造，成效显著。深化物业服务地方标准运用。制定《郑州市物业服务标准》通则和住宅物业服务部分，为物业服务提供了可量化的参考依据。推动居民小区物业服务精细化管理。通过小区安全专项整治消除安全隐患1517处，结合国家文明城市创建解决楼院空中缆线问题200多个，实施居民楼院精细化管理整改问题1300余处，开展"六防六促"专项活动化解物业矛盾346件，处理物业纠纷1035件。巩义市、管城区、经开区持续开展"共建、共治、共享"活动，居民小区管理服务比较规范。

六、深入开展排查整治，房屋安全管理持续强化

完成城镇既有住房灾后重建。累计完成"修缮类"房屋445处9990户、"加固类"房屋452处14292户、"拆除类"房屋71处2283户。二七区、中原区、金水区、管城区、巩义市等单位行动迅速、推进有力，较好地完成了灾后重建任务。开展房屋建筑安全隐患排查整治专项行动。全市累计排查城乡房屋建筑82.68万栋（户），发现存在问题隐患房屋9615栋（户），隐患整改率100%。组织自然灾害普查房屋建筑承灾体调查。全市258.81万栋房屋建筑全部完成调查录入，并通过省级核查验收后提交住建部。金水区、惠济区、郑东新区、巩义市等单位普查攻坚力度大，完成任务比较彻底。落实城市房屋防汛工作。强化抢险力量，充实物资器材，开展排查整治，加强防汛督导，确保了城市房屋安全度汛。抓好既有住宅加梯工作。开工建设267部，建成213部，圆满完成年度目标任务。特别是金水区、二七区、中原区、新郑市、郑东新区等单位均超额完成了加梯任务。

七、扎实推进政务改革，房地产营商环境全面优化

实施"大一窗"改革。融合存量房网签备案、资金监管与房屋交易、

税收、不动产登记业务办理，实现一窗受理、一次办成，办理模式已在全市推广运行。深化政务服务"双减"改革。局政务服务事项调整减少为 84 项，其中 5 项实现免证办，33 项实现即来即办，34 项实现 3 个工作日内办结；推行开发企业资质管理告知承诺制改革，完善商品房预售许可审批告知承诺制度，商品房预售审批 7 项材料实现依承诺共享、2 项实现内部流转；建立商品房预售审批项目归档制度，案卷减少 76.47%，审批时限减至 6 个工作日。推进房管业务"网上办理"。局 82 个事项做到"最多跑一次"、5 个事项"一趟不用跑"，商品房大宗件业务实现"网上一窗受理"，"郑好办"App 上 34 个房管服务事项实现了在线办理。便利存量房交易。初步实现了存量房"带押过户"，全市大部分区县（市）实现二手房交易"全市通办"。

郑州市 2022 年交通运输工作报告

郑州市交通运输局

2022 年，全市交通运输系统在郑州市委市政府的坚强领导下，坚持以习近平新时代中国特色社会主义思想为指导，认真落实"疫情要防住、经济要稳住、发展要安全"重大要求，聚焦国家中心城市现代化建设，以交通运输率先基本实现现代化为目标，全面开展"三标"活动，大力推进"十大战略"行动，稳中求进、难中求成，保持了行业总体平稳、稳中有进的发展态势。

一、疫情防控和经济运行双线嵌合、双战双赢

高质量完成疫情防控任务。狠抓交通防控，从 1 月 6 日开始设置交通服务站到 12 月 4 日全部撤除，因时因势调整优化防控措施，广大执勤人员夜以继日奋斗在卡口一线，始终保持良好工作状态，共出动执勤人员 245 万人次，累计查验离入郑人员 1.1 亿人次，发现涉疫人员 11.9 万人次，提供核酸检测服务 352.3 万人次，圆满完成公路卡口防控任务。不断优化货运车辆通行政策，全力保通保畅。全力组织应急转运，累计调配客车 3.4 万余台次，有力保障疫情防控需要。

高效统筹白名单企业疫情防控与生产经营。建立货运企业对接服务机制，狠抓规模以上货运企业培育，新增规模以上企业 43 家。压紧压实

包保责任，全局 23 个党组织与 23 家企业"结对共建"，全系统干部深入 1135 家"白名单"企业纾困解难，解决各类问题 206 件。充分发挥市"运通贷"工作专班作用，推动落地交通物流专项再贷款 2.76 亿元。全年完成货物周转量 668.4 亿吨千米，同比增长 5.85%，努力实现了交通运输经济运行稳定向好的目标。

二、交通基础设施网络不断完善

聚焦郑州都市圈建设，坚持"项目为王"理念，强力推进高速公路、国省干线、郑港融城、郑开同城等交通重点项目。

高速公路方面，"13445 工程"安排郑州市的 8 个项目加快推进，安罗高速郑州境累计完成投资 26.38 亿元，占总投资的 44.85%；焦平高速焦荥段、荥新段、新襄段及沁伊高速点式开工，其余项目加快推进前期，在各县区的共同努力下，2022 年完成投资 95 亿元。

国省干线公路方面，12 个在建项目完成投资 13 亿元，国道 107 与经北四路互通式立交等 4 个项目主体完工，环城货运通道大头落地。国道 107 三期比亚迪厂区段争分夺秒加速施工，确保 2023 年 3 月 15 日前实现半幅通车，5 月 15 日前全幅通车。247 个灾后重建项目基本完工。

推动"四好农村路"高质量发展，新改建农村公路 240 公里，超额完成省定目标任务，荥阳市成功创建省级示范县，郑州市的省级示范县达 4 个。

成功获批国家综合货运枢纽补链强链首批城市，郑州市于 2022 年 9 月成功入选国家综合货运枢纽补链强链首批城市，是全国入选的 9 家名单（15 个城市）中 2 个非副省级城市之一，三年实施期内中央将补助郑州市约 15 亿元，截至 2022 年年底已下达 1 亿元。

三、运输服务保障能力持续提升

以"一体化"理念推动公共交通融合发展。编制完成《郑州市"十四五"公共交通一体化专项规划》，东三环 L3 级智能网联快速公交项目加快推进，23 处候车站台基本完成，龙湖中环等 8 条常规公交专用道项目进入招标程序，椰风路、贾峪、九如路、岗王等 4 处公交场站有序推进。地铁城郊线二期、6 号线一期开通运营。将每周四定为郑州市"绿色出行·1 分钱乘坐公共交通日"，群众对绿色出行的认同感、获得感不断提升。

城乡交通一体化建设扎实推进。出台《郑州市推进县域城乡交通一体化实施方案》《郑州市交通运输与邮政快递合作实施方案》，荥阳市、巩义市积极筹备申报省级城乡交通运输一体化示范县，将示范创建纳入属地政府重点工作，加快构建"一点多能、一网多用、深度融合"的农村客货邮融合发展新模式，全市新增覆盖 47 个行政村的农村客运班线公交化运行，累计建成"司机之家"12 个。

道路运输领域专项治理纵深推进。841 台"两证不一"客车基本完成整改，全市网约车车辆合规率 95.1％、驾驶员合规率 94.7％、订单合规率 92.2％，居全省首位、全国前列。

四、行业管理服务提质增效

法治政府部门建设稳步推进。修订、发布《郑州市轨道交通条例》《郑州市规范城市客运行为若干规定》，完成《郑州市客车租赁经营服务管理条例》立法调研，行政规范性文件审查、行政复议和应诉、普法宣传等工作持续加强。

营商环境持续优化。深化"放管服效"改革，5 项高频服务事项实现跨省通办，道路运输电子证照实现互通互认，巡游出租车和网约出租车驾驶员从业资格证实现"两证互认"，54 项审批权限顺利下放，48 件交通运输"一件事"实现"一网通办"并在"郑好办"App 上线运行。积极开展"万人助万企"活动，实地走访企业 70 余家，高标准解决企业问题，问题办结率、企业满意率均达 100％。

交通执法不断完善。推行说理式执法、温情执法，探索"互联网＋

行政执法"模式,启用 81 处非现场执法点,开展跨区域联合执法行动 20 余次,共查处违法违规客货运车辆 5826 台次,违法违规道路运输企业 734 家次,共处罚金 2006 万元。

事业单位重塑性改革稳步推进。完成局新组建事业单位"三定"规定制定,局属事业单位机构精简 50%、编制核减 22%,进一步强化公益属性、系统重塑职能,实现了职能重塑、机构重组、机制重构。

五、安全生产监管显著增强

全力防范化解重大风险,安全生产事故起数、死亡人数同比分别下降 27.5%、14.8%,全年未发生重特大事故。

安全基础不断夯实,修订了局《安全生产委员会工作职责》《安全生产工作制度》,完善了教育培训、预警提示、突发事件信息报送、约谈警示、挂牌督办等 10 余项制度。

安全检查成效突出,成立由局班子成员带队的 10 个专项督导组,创新实施"领导+专家"检查模式,紧盯"三客一危一货"、重大风险管控、行业消防管理和恶劣天气应对等不间断开展督导,累计排查整治隐患 14574 处。

应急保障能力明显提升,高标准完成"7·20"特大暴雨灾害问题整改和以案促改,构建了"2+1+4+N"应急预案体系,组织开展 395 场、12520 余人次参加的应急演练。

六、智慧绿色交通稳步推进

推进交通运输领域碳达峰碳中和,《郑州市交通运输领域碳达峰行动方案》《郑州市绿色低碳交通运输体系研究》形成初步成果。氢能源公交试点工作不断深化,新增及更新公交车、出租车全部使用新能源车,新能源网约车占比达到 51%。郑州市绿色出行创建行动顺利通过交通部验收。运输结构调整稳步推进,全年完成铁路货运量 2400 万吨。"郑州市东三环 L3 级智能网联快速公交示范工程"列入交通部第一批智能交通先导应用试点项目。"出行即服务（MaaS）"平台建设工程可研报告获批。充分利用三级监管平台加强事前事中监管，全年共接收省综合平台交办工单 1.56 万余条，办结率 96.3%；开展布控检查 1166 次，查处涉嫌非法、违规营运车辆 42 台。

郑州市 2022 年城市管理工作报告

郑州市城市管理局

2022 年，郑州市先后经历了五轮疫情的严重冲击，给城市管理工作带来了前所未有的挑战。一年来，在郑州市委、市政府的正确领导下，全市城管系统围绕"发展上得去、社会稳得住、城市管得好"的工作要求，开拓创新，担当作为，全面开展"三标"活动，持续深化"大城管"体系，纵深推进常态化、精细化管理＋专项整治，克服多重问题矛盾交织的困难，实现了市容环境持续向好、市政公用设施不断完善、城市秩序逐步规范、城市功能品质和承载能力日益提高，在国家卫生城市、全国文明城市创建和复审中积极发挥了"排头兵""主力军"作用。

一、加强"四化"管理，城市品质不断提升

强化城市"序化"管理。坚持"条块结合、块抓条保"工作机制，完成架空线缆入地改造 152 公里，拆除线杆 4760 根，四环内主次干道、主要支路等架空线缆基本清零；完成道路中小修 41.8 万平方米，基本消除了城市道路明显坑槽；整治问题窨井 10.3 万座，市区道路窨井病害问题得到有效解决；拆除各类违法建设 1875 处 206 万平方米，城区道路红线内占压人行道、盲道等 8 项重点任务台账内违法建设拆除率达 100％；整治、清理各类户外广告 4456 处，清理各类小广告 56.2 万处，整修、

清洗门头招牌 4632 个，设置各类公益广告 1 万余处。

提质城市"洁化"管理。严格按照垃圾分类收运"五统一"改革要求，对现有的 4485 台生活垃圾收运车辆全部统一标识；加大收运车辆整治力度，整治"跑冒滴漏"车辆 591 台、车体脏污 1939 台、乱停乱放 1821 台；加强夜市门店周边道路保洁作业，出动延时保洁人员 8.4 万余人（次），冲洗、清扫作业车辆 2 万余辆。新建公厕 30 座，新增全天开放公厕 70 座，市区 2710 座公厕全部纳入"郑州公厕地图"微信小程序。深入开展"河湖清四乱""三污一净"整治行动，城区黑臭水体清零成果得到全面巩固。加强餐饮油烟治理，16 个区县（市）餐饮服务业油烟污染防治在线监测平台实现了数据联网，累计检查餐饮服务业 63.2 万家次，受理处置油烟污染举报问题 5673 家，约谈 212 家次，建设餐饮服务业油烟污染防治示范点 32 个。

深化城市"绿化"管理。持续深入开展道路绿化"增量、添彩、补差、提质"整治行动，补植补栽行道树 7796 株、绿篱 112.4 万平方米，治理黄土裸露地块 45.1 万平方米，美化树穴 1.4 万个。做好国庆节及党的二十大氛围营造工作，安装立体花坛 30 处，花境 16 处，栽植摆放草花 200 余万盆。高标准做好金水路绿化整治提升，整理绿地及土壤改良 6660 平方米，栽植花灌木 8.7 万株、地被 6808 平方米。

优化城市"亮化"管理。加强功能性照明设施的巡查管养工作，维修、更换、清洁路灯 2 万余盏，整修检查井、灯座门等照明设施 4 万余处，处理高低压故障 2767 处，综合亮灯率达到 98%，设施完好率达到 96% 以上。强化夜景亮化管理，围绕双节对金水路、花园路等 90 条重点路段（节点）开展氛围营造，安装各类灯具 4.8 万个（套），国庆和党的二十大期间按时开启全市楼体夜景设施，营造了绚丽多彩的城市夜景。

二、深化专项整治，城市乱象逐步消除

持续开展静态交通整治。坚持疏堵结合的原则，通过盘活、新增、共享等多种措施增加停车泊位供给，新建停车场 293 处、新增停车泊位

4.2万个；主城区实现共享利用停车资源286处、3.4万个车位实现错时共享；谋划专项债停车场建设项目73个，总投资87.75亿元，申请专项债79.39亿元。按照区有示范路、办事处有示范段的要求，打造示范路160条、示范路段804个；加大城管交警联合执法力度，自8月21日联合执法全面实施以来，共采集上传违停车辆信息23.3万条，拖离违停车8.7万余辆。持续开展非机动车和共享单车整治，施划、修补停车点（位）8700余处，拖移、摆放违停非机动车108万辆，设置整治示范点460处。

强力推进燃气领域安全整治。扎实开展城镇燃气安全排查整治"百日行动"，共排查供用气场所3.26万处，整治隐患8000多个，取缔非法瓶装燃气企业31家，办理非法运输、储存等燃气行政案件118起、刑事案件6起，行政拘留120人、刑事拘留6人；全面开展安全装置加装，主城区管道燃气1100户非居民用户全部完成，居民用户完成加装80.2万户，超额完成年度任务；不断规范瓶装燃气市场，完成了郑州市中心城区瓶装燃气规划编制，全面启动了充装站、供应站建设，正加快推进3座瓶装液化石油气充装站和26座供应站建设。

突出抓好占道经营和施工围挡整治。加强主次干道、商圈周边等区域占道经营行为的督导检查，查处和整治占道乱象19.8万处，有力震慑了违法占道经营行为；强化施工围挡整治，突出对金水路、紫荆山路、建设路、中州大道等重点路段各类问题围挡开展集中攻坚，共整改和拆除污损超占城市道路施工围挡4755处126万平方米。

全面推进生活垃圾分类管理。全市已建成运营生活垃圾分拣中心10座（城八区和航空港区、上街区），建成使用生活垃圾分类箱房（亭）6524座，开展垃圾分类小区数8625个，开展户数356.46万户，全市生活垃圾分类覆盖率98.18％、生活垃圾回收利用率38％。南部二期生活垃圾焚烧发电厂达到满负荷运行，西部生活垃圾焚烧电厂实质性开工建设，侯寨生活垃圾填埋场90万吨积存渗滤液已全部处理完毕，彻底解决了中央环保督察组指出的渗滤液积存问题。

积极开展建筑垃圾清运管理集中整治。严格落实建筑垃圾处置核准制度，组织开展城市建筑垃圾治理交叉检查，完善建筑垃圾排放工地线上报备、消纳场所线上申办、信用计分网上查询等信息化监管平台功能，源头监管更加规范，全年新增新能源渣土车450台，被省住建厅通报表扬为建筑垃圾清运管理集中整治行动工作突出单位。

强化餐厨垃圾收运处置管理。坚持"常态收运＋应急收运"相结合，市区餐厨垃圾协议签约率、收运覆盖率均达95％以上，全年收运处置餐厨垃圾11.85万吨。

持续完善农村生活垃圾收运处置体系。新密市、新郑市分别作为全国、省级农村生活垃圾分类示范县（市），行政村覆盖率提高到80％，全市农村生活垃圾示范试点覆盖30％以上行政村。

推进再生资源回收中转站规范管理。全市1677处纳入整治工作台账管理的回收中转站，已依法关停取缔1039处，经整治恢复运营315处，整改率80％。

加强城市雕塑管理。对全市纳入台账管理的1439件城市雕塑进行专项抽查检查，发现并整改问题233处，使城市雕塑与周边环境协调相融。

加大养犬管理力度。持续开展文明养犬宣传，提升办证年审服务质量，新办证犬只8353只、年审犬只22286只，处理违规养犬案件832件，收容流浪犬2001只。

三、完善公用设施，保供能力日趋增强

供水保障能力持续提升。《郑州市供水一体化一张网改革实施方案》已经市政府常务会议审议印发，市自来水公司与高新区管委会、汉威科技公司已草签《股权转让协议》。龙湖水厂已具备通水条件，郑开同城东部供水工程建设全面启动，新建供水管网72公里、改造老旧管网80.5公里，最高日供水量达到164.13万立方米，再创历史新高。

燃气供应充足稳定。加强与上游能源企业的协调对接，落实气源17.3亿立方米。加快燃气输配系统建设，新建燃气管网105公里，改造老旧管网193.55公里，新发展燃气用户10.47万户，完成薛店门站与国家管网薛店分输站接驳，增加接收能力220万立方米/日。

集中供热能力稳步提高。南四环供热主干线项目、裕中百万机组"引热入郑"紫辰路供热输配管网项目有序推进，华润登封电厂引热入郑长输供热管线工程前期工作正在加快筹备，新建供热管网42.63公里，改造老旧管网41.32公里，新增集中供热入网面积533.5万平方米。

污水污泥处理处置能力不断增强。郑州新区污水处理厂二期工程、南曹污水处理厂一期工程、马头岗污水处理厂厂外再生水管线工程、陈三桥二期提标改造和污泥处置项目加快推进，污水净化公司装入中原环保上市项目完成特许经营协议签订，全年累计达标处理污水约7.58亿吨、处置污泥63万吨、供应再生水4144.47万吨。

四、坚持以案促改，防汛能力全面加强

深入学习贯彻习近平总书记关于防范风险挑战、应对突发事件重要论述，按照河南省、郑州委市委关于"7·20"特大暴雨灾害追责问责案件以案促改部署要求，对照《国务院调查组河南郑州"7·20"特大暴雨灾害调查报告》，深刻吸取教训，认真对照检视，扎实做好市委第四巡察组专项巡察、省委第一巡视组巡视郑州反馈意见的整改落实，局党组班子带头示范，自上而下召开专题民主生活会、组织生活会，变教训为教材、变教材为方案、变方案为行动。

全力推进灾后恢复重建。在全面排查的基础上，制定了《"7·20"特大暴雨灾后基础设施恢复重建工作实施方案》，建立了周、半月和月报送制度，175项灾后重建项目完工148项，完成投资28.39亿元。

修订完善应急预案。组织专班、专家对《郑州市排水防涝应急预案》进行了修订完善，同步制定完善了《郑州市汛期道路塌陷隐患防范与排险应急专案》《郑州市深基坑汛期安全防范与排险应急专案》等12个应急专案，增强了预案的精准性、针对性、可操作性。

持续加快城市排水设施改造提升。编制了《郑州市防洪排涝三年攻坚建设实施方案（2022—2024年）》及8个提升专案，治理道路积水点163处，疏挖明沟28条93.05公里，改造提升雨水泵站25座，47

座灾损雨水泵站全部修复完成，疏挖排水管网 1758 公里，改造老旧排水管网 22.3 公里，完成了东风渠、熊耳河全段和金水河上游部分淤积河段清淤疏浚，64 座桥涵隧道全部完成防汛改造提升论证及方案设计，完成 22 座隧道桥涵的液位监测和自动落杆系统安装，增设逃生爬梯 47 套。

全方位做好防汛应急准备。城市防洪排涝预警监测系统（一期）项目建成投运，基本实现城区道路积水、雨量、河道水位等监测点的水情、雨情实时获取和自动预警。强化防汛物资调度，移动泵车抽排能力由"7·20"特大暴雨灾害前的 35 台、1.55 万立方米/小时，增加到 48 台、6.14 万立方米/小时。组建包括人防、地铁、市政、燃气、自来水、绿化等 94 支 10463 人的防汛应急抢险队伍，开展各类防汛实战演练 34 场次，并组织参加全省应对特大洪涝灾害应急演练，全面提升了应急处突能力和预警响应联动综合能力，有效应对多轮强降雨考验。

五、创新体制机制，管理效能不断提高

深化完善"大城管"体系。进一步完善"信息采集、案卷建立、任务派遣、问题处置、处置反馈、核查结案、综合考评"的闭环流程，每月定期召开全市大城管工作考核工作会议，有效传导压力，推进问题解决。

大力推动管理职能下放。道路绿化下放移交 158 条（段），绿地总面积 163.1 万平方米，行道树 9.9 万株，一环十横十纵道路综合改造项目绿化管养工作移交全部完成。

加快智慧城管建设。统筹推进智慧城管一期工程实用化应用，积极谋划智慧城管二期项目，智慧市政系统实现了管网、道桥、隧道等业务在线流转和高效处理，智慧执法系统实现对违法建筑、违章停车、占道经营、餐饮油烟、二次供水等违法行为的实时监管。大力提升智慧停车管理水平，全市 3.97 万个道路路内停车泊位、40.31 万个经营性停车场泊位已全部接入智慧停车管理平台，高位视频安装覆盖道路路内泊位 2.7

万个，平台注册用户突破 219.38 万，基本构建全市停车管理"一张网"，有效解决了停车难、停车乱、停车资源不均等问题。

加速城市管理与网格化治理整合。按照问题事件统一入口思路，加快整合城管热线 12319 作为 12345 便民服务热线，深度整合热线受理、诉求反应、专业巡查、网格员发现、智能发现等各种问题发现渠道，依托市域社会治理网格化运行管理平台，实现一号受理、一端汇聚、一体派单，全年共受理案件 321.4 万件，立案率 98.98％，结案率 97.84％，按期结案率 87.39％。

行政审批改革和优化营商环境持续推进。深化"证照分离"改革，城市生活垃圾经营性清扫、收集、运输、处理服务许可实行告知承诺制，户外广告设施设置审批、燃气经营许可证核发的准入服务进一步优化，全年受理行政许可事项 2602 件，核发许可证 6770 份，满意率 100％。持续提升水气暖报装效率，在报装"123 模式"的基础上，对中小微工业或商贸企业报装项目，实施绿色通道，进行简化办，办理时限压缩至 1 至 2 个工作日。

科技创新力度不断加大。实施科研项目 67 项，新增专利成果 118 项，省科技进步奖 2 项，省科技成果 4 项，省绿色低碳先进技术成果 1 项，省企业技术中心 1 个，省生态环境宣传教育基地 1 个。

资金保障更加有力。积极拓宽资金来源渠道，发行、储备和谋划专项债项目 43 个，总投资 494.98 亿元，申请债券资金 339.48 亿元，专项债项目谋划、储备投资额和资金发行额度均居全市市直部门第一，多次受到市政府主要领导和分管领导表扬。

城市综合执法稳步推进。巩固深化"强基础、转作风、树形象"专项行动，全面深入开展"大学习、大培训、大练兵、大提升"和"精管理、优服务、暖民心"活动，探索推行"综合查一次"行政执法工作法，共受理城市管理领域信访举报 2 万余件，立案城市管理执法案件 1.24 万起，累计对 950 家企业、3234 位个人做出行政处罚。积极开展第三届"最美城管人"选树活动，选树 18 名"最美城管人"。市城管执法支队、航空港区综合执法监察支队、金水区综合执法局、管城区综合执法局、上街区综合执法局被住建厅评为"强基础、转作风、树形象、打造人民满意城管"能力作风建设年活动表现突出单位，市城管执法支队宋晓戈被住建部表彰为巩固深化"强基础、转作风、树形象"专项行动表现突出个人。

郑州市 2022 年农业农村工作报告

郑州市农业农村工作委员会

2022 年，郑州市认真贯彻落实中央和省委、市委农村工作会议精神，以大力开展"三标"活动、深入推进乡村振兴战略为抓手，加快发展都市现代农业，建设美丽乡村，巩固拓展脱贫攻坚成果，推动"三农"工作稳步发展。

一、稳定粮食和重要农产品供给

稳定粮食生产。树牢粮食安全是"国之大者"的理念，按照党政同责要求，认真落实粮食安全责任制，紧紧抓住耕地和种子两个要害，大力实施藏粮于地、藏粮于技两大战略，着力保面积、稳产量、提质量。全市新建高标准农田 4.57 万亩，总投资 7272 万元。水毁高标准农田Ⅲ类 10.38 万亩、Ⅱ类 2.45 万亩、Ⅰ类 1.023 万亩全部修复完成，3.16 万亩水毁非高标准农田修复已全部完成。粮食种植面积 413 万亩，总产 137.8 万吨，同比增长 1.8%。推广大豆玉米带状复合种植 1.2 万亩，占任务数的 100%。

保障"菜篮子"供应。加大蔬菜生产力度，安排高标准"菜篮子"生产示范基地项目建设资金 2000 万元，全年完成蔬菜播种面积 87 万亩，总产 203 万吨，同比略增。加快畜牧业发展，挂牌明确 14 家企业作为我市生猪产能调控基地，制定《肉牛奶牛发展十条措施》，创建省级美丽牧场13家。2022年全市生猪存栏57.2万头，出栏84.6万头，肉蛋奶产量分别达8.3万吨、9.99万吨、8.03万吨。全年水产养殖面积7.3万亩，产量4.87万吨。

确保农产品质量安全。加强农产品生产基地监管，做好国家、省例行检测和市本级抽检，农产品合格率均达到或超过国家规定标准，全市农产品质量安全检测合格率稳定在98%以上。积极推进绿色食品认证，在全市713家生产基地推行食用农产品合格证制度。

二、加快现代都市农业发展

围绕发展科技型、示范型、服务型、生态型"四型"农业，坚持全产业链打造、融合化发展，不断提升农业质量效益和竞争力。

提升农业科技装备水平。郑州市农业科学技术研究院成功组建，开工建设农业科技创新中心。制定《郑州市推进现代种业高质量发展实施方案》，下达现代种业高质量发展奖励资金375万元；获批"十四五"中央预算内投资现代种业提升工程项目2个，项目总投资5460万元，其中中央预算投资2184万元；获批河南省农业良种联合攻关项目9个，省级项目资金2960万元；实施现代种业提升工程，获批"育繁推一体化"认证种子企业6家，上市1家；成功举办小麦、玉米、蔬菜三个地展博览会。开展"科技壮苗"专项行动，遴选发布农业主推技术39项。高质量推进"人人持证，技能河南"建设，全年新增技能人才2027人，实用人才总数达到3.15万人。提高农业机械化水平，投入中央、省、市三级农机购置补贴资金3986万元，补贴各类农机3953台（套）。小麦机播率达到99.9%、机收率达到99.63%、秸秆还田率达到93.07%；玉米机收率达到94.4%、秸秆还田率达到92.4%。

提升农业社会化发展水平。大力培育新型农业经营主体，全市经市场监督管理部门登记注册的农民专业合作社5710家，其中市级及以上示范社189家；录入全国家庭农场名录系统的规模经营户和家庭农场分别达到 6529 户和 897 家。大力培育农业产业化龙头企业，积极落实助企纾困各项政策举措，全市培育市级以上农业产业化龙头企业 205 家，其中国家级 14 家、省级 60 家、上市企业 6 家（千味央厨、秋乐种业、三全、好想你、太龙药业、棕榈股份）；培育市级以上农业产业化集群 31 个，省级农业产业化联合体 11 个。

提升产业融合化发展水平。启动建设市级现代农业示范园项目 10个，获批建设省级现代农业产业园 2 个。做好产业强镇建设工作，登封市大金店镇成功获批 2022 年农业产业强镇建设，中牟县官渡镇农业产业强镇项目进度达 80%，巩义市鲁庄镇产业强镇项目启动建设。大力发展休闲农业及乡村旅游业，成功创建全国休闲农业与乡村旅游星级示范企业 16 家，郑州市农业科普研究实验基地 10 家。加快发展品牌农业，评选河南省农产品区域公用品牌 2 个、农业企业品牌 3 个、农产品品牌 8 个。

三、建设美丽乡村

锚定到年底建成 50 个精品村、300 个示范村目标，以点带面，加速推进美丽乡村建设。

加强工作指导。依据《郑州市美丽乡村建设导则》《郑州市 A 级景区村庄评定标准》，编制 2022 年度精品村建设实施方案并完成评审。继续实施专班推进和市县两级部门"联乡包村"帮扶机制，每个精品村安排由 1 名县处级领导带队、3～4 人组成的工作队全程指导帮助精品村建设。

加快项目推进。安排市财政资金 4.75 亿元用于精品村项目建设，到 2022 年底，建成 50 个精品村建设任务大头落地，300 个示范村创建任务超额完成。

整治农村人居环境。扎实开展以"治理六乱、开展六清"为主要内容的农村人居环境集中整治行动，成立多部门联合组成的综合协调组和专项督导组，发现问题、整改销号、动态更新。全市共清理垃圾堆（带）

346805 处，清理坑塘 3338 个，整治乱搭乱建 18825 处，清理残垣断壁 11211 处，整治"空心院"7080 个，整治规范集镇市场 1568 个，整治广告牌（栏）26674 个。全市农村生活垃圾收运处置体系实现全覆盖；全市农村生活污水处理率达到 63%；全市无害化卫生厕所普及率达到 94%；全市"美丽庭院"总达标户达到 13 万户，占农村常住庭院的 37%。新密市荣获"2022 年全国村庄清洁行动先进县"称号。

四、巩固拓展脱贫攻坚成果

推动脱贫攻坚与乡村振兴有效衔接，牢牢守住不发生规模性返贫底线。

加大资金投入。加大财政支持力度，全年共投入中央、省、市、县四级衔接资金 74587.86 万元，其中：中央资金 7692 万元、省级资金 10971 万元、市级资金 32820 万元、县级资金 23105 万元。加大金融支持力度，2022 年全市脱贫人口小额信贷当年新增贷款 9495.22 万元，新增贷款户数 3471 户，当年新增户贷率 30.98%；贷款余额户数 4069 户，余额户贷率为 36.32%；精准扶贫企业贷历年累计发放贷款 30325 万元，支持帮扶企业 37 个，帮扶脱贫群众 2598 户，帮扶率 20.82%。

扎实推进防返贫动态监测和帮扶。采取全面筛查和重点排查相结合的方式，2022 年先后开展两轮次集中排查，共筛查农户 189.71 万户次 826.67 万人次、排查重点人群 11.72 万户次 41.34 万人次。全年新识别纳入监测户 504 户 1943 人，实现了应纳尽纳目标要求。巩固脱贫成果和乡村信息采集工作全面完成。已消除返贫致贫风险 1941 户 6122 人。

切实做好问题整改。研究制定《郑州市关于国家和省 2021 年巩固脱贫成果后评估反馈问题整改方案》，坚持举一反三整改，对照国家后评估反馈问题排查问题 142 项、对照省后评估反馈问题排查问题 82 项，已全部整改到位。认真开展巩固拓展脱贫攻坚成果"大排查、大起底"问题整改，共排查整改问题 57 项。

着力巩固提升脱贫成果。全力促进脱贫劳动力稳岗就业，实施雨露计划短期技能、农村实用技术培训 696 人次，培育脱贫村致富带头人 904 人次，脱贫人口就业 24177 人次，完成省定目标的 110.6％。加大产业帮扶力度，因地制宜发展特色种养业、农产品加工业，大力发展乡村旅游、农村电商等新产业新业态，确保脱贫群众收入有来源、增收有保障。全年实施产业帮扶项目 141 个。扎实开展消费帮扶，共开展消费帮扶活动 467 次，完成消费帮扶金额 125 亿元。

五、深化农村改革

加强农村集体资产监管。制定出台了《郑州市农村集体资产监督管理办法（试行）》，紧扣农村集体资产所有权、经营权、收益权、监督权，规范完善农村集体资产与财务管理，推动农村集体资产与财务管理制度化、规范化、信息化，做好产权制度改革"后半篇文章"。农经信息一体化平台、农村产权流转交易市场试点稳步推进。

持续推动宅基地改革。依据出台的《关于稳慎推进农村宅基地改革的指导意见（试行）》，继续在 50 个美丽乡村精品村和各地自行确定的村庄内试点推进闲置宅基地盘活利用工作，全市盘活农村闲置宅基地和房屋 1739 处。

着力深化农村金融改革。加强农业担保工作，截至 2022 年 12 月，农业担保公司本年新增担保金额 36.3497 亿元，担保户数 13533 户，担保笔数 24595 笔；加强政担县、乡、村三级服务体系建设，新增放款 4998 户，放款金额 9.1703 亿元。

加快数字乡村建设。采取政府引导、市场主导、社会参与、协同推进的机制，推动农业信息化建设，与 6 家企业签订了战略合作协议，立足各地资源禀赋，试点推进数字乡村示范村 20 个，因地制宜打造数字乡村应用场景，引领带动郑州数字乡村发展。

郑州市 2022 年巩固脱贫攻坚成果工作报告

郑州市农业农村工作委员会

2022 年以来，全市上下深入贯彻习近平总书记关于巩固拓展脱贫攻坚成果同乡村振兴有效衔接的重要指示批示精神，全面开展"工作有标杆、落实有标准、突破有标志""三标"活动，聚焦"两个缩小""两个确保"，突出抓好责任落实、政策落实、工作落实"三个落实"，大力弘扬脱贫攻坚精神，努力克服疫情影响，持续巩固拓展脱贫攻坚成果，牢牢守住不发生规模性返贫底线。2022 年全市脱贫人口人均纯收入 18111.09 元，增长 14.14%；监测对象人均纯收入 14169.86 元，增长 18.99%。

一、胸怀"国之大者"，强化责任担当

赓续伟大的脱贫攻坚精神，严格落实过渡期内"四个不摘"要求，将巩固拓展脱贫攻坚成果作为全面推进乡村振兴，加快农业农村现代化，助力国家中心城市建设的底线任务来抓，确保脱贫成果得到有效巩固。加强组织领导。先后成立了以市委书记、市长任组长的巩固拓展脱贫攻坚成果工作领导小组，以市委书记任组长的市委农村工作领导小组，统

筹推进巩固拓展脱贫攻坚成果和乡村振兴工作，切实将五级书记抓乡村振兴和巩固拓展脱贫攻坚成果的工作机制落到实处。一年来，市委、市政府主要领导不间断深入脱贫乡村调研，召开市委常委会、市政府常务会、工作推进会等各类会议 20 次。压实各方责任。坚持市、县、乡、村、行业部门、第一书记、驻村工作队一起抓，建立健全责任清单、任务清单，确保分工明确，责任到人，凝聚合力。市、县、乡"三级抓村"工作机制进一步强化，行业部门推动政策衔接和工作落实更加扎实，420名第一书记和420支驻村工作队严格落实"五天四夜"工作制，在"亮赛比"活动中担当作为。强化督导指导。专门成立督导组，加强常态化督导，发现问题，解决问题，推动工作。向各有关区县（市）和市直部门下发重点工作提醒 12 期，向各有关区县（市）委书记发提醒函 5 期。锤炼作风能力。扎实开展能力作风建设年活动，认真贯彻落实习近平总书记关于增强"八项本领"、提升"七种能力"要求，全年开展乡村振兴领域干部培训 23 期，培训干部 6187 人。

二、聚焦民生福祉，强化政策落实

深入贯彻以人民为中心的发展思想，坚持条抓块保，及时将各项帮扶政策落实到户到人，兜牢"两不愁三保障"底线，不断增强脱贫群众获得感、满意度。加强教育保障帮扶。推进城乡教育融合发展，因地制宜发展乡村教育，做细做实学生资助工作，加大控辍保学工作力度，大力推动乡村教育振兴。2022年教育资助资金全部发放到位，对脱贫户、易返贫监测对象发放资助资金 840.24 万元，惠及学生 8217 人次。加强健康保障帮扶。持续开展"七免一减""先诊疗后付费""家庭医生签约服务"等惠民举措，落实脱贫人口优先就诊、优先入住爱心病房、优先慢性病鉴定、优先一站式服务等政策要求，做好"一核实三监测五精准"工作，对新识别认定并纳入监测范围的重点人群，因人、因病落实各项健康帮扶举措，巩固拓展健康扶贫成果。全市享受"七免一减"惠民政策共 2.13 万人次，累计减免费用 557.23 万元。全市重点监测对象入户核实率98.87%，重点监测对象患病救治率99.33%。加强医疗保障帮扶。强化基本医保、大病保险、医疗救助三重制度综合保障，实事求是确定困难群众医疗保障待遇标准，确保困难群众基本医疗有保障、大病保险有倾斜、医疗救助有托底，构筑防止规模性因病返贫堤坝。我市脱贫人口、监测对象全部纳入医疗保障范围，各项医保制度累计惠及农村低收入人口就医11.39万人次，减轻医疗费用负担近2.17亿元。加强住房保障帮扶。建立农村低收入群体住房安全保障长效机制，实施住房安全常态化监测，切实做到发现一户、改造一户。全市共实施农村危房改造24户，确保实现"危房不住人、住人无危房"目标。加强农村饮水安全保障帮扶。强化农村饮水安全管理"三个责任"，继续完善"三项制度"，建立健全农村供水应急保障、动态监测响应机制，开展农村供水工程全面排查和动态监测，保持动态清零。全年维修养护农村供水工程472处，农村供水工程灾后恢复重建任务全面完成。加强兜底保障帮扶。全面落实就业成本扣减、低保渐退等政策措施，将符合条件的脱贫不稳定、边缘易致贫、突发严重困难人口纳入社会救助范围。提高社会救助保障标准，全市城乡低保标准统一调整为每人每月750元，特困人员救助供养基本生活标准按照低保标准的1.5倍执行。扎实做好残疾人、老年人、孤儿、未成年人等特殊困难群体保障工作，享受困难残疾人生活补贴人数为1.5万人、重度残疾人护理补贴人数5.9万人，残疾人特殊生活补贴人数5.5万人；为14839名困难群体代缴养老保险费148.39万元，关爱服务均等化水平进一步提高。

三、坚持底线思维，强化监测帮扶

坚持把守住不发生规模性返贫作为巩固拓展脱贫攻坚成果的底线任务来抓，从健全体制机制入手，做细做实防返贫动态监测帮扶，做到早发现、早干预、早帮扶。建立健全行业部门数据共享机制。市直相关部门按照责任分工每月向市乡村振兴局提供一次数据变动清单，市乡村振兴局负责及时筛查返贫致贫风险点，及时做好脱贫人口、监测对象信息推送，及时反馈基层核实，及时会商研究解决。高度关注数据质量，各区县（市）按照"一人采集一人审核""一人录入一人审核"的工作办法，坚持每天安排专人筛查全国防返贫监测信息系统数据，逐户核算收入，逐条核实基础信息，逐户逐条更新数据，确保做到账实相符、账账相符。建立健全常态化排查机制。采取全面筛查和重点排查相结合的方式，2022年先后开展两轮次集中排查，共筛查农户189.71万户次826.67万人次、排查重点人群11.72万户次41.34万人次。全年新识别纳入监测户504户1943人，实现了应纳尽纳目标要求。建立精准帮扶机制。对按程序纳入的监测对象，第一时间明确一名国家公职人员作为帮扶责任人，10天内完成帮扶计划制定和帮扶措施申报工作，从产业帮扶、就业帮扶、社会帮扶、综合保障、扶志扶智等方面采取针对性帮扶措施，展开一对一帮扶，坚决防止只纳入不帮扶或帮扶不及时现象出现，全市监测对象均享受了相应的帮扶措施。坚持稳慎退出。严格执行风险消除标准和程序，对收入持续稳定、"两不愁三保障"及饮水安全持续巩固、返贫致贫风险已经稳定消除的监测对象，标注"风险消除"，不盲目追求风险消除率。全市通过精准帮扶，已消除返贫致贫风险1941户6122人。

四、着力巩固提升，强化工作落实

坚持以全面推进乡村振兴为总抓手，紧紧围绕提高脱贫群众收入水平、增强脱贫乡村可持续发展能力这一核心，切实把各项工作做深、做细、做实，努力实现"两个缩小""两个确保"，不断巩固提升脱贫成效。加快乡村建设。坚持以美丽乡村建设为载体，统筹推进脱贫乡村基础设施和公共服务设施建设，全面实施农村人居环境改善五年提升计划，推动脱贫乡村向美丽乡村转化。为此，我市成立了以市长为组长的乡村建设行动领导小组，下设13个行动专班，2022年安排市财政资金4.75亿元用于精品村项目建设，脱贫村列入全市美丽乡村精品村14个、示范村21个。强化乡村治理。加强农村基层组织建设，创新开展以村级摘"五星"、乡级创"五好"、县级夺"红旗"为主要内容的"摘星夺旗、三级争创"活动，整顿软弱涣散村党组织 81 个，创建全国乡村治理示范村 7 个。加强农村精神文明建设，新时代文明实践中心建设成效显著。加强农村法治建设，"三零"平安创建扎实推进，全市现有全国"民主法治示范村"15 个、全省"民主法治示范村"118 个、全市"民主法治示范村"491 个。加强数字乡村建设，试点推进数字乡村示范村 20 个。实施产业帮扶。因地制宜发展特色种养业、农产品加工业，大力发展乡村旅游、农村电商等新产业新业态，确保脱贫群众收入有来源、增收有保障。全年实施产业帮扶项目 141 个。促进稳岗就业。高标推动"人人持证 技能河南"建设工作，动态监测脱贫劳动力就业培训情况，扎实做好脱贫人口培训持证工作。全市脱贫劳动力持证 3496 人次，持证率 18.28%，高于省定 17.5% 的目标任务；实施雨露计划短期技能、农村实用技术培训 696 人次，培训脱贫村致富带头人 904 人次，脱贫人口实现就业 24177 人次，完成省定目标的 110.6%。深化金融帮扶。建立政府、金融机构、企业、农户多方联动机制，合理设置贷款额度与周期，及时满足脱贫群众产业发展正常信贷需求，实现应贷尽贷。全市脱贫人口小额信贷当年新增贷款 9495.22 万元，新增贷款户数 3471 户，当年新增户贷率 30.95%，余额户贷率 36.32%；精准扶贫企业贷历年累计发放贷款 30325 万元，支持帮扶企业 37 个，帮扶脱贫群众 2598 户，帮扶率 20.82%。扎实开展消费帮扶。探索"政府引导、社会参与、市场运作、创新机制"模式，广泛发动社会力量参与消费帮扶，促进特色产业提质增效，带动脱贫人口增收致富，全市共开展消费帮扶活动 467 次，完成消费帮扶金额 125 亿元。加大驻村帮扶力度。坚持"干部当代表、单位做后盾、领导负总责"工作机制和"1 名第一书记＋2 名工作队员"的模式，全市共派出驻村工作队 420 支，驻村干部 1260 名，实现了脱贫村全覆盖。为每名市派第一书记下拨 2 万元党费、3 万元工作经费，为每支市派驻村工作队下拨 30 万元专项帮扶资金，并按照每人每天 140 元标准发放驻村补助，为驻村工作队提供资金支持和后勤保障。各驻村工作队和第一书记严格落实"五天四夜"工作制，履职尽责，得到了所驻村群众的高度认可。

五、注重效益发挥，强化资金监管

切实保障巩固拓展脱贫攻坚成果同乡村振兴有效衔接资金需求，做到资金投入不降低，项目监管不放松，群众受益最大化。加大资金投入。全市共投入中央、省、市、县四级衔接资金74587.86万元，其中：中央资金7692万元、省级资金10971万元、市级资金32820万元、县级资金23104.86万元。严格资金项目监管。严格落实《河南省财政衔接推进乡村振兴补助资金管理办法》，规范财政资金使用管理。加强县级脱贫攻坚项目库管理，2022年纳入脱贫攻坚项目库项目1248个，预算总投资22.55亿元。充分利用信息系统动态监控，对资金下达、项目库建设、资金支出进度等开展监测分析和督促指导，实行项目实施和资金支出进度月通报制度，对存在资金支出进度缓慢等问题的地方进行约谈提醒，确保项目早实施、早建成、早见效，衔接资金支出进度98%，507个项目已全部竣工。强化绩效管理。建立"周调度、半月督导、月排名"工作督查制度，要求各县（市）严格按照省、市财政衔接推进乡村振兴补助资金管理办法及资金绩效管理要求，对每一个衔接资金项目严格设置绩效目标，加强项目实施全过程实时跟踪监控，及时纠正绩效运行偏差，促进项目绩效目标的实现。

六、坚持郑卢一家亲，强化结对帮扶

郑州结对帮扶卢氏县，是省委、省政府统揽全局作出的一项重要决策，是对郑州的信任和重托。一年来，郑州市坚决贯彻落实省委、省政府决策部署，带着责任，带着感情，迅速行动，周密部署，全力以赴做好结对帮扶卢氏县工作。提升站位，加强领导。坚持把结对帮扶作为一项重大政治任务来抓，继续推行"市委市政府统筹协调，20个市直部门行业对口，14个区县（市）结对18个乡镇"的帮扶做法，市委常委会、市政府常务会4次召开会议研究结对帮扶卢氏县工作，并抽调1名副县级干部、2名正科级干部派驻卢氏县。2022年6月24日，省委常委、市委书记安伟在会见卢氏县党政代表团时指出，做好对卢氏县的结对帮扶，是省委、省政府落实中央决策部署，赋予郑州的重大责任与使命，要进一步提高政治站位，坚持力度不减、感情更浓，完善共建共赢长效机制，与卢氏县共同努力打造全省巩固拓展脱贫攻坚成果同乡村振兴有效衔接的样板和典范。精心谋划，精准施策。坚持把精准的要求贯穿结对帮扶全过程，编制完成了2022年郑州市结对帮扶卢氏县工作计划，按照"卢氏所需、郑州所能"原则，制定了产业帮扶、教育帮扶、医疗帮扶、干部交流、人才培训、行业帮扶、县区帮扶、跟踪帮扶、消费帮扶、劳务协作、资金支持等11条帮扶措施，建立责任清单、任务清单，明确时间表、路线图，切实帮助卢氏县实现巩固拓展脱贫攻坚成果同乡村振兴有效衔接，产业结构不断优化，消费帮扶持续强化，乡村环境和乡村文明程度明显提升，经济活力和发展能力进一步增强。2022年我市按计划向卢氏县拨付帮扶资金2500万元，各类项目正有序推进。深入帮扶，注重实效。加大产业帮扶力度。围绕卢氏县"果、牧、菜、菌、药"五大优势产业，加大科技创新、企业合作、产销对接、消费帮扶力度。中牟县、惠济区、高新区等多个区县（市）深入卢氏县对接合作，高新区投入产业基金615万元，为卢氏县发展种植血参产业项目1个；万邦国际物流、三全食品、思念食品、中国邮政郑州市分公司、极地鹰等11家企业分别与卢氏县民兴公司、瑞康食品、叁和食品、迎超生物科技等10家企业就产品销售、食材供应、技术合作等方面达成深度合作意向，仅食材供应方面合作资金就达900多万元；郑州农科专家团队与卢氏县建立长期的科技创新合作关系，设立科技创新卢氏试验站，开展连翘组培苗研究，突破了关键技术，开创了卢氏组培克隆技术的先例，为卢氏县连翘种植的产业发展，尤其是优质种苗的应用带来广阔前景。加大人才、就业帮扶力度。发挥省会城市的人才资源优势，为卢氏县组织开展技术培训和实用技能培训18次515人，全年向卢氏县发布就业岗位信息21000个，实现就业9457人。加大消费帮扶力度。郑州市商务局会同卢氏县、管城区、经开区、郑州市乡村振兴局等部门组织多项消费帮扶活动，组织永辉超市、丹尼斯、万邦、信基等8家企业参加"原本卢氏"农商对接会活动，采购供货合同金额9800万元；筹建郑卢消费帮扶馆2家，组织美团、阿里巴巴、永辉超市、丹尼斯、万邦等企业与卢氏县有关方面签约项目13个，签约采购金额4.34亿元，2022年共计采购、销售卢氏县农产品65375.66万元。加大社会帮扶帮扶力度。市民政局向卢氏县援助价值8万元的视频会议系统；市残联向卢氏县捐赠100辆轮椅、20辆助行器、6台坐便椅等辅助器具；市科协、市科技馆开展"郑卢携手，科普同行，一起向未来"科普巡展活动，发放科普图书1000册。

郑州市 2022 年水利工作报告

郑州市水利局

2022 年，在市委、市政府的坚强领导下，全市水利系统认真学习贯彻党的二十大精神和习近平总书记治水重要论述精神，以"7·20"特大暴雨灾害水利问题整改和水利设施灾后恢复重建为主线，以"能力作风年建设"和"三标"活动为抓手，抓项目、补短板、强监管、保安全，务实进取、奋进开拓，郑州水利事业高质量发展取得了新成效。先后荣获"河南省 2021 年度水利发展资金绩效评价优秀单位""郑州市高品质城市建设（百城提质）工作先进集体""郑州市'中州杯'竞赛活动先进单位"等多项荣誉称号。

一、重抓"7·20"问题整改和以案促改促提升，"纠"的任务全面完成

水利问题整改和以案促改统筹推进。对标全市问题整改、以案促改工作领导小组架构，成立了工作专班，统筹全市、全局突出问题，研究出台了《郑州市水利局贯彻落实国务院调查组〈河南郑州"7·20"特大暴雨灾害调查报告〉整改方案》《郑州市水利局"7·20"特大暴雨灾害追责问责案件以案促改工作方案》，制定了 47 项整改措施、75 条可量化具体任务；组织召开以案促改专题民主生活会，局党组及班子成员查摆

问题 64 条，制定整改措施 90 条，局属各基层党组织查摆问题 92 条，制定整改措施 105 条。所有问题均已整改完成。

局系统水旱灾害防御工作机制不断完善。组织修订了《郑州市水利局水旱灾害防御应急预案》，完善局党组统一领导的水旱灾害防御应急指挥体系和防汛工作机制，确保紧急情况下各在其位、各负其责、高效运转。

防汛预案方案体系建立健全。指导区县（市）水利部门按照 1 个部门预案，2 个流域防洪预案，水库、河道、南水北调、淤地坝、山洪灾害防御、在建水利工程 6 类专项预案布局，修订编制了水利行业防汛预案（方案），形成了"1＋2＋6"水旱灾害防御预案体系，科学设定水旱灾害应急响应启动条件，规范完善会商研判、水情预警信息发布、险情灾情信息报送等工作程序。

监测预警能力持续强化。督促指导相关区县（市）补充山洪灾害监测预警设备 273 套、修复监测预警设施 449 处。上线试运行防洪"五预"建设，加强同水文、气象等部门信息共享，为全市综合减灾决策提供强力支撑。

妨碍行洪突出问题深入整治。充分发挥"河长＋检察长＋警长"机制作用，排查市域内河湖库影响行洪、违法建设等问题，整治碍洪问题共 230 个，确保安全度汛。我市"两单一函"推进碍洪问题整治工作法获评"全国 2022 年度基层治水十大经验"。

二、重抓水利工程补短板，"补"的力度不断加强

水利规划体系高标准构建。对标国家中心城市和特大型城市防洪要求，委托水利部水利水电规划设计总院、河南省水利设计院等业内权威机构，高质量编制修编了《郑州市防洪规划》《郑州市城市防洪规划》已经报水利部审查，编制了《郑州市贾鲁河流域防洪工程规划》并通过省政府审批。抢抓国土空间规划重新编制的机遇和"三区三线"划定工作的窗口期，编制完成了《郑州市水利基础设施空间规划》。围绕水利发展

实际，突出全面性、统筹性、战略性和实效性，编制完成《郑州市黄河水资源节约集约利用规划》，并通过市政府审批。

灾后恢复重建快速实施。成立了以局党组书记、局长为组长的灾后恢复重建工作领导小组，按照"先修复、后提升"的整体思路，加紧修复水利基础设施，系统推进河道、水库加固提升。通过积极申报争取，合计投资 17.8 亿元的 901 项水利基础设施恢复重建项目纳入省规划清单，并争取上级资金 12.8 亿元，汛期前已全部完成，项目数量、投资额度位居全省第一。郑州市贾鲁河流域防洪能力提升工程一期工程已开工建设，贾鲁河综合治理七里河分洪工程、尖岗等 4 座水库加固提升、新建庙湾水库等防洪能力提升项目前期工作正在加快推进。

重点水利工程加快推进。2022 年市本级水利项目共下达投资计划 4.28 亿元。贾峪河生态治理工程（水利和生态修复部分）、贾鲁河尖岗水库大坝至南四环桥段（一期）工程，已开工建设；郑州市七里河卡口段拆除疏通工程、生态水系输水工程柿园水厂院内段管道应急抢修工程已完工；河南省南水北调防洪影响处理后续工程（郑州段）、圃田泽水循环工程可研报告正在编制；花园口引黄干渠综合整治工程、南水北调十八里河退水利用工程等项目前期工作正在有序推进。全市"四水同治"项目稳步推进，全年完成投资 158 亿元，投资额度、项目数量居全省第一。

三、重抓防汛度汛保安全，"安"的大局有效保障

防汛工作责任全面压实。严格落实水旱灾害防御各项工作责任，明确局领导班子成员分包责任、工作重点和具体任务，落实全市 138 座水库大坝安全责任人 414 人，全市水库、主要防洪河道、南水北调、淤地坝、在建水利工程等水利工程防汛责任人 528 人，6 个区县（市）山洪灾害防御责任人 17304 人。明确全市水闸、橡胶坝、液压坝、泵站等水利设施责任人 264 人，实现了水利工程、水利设施责任人全覆盖。

"五预"措施落实到位。印发《郑州市水情旱情预警发布管理办法

（试行）》，联合气象局开发了郑州市山洪风险气象预报预警平台（内测版），联合水文局细化了洪水预警发布工作流程，加强联合会商研判，启动了 5 次水旱灾害防御 IV 级应急响应，1 次 III 级应急响应。开展主要水库、河道、山洪灾害监测预报，发布 1 期贾鲁河洪水蓝色预警，2 期山洪灾害风险提示，有效防范应对 11 轮强降雨过程。科学制定预案演练计划，安排各区县（市）、市直水管单位共开展演练 74 次，参与人数7405 人。

水工程调度精准高效。逐库制定了汛期调度运用计划，严控汛限水位，留足调蓄库容；同时，针对除险加固水库、未竣工验收水库，特别是南水北调左岸水库，逐库制定了限制运用措施。向登封市少林水库下达 1 次调度令，向常庄水库转达省厅 4 次调度令，确保了南水北调总干渠和全市水利工程安全运行。

技术保障更加完善。组织开展郑州市水旱灾害防御应急能力提升培训班，培训全市水利系统干部职工 240 余人次。统筹驻郑央企和水利工程管理单位人员力量，调整组建防汛抢险专家库 6 个组 79 人，防汛抢险队伍 21 支 561 人。立足抢早抢小，备足备齐抢险物料、救生器材设备、抢险机具及其他物资等 4 大类市本级水旱灾害防御物资近 1267 万元。

防汛抗旱统筹兼顾。密切关注旱情发展变化，组织送水车队到登封白坪乡和唐庄乡开展应急送水；向 6 个县市共下达市级资金 300 万元，全力做好大中型灌区保春灌和夏季干旱抢收抢种保灌工作。

四、重抓水资源管理强保障，"保"的成效持续彰显

水资源配置不断优化。坚持节水优先，强化用水保障，全年完成南水北调供水 7.02 亿立方米，引黄供水 1.25 亿立方米，有力保障了生活、生产、生态用水安全。与南阳市达成 2 亿立方米南水北调水指标交易，为进一步提升郑州市南水北调供水保障能力打下坚实基础。将非常规水纳入水资源统一配置，提高全市非常规水利用率。持续开展用水总量和效率"双控"行动，明确了"十四五"期间各县市区用水总量和用水效

率控制指标。

水资源管理持续提升。推进水资源监控系统、取水许可系统、水资源税系统等已建信息系统整合升级，推进地下水监测体系建设，完善水资源管理预警功能。引导年许可地下水 5 万立方米、地表水 20 万立方米以上的规模取用水户，加快安装在线计量设施。推进非农取水口和大中型灌区渠首取水口计量全覆盖，5 万亩以上的大中型灌区渠首取水口实现在线计量。高标准完成取用水专项整治行动整改提升，整改退出类项目 1838 个。

地下水治理成效显著。印发实施《郑州市地下水综合治理实施方案》，明确"十四五"地下水治理目标和任务。强力压采地下水，全年压采水量 2097 万立方米，深层地下水位持续回升，排名位列全省第一。指导新郑、巩义完成 2022 年度中央水利发展资金地下水超采综合治理补助项目。

南水北调配套工程供水效益稳步扩大。尖岗水库向刘湾水厂输水 21 号线已全线贯通；8 座泵站双电源工程已完工；新增供水目标的郑开同城东部供水工程取水方案已经中线局和水利厅批准，项目已由市发改委立项；巩义南水北调供水工程取水方案经省南水北调建管局初步同意，项目前期工作正在有序推进。

节水宣传深入开展。以《公民节约用水行为规范》为主题，结合"世界水日""中国水周"，积极组织开展节水宣传和报道，进一步提升全社会节水意识。我市系列节水实践活动荣获全国 2022 年"节水中国　你我同行"联合行动优秀活动。

五、重抓水环境治理保生态，"美"的成色逐步呈现

管护机制高效运行。持续落实河长履职"2432"工作法，各级河长巡河 16.8 万次，下达各类交办（督办）单 317 份，协调解决问题 1745 个，受理并解决群众举报 74 个，针对工作进展情况现场督导问题清理 50 余次。"河长＋警长＋检察长"机制深入推进，先后移交问题 7 批 230

个，发出检察建议 27 份，立案 46 件，推动问题清理整治。

河湖专项整治深入开展。印发《关于开展妨碍河道行洪突出问题排查整治专项行动的通知》，全面开展妨碍河道行洪问题和"四乱"问题排查整治，清理"四乱"问题 115 处，整治妨碍河道行洪问题 230 处，保证了河湖健康运行和行洪安全。郑州市"两单一函"推进妨碍河道行洪问题整治工作法获评"全国 2022 年度基层治水十大经验"。

综合施治稳步推进。印发《郑州市 2022 年河湖长制工作要点》，全力抓好打击非法采砂、水污染防治、黑臭水体治理、农业面源污染、生态涵养林地建设等工作。先后出动执法人员 11800 人次，制止查处零星非法采砂行为 64 起；22 个国控、省控、市控断面水质达标率 90.9%，集中饮用水取水水质达标率 100%。

水土保持重点工程建设持续推进。荥阳、新密国家水土保持重点工程高质量完成，治理水土流失面积 28 平方公里。荥阳市黄河流域坡耕地水土流失综合治理项目已全部完成建设任务，治理面积 5000 亩。

六、重抓农村水利惠民生，"兴"的态势基本形成

农村供水保障水平巩固提升。进一步规范农村供水应急保障机制和体制建设，组织县（市）修订完善农村供水应急预案。完善农村供水动态监测和响应机制，持续开展"大排查、大整改、大提升"活动，排查整改风险隐患问题 52 个，整改省水利厅"一事一单"反馈问题 6 个、水利部 12314 交办件 13 个。

农村供水"四化"建设扎实推进。巩义、新郑农村供水"四化"建设试点加快实施，完成投资 3.4995 亿元，超额完成年度总投资。其他县（市）"四化"工作加快推进，其中，登封市可研报告已批复，中牟县和荥阳市可研报告已编制完成，新密市正在编制项目建议书。

灌区标准化规范化管理稳步推进。投资 6297.05 万元的中牟县三刘寨引黄灌区续建配套和节水改造 2022 年度项目基本建成；全市农田灌溉水有效利用系数测算持续开展；对灌区 38 个地表水和地下水灌溉水

质监测点开展了水质检测，检测结果全部符合《农田灌溉水质标准》（GB 5084）。

移民工作稳定发展。全年核定移民人口 78897 人（不含巩义市），"一卡通"移民补助在全省率先发放到位。水库移民后扶项目建设积极推进，下达移民后扶项目资金 9301 万元，完成 14 个市级后扶项目验收。省移民办批复郑州市省级美好移民村示范村 10 个，其中丹江口 7 个示范村已全部完成项目建设验收。

七、重抓行业建设强监管，"严"的基调推向纵深

水利工程建设监管严格高效。严格落实水利工程项目招投标全过程监管职责，严把质量监督关，加强质量核备和质量巡查，开展 19 个项目集中质量巡检 38 人次。在 2022 年度全省水利建设质量工作评估中，郑州市被评为 A 级。郑州市、荥阳市分别作为河南省地（市）级、县级水利工程建设质量监督工作代表，接受了水利部质量监督履职情况巡查，并得到了充分肯定。

水工程验收高效推进。加强工程资料、工程现场、验收程序核查，丁店水库、坞罗水库除险加固工程 9 月底顺利完成蓄水验收，双泪河大隗黄湾寨至曲梁交流寨段河道治理工程基本完成建设任务；在确保验收标准的前提下，用时一月完成了贾鲁河综合治理工程半年的验收任务。指导有关区县（市）完成了 9 个小型水库、16 个中小河流治理项目的遗留验收任务。省贾鲁河综合治理工程郑州段土地征迁工作，在全省率先完成。

水利工程运行管理日趋规范。完成全市 20 座水库安全鉴定，117 座水库划界，小型病险水库除险加固、监测设施建设和维修养护等工作稳步推进。贾鲁河道路管养维护及水域管养维护有序开展。精准实施生态水系运行调度，全年共下发水量调令 7 份，生态调水 1.4 亿立方米。

水土保持监管持续加强。全市生产建设项目水土保持监督检查实现全覆盖，全市 425 个疑似"未批先建"生产建设项目整改情况复核工作、

水利部和水利厅下达的 432 个生产建设项目卫星遥感监管图斑复核工作圆满完成；接受生产建设项目水土保持设施自主验收报备 14 个（市级 4 个）；严格水土保持监督执法，全年立案 5 起，结案 4 起。

平安水利建设扎实开展。严格落实安全生产责任制，突出中小型水库运行安全、水利工程建设、危化品风险治理、水利勘测、极端天气应对等重点领域、重点时段、关键环节的安全生产监督，水利行业安全生产风险隐患双重预防体系建设提质增效，安全生产专项整治三年行动巩固提升，水利系统安全生产呈现出良好态势。

郑州市 2022 年林业工作报告

郑州市林业局

2022 年，在市委、市政府的坚强领导下，在全市林业系统干部职工的共同努力下，全面落实"疫情要防住，经济要稳住，发展要安全"的要求，紧紧抓住黄河流域生态保护和高质量发展战略机遇，克服政策调整重大挑战，围绕中心、服务大局，在探索转型发展的过程中，圆满完成年度各项目标任务。2022 年，郑州市林业局被评为：全国林草系统"七五"普法表现突出单位，全省林长制表现突出单位、全省打通"两山"转化通道表现突出单位、全省自然保护地管理与野生动植物保护表现突出单位、全省森林防火表现突出单位。河北省林业局表彰 10 项重点工作，郑州市林业局取得 4 项荣誉。

一、黄河流域生态保护持续发力

全长 76.5 公里的沿黄生态廊道全线贯通，实现了"南北五带融合，东西四区贯通"的规划目标；郑州黄河湿地生态综合治理卓有成效，整治各类点位共 2473 个，整治率 100%，湿地资源得到有效保护，占补平衡问题得到根本解决；超前谋划滩区修复和邙岭绿化，编制完成了《黄河郑州段滩区和邙岭专项规划（2021—2035 年）》。

二、科学绿化边行边试

提请市政府印发了《郑州市科学绿化实施方案》，开展了违规占用耕地超标准建设生态廊道整改工作。全市累计完成造林绿化面积 2.377 万亩，超目标任务 2.44%；恢复重建绿道 13.4 公里，圆满完成目标任务；完成中幼林抚育 3.21 万亩，超目标任务 8.08%。全市建设森林特色小镇 10 个、森林乡村 100 个，恢复重建沿黄森林特色小镇 13 个和森林乡村"示范村"53 个。积极开展全民义务植树活动，2022 年全市参加义务植树 15 万余人次，栽植苗木 40 万余株。

三、资源保护不断加强

持续推进森林督查案件查处整改工作，全市违法案件查处整改到位 73 起；严格执行森林采伐限额制度，全年发放林木采伐许可证 794 份，使用年度森林采伐限额 4.71 万立方米；开展"黑"公墓占用林地专项整治，对违法占用林地的 11 处墓地做出行政处罚；严格落实森林防火网格化管理和六级防火责任，加强林业有害生物监测预报和防治，森林火灾受害率、林业有害生物成灾率远低于省定目标；加强生物多样性保护，启动了森林草原湿地生态系统外来入侵物种普查工作、草原有害生物普查工作，开展了野生动物疫源疫病监测防控工作。

四、自然保护地体系建设日益完善

积极推进嵩顶森林公园、河洛湿地公园、中牟沉沙池生态修复、中牟鸟类栖息地等 4 个公园建设提升，圆满完成年度建设任务；持续推进自然保护地整合优化工作，整合优化后，全市有各类省级以上自然保护地 20 个，面积 6.04 万公顷，基本上解决了长期以来自然保护地存在的边界不清、交叉重叠、各种矛盾冲突严重的问题；加强了黄河湿地自然保护区常态化巡查巡护，对沿黄 6 个区县（市）实行分片包干，确保湿地自然保护区生态安全。绿博园管理以强化管养、完善设施、提升服务为抓手，经营服务水平不断提升，全年接待游客量 119.8 万人次，荣获"全国科普教育基地""中国风景园林学会科普教育基地""河南省科普教育基地""河南省第一批文明旅游示范单位"等荣誉。加强了重点林区管护，持续开展林区巡护，不断完善提升树木园基础设施和服务设施，积极开展灾后恢复重建，实现了无森林火灾发生、无大的毁林占地案件发生、无安全生产事故发生。

五、林长制工作深入推进

根据省委、市委关于推行林长制工作要求，完成了市级林长首次巡林工作。为依法保护林业资源，与市公安局和市检察院联合制定林业案件包干责任制、复杂案件定期协商会议制度，建立了"林长＋公安局局长""林长＋检察长"工作机制。市委将林长制工作纳入综合考评体系，并列入市委督查工作重点，压实了各级林长责任，推动了林长制工作从全面建立向全面见效转变。

六、富民产业持续增长

提请市政府印发了《郑州市人民政府关于加快林草产业发展的扶持意见》，促进了林业产业多元发展，绘就了富民画卷，助力了乡村振兴。2022 年，新发展林下经济面积 2.31 万亩、种苗花卉 928 亩，优质林果新造 505 亩、改培 705 亩；新成立家庭林场和农民林业专业合作社 26 个，规范化合作社 6 个；创建省级森林康养基地 1 个，新增林权抵押贷款3000 余万元。年度林业产值达 70.39 亿元。花博会筹办稳步推进。

七、科技支撑逐步优化

组织成立了郑州市林业标准化技术委员会，编制完成河南省地方标准1项、制定市级地方标准4项；积极推进科技兴林、林木种质资源4个项目建设，项目验收均为优秀；申报省级2023年科技兴林项目4个、林木种质资源项目2个，开展了蝴蝶兰引种评价体系建设、七叶树组培实验等6项林业科研工作。

八、依法行政规范有序

积极开展普法学法教育培训，不断强化法治思维、增强法治观念，严格依法行政；制定"一单、两库、一细则"，规范"双随机、一公开"监管工作；健全领导干部学法用法机制，举办领导干部学法专题讲座4次；加强行政执法队伍专业化、职业化建设，组织开展45种行政处罚文书制作使用专题讲座，完成79名行政执法人员线上培训考试，通过率100%；评查全市林业系统执法案卷36卷，促进规范公正文明执法；强化重点林区执法，开展林区执法巡查，全年巡查1259车次，巡逻4.5万余公里，接出现场253次，立案16起，林业行政处罚16余万元。

郑州市 2022 年商务工作报告

郑州市商务局

2022 年，在市委、市政府的正确领导下，在省商务厅的关心支持和悉心指导下，全市商务系统紧紧围绕国家中心城市现代化建设总目标，锚定"两个确保"，深入开展"三标"活动，扎实推进"十大战略"，高效统筹疫情防控和经济社会发展，各项工作保持稳中有进、稳中向好的良好态势。对外贸易突破 6000 亿元，同比增长 3.1%，再创历史新高，总额居全国省会城市第 5 位，连续 11 年在中部城市排名第一；成功运营全国首个跨境电商零售进口药品试点；引进了比亚迪、中国物流项目、海康威视生产基地等一批重大项目，成功引进近十年最大外资项目超聚变，年度实际吸收外资超 12 亿美元，是上一年度的 4.6 倍，在中部六省中前移一个位次；服务外包示范城市全国排名由第 37 位晋位至第 18 位；累计投入资金 7.3 亿元用于促消费，拉动消费超 300 亿元，有效促进了消费市场复苏回暖。

一、推进制度型开放战略，加快打造内陆开放高地

聚力打造要素高度集聚、平台高度集成、通道高度便捷、体制高度灵活的内陆开放高地，推进实施《郑州市实施制度型开放战略行动计划方案》。

高标准建设自贸区 2.0 版。编制实施《中国（河南）自由贸易试验区郑州片区深化改革创新打造新时代制度型开放高地实施方案》，国家、省、市确定的郑州片区 256 项改革创新试点任务基本完成，累计形成制度创新成果 316 项，其中全国首创 50 项、全省首创 79 项，全国复制推广 8 项、全省复制推广 25 项。"跨境电子商务零售进口退货中心仓模式"由海关总署发布公告推广，"优化营商环境助力跨境电商逆势增长""突出片区功能定位助推特色产业创新发展"由国务院自贸试验区联席办印发简报推广。"国有土地出让考古前置改革"等 6 项制度创新成果入选河南自贸试验区首批最佳实践案例，"交房即发证"入选第二批全省最佳实践案例，"全流程多场景'互联网＋诉讼新模式'"等 8 项入选第三批最佳实践案例，"探索创意产业知识产权全链条保护机制"等 5 项制度创新成果入选第四批最佳实践案例。郑州片区累计新注册企业 8.3 万多家、企业总量达 9.2 万家，占河南自贸区的 78%。新入驻外资企业 426 家，累计合同外资 25.12 亿美元，累计实现外贸进出口约 1877.24 亿元。累计新签约重大项目 107 个，签约金额约 2803.63 亿元。郑州片区入驻世界 500 强 118 家，入驻中国 500 强 92 家。郑州片区营商环境连续两年在全省国家功能区评比中排名第一。

四条丝路协同发力。"空中丝绸之路"方面，机场三期建设取得重大进展，北货运区投入运营，推动河南—柬埔寨—东盟"空中丝绸之路"建设。全年郑州机场完成旅客吞吐量 922.2 万人次，完成货邮吞吐量 62.5 万吨，在郑州机场运营的全货运航空公司 32 家，开通全货机航线 44 条，其中国际地区 36 条，初步形成横跨欧美亚三大经济区、覆盖全球主要经济体、多点支撑的国际货运航线网络。"陆上丝绸之路"方面，中欧班列集结中心加快建设。全年郑州国际货运班列开行 2050 班，增长 2.4%。新开通国际直达线路 7 条，增加了云南磨憨出境口岸，形成了"十九站点、七口岸"的国际物流网络体系。"网上丝绸之路"方面，成功举办第六届全球跨境电子商务大会，在商务部"2021 年跨境电子商务综合试验区评估"中，郑州综试区综合排名处于第一档，跨境电商零售进口药品试点业务正式启动。2022 年全市跨境电商交易额 1182.5 亿元，同比增长 8.2%。"海上丝绸之路"方面，建设以东向为主的海铁联运国际通道，郑州—连云港和郑州—黄岛港铁海国际联运班列相继开行。全年郑州中心站海铁联运到发集装箱 2.8 万标箱，同比增长 100%。

外向型经济规模持续扩大。加强政策资金服务。落实国家、省、市各级稳外贸支持政策，国家进口贴息、中小开补贴、省市出口信保补贴政策，加大对海外仓、外综服扶持力度。扩大"外贸贷"和出口退税资金池承办银行覆盖面，发挥政策效应，缓解企业资金压力。助力企业开拓市场。组织企业做好第 19 届中国—东盟博览会、第五届中国国际进口博览会、第 132 届中国进出口商品交易会参展参会工作，扩大交易成果。培育外贸转型升级基地。做好加工贸易梯度转移重点承接地考核认定，推动加工贸易转型升级。开展进口贸易促进创新示范区申报，11 月 3 日，郑州航空港区被商务部等 8 部门认定为国家进口贸易促进创新示范区。积极推进境外经贸合作区建设。供应链物流、企业海外仓等新兴产业境外投资实现较快增长。支持黄河勘测设计研究院有限公司、中国建筑第七工程局有限公司等对外承包工程企业积极开拓海外市场，在坦桑尼亚、塞内加尔、刚果（金）等国家新签多个海外工程项目，对外承包工程和劳务合作新签合同完成较好。大力发展服务贸易。深入开展服务外包示范城市建设，积极创建服务贸易创新发展试点城市。发挥政策引导优势，引进和培育信大捷安、约克动漫、致欧等一批服务外包领军企业。2022年，组织 8 家重点企业申报中央支持资金 225.95 万元，实现了使用中央外经贸资金零的突破，65 家重点企业申报市级支持资金 2225.68 万元。推动跨境电商行业发展。举办第六届全球跨境电子商务大会，发布了《中国跨境电商发展报告》蓝皮书。指导致欧、联钢等 10 家企业成功创建省级跨境电商海外仓示范企业。推动药品试点建设，构建了全面的监管流程和风险防控机制，拓展建设了跨境电商进口药品公共服务平台、跨境电商进口药品通关辅助管理系统和跨境电商零售进口药品备案管理系统，建立了跨境药品追溯系统，实现试点交易平台同跨境电商进口药品公共服务平台的无缝衔接。4 月，跨境电商零售进口药品完成首单交易，标志着跨境电商零售进口药品试点业务正式启动。

二、明确主攻方向和目标，切实提升招商引资实效

围绕主导产业完善产业链图谱和招商路线图，常态化开展京津冀、长三角、粤港澳大湾区等重点区域招商，组建港资、台资、日韩、世界500强企业4个外资专班，全年新签约项目594个。强化招引谋划。成立港京津冀（央企）、长三角、粤港澳大湾区3个区域招商专班，开展专业化招商服务，形成了"4＋3"的招商工作格局。牵头制定汽车、电子、物流、智能制造和期货五大产业图谱，厘清各产业中的缺失环节和亟须引进的企业清单，明确承接区域，指导全市按图索骥精准招商。强化龙头企业项目招引。围绕珠三角、长三角、京津冀等重点区域，省市主要领导亲自带队外出洽谈对接项目，高位推动中国物流项目、比亚迪二期、海康威视生产基地等重大项目落地。紧抓重点项目活动实绩。"三个一批"活动超额完成目标。今年已举办四期"三个一批"活动，郑州市累计签约项目149个，超额完成年度目标任务（签约100个项目），投资总额2241.7亿元，占全市2022年招商引资目标的三分之一。149个项目中，先进制造业项目115个，投资总额1890亿元，项目数量和投资额分别占比76.6％、84.3％，单个项目平均投资额超过15亿元。今年前三期签约的103个项目，已有102个项目已顺利开工，项目开工率达99％，居全省首位。

三、加大政府资金投入，持续激发消费品市场潜能

出台系列促消费、稳增长政策措施，组织开展多项促消费活动，有效拉动消费市场企稳回升。加大政策支持。市政府出台《关于促进实现"开门红"进一步做好惠企纾困有关工作的通知》《郑州市支持中小餐饮企业健康发展若干措施》等系列措施，着力惠企纾困解难，提振企业经营信心。开展系列活动。举办第三届"醉美·夜郑州"消费季活动、金秋促消费系列活动，突出汽车、百货、电商、家电等领域，

联动各县区、企业共同参与，累计开展大型促消费活动 200 余场。全年累计投入资金 7.3 亿元，拉动消费超 300 亿元，有效促进消费市场复苏回暖。加强统计入库。针对重点行业和企业特点，推进加油站安装税控加油机，鼓励餐饮连锁企业成立总部企业、电商平台企业、入驻商户注册成立独立法人公司、工业型企业设立独立销售公司，建立重点企业培育库，提高入库企业数量和质量，全年新增限额以上批零住餐企业 866 家。

四、提升会展业发展水平，着力推动建设会展名城

提升全球跨境电商大会、世界传感器大会、郑州全国商品交易会等展会影响力。对接国际国内资源、整合本地资源，引进国际性展会项目，培育引进一批品牌化、国际化的高质量展会。推进会展业立法，完善会展政策体系。研究制定了《郑州市会展业促进条例》，成为中部地区首个会展业立法的城市为进一步规范会展活动，维护各方主体合法权益，全面优化提升会展发展环境，树立了标准。统筹推进疫情防控和会展经济发展。2022 年，郑州市仅在 6 月 10 日至 9 月 30 日期间能够正常举办会展活动，其间全市专业展馆共举办展览 63 场，展览总面积 110.49 万平方米，吸引参展商 15888 家，采购商及观众 126.72 万人次，累计达成意向成交额约 405.47 亿元，有效带动社会消费约 81.75 亿元。郑州国际会展中心在 6—9 月的出租率达 59％，较 2019 年同期高出 9 个百分点，是全国展馆平均出租率的 2.7 倍，8 月出租率高达 86％，创造建馆以来最高纪录。推动自主品牌展会提质升级。郑州国际汽车展览会正式成为 UFI 认证展会，是河南省继郑州工业博览会之后第二个获得国际 UFI 认证的品牌。2022 第五届河南（郑州）国际现代农业博览会助力参展企业达成了 2 亿元成交额以及 10 亿元意向采购订单；第十一届中原国际汽车展、春、秋季大河国际车展现场意向成交近 36000 台汽车，成交额约 60 亿元。

五、保障民生物资需求，确保市场供应稳定有序

疫情期间，紧盯供销送三端，构建线上线下相结合、采购配送标准化、问题解决便捷化、点对点服务直达的保供模式，保障生活必需品供应稳定有序。疫情发生后，迅速启动预案，第一时间印发《郑州市疫情防控期间生活必需品应急保供方案》及各类工作专案，制定生活物资保供工作流程图，部署抓好生活物资保供工作各个关键环节，统筹指导全市开展物资保供工作。加大货源组织，紧盯万邦农产品批发市场、双汇、丹尼斯、永辉等重点保供骨干企业，动态掌握库存、交易情况、价格情况，协调企业做好生活必需品生产、库存、调运及销售工作。开展市场监测，及时掌握米面油肉蛋菜等生活必需品价格变化及销售情况，做好分析研判。畅通物资运输渠道，为1000余家商贸企业办理疫情保供工作证明，办理车辆通行证1万余张。做好为民服务，市县两级共开通保供热线近百部，累计接听热线2万余个，全部得到有效解决。

郑州市 2022 年文化广电和旅游工作报告

郑州市文化广电和旅游局

2022 年，全市文化广电和旅游系统以迎接学习宣传贯彻党的二十大精神为主线，以习近平新时代中国特色社会主义思想为指导，认真学习贯彻习近平总书记系列重要讲话重要指示精神，深入推进文旅文创融合战略行动，塑造"行走郑州·读懂最早中国"文旅品牌，高效统筹疫情防控与文旅行业恢复发展，不断推动文化和旅游工作取得积极进展。

一、紧紧围绕"党的二十大"主题主线，提振全市人民精气神

组织开展"喜迎二十大 欢乐进万家"系列群众文化活动，我局承办的"中原舞蹁跹"郑州市艺术广场舞大赛、"唱响新时代"郑州市群众合唱大赛、"我的乡村文化社"才艺大赛等 3 项赛事圆满完成，各项成绩居全省前列，被省委宣传部表彰为优秀组织单位。创作歌曲《收获》等正能量文艺作品。组织举办了《中国沿黄九省省会城市画院联盟优秀作品联展》（郑州站）和《大地·共融——王刚多介质黄河艺术大展》等多

项高质量展览，热情礼赞党带领人民走过的辉煌历程、取得的伟大成就、铸就的精神谱系。

二、加强规划引领，深入落实文旅文创战略

按照市委、市政府要求，在文旅文创融合战略行动专班的指导下，牵头组织草拟了《郑州市实施文旅文创融合战略行动计划方案》（以下简称《方案》），并于6月正式出台。方案提出以优化"两带一心"文旅格局为基础，以主地标重大项目为引领，以"行走郑州，读懂最早中国"为品牌，文化赋魂，科技赋能，创意创新，强力推进实施文旅文创融合战略行动。为推进《方案》实施，我市印发《郑州市建设文化旅游强市支持文化旅游融合发展实施细则（试行）》，每年至少拿出2.52亿元产业扶持资金激励文旅文创产业发展。在全面系统梳理郑州文化旅游资源基础上，先后编制完成并出台了《黄河流域（郑州段）文化旅游发展专项规划》《黄河流域（郑州段）非物质文化遗产保护传承弘扬规划》和《郑州市"十四五"文化广电和旅游发展规划》等专项规划，这些规划是推进文旅融合高质量发展的理论和实践成果，正成为全市文广旅系统统一思想、统一行动、统一目标的重要共识。

三、坚持以人民为中心创作导向，用心创作文艺精品

与《我们这十年》剧组合作，将舞蹈《唐宫夜宴》的创作故事搬上屏幕，再次火爆出圈。大型豫剧现代戏《黄河儿女》获得国家艺术基金扶持，并在郑州大剧院完成首演，取得热烈反响。舞剧《水月洛神》全国巡演14场，亮相武汉、长沙、南京、杭州等城市，场场爆满，反响热烈。郑州歌舞剧院创作的舞蹈《三足问鼎》和《门神》入围第十三届中国舞蹈"荷花奖"古典舞终评。合唱歌曲《站在这里看黄河》获得"唱响黄河"全国优秀原创合唱作品征集一等奖。

四、提升公共服务水平，市民文化获得感大幅提升

顺利通过国家公共文化服务体系示范区复核，被评定为优秀等次。承办 2022 长三角及全国部分省市最美公共文化空间大赛，全市 6 个公共文化空间被评为最美公共文化空间。突出文化惠民，完成"舞台艺术进乡村、进社区"、河南省"舞台艺术送基层"和"戏曲进校园"1000 余场，组织举办了舞剧《只此青绿》《沙湾往事》等精品演出 36 场，"天中讲坛"公益讲座惠及线上线下读者近 400 万人次。加强非物质文化遗产保护传承，为 70 个市级非遗项目做数字化档案整理，举办"云游非遗影像展"等活动，吸引更多年轻群体关注、保护非遗。提升数字公共文旅服务水平，市民群众通过"郑州文旅云"实现线上听景、看景、规划行程和在线看大戏，"郑州文旅云"注册用户数已超过 134 万，平台服务覆盖人次超 4000 万。2022 年"郑州文旅云"被授予"河南省数字化转型典型应用示范场景"推广类场景。

五、不断加快文旅产业融合步伐，激活文旅消费市场

开展系列文旅消费助企惠民活动。积极开展文旅消费第二、三季活动，发放 2000 万元文旅消费券，组织文旅活动 150 多项，出台优惠措施 140 多项，发布郑州市首批 22 家户外推荐露营地和 4 条夏季乡村旅游推荐线路。开展"醉美·夜郑州"畅游绿城活动，推出电影小镇、只有河南·戏剧幻城、银基旅游度假区、方特度假区、海汇港等一批"夜郑州"景点和项目，联合市商务局编制郑州夜间消费地图，推出了"夜游""夜赏""夜读""夜健""夜购""夜食"项目和线路，丰富居民夜生活体验。郑开旅游年票 10 月 8 日正式发行，首批纳入两地优质旅游景区 60 家。

切实为文旅企业纾困解难。制定《郑州市文化和旅游业疫情防控工作指南和白名单企业保障办法》，明确我市省级、市级、县级文化和旅游企业"白名单"87 家。多渠道广泛宣传文旅企业纾困政策，并提出文旅

纾困政策 12 条，协助企业做好与税务、金融机构对接工作，为企业解决融资难问题。按 100% 比例暂退 200 家旅行社的旅游服务质量保证金，共计暂退 2184.75 万元，积极帮助旅行社纾困。

积极搭建平台提升文旅产业发展水平。组织文旅企业、非遗传承人等先后参加了 2022 中国国际旅游交易会、第四届大运河文化旅游博览会、中国旅游商品大赛，学习了其他城市的先进经验，展示了郑州文旅新形象。积极开展招商引资工作，对接开心麻花集团、北京山海文旅集团，为文旅项目落地做好前期考察对接准备。制作郑州美食图书《郑州食话食说》，并在全市星级饭店等对外窗口企业推广。

六、深入挖掘文化旅游资源，文旅产品业态不断丰富

成功创建只有河南·戏剧幻城 4A 级旅游景区 1 家、省级全域旅游示范区 2 处（新郑、荥阳）、省级旅游度假区 1 家（巩义市竹林长寿山旅游度假区）、省级旅游休闲街区 2 家（管城回族区北顺城·代书胡同文化街区、巩义市竹林长寿山风情古镇），认定省级乡村康养旅游示范村 2 个、乡村旅游特色村 14 个，新增五星级民宿 3 家、四星级民宿 3 家。中牟县现代服务业开发区成功创建国家旅游科技示范园区。动漫作品《延安童谣》荣获第 27 届全国电视文艺"星光奖"提名奖。小剧场演艺发展再上新台阶，剧院数量增至 63 家，文艺表演团体 117 家，演出经纪机构 204 家。

七、积极塑造文旅品牌，不断提升郑州城市文化影响力

持续打造"行走郑州·读懂最早中国"城市旅游主品牌和"山·河·祖·国"郑州文化 IP，不断提升文化影响力、感染力。在央视投放《山·河·祖·国》主题宣传片，节目信号覆盖亚、欧、美等版块 140 多个国家，打造世界级城市文旅 IP。组建郑州"山河祖国"全媒体推广平台，制作推出 72 个景区景点宣传视频，全方位扩大郑州文旅品牌影响力

和知名度。"行走郑州·读懂最早中国"主题宣传推广活动话题总浏览量突破15亿人次。成功举办"郑州十景""郑州十佳地标打卡地"评选和"行走河南·读懂中国"郑州市研学行走大思政活动，推出黄河文化游等十条精品旅游线路和读懂中国游等五天研学游线路，引爆本地市场。

八、坚持安全生产和疫情防控两手抓，持续优化文旅市场发展环境

常态化疫情防控不放松。根据全市文化旅游市场主体点多、链长、面广的特点，制定出台了《郑州市文旅领域常态化防控工作机制》《郑州市文旅领域场所码推广实施方案》等制度，建立督导检查机制、工作提示制度，强化"互联网＋督查"，层层传导压力，压牢四方责任，落实防控措施，夯实全市文旅领域常态化疫情防控基础。

全力保障文旅市场安全生产。加强对A级旅游景区和电影院、KTV等娱乐性文化场所的风险隐患排查，制定完善疫情防控、安全生产应急预案，开展演练，督促检查，确保全市文旅市场平稳有序运行。

依法规范文旅市场管理。大力推行电子旅游合同，严格落实旅行社用车"五不租"制度，严厉打击旅行社租使用不合法车辆行为。开展"私设景点"专项治理行动，取缔2家未取得相关许可的景点。坚持星级饭店质量等级动态管理，对9家星级饭店予以摘星处理。全市新增星级饭店2家。

推动营商环境持续优化。持续提升政务服务能力，提高群众办事满意度，持续深化"放管服"改革，推进政务服务标准化、规范化、便利化，2022年我局被评为郑州市优化营商环境工作先进单位和政务服务质量奖单位。

九、坚守广播电视播出底线，确保意识形态安全

在二十大安全播出月和重要保障期内，郑州市文化广电和旅游局严

格按照国家广电总局、省广电局的工作要求，加强对全市广电系统的工作督导力度，确保了郑州市党的二十大重要保障期期间全市广播电视安全播出、网络安全、设施安全工作的圆满完成。加快推动我市应急广播体系建设，成立了郑州市应急广播体系建设工作领导小组，拟定了《郑州市应急广播体系建设工作方案》，目前市级平台正在筹备中，中牟和登封已建成县级平台。

郑州市 2022 年卫生健康工作报告

郑州市卫生健康委员会

2022 年，全市卫生健康工作以习近平新时代中国特色社会主义思想为指导，坚持以人民健康为中心，按照市委、市政府决策部署，紧紧围绕"十大战略"行动，全力抓好常态化疫情防控，深化健康郑州建设，持续深化综合医改，筑牢公共卫生安全防线，优化医疗卫生资源配置，持续夯实基层服务能力，做实"一老一小"服务保障，卫生健康各项重点工作稳步推进。

一、担当使命，连续作战，抗击疫情贡献卫健力量

过去一年，面对多轮新冠疫情冲击，全市卫生健康系统始终把做好疫情防控作为重大政治任务和头等大事，扛稳使命、接续奋战，全力以赴抗击疫情，充分发挥了主力军作用，有力保障了全市人民群众生命安全和身体健康。

聚焦能力提升，抓好常态防控。快速提升核酸检测能力，建成投用便民采样屋 4300 余个，构建"15 分钟核酸采样服务圈"，做到"愿检尽检、应检尽检"；组建 300 支 1500 人的流调队伍，建立完善"三公一大"融合流调和 24 小时快速追阳机制；启动定点救治医院，组建医疗救治团队，平疫结合提升救治能力；动态开展疫情态势研判，及时优化调整防

控策略，成功遏制了致病力较强、致死率较高毒株的流行。

统筹医疗资源，全力开展救治。紧急改造启用 8 家定点医院，开设市级方舱 6 个、县级方舱 56 个，开放床位 5 万余张，10 家医院分别托管 14 家市级定点救治机构，7000 多名医护人员入驻，尽最大可能收治患者。随着防控政策调整，积极应对感染高峰，二级以上医院紧急扩增重症救治资源，全市重症床位达到 5400 余张，储备重症医护人员 4100 余人，紧急增配设施设备，满足临床重症救治需要；全市 154 家二级以上医院（院区）均设置发热门诊，218 家基层医疗机构设置发热诊室，做到"应设尽设、应开尽开"；加强中医药干预，累计向定点机构和重点人群配送中药汤剂 1200 余万袋，中药治疗率和干预率分别达到 98.4%、96.2%。第一时间成立转运专班，扩充急救力量、转运车辆，加强上下联动、科学调度，24 小时不间断转运，急救转运有序高效，顺利实现平稳压峰转段。

主动靠前服务，保障医疗需求。紧跟疫情形势发展，完善细化诊疗服务措施，统筹做好特殊患者摸底、重点人群保障、分类外出就医、隔离点医疗服务等工作，医院重点科室正常开诊，保障群众医疗服务需求。突出老年群体，全面开展健康风险评估，实施红、黄、绿三色分级分类管理，指定 20 家二级以上医院对口联系 229 家养老机构、社会福利机构，及时提供医疗健康服务。加强急救调度，扩容调度席位，调整优化班次，全力维持 120 热线正常运行；统筹调配急救医护人员，及时补充急救力量，较好地满足了院前急救需求。

优化分级诊疗，夯实基层网底。明确 3 家综合实力较强的城市医疗集团分包 7 家县域医共体；派出 318 名专家（业务骨干）下沉基层医疗机构坐诊，6000 多名基层医护人员嵌入"9＋N"服务团队，畅通双向转诊机制，确保医疗服务效率和连续性。为基层医疗机构配置指夹式脉搏血氧仪 1 万余个、高流量氧疗设备 223 台，为 65 岁以上老年人发放"防疫服务包"13.5 万余份，有力保障基层和农村地区医疗健康服务工作。

多措并举助力，营造有利态势。筑牢免疫屏障，以老年人为重点，开展新冠病毒疫苗接种攻坚行动，提前完成 60～79 岁老年人全程接种率、加强接种率"两个95％"和80岁以上老年人第1剂接种率、全程接种率、加强接种率"三个90％"目标任务。加强防控政策宣传，推送疫情防控科普稿件2100余篇，引导群众科学防疫。开展舆情监测，建立群众网络诉求实时转办督办机制，从源头消除舆情风险。强化督导检查，在不同阶段及时调整督导重点，先后成立督导指导组50多个，累计督导检查公共场所9.4万家次，有力保障了各项防控措施落地落实。

二、凝心聚力，统筹发展，年度工作任务圆满完成

健康郑州建设取得新成效。健康郑州行动持续发力。健康郑州18个专项行动全面推进，组织健康大讲堂"六进"活动3200余场次，"一科普六行动"宣传活动200余万人次参与，新命名健康细胞264个，组织"全城清洁"行动40余次，全市病媒生物密度达到国家健康城市指标体系要求。公卫服务持续优化。有序推进疾控机构建设，新招聘疾控人员281人，10家县级疾控机构完成标准化建设。规范免疫规划管理，适龄儿童免疫规划疫苗接种率达到98.2％。艾滋病、地方病和慢性病等综合防控工作扎实推进。重点行业领域职业病危害专项治理成效明显。开展食品安全风险监测，审核上报食源性病例1.9万例。卫生应急能力持续加强。印发突发公共事件医疗救援等应急预案7部，组建市级卫生应急队伍20支，有效处置3人以上伤病事件医疗救援821起，圆满完成黄帝故里拜祖大典等重大活动防疫保障55场次。老年健康服务体系持续完善。探索建立四级老年健康服务管理平台，创新医养结合服务模式和品牌12个，获评全国示范性老年友好型社区9个。郑州市国家级医养结合试点城市经验模式被全国推广，获评"全国老龄系统先进集体"。托育和妇幼健康服务能力持续提升。实施"大力提升三岁以下婴幼儿普惠托育服务能力项目"，全市千人口托位数达到3.1个，我市在全国人口监测与家庭发展工作电视电话会上做典型发言，入选全国婴幼儿照护服务示范城市拟命名公示名单。开展妇幼健康服务能力达标建设，二级以上医疗机构、乡镇卫生院达标率分别达到81.3％、92.5％，逐步形成全人口妇

幼健康服务网络。民生实事项目顺利实施。持续开展妇女"两癌"、新生儿疾病、产前筛查及脑卒中、肺癌早期筛查等民生实事项目，70余万人次受益。

医药卫生体制改革迈上新台阶。公立医院高质量发展全面推进。县乡两级公立医疗机构全部完成去行政化改革；二级以上医院全面推行DIP改革；完成省煤炭医院整体划转，探索城市医疗集团多院区协同发展新模式。市卫健委被评为全国"公立医疗机构经济管理年"活动优秀单位。紧密型医共体建设高位推进。全市县域医共体全部挂牌并实质性运行，人财物统一管理全面落实到位，被省督查组认定完成医共体建设阶段性任务，经验做法被国家卫健委专题刊发。国家基本药物制度巩固完善。试点开展总药师制度；政府办基层医疗卫生机构和二级、三级综合公立医院基药配备品种数量占比分别达到85.6%、64.4%、55.9%；严格落实国家集中带量采购政策，市属医院药品网采入库率100%。智慧健康工程建设持续深化。全民健康信息平台汇集数据23.1亿条，实现个人就医信息和检查检验结果随时可查，被国家卫健委评为数字健康典型案例。7个卫生健康信息化建设项目纳入城市大脑建设。综合监管巩固加强。完成"双随机、一公开"抽查3415家次，持续实施"蓝盾护航行动"、打击非法医疗美容服务等专项行动，医疗卫生服务秩序进一步规范。

医疗服务能力实现新提升。区域医疗中心建设加快推进。国家儿童区域医疗中心建设成效明显，获国家卫健委通报表彰。国家创伤区域医疗中心申创签署市院合作共建协议，7个省级区域医疗中心固强补弱、有序推进。人才学科建设不断加强。柔性引进高层次人才（团队）122名；获评中原名医1人，实现郑州市河南省名医零突破；获批国家自然基金项目4项、继续医学教育项目95项、科技部重大项目3项，获评省级奖项（项目）192个，新增省级医学重点（培育）学科26个。对外交流合作持续深化。市属医疗机构新签合作协议19项、总数达到81项。4家医院与法国亚眠大学附属医院签订战略合作备忘录，3家医院与树兰医疗集团签署新一轮合作协议。医疗服务质量持续改善。新建质控中心

68个、达到127个。16家医院建立独立日间手术管理模式，年度开展9.3万例次，覆盖病种410个、术式增至804种。院前急救服务能力大幅提升。建立与公安、消防应急联动机制，在"郑好办"App首页设置"一键呼救"功能，建设智慧生命通道系统，实现院前、院内信息共享，院前急救反应时间大幅缩小。重点项目建设成效显著。市本级政府投资项目19个，完成投资7.62亿元。郑州市第八人民医院、郑州市骨科医院和郑州市妇幼保健院宜居健康城院区竣工投用，新增床位1700张。

中医药事业迎来新发展。服务体系不断完善。"省市联合"创建中医类国家医学中心，初步形成推进建设方案；4个省级区域中医专科诊疗中心项目通过验收，遴选"示范中医馆"42家，新建国医苑2家，23家医疗机构完成中医药科室标准化建设。人才培养机制逐步健全。完成基层中医药人才能力进阶培养71人，开展非中医类别医师中医培训3200余人；2人入选第五批全国中医临床优秀人才研修项目，1人被评为全国名老中医药传承工作室建设项目专家。中医药文化深入宣传。以社区卫生服务中心为试点建设中医文化知识角40个，广泛普及中医药健康知识。

基层服务网底得到新加强。"优质服务基层行"活动成效明显。乡镇卫生院、社区卫生服务中心服务能力100%达到国家标准，新增完成263个非公有产权村卫生室改造。家庭医生签约服务持续提升。全市组建签约服务团队达到2666个，重点人群签约212.58万人，签约率达到85.05%。基层人才队伍建设得到加强。新招录特招医学院校毕业生100名、特岗全科医生40名；培训全科医生402名，利用国家和省级专项资金培训基层人才826人。乡村振兴有效衔接。按照"四个不摘"要求，持续开展"七免一减"惠民举措，为2.1万人减免费用557.2万元，确定25家二级及以上医院对口支援71家乡镇卫生院，实行对口支援协议事前备案制，确保支援帮扶效果。

党风行风建设呈现新气象。坚持把政治建设放在首位，深入学习宣传贯彻党的二十大精神，开展"喜迎二十大·助力中国梦"系列活动；严格落实"第一议题"制度，委党组被评为全市县处级党委（党组）学习示范点。以查摆和解决问题为着力点，"能力作风建设年"活动扎实有效。持续对党支部定期"过筛子"和评星定级，开展公立医院党建示范单位、示范党支部创建，有力提升了基层党组织规范化建设水平。开展"两违规"等问题专项整治和典型案例专项以案促改，组织警示教育148次，排查廉政风险点16个，推进清廉医院创建，风清气正环境逐步形成。加强卫生健康文化宣传，国家级媒体报道郑州市卫生健康工作209次，省市级媒体报道6100余次。持续优化政务服务，新增政务业务37项、"免证办"等惠企便民事项79项，23个事项实现"零跑动、不见面、全程网上办"，5项法人"一件事"在"郑好办"App上线。加强执法监督，广泛开展普法宣传，法治建设深入推进。"7·20"特大暴雨灾害调查报告问题全部整改落实，开展安全隐患排查870家次，国家卫健委对我市卫生健康系统安全生产工作给予充分肯定和表扬。

其他工作统筹推进。完成援厄立特里亚和援赞比亚医疗队员选派工作；依法申请公开政务信息47件；承办市人大建议、政协提案89件，办结率和满意率100%；完成6.1万人国家卫生资格考试承办工作；驻村工作，督查督办、老干部服务、文明单位文明城市创建、绩效考核等工作有序推进，全市卫生健康事业全面协调发展。

郑州市 2022 年应急管理工作报告

郑州市应急管理局

2022 年，全市应急管理系统以习近平新时代中国特色社会主义思想为指导，心系"国之大者"，践行"人民至上、生命至上"，统筹"7·20"特大暴雨灾害问题整改、疫情防控和安全生产、防灾减灾救灾、应急救援各项工作，全体干部职工在各自岗位上忠诚担当、恪尽职守、埋头苦干、无私奉献，全市安全风险防范取得新成效，抢险救援救灾夺取新胜利，应急管理体系和能力建设迈出新步伐，基层基础工作再上新台阶，干部队伍建设开创新局面。

一、强化党建引领，以高水平安全护航高质量发展

全市应急管理系统结合"7·20"特大暴雨灾害问题整改，强化政治机关意识，突出抓落实求实效，切实把思想认识行动统一到习近平总书记的重要指示批示精神上来。扎实开展党的理论学习。通过开展专题学习教育，开展理论中心组学习，坚持第一议题制度，系统学习习近平总书记关于防灾减灾救灾重要指示批示精神和《习近平关于防范风险挑战、应对突发事件论述摘编》等内容，将习总书记的重要讲话精神内化于心、外化于行，把学习成果转化为工作实践。深入开展"能力作风建设年"活动。认真开展"四大一创"活动，聚焦"两个确保"，落实"十大战

略"，紧扣活动主题，努力实现应急干部讲政治能力、服务群众能力、调查研究能力、防范化解重大风险能力、改革创新能力明显增强。扎实推进"7·20"特大暴雨灾害问题整改和以案促改。将"7·20"特大暴雨灾害问题整改、以案促改和灾后恢复重建工作摆在突出位置，成立工作领导小组，对照市问题整改方案，局党委制定细化整改措施114条并全部完成整改。提升各级干部应急能力。在市委的支持下，聚焦"7·20"特大暴雨灾害暴露出的干部应急能力问题短板，联合市委组织部开展干部应急能力提升大培训大练兵大比武活动。在重大任务中锤炼党性。坚持以党的政治建设为统领，扎实开展"三亮一争""三起来"活动，引导全体党员始终践行"救民于水火、助民于危难、给人民以力量"的庄严承诺，在全市重大任务、重点项目中率先垂范、冲锋在前。特别是2021年10月以来，疫情突袭，郑州市应急管理局作为"第一方阵"全员在岗、深入前沿，在疫情防控最危险的地方舍身忘我、勇敢逆行、攻坚克难，用应急干部"赴汤蹈火、竭诚为民"的奉献精神，筑牢疫情防控和安全生产双重防线，在疫情大考中彰显应急本色、硬核担当。

二、理顺应急管理体制机制，应急管理能力不断提高

市应急局牵头各级各部门从应急管理领导体制、指挥体制、协同机制、职能配置、机构设置等方面着手，结合"7·20"问题整改，不断理顺我市应急管理体制机制。做好顶层设计。编制印发《郑州市"十四五"应急管理体系和本质安全能力建设规划》，明确工作目标，努力建设统一指挥、专常兼备、反应灵活、上下联动的应急管理体制，建立统一领导、权责一致、权威高效的应急能力体系。积极稳妥推进所属事业单位重塑性改革。局机关所属事业单位由6个优化整合为4个：郑州市防灾减灾中心、郑州市应急管理综合行政执法支队、郑州市应急救援保障支队、郑州市应急管理宣传教育中心。通过结构性优化和功能性再造，让事业单位更好地发挥作用，助力应急管理事业高质量发展。完善防汛工作机制。市防指牵头各级各部门全面建立健全党政同责的防汛工作责任制，

II

专题报告

明确党委政府领导防汛救灾责任，构建协调全局的防汛救灾指挥体系。编制印发《郑州市防汛应急预案》《郑州市防汛应急工作方案》，调整加强市防汛抗旱指挥部，由市委书记、市长任双指挥长，下设市防汛抗旱指挥部办公室和市黄河防汛抗旱办公室，撤销城市防汛指挥部和城市防办、河湖及水利工程防办，将防指成员单位由原来34个调整增设到了48个。为便于扁平化指挥，在汛期市防汛办成立17个专班和6个防汛应急前方指导组。进一步补充完善城区内涝应急响应条件，由原来的每级4个启动条件增加到7个。完善防汛责任人体系。2022年汛期，全市共明确各级各类防汛责任人18261人，地质灾害群测群防员659名，压实了地方各级防汛行政责任。对全市所有地下空间、中小学校、医院、通讯枢纽、涉爆企业等重点部位责任人进行及时提醒提示，推动形成了群防群控的防汛工作局面。优化应急指挥体系。修订印发郑州市《应急救援总指挥部工作规则（试行）》《值班值守和自然灾害类、事故灾难类突发事件信息报告工作规范（试行）》等一系列文件，持续完善全市应急指挥体系。修订印发《郑州市应急救援联动工作机制（试行）》等文件，建立军地应急处置协同联动机制，强化与郑州警备区、武警郑州支队沟通联络机制，提升应急救援联动水平。

三、牢牢守住安全生产基本盘，安全发展水平不断提升

按照省、市安委会工作部署，在全市深入开展安全生产大检查和打非治违行动，强化安全生产源头治理，着力防风险、除隐患、遏事故。督促各级各部门严格贯彻落实国务院安委会安全生产工作"十五条硬措施"和市委市政府关于进一步加强安全生产工作的"十条措施"，坚决稳控安全形势。压实各级安全生产工作职责。严格落实部门监管责任，制定出台最严厉的安全生产问责制度《郑州市加强安全生产责任落实若干制度实施细则》，严格督促党政领导干部和行业部门认真履行党政同责、一岗双责和"三管三必须"责任，进一步强化安全生产督导督查和巡查

考核。严格落实企业主体责任，制定《郑州市应急管理局信用分级分类实施办法》，实现对信用主体的分级分类，已对涉及的 8 个领域、911 家企业进行信用评级。严格事故调查处理和责任追究，研究下发《关于进一步规范生产安全事故报告和调查处理工作的通知》《郑州市较大自然灾害调查评估工作程序》等一系列文件，规范我市较大自然灾害调查评估、事故报告和调查处理工作。围绕"三个覆盖、两个延伸、一个不变"工作目标，深化双重预防体系建设。截至目前，我市危化、煤矿、非煤矿山、工贸、建筑、教育、商贸、文广旅、交通、卫生、粮食、民爆等行业共有 3565 家规模以上企业（单位）按照"五有"标准全面开展双重预防体系建设。依托"一企一档一码"，建立市县 4768 家规模以下小微企业（单位）名录和工作平台，开展小微企业风险线上申报。推进本质安全能力建设。积极开展"工业互联网＋安全生产"融合应用、"一企一档一码"建设，提升企业本质安全能力和水平。加大安全生产宣传力度，开展"安全生产月""安全生产法宣传周""安康杯"竞赛等主题活动，推进安全宣传进企业、进农村、进社区、进学校、进家庭。加快市场服务机制建设。鼓励生产经营单位投保安全生产责任保险，确保高危行业领域生产经营单位安全生产责任保险全覆盖。补充应急管理专家库中各行业领域专家力量，目前，我市应急管理专家库已储备专家 19 个行业类别，共计 543 名。配合完善巨灾保险制度，积极推动保险业参与灾害风险管理，充分发挥保险在灾害预防与应急准备、应急处置与救援、灾后恢复重建中的作用。去年，郑州市按照实赔付模式购买保险，全市保费金额合计 2348.27 万元。

四、深入践行"两个坚持、三个转变"，防灾减灾救灾工作不断提高

全市应急管理系统着眼"大应急"，坚持预防为主，全力做好"防"的日常工作，坚决扛起"救"的主责主业，做好打大仗打硬仗准备，切实提高防灾减灾救灾和应急处置能力。全面开展全国第一次自然灾害综

合风险普查工作。目前，我市所有单位和行业部门全部完成普查调查阶段工作，应急系统完成自然灾害综合风险调查数据总量 36603 项，其中承灾体 5899 项，减灾能力 21435 项，家庭减灾能力 17646 项，历史灾害 9269 项，正积极开展评估区划工作。进一步完善气象灾害应急响应机制。先后出台《郑州市"131631"气象预报工作机制》《郑州市暴雨红色预警信号下停课工作实施细则》等文件，确保"三停"（停止集会、停课、停业）强制措施有法可依、有章可循。印发《关于进一步规范自然灾害、事故灾难突发事件信息报送工作的通知》，确保突发事件信息及时报送、规范报送、精准报送。组织全市灾害信息员参加国家、省级灾害信息员培训，并开展了自然灾害灾情管理网上模拟演练。印发《郑州市自然灾害综合风险会商研判工作制度》等文件，建立健全自然灾害监测预警和会商研判工作机制，每月和重点时段组织气象、水利等涉灾部门及相关专家开展自然灾害风险研判工作，明确防范应对措施和各部门职责，2022 年共形成 111 期风险监测信息。扎实推进综合减灾示范社区创建工作。截至目前，全市获得市级以上示范社区 188 个，其中国家级 57 个、省级 64 个、市级 67 个。组织开展防汛隐患排查。全面排查行洪河道、水库、山洪和地质灾害易发区、城市防洪排涝等薄弱环节，今年汛期，全市共排查整改各类防汛隐患 1400 余处，确保了全市平稳度汛。落实覆盖全市的防汛紧急避险安置点 1283 处，用于接纳临时转移避险群众。开展地震灾害防范应对工作。扎实做好地震跟踪监视，加快国家地震烈度速报与预警工程项目建设，认真开展地震灾害风险普查，完善《区域地震安全性评价工作指引》，持续提升震害防御能力。推动应急避难场所建设，市内建成区内已经建成地震应急避难场所 311 处，应急避难场所总的有效面积为 1899 万平方米。做好森林防灭火工作。调整更新郑州市人民政府森林防灭火指挥部领导和成员单位，扎实开展火灾隐患排查治理，强化落实各项火险防控措施，开展野外火源治理和查处违规用火行为专项行动，编印《森林防灭火应急实用手册》，加强森林消防队伍建设，组织开展综合演练活动。

五、坚持抓预案、配装备、建机制、搞演练，综合应急救援能力不断加强

全市应急管理系统主动适应新形势下应急救援任务需要，全面提升综合应急救援能力和水平，时刻做好灾害事故应对准备，确保在人民群众最需要的时候能够冲锋在前、敢打必胜。完善应急预案管理体系，加强各级各部门应急演练。2022年，市应急局统筹全市共编制防汛应急预案（方案）和紧急避险安置预案6897个，覆盖市、县、乡、村（社区）四级部门（组织）和重点单位，2500多个在建工地全部建立度汛方案，形成纵向到底、横向到边的预案体系。圆满承办2022年河南郑州城市防洪排涝综合应急演练，全面展示整改成效，受到应急管理部和省委领导的一致肯定。按照市防指安排，全市各级各单位共组织演练7049次，参加583233人。加强四类应急救援队伍建设。截至年底，我市已组建、整合四大类应急救援队伍：综合性消防救援队伍、市县乡村应急救援力量、专业应急救援队伍和社会类应急救援队伍，共计7.1万人。持续推动基层"1＋4""1＋3"应急管理体系建设，全市所有村（社区）明确安全劝导员、灾害信息员、应急管理员共计17.6万余人。加强市级应急救援队伍建设。市编外人员管理领导小组办公室批准市应急救援保障支队招用编外人员100人加强队伍建设。加强应急物资储备。市级一次性投入7762万元为市应急管理局物资储备库采购大流量抽排水车、应急指挥车、大型移动照明装备、应急通信保障车、无人机、冲锋舟等各类防汛救援装备和通信装备。加强应急管理领域人才队伍建设。按照"专业人干专业事"的原则，优化调整应急干部队伍，推进水利、应急交叉任职。市应急系统不断优化市级和各区县（市）应急部门班子专业结构和年龄结构，全市配备具有专业学历背景或者应急工作经验丰富的干部25名，45岁以下干部24名，交叉任职干部16名。

六、强化实战导向和智慧应急牵引，应急管理信息化建设有序推进

2022年，全市应急管理系统结合问题整改工作，加快夯实信息化发展基础，补齐短板弱项，推动形成了体系完备、层次清晰、技术先进的应急管理信息化体系，全面提升了监测预警、监管执法、辅助指挥决策、救援实战和社会动员能力。应急管理智慧化水平全面提升。投资4000余万元的市应急指挥中心投入使用，投资4400余万元的"数字郑州·智慧应急"平台投入使用，8大业务系统完成功能开发并已部署于郑州市政务云上，共接入19个局委数据175项，数据量3亿余条。其中，投入1050万元建立了全省首个数字防汛指挥平台，接入5000多路视频信号，随时监看各地实时现场情况。同时，将全市17.6万名基层安全劝导员、灾害信息员和重点部位责任人纳入平台统一协调联动指挥，分级分类发布指令和提醒，实现了一键直达。完善全市应急指挥系统。已完成全市17条应急指挥信息专网线路铺设和设备调试工作，实现了省市县三级应急指挥专网贯通，县乡两级和防汛抗旱指挥部各成员单位的"云视讯""小鱼易联"指挥通信系统也已全部部署到位并投入使用。推动成立了郑州城市安全发展科技研究院，作为郑州市城市安全治理体系和治理能力建设的总技术支撑单位，通过优化整合各类科技资源，提高应急管理的科学化、专业化、智能化、精细化水平。

七、坚持强基固本，应急管理基层基础不断夯实

2022年，市委市政府高度重视应急管理工作，各部门关心支持应急管理工作，全市应急管理基层基础建设取得长足进步。加强应急文化建设。依托新媒体、广播电视等平台，开展社会公众教育。2022年，全市播放或发送安全生产、防灾减灾宣传提示、标语、宣传视频74万条次。组织开展防灾减灾和安全宣传教育活动51080场，总参与6271276人次，

受益 7095204 人次。建成了安全应急防灾减灾体验馆，开展防灾减灾和安全宣传科普活动，积极组织群众、团体参观体验，线上线下共参与 1.6 万余人次，有效提升了全民安全避险意识、自救互救技能和防灾减灾救灾能力。加强干部业务能力培训。组织各区县（市）防办和市防指相关成员单位参加应急管理部应急资源管理平台线上培训。在荥阳市组织了地质灾害应急业务知识专题培训班。在新密市组织了防汛业务知识培训班。在河南理工大学组织开展综合减灾能力提升研修班。在登封市举办应急预案管理专题培训班，对市人民政府应急救援总指挥部相关成员单位预案编制管理人员，以及市应急局、各区县（市）应急管理局和乡镇（街道办）预案编制管理人员进行培训。组织召开全市应急系统自然灾害灾情管理工作视频培训会。主动对接市委组织部，将应急处突能力培训写入《郑州市 2022 年干部培训计划》，并作为全市干部教育的必修课，纳入全市各级各类培训班次。另外，市委党校春季学期主体培训班中把"7·20"特大暴雨灾害处置为案例纳入培训内容，开展实战化教学。积极推进综合行政执法改革工作。以市委、市政府名义印发《关于深化应急管理综合行政执法改革的实施方案》的通知，推动构建权责一致、权威高效的市县乡三级应急管理综合行政执法体系。

郑州市 2022 年统计工作报告

郑州市统计局

2022 年，在市委、市政府的坚强领导和省统计局的有力指导下，紧紧围绕推动经济高质量发展和郑州市"十大战略"行动，对照"三标"活动要求，持续深化"六坚持、六着力"工作机制，坚持依法统计依法治统，着力夯实统计基层基础，更加有效发挥统计监督职能作用，提升统计服务能力和水平。

一、良好统计政治生态不断形成

始终把党的政治建设摆在首位。深化政治理论学习，认真学习贯彻党的二十大精神，严格执行"第一议题"制度，全年开展党组中心组学习、专题党课等各类集中学习 72 次。从严从实加强领导班子建设，高标准严要求落实"三会一课"制度，始终把党对统计工作的领导贯彻到统计工作的方方面面，坚持不懈用习近平新时代中国特色社会主义思想凝心铸魂聚力，坚决做到"两个确立"烙印在心、"两个维护"践履于行，全市统计系统高举旗帜，不折不扣落实上级党委政府的各项决策部署，确保统计事业始终沿着正确的方向勇毅前行。

不断强化政治纪律和政治规矩。牢牢把握思想意识形态领域斗争的主动权，用好有效载体，补足精神之"钙"，抓住统计信息发布、网络管理等关键环节，严明政治纪律，防控违纪风险。坚决落实市委巡察整改工作，研究制定《中共郑州市统计局党组巡察整改工作推进落实方案》，目前巡察反馈 20 项任务、56 条整改措施已全部整改到位。

压实全面从严治党主体责任，定期召开统计部门全面从严治党和党风廉政建设工作会议，持续深化以案促改和警示教育，落实中央八项规定，坚定不移筑牢党风廉政建设防线，打造清廉统计机关，有力促进和保障了统计改革和发展。

坚持党建引领打赢疫情防控阻击战。面对 2022 年的严峻"新冠"疫情，全市统计系统闻令而动，第一时间响应上级号召，充分发挥好党支部和党员在疫情防控工作中的战斗堡垒和先锋模范作用，不畏风险，自觉站在抗击疫情斗争的最前沿，下沉社区当好人民群众的贴心人和主心骨，开展定点值守，参与各级疫情防控指挥部工作，强化值班保机关基本运转，市县两级累计参与疫情防控志愿者 900 余人，服务时长总计 1.35 万小时。全市统计系统面对重大疫情的关键时刻，彰显了共产党人的政治本色、担当作为、精神风貌和工作成效，让党旗在防控疫情斗争第一线高高飘扬，紧紧依靠人民群众全面打赢疫情防控阻击战，向市委、市政府和全市人民交出了无愧于责任的满意答卷。

二、国家统计督察"回头看"高质量完成

高规格加强组织领导。成立专班，形成书记、局长主要负责同志亲自抓，分管负责同志具体抓的工作格局，组建工作小组，细化任务分工，确保任务到人、责任到岗、落实到位。

高标准做好服务保障。制订工作方案，细致部署，如实快速提供文件资料、认真安排集中谈话、积极配合企业检查、对发现的问题做到即知即改，确保督察组部署的各项工作全力推进、落地落实。

严要求抓好问题整改。国家统计局反馈统计督察"回头看"意见后，第一时间向市委、市政府专题汇报，制订整改方案，狠抓整改落实。各项工作得到了省委常委、市委书记安伟同志的高度评价，批示："一分耕

耘一分收获，机会和褒奖都是给有准备之人的。"

三、常规统计数据生产扎实推进

有序推进基本单位管理，制定名录库动态维护更新实施方案，加大行政记录资料共享、核实比对力度，扎实做好维护审核工作，入退库、信息变更及时高效。去年全市新增"四上"入库单位 1882 家，完成年度目标任务（1414 家）的 132.8％。

不断加强平台数据审核，坚持"开网即查、逐日比对"，建立数据质量风险警示制度，通过线上和线下、自查与抽查、核查同检查相结合的方式，及时发现数据异动明显的地区和企业（项目），跟踪监测，全力提高基层数据质量。

持续强化源头数据质量，推进企业电子统计台账。全年高质量完成月度、季度、年度近万项统计指标的数据生产任务，准确客观反映全市发展实际。

科学开展数据质量评估，组织召开了 11 次专题会议完善评估办法，党组专门听取年度数据质量工作汇报，实现数据评估制度化、公开化。

积极主动做好五经普前期筹备工作，组建五经普筹备领导小组及办公室，编制经费预算，组织开展"高速公路服务区、旅游景区、城市商业综合体、大型商超、集贸市场等特殊区域各类单位清查和普查方法研究"，确定投入产出重点企业名单，对《全国经济普查方案》（讨论稿）提出修改建议，各项准备工作有序推进。

四、统计监测分析服务优质高效

围绕保持经济运行在合理区间，对经济增长、就业、物价、居民收入、房地产等方面深入开展分析监测，强化对生产、消费等全领域稳定保供监测，客观反映统筹防疫和发展积极成效。加强经济形势预测预判，深入分析"三个一批"重点项目、房地产市场等重点领域投资情况，提出有针对性发放消费券等多项建议被市政府采纳转化为决策，有效服务全市经济稳增长。

围绕国家中心城市高质量发展，准确理解市委、市政府经济发展决策，精心组织9次覆盖16个区县（市）2000余家企业的"经济运行大调研活动"，深入了解企业生产经营和重大项目推进情况，预判全市经济形势，深入查找突出问题，积极为各级党委政府、部门提供有价值、接地气的决策参考。起草《郑州市加强开发区统计工作实施意见》，创新开发区统计监测评价体系，增加调查指标和频次，为郑州市开发区在全省位次排序和郑州市域内各开发区排名测算提供数据支撑。

围绕市委、市政府科学决策和人民群众需要，当好参谋、做好智囊，进一步加强信息服务。参与"领导驾驶舱"决策分析平台建设，按月汇集上传全市主要经济指标、先行指标数据、重点城市对比数据等，辅助市主要领导及时掌握最新统计数据，研判市情。坚持快速专题分析机制，全年撰写统计信息、分析163篇、统计专报42篇，市委、市政府主要领导批示21篇，其中，《2020—2022年一季度郑州与中心城市主要经济指标对比分析》《关于国家统计局对商品房销售指标核查情况的报告》等被省委常委、市委书记安伟批示，《郑州市新增入库企业及退库企业对全市经济影响的分析》《1—8月郑州市及16个区县（市）经济运行情况分析》等被市委副书记、市长何雄批示。加强数据发布与解读，通过《河南日报》《郑州工作》等主流媒体和新媒体刊发解读文章86篇，发布国民经济和社会发展公报、改版《郑州经济动态》、出版《郑州统计年鉴》，举办第十三届"中国统计开放日"，受理群众数据咨询上万件，统计宣传力、影响力持续提升。

五、统计监督职能作用有效发挥

大力开展统计法治宣传教育，广泛宣传《统计法》，深入学习和贯彻落实习近平总书记、李克强总理关于统计工作的指示、批示精神以及党中央关于统计工作的一系列文件精神。重点抓好统计法律法规进社区、进企业、进党校，努力营造知法、普法、用法、守法的良好工作氛围。

积极推动统计监督与其他监督贯通协同，配合纪检监察部门修订完善《郑州市党委巡察机构与统计部门有关事项协作配合办法（试行）》。建立完善长效制度机制，落实好防惩统计造假第一责任和主体责任。在领导干部年度考核和调任中，将统计造假、弄虚作假作为重要依据，实行"一票否决制"。

严格落实国家统计局部署的统计造假不收手不收敛问题专项纠治，按照国家局"四个必查""三个一批"工作要求，出台实施方案，建立行政约谈、月（季）度数据质量核查等制度机制。结合统计造假屡禁难绝问题专题调研，剖析原因，研究提出有效解决措施。加大统计执法检查力度，在全市实施统计监督全覆盖，共完成 9000 余家异常企业的数据质量核查，3672 家企业统计数据质量现场核查，668 家企业统计执法检查，有力地震慑了统计违法行为。

六、统计改革发展开拓新局

着重制度机制建设，打破传统思维定式，树立全新统计理念，提出"六坚持、六着力"工作机制实现统计工作闭环管理，建立快速专题分析工作制度，统计服务更加精准高效。提出"四化四关""两化三达标"工作思路，出台《市政府办公厅关于进一步加强统计基层基础工作的通知》，推动"双基"工作再上新台阶。修订完善局党组会、局长办公会议事规则、统计资料提供与发布制度等 6 项制度，形成了较为科学完整的制度体系，确保制度笼子扎紧织密。印发关于加强数据质量等公文 20 余个，从制度上确保统计数据真实准确。

深入落实创新驱动发展战略，探索工作新方法，积极推进工业研发全覆盖。2021 年郑州市全社会研发经费投入和强度双创新高，研发经费达到 310.4 亿元；研发经费投入强度达到 2.45%，首次超过国家平均水平（2.44%）；实现研发经费标志性突破。高新局依托园区推进研发统计工作，全社会研发投入和投入强度在区县（市）中排名第一。

深入推进绿色低碳转型战略，开展能源生产、消费重点调研和专项调查，完善全社会能源核算办法，全年万元工业增加值能耗同比下降12.78％，煤炭消费量低于控制目标81万吨，超额完成能耗强度和煤炭总量控制目标。

七、统计基层基础得到夯实

提出"两化三达标"工作思路，全面提升统计基层基础规范化水平和统计队伍专业化、职业化水平。全市209个乡镇（办）全部通过规范化示范验收，规模以上企业中12185家通过示范引领企业验收，占全市规模以上企业的98.3％。中牟、金水、巩义、中原规范化建设水平走在全市前列。

推进统计云工程建设，积极配合"数字郑州"，丰富充实郑州宏观经济基础信息共享库，累计加载统计数据40余万条，畅通部门间数据交流渠道，实现统计信息资源共享。

推动部门统计规范化建设，建立了包括市发展改革、工信等36个部门136张报表组成的统计报表体系，为加强和规范部门统计管理工作的推进，打下良好的基础。各部门定期向政府统计部门报送部门统计数据资料，各专业强化对部门数据的监测，发现数据异常及时与部门沟通研判分析。

抓好人才队伍培养，采取"建平台、重实践、优结构"等措施，储备培养优秀后备干部，激发干事创业热情，以统计人才建设助推统计事业发展。根据国家统计局《2018—2022年全国统计干部教育培训规划》，制订《全市统计培训工作方案》，切实加强对区县（市）统计工作的指导培训，全年共安排54场次培训任务，面向全市统计系统和5000余家调查单位，有计划、分阶段开展了工业、投资、贸易、服务业等2.16万人次的专业培训。制定青年人才能力提升方案，构建符合统计特点的学习培训体系，促进统计干部提高思想水平、完善知识结构、增强工作能力。2022年，郑州市统计局先后荣获河南省第七次全国人口普查先进集体、"数字郑州"建设工作先进单位、郑州制造业高质量发展先进集体等20余项荣誉称号。

郑州市 2022 年文物工作报告

郑州市文物局

2022 年，全市文物系统坚持以习近平总书记关于文物工作重要批示指示精神为指导，贯彻落实省、市文物工作战略部署，以黄河文化保护传承弘扬为统揽，积极深化落实黄河、大运河、长城国家文化公园建设战略，以大河村国家考古遗址公园、黄河国家博物馆、郑州市文物考古研究院和商都遗址博物院等重点项目为抓手，加强文物保护利用和文化遗产保护传承，着力构建黄河流域生态保护和高质量发展核心示范区"两带一心"城市历史文化布局，打造郑州黄河历史文化主地标城市，为加快建设郑州国家中心城市、国际消费中心城市提供强力的文化支撑。市文物局被表彰为郑州市宣传工作先进集体、"喜迎二十大 奋进新征程"理论宣讲系列活动优秀单位、教科文卫系统工会女职工工作先进单位、高品质城市建设（百城提质）工作市政重点工程建设工作先进集体、人大代表建议政协委员提案办理工作先进单位。

一、加强重点项目建设，推动文物保护利用

高质量打造黄河历史文化主地标。经市政府同意，市文物保护管理委员会印发《郑州市文物博物馆事业发展"十四五"规划》，为全面加强历史文化遗产保护利用和博物馆工作，努力打造一流考古体系、博物馆

体系、展示利用体系明确努力方向。打造集"早期中国"展示、黄河文化发展主干展示、大河文明国际交往为一体的黄河国家文化公园示范区，建设炎黄子孙的寻根之地、中华文化的朝圣之地、中华文明的体验之地、国学教育的实践之地。研究梳理"行走河南·读懂中国"百大标识项目，其中13个项目被省文旅厅立项，目前已向省文旅厅上报7项成熟方案。推进6个黄河科研课题、夏文化研究和石窟寺保护利用等工作。申报郑州商城、大河村、西山遗址、宋陵为第四批国家考古遗址公园项目。9月16日，国家文物局"考古中国"发布郑州商城遗址发现消息，进一步佐证郑州是中国历史最早的都城遗址之一。

全面推进文物灾后恢复重建。按照省、市工作部署和指导要求，先后印发实施《郑州市文物灾后修复及防灾抗灾综合能力提升工作实施方案（修订版）》等文件，对灾后恢复重建和防汛工作进行细化部署，由局领导带队6个督导检查小组，采取明察和暗访相结合的工作方式对全市范围内受灾受损文物修复、汛前文物建筑安全隐患、文物消防安全、文物防灾减灾预案及执行落实情况等相关事项进行督导检查，狠抓项目建设实效。7月8—13日、9月下旬，分别与省文物局联合对有关区县（市）文物灾后重建项目进行督导检查。与国家文物局、省文物局、市重建办等单位、部门保持汇报沟通，争取资金支持。全市文物领域灾后重建项目共有58项，其中市级规划9项、已完工7项，纳入省专项规划49项、已完工37项，正在推进12项，均为中长期推进项目，目前正在加快实施。

聚焦文博领域重点项目建设。按照市委、市政府黄河文化保护传承弘扬"两带一心"城市历史文化布局，积极推进沿黄文化带、环嵩山文化带和中心城区文化板块项目建设。大河村国家考古遗址公园项目除受现场障碍物影响或制约区域外，其余区域大部分已完成，仰韶文化博物馆于7月底主体结构封顶，正在进行陈展形式设计，年底前将完成全部景观园林工程和博物馆建筑工程建设。黄河国家博物馆于4月底主体结构封顶，正在进行内部装修，展陈策划大纲由中国建筑设计研究院团队编制于5月份完成第一版编制工作，计划组织开展专家论证会，进一步深化完善大纲编制。

二、提高文物管理水平，助力优化营商环境

全面深化文物考古前置改革。积极服务土地供应，切实保障考古前置改革工作成效，参加市政府土地决策领导小组 2022 年土地供应协调会议，严格审核拟供应土地文物勘探、考古发掘工作完成情况，开辟绿色通道，做好文物勘探、考古发掘工作。截至年底，共签订考古工作协议 122 项，协议面积 887.08 万平方米，郑州嵩山文明研究院完成勘探面积 683.65 万平方米，发现遗迹 1245 处；郑州市文物考古研究院完工项目 81 个，文化层面积 71700 平，遗迹 4424 处。出具拟供应土地考古调查勘探发掘意见书 123 份，文物勘探考古发掘备案意见书 23 份。

高质量推动生态保遗工程。2022 年计划推进 8 处遗址生态文化公园，采用建立台账、催办、通报等方法，及时现场跟进督导服务，推进全市生态保遗项目建设，古遗址保护利用与城市发展共荣共生，"地下气象万千，地上绿树葱茏"的遗址生态文化公园，正逐渐成为市民休闲娱乐的优选。6 月 13 日人民日报以《环保文保相结合　自然人文互交融》为题进行宣传报道，专题点赞郑州实施"生态保遗"工程，充分肯定我市生态保遗工程在把文物保护成果规范化、生动化、惠民化等方面的成就。9 月 1—4 日，第九届中国博物馆及相关产品与技术博览会（以下简称"博博会"）在郑州举办期间，集中对全市已建成的 49 处生态保遗项目进行了重点宣传，引起广大群众的强烈兴趣。全年 8 处遗址生态文化公园建设目标中，已基本建成 6 处，其余项目正在积极推进中。

积极助力优化营商环境。积极履行行业部门责任，规范涉及文物行政审批事项，认领文物部门涉企经营许可事项，通过直接取消审批事项、初审权取消、全程网办、减少审批材料等方式，进一步优化审批服务改革，减轻企业负担、简化办事程序，激活市场主体发展活动。落实"一把手"民情体验活动，多次对黄河颂剧院项目开展实地调研，现场指导有关单位根据国家文物局意见对方案进行修改，为下一步审批手续办理

提高服务效率，少走弯路。夯实文物资源保护基础，开展第三批市保申报遴选和第八批省保保护区划定工作，遴选报送《中国少数民族文物图谱（河南卷）》相关郑州市不可移动文物。

三、健全博物馆功能体系，提升公共文化服务水平

持续做好博物馆的监督管理。严格落实博物馆月报制度，每月月底前收集汇总博物馆免费开放情况，督促各博物馆做好免费开放工作，不断提升博物馆开放水平。做好博物馆质量提升，收集整理 2022 年全市博物馆建设情况。完成 2021 年度非国有博物馆和国有博物馆绩效考核，按照扶持政策申请补助资金并拨付到位。做好 2022 年博物馆资金申报工作，配合做好博物馆文物资源一本通工作，完成石碑石刻排查调研和全国名碑名刻遴选工作。

推动博物馆建设提质升级。加快推进国有骨干博物馆建设，郑州纺织工业遗址博物馆和中国冶铁遗址博物馆项目建设有序推进，郑州博物馆新馆、郑州二七纪念馆等文博场馆积极开展提质升级，郑州商都遗址博物院和郑州市文物考古研究院考古博物馆于 7 月 26 日正式开馆，并推出"雕画汉韵——寻找汉梦之旅""石窟里的绝唱——中原黄河沿岸石窟造像高浮雕拓片艺术展""郑州百年考古展""中华牙璋展"等，迅速成为市民网红打卡地。截至 2022 年底，郑州市拥有备案博物馆 52 家，初步具备开放条件正在提升的博物馆 58 家，总数 110 家，其中国家三、二、一级博物馆 10 家。

加大提升公共文化服务水平。积极开展全市各博物馆、纪念馆提质升级、提升公共服务能力，做好免费开放工作，充分利用春节、端午节、国庆节等假日和国际博物馆日为群众推出文化盛宴，推出"千秋德化——福建德化窑瓷器展""繁星盈天——中国百年百大考古发现展"和"文明的渊薮——河南百年百大考古发现展""鲁慕迅先生作品专展""黄帝故里考古发掘成果——瓷器展""贝耀中华——砗磲文物展"等精品展览，受到市民广泛好评。2022 年，全市博物馆纪念馆共举办各类展览 93

个，开展社会教育活动 300 余场，接待参观人数 210 多万人次。

四、阐释文物时代价值，彰显古都郑州魅力

成功举办第九届"博博会"。在国家文物局、中国博协和省、市指导下，9 月 1 日至 4 日在郑州国际会展中心举办了第九届"博博会"。本届"博博会"以"新时代的博物馆：创新·发展·传承"为主题，精心布置了 6 万平方米展览总面积，科学设置 4 大展区，创新策划举办"博物馆之夜""第二届国际博物馆青年论坛"等 4 类 20 多项配套活动，437 家博物馆、208 家企业参展参会、10 万余人次预约参观、5.35 亿网络点击关注，规模前所未有，创出历史新高。紧扣时代主题，创新"4＋4＋100"模式，"云上"体验、"云下"参与，打造了一场"永不落幕"的博博盛会。国家文物局向郑州市委、中国博物馆协会向市政府发来感谢信，省委宣传部、市委市政府主要领导分别作出批示，对第九届"博博会"成功举办给予肯定，市委宣传部将承办"博博会"的经验做法印发全市文化单位学习借鉴。

统筹谋划中华文明主题乐园和省博物馆群建设。按照省、市工作部署，成立市级工作专班，高起点统筹谋划中华文明主题乐园和省博物馆群建设。对全市文物博物馆资源梳理归集，以"一本通"形式推介展示郑州文物特点、文化特质、文旅优势。4 月 13 日，邀请多位著名考古学家、历史文化学者对编制的《以郑州为中心，建设"行走河南·读懂中国"中华文明全景式集中展示地研究报告》进行论证，沟通中华文明主题乐园选址、筹备相关事项。围绕国内外各大主题乐园规划建设、运营管理、盈利营收等情况深入开展调研工作，召开中华文明主题乐园元宇宙建设专家研讨会，编撰完成《中华文明主题公园研究报告》等。积极与省、市专班汇报省博物馆群进展情况，提出工作建议，争取支持，指导荥阳、中牟两地分析要素，梳理资料，开展一期选址的文物调查勘探工作，提出修改建议。

持续扩大文物工作影响力。通过"行走河南·读懂中国"主题宣传

活动，积极宣传推荐裴李岗遗址、双槐树遗址、青台遗址等一批重要遗址。加强重点项目的新闻宣传，郑州商都遗址博物院和郑州市文物考古研究院博物馆开馆、"考古中国"考古成果发布新闻发布，受到社会广泛关注。探索将文物资源与新媒体相融合，充分利用好宣传平台，精心策划富有特色的主题宣传活动，让更多公众了解我市优秀文化遗产。根据不同宣传形式的优点，找准报道"点"、做好宣传"面"，全力发挥宣传引领风尚、鼓舞思想、带动进步的优势。全年媒体报道 600 余篇，最美古建照片被新华社、河南日报、郑州发布和学习强国等媒体平台采用，引发郑州城隍庙，文庙成网红打卡地，郑州商都遗址博物院开馆后，迅速成为市民打卡地，热议热点不断，多家中央媒体和省、市媒体主动给予大力宣传，产生良好的社会反响。

五、织密安全防护网，筑牢文物红线底线

切实筑牢文物安全底线。深入落实安全工作"一岗双责"和"三管三必须"制度，与 16 个区县（市）签订 2022 年文物安全目标责任保证书。深入开展"7·20"特大暴雨灾害问题整改工作，强化系统思维，聚焦应急能力问题短板，于 4 月 21 日和 6 月 14 日，举办"郑州市文物局2022 年应对自然灾害突发事件能力提升培训班"，组织开展防汛应急演练暨观摩活动，全面提升文物系统干部应急管理能力。与市消防救援支队联合下发《全市文物建筑消防安全专项检查工作方案》并组织消防安全检查。局领导带领 6 个检查组，在 7 月、国庆节和党的二十大期间开展文物安全大检查督导活动。充分发挥与公安机关联合打击和防范文物犯罪协作机制，持续开展打击文物犯罪专项行动，一年来协助公安机关破获文物犯罪案件 12 起。积极开展文物执法巡查，严查文物行政违法行为，办结文物违法案件 1 起，罚款 20 万元。

郑州市 2022 年园林绿化工作报告

郑州市园林局

2022 年以来，市园林局坚持以习近平新时代中国特色社会主义思想为指引，深入学习党的二十大精神，认真贯彻市委十二届二次全会暨市委经济工作会议部署，紧紧围绕"十大战略"，深入开展"三标"活动，统筹推进疫情防控和园林绿化建设管理，全年新建绿地面积 771 万平方米，建成公园游园 84 个，城市人居环境大幅提升。

一、坚持项目带动，提升城市绿量

按照省委"三个一批"和市委绿色低碳发展战略部署，市园林局以项目为王，狠抓公园绿地工程建设，共新建绿地 771 万平方米，城市绿量不断提升。强力推进公园绿地建设。围绕新建公园游园 60 个的民生实事任务，通过拆除违章建筑、利用边角空地等方式，大力推进公园游园建设，共建成 5000 平方米以上综合公园 24 个，5000 平方米以下游园 60 个。加快推进重点公园建设。青少年公园南区地形塑造、雨污水管网等基础工程任务完成近 50%；雕塑公园东门区域新增绿地基本完工；西流湖公园两座大型单体建筑（晴云阁、生态中心）基本建成。全面推进道路绿化和廊道建设。金洼干沟等 11 条生态廊道开工建设，其中华夏大道、冀州路等 5 条廊道基本建成；中州大道生态廊道改造提升工程任务过半，中州大道高架花箱工程大头落地；同时，按照"有路就有绿、有地就有绿"的原则，结合全市道路工程进度，同步推进绿化建设，完成龙湖中环西路、银桂街等道路绿化 43 条，正在建设绿化 30 条。

二、坚持以案促改，推进灾后重建

根据市委、市政府关于"7·20"特大暴雨灾害追责问责案件以案促改工作部署，紧密结合园林行业特点，制定了一套方案、建立了一本台账、开展了六项行动，突出抓好园林系统灾后重建工程。制定一套方案，即研究制定园林局"7·20"特大暴雨灾害以案促改等系列工作方案，成立了以局主要领导和党组成员为负责人的一个小组、四个专班，细化了任务分工和方法步骤。建立一本台账，即对照国务院关于郑州灾害调查报告，查找了园林系统在麻痹思想、防汛责任、风险意识等 12 个方面的问题，建立了整改台账和任务清单，明确了整改时限，实行了销号制度。目前 12 个问题已全部整改完毕。开展六项行动，即对照"7·20"特大暴雨灾害暴露出来的问题，以"完善一套防汛制度、建立一支应急队伍、储备一批防汛物资、开展一场应急演练、排查一遍风险隐患、加强一线防汛宣传"为主题，在园林系统先后开展了六项专题行动，组织应急演练 36 场，储备救生衣、救生圈、抽水泵等防汛应急物资 6700 余件（个），排查整治 3626 座窨井，对超过 1.2 米窨井全部加装防坠网，全面做好防大汛、抗大汛的前期准备。抓好灾后重建。在园林局 7 个灾后重建项目中，人民公园、南环公园等 4 个项目已完工，雕塑公园灾后重建完成 86%，碧沙岗公园灾后重建工程可研报告已批复，正在编制招标控制价，郑州市第三苗圃灾后重建工程可研报告已经专家评审会通过。

三、坚持以人为本，提升品质内涵

坚持以人民为中心的发展思想为指导，以园林绿化大比武、大竞赛、大提升为载体，以公园公厕改造、文化建园、花展活动为抓手，持续提升公园绿地品质内涵。公园公厕改造有序推进。按照一类公厕标准，分三批对碧沙岗等 16 个公园广场的 54 座公厕进行改造提升，当前两批 18 座公厕已建成，共新增蹲位 116 个，其中女厕新增蹲位 76 个，有效缓解了节假日期间女厕排队的状况，彻底改变了市民群众如厕环境，受到了广大群众的高度赞扬。第三批 36 座公厕改造项目正在按计划施工中。文化建园取得显著成效。突出文化元素和科技元素，注重从顶层设计做好文化建园：在人民公园建成河南省首家"城市有声书屋"，提供了"人在哪里，阅读阵地就在哪里"的城市阅读新体验；在南环公园谋划制作烟墩遗址发展变迁文化长廊，形成了一套郑州市南区城市变迁的档案资料；在月季公园建成以月季为主题，集研究性收藏与科普展为一体的月季科普馆，成为市民群众了解月季、认识月季的新去处。公园花展活动精彩举办。持续举办"绿满商都·花绘郑州"系列花展活动，充分运用园林造景手法、组摆鲜花、制作园林景点等形式，圆满完成碧沙岗海棠花展、紫荆山紫荆花展等 15 个花展活动，累计接待游客近 300 万人次。尤其是第二十八届月季花展，以"绿城绽芳华 谱写新华章"为主题，共展出丰花月季、藤本月季等 1200 余种，涵盖了球形、杯状等 8 大花型和红、粉、白、黑等 9 大色系，全面展现了城市园林行业的新技术和新品种。市级公园游憩空间再造加快推进。世纪公园改造提升工程可研报告正在完善提升，废旧游乐设施除摩天轮外已拆除完毕；碧沙岗基础设施提升工程建成完工，植物园拆围透绿、人民公园局部区域改造可研报告基本完成，尤其是人民公园鸟类生态园拆除取缔工作，被列为河南省第二轮中央生态环境保护督察群众举报件正面典型案例，有效提升了周边群众的居住环境质量。"二十大"景观氛围营造圆满完成。按照"主题鲜明、多点分布"和节约适度的原则，以"喜迎二十大、中原更出彩"为主题，采取花卉景观布置等形式，在全市组织开展了园林景观氛围营造工作，分别在城市交通枢纽、重点公园、窗口单位等区域，设置"鱼跃龙门""天地之中""中国梦"等立体花坛和景观节点 247 处，完成地栽花卉 500 万盆，全面展示了郑州经济社会发展成果和古都文化底蕴。

四、坚持法治建设，深化基层管理

营商环境持续优化。建立信用承诺容缺受理机制，持续深化"放管服"改革，不断优化水气热报装工程涉及城市绿地的审批程序，依法办理行政审批许可事项97件，审查建设项目绿化方案80件，群众满意率、审批事项办结率、双公示信息录入率达到3个100%。深入推进法治园林建设。全面落实法律顾问制度，组织行政处罚法知识竞赛，深入开展法治宣传教育，全面加强文件及合同法治审核，做到应审尽审，共完成各类文件法治审核400件、政府信息公开法治审核9件。公开透明自觉接受各界监督。全年共办理省、市政协委员提案11件，市人大代表建议15件，办理结果均为A，代表委员满意率达100%。全面深化安全管理。针对游乐设施、建筑工地、动物管理、消防设施、反恐防爆、保密安全等方面，在重大节日和重要活动期间持续开展专项安全治理，组织5次安全生产大检查、7次保密检查、8次反暴恐演练和消防安全回头看等活动，有效堵塞了安全漏洞。疫情防控措施织密织牢。制定"一完善、四强化"工作方案，开展无疫单位创建活动，成立党组成员任组长的流动督导组，采取"四不两直"方式，持续对局属17个单位进行督导检查，依法筑牢疫情防控防线，全局系统未发生一起聚集性疫情。同时，在疫情一线成立5个临时党支部，组织10名县处级干部带领专班支援中原、二七、管城、新郑等防控一线，795名在职党员按照双报到要求协助做好核酸检测、人员转运等工作，用实际行动践行"三起来"。

郑州市 2022 年工会工作报告

郑州市总工会

2022 年，在市委和河南省总工会的正确领导下，全市各级工会坚持以习近平新时代中国特色社会主义思想为指导，以迎接和学习宣传贯彻党的二十大为主线，以工会系统"五大行动"和"十件实事"为载体，改革创新，务实重干，各项工作取得了积极进展。

一、深入学习贯彻党的二十大精神和习近平新时代中国特色社会主义思想，在履行政治责任中团结引领广大职工听党话跟党走

聚焦迎接和学习宣传贯彻党的二十大这条主线，坚持把理论武装作为首要政治任务，牢牢把握工会工作正确政治方向，认真履行工会政治责任，着力加强职工思想政治引领，团结动员全市职工坚定不移听党话、矢志不渝跟党走。组织劳模和先进职工代表宣讲团，深入基层广泛开展党的创新理论宣讲。持续深入开展"中国梦·劳动美""劳动创造幸福""强国复兴有我""豫"见最美读书人短视频大赛等主题宣传教育活动。选树宣传郑州"最美职工"，举办"唱响新时代·建功十四五"职工歌手大赛、演讲比赛、诵读比赛，打造推出"致敬平凡　争当最美"公交主题车厢、劳模精神主题地铁车站。组织由党的二十大代表、劳模工匠、

职工典型组成的"郑州市职工学习贯彻党的二十大精神宣讲团",通过精神解读、互动宣讲、典型引领、知识竞答等形式,示范带动全市各级工会和广大职工持续掀起学习宣传贯彻党的二十大精神的热潮。全年开展党的二十大精神、"建功新时代"、"劳动创造幸福"等线上线下宣讲教育800多场次,覆盖职工200万人次。"郑州工会"微信公众号编发党的二十大精神解读学习、宣传贯彻信息150多期。2022年,中央、省、市新闻媒体及新闻客户端编发全市"三工"稿件1000余篇(条)。

二、持续推动产业工人队伍建设改革走深走实,在服务高质量发展和推进"十大战略"行动中发挥工人阶级主力军作用

坚决贯彻落实习近平总书记在《致首届大国工匠创新交流大会的贺信》中作出的"各级党委和政府要深化产业工人队伍建设改革,重视发挥技术工人队伍作用,使他们的创新才智充分涌流"重要指示精神,多措并举,精准发力,持续推动产改工作落地落实。制度上落实。召开全市产改协调小组会议,要求各成员单位结合部门职责和任务分工,重点聚焦思想引领、建功立业、素质提升、地位提高和队伍壮大"五大任务",全力做好强化教育、搭建平台、构建支撑、凸显地位和保障权益等工作。围绕7个方面重点工作建立考核指标体系,并将产改工作纳入市委督查和全市综合考评事项。统筹全面工作和重点项目示范点建设,安排市级层面11个县市和企业作为第一批示范点,以点带面推动产改工作不断向广度与深度推进。素质上提高。实施建功新时代主力军行动,举办职工技术运动会、"六比一创""三比两降""安康杯"等劳动技能竞赛,覆盖企业5300多家,参赛职工120万人次。以"育产业工匠、助郑州发展"为主题的"安全生产、先进制造业班组长和通用数字"职工专项技能竞赛,被中华全国总工会评为"2022年全国互联网+工会维权服务优秀案例"。扎实推进"人人持证、技能河南"建设,完成职业技能培训1.2万人。组织开展"小发明、小创造、小革新、小设计、小建议"

职工创新评比活动，有效提升了广大职工创新创造活力。典型上选树。大力弘扬劳模精神、劳动精神、工匠精神，选树表彰"郑州市五一劳动奖状"30个、"郑州市五一劳动奖章"206名、"郑州市工人先锋号"80个。选树劳模乡村振兴"十大领军人物""十面红旗单位"，组织1000余名劳模先进人物和100余个先进集体参与乡村振兴劳模出彩行动。选树命名第四批20个劳模工匠创新工作室，在全社会营造劳动光荣的社会风尚和精益求精的敬业风气。选树"最美娘家人"、驾驶员、环卫工各20名，最美环卫驿站、司机之家、职工之家各10个，激励全市广大职工学习"最美"、争当"最美"。

三、坚持引领构建和防范化解"两手抓"，在维护劳动领域政治安全和建设"平安郑州"中促进职工队伍团结与社会和谐稳定

坚决贯彻落实习近平总书记关于"服务职工、维护职工合法权益的大旗牢牢掌握在手中，哪里的职工合法权益受到侵害，哪里的工会就要站出来说话"的重要论述，着力构建工会维权体系，防范化解劳动领域各类风险，切实把"五个坚决"落到实处，努力做到"五个不发生"。聚焦新就业群体，扩大工会组织覆盖面。以"三建合一"为主要抓手，基层工会组织活力不断增强、维权能力有效提升。全年新建基层工会组织856家，发展会员8.1万人。目前，共有新业态工会组织1407家，新就业形态劳动者会员15.7万人。特别是郑州"饿了么"、"UU跑腿"公司工会组织的成立，标志着郑州市新就业形态劳动者工会工作的重大突破，在全国率先实现了工会组织对合作商、代理商及骑手的全覆盖。加大普法宣传力度，营造良好法治氛围。丰富"八五"普法活动载体，开展"送法到基层""法律进企业"系列活动，做好《工会法》、劳动法律法规、"4·15"全民国家安全教育日、"12·4"国家宪法日等主题法治宣传，进一步强化职工群众依法维权意识、提升维权能力。举办"职业病防治宣传周"系列活动，累计开展主题宣讲135次，受众职工群众近45

万人次。发挥工会劳动保护监督检查作用，组织开展安全生产月和"百场安全生产培训进企业"活动，有效提升企业和职工群众安全生产意识。开展"集中要约"行动，推动企业民主管理持续规范开展。全市共签订集体合同 3129 份，覆盖企业 2.8 万家，职工 56.8 万人。依法维护女职工合法权益和特殊利益，开展女职工维权月活动，持续强化女职工专项集体合同的签订、履约工作。健全以职工代表大会为基本形式的企事业单位民主管理制度，扎实做好厂务公开民主管理工作。守牢安全底线，防范化解劳动领域政治风险。建立"1＋N"工作专班，落实分析研判"4＋N"制度，充分发挥"12351"职工维权热线平台作用，摸排劳动领域意识形态风险点，针对性做好困难职工、农民工、新就业形态群体职工思想引领和维权服务工作。坚持维权与维稳相统一，主动融入基层社会治理，深入开展"六防六促"专项行动，严格落实职工信访工作制度和领导干部接待职工来访制度，接待调处职工来信来访来电 575 起，完成 24 件信访案件办理。推动解决欠薪问题，帮助 1223 名农民工追讨工资 603 万元。优化调解模式，源头解决协调难题。完善"工会＋法院"诉调对接机制，做好劳动争议调解的统筹落实。探索"工会＋人社"裁调对接机制，双向联动及时处理劳动争议案件。建强用好工会信息员队伍，积极推进 13 个市直单位维护劳动领域政治安全协同联动，及时有效化解矛盾问题。加强与劳动关系领域社会组织的联系，指导外卖、快递、网约车等相关协会建立行业性劳动争议调解组织，引导用工单位及劳动者将矛盾纠纷化解在萌芽状态。

四、聚焦生活品质提升需求，在高效推进精准帮扶和普惠服务中提升职工群众获得感、幸福感、安全感

深入贯彻落实党的二十大提出的"提高人民生活品质"重要部署和全总、省总"提升职工生活品质"工作要求，扎实做好职工帮扶服务工作，切实增进职工福祉。"双节"慰问暖人心。全市各级工会共筹集慰问款物 1907 万元，慰问职工 10 万余人次，其中慰问新就业形态劳动者 3.7

万人次。为职工提供各项暖心服务 22 万人次，帮扶救助困难职工 3784人，帮助农民工平安返乡 1762 人。向 329 名 65 岁以上全国劳模和省、市级困难劳模发放慰问救助金 280 万元，组织 130 名劳模代表参加疗休养活动。助力就业强信心。开展以"春风送温暖·就业送真情"为主题的春风行动，全年举办线上线下招聘会 134 场，提供就业服务 6.7 万人次。开设母婴护理、育婴、老年护理、中式面点等 8 个专业，对困难职工、失业待岗职工、农民工实施技能培训 9885 人次。开办"空中课堂"网络直播课，举办茶艺、电梯维保、西点烘焙等培训班 60 期，培训学员2000 余人次。帮扶关爱聚民心。开办 80 个爱心托管班，为 2644 名职工家庭解决后顾之忧。推出"女职工心理援助专线＋预约心理辅导＋心理健康知识宣讲"维权服务免费套餐。组织 4.2 万名职工参加免费健康体检。为 50 对职工新人举办"见郑爱·携手奋斗"第八届郑州市职工集体婚礼。新建"户外劳动者爱心驿站"100 家，向全总推树 38 家"最美工会户外劳动者服务站点"。升级改造 40 个"骑手之家"，为快递员、外卖骑手提供换电、休息等一站式服务。普惠服务筑同心。市、县工会累计投入 2547 万元开展绿色出行、消费帮扶、特惠观影、书香工会等职工普惠服务，惠及工会会员 166 万人次。开展普惠重疾职工互助保障活动，为 2020 名因遭受意外伤害、患重大疾病的会员办理赔付互助金 730.17万元。开展 9 期二次救助活动，累计救助慰问患病会员 413 名，发放救助金 130.3 万元。助力小微企业纾困解难，全市工会共全额返还 3912 家小微企业工会经费 2521 万元。抗击疫情守初心。面对去年郑州疫情的严峻复杂形势，郑州市总工会进一步提高站位、听从指挥，迅速出台助力疫情防控与经济社会发展 24 条具体措施，汇聚资源力量，坚定职工信心，全力以赴投入疫情防控工作，为助力全市打赢防控攻坚战和经济社会发展贡献了工会力量。市、县工会累计投入疫情防控专项资金 7500 万元，参与疫情防控工作 184 万人次，接听职工诉求电话 2400 余起，1176名咨询师和志愿者参与心理关爱工作。省委常委、市委书记安伟对《郑州工会举全会之力助力打赢疫情防控攻坚战》作出肯定批示："市工会响应市委号召及时有力，组织动员有序，工作成效明显，为全市疫情防控工作作出了积极贡献，希望再接再厉、乘势而上，落实落细'关爱你我他（她）·温暖千万家'行动，为实现双战双赢再立新功！"

五、把党的政治建设摆在首要位置，在坚持全面从严治党中加强工会自身建设

市总党组带头履行全面从严治党主体责任，严格落实党建暨党风廉政建设责任制，牢牢把握围绕中心、建设队伍、服务群众的职责定位，有力确保了机关党建走在前、作表率。机关党的建设全面加强。严格执行"三会一课"、民主生活会、双重组织生活和谈心谈话等制度，推进党支部党建工作定期观摩评议，扎实开展机关党组织书记述职评议，层层压实党建责任。认真落实党组"第一议题"制度，开展中心组集中学习研讨9次，支部主题党日集中学习12次，组织党员干部赴焦裕禄干部学院开展党性教育培训，全年接受党史教育、党风廉政教育和先进典型宣讲教育的党员2000多人次。扎实开展"双报到"、支部联建、结对帮扶等党员志愿服务活动，营造了浓厚的机关党建氛围。党风廉政建设持续发力。修订完善党组全面从严治党主体责任清单，制定印发年度任务安排，逐级签订责任书，党员干部签订承诺书，切实把主体责任细化实化具体化。安排各支部集中学习党章党规党纪和法律法规条例10余期，市总网站、工作群发送节日廉政提醒、以案促改警示案例55篇次，党组中心组开展以案促改集中学习6次，各支部开展以案促改集中学习160余次，累计参加以案促改专题学习1800人次，教育广大党员干部知法懂法、明纪守纪。能力作风建设有效推进。把能力作风建设与全面开展"三标"活动、深入推进"十大战略"行动相结合，扎实开展对标找差和"四问"大讨论。依托贵州大学开展工会主席、工会干部专题培训，抓好"学习强国"学习平台、河南干部网络学院线上培训，举办"创新大讲堂"活动，开展市总干部队伍能力提升大练兵，通过邀请专家讲、部长带头讲、业务知识测试等活动，进一步提升工会干部队伍政治能力、创新能力和攻坚克难能力。选派7名党员干部到县区工会开展3个月的蹲

点调研，选派 6 名党员干部到登封市陈村和东张庄村开展乡村振兴和美丽乡村工作，着力在基层一线锻炼和培养干部。县级工会建设不断加强。9 月，"县级工会加强年"专项工作启动以来，市总和县级工会按照"围绕一条主线、坚持两个结合、推动三个下沉、完成四项任务、实现五强目标"的总体要求，加强统筹谋划、强化支持保障、全力推进工作。县级工会班子建设、"小三级"工会专职人员配备等工作取得阶段性进展，全市县级工会工作得到普遍加强。

郑州市 2022 年共青团工作报告

共青团郑州市委员会

2022 年，共青团郑州市委员会以习近平新时代中国特色社会主义思想为指导，深入贯彻落实习近平总书记关于青年工作的重要思想，以迎接和学习宣传贯彻党的二十大为主线，结合庆祝建团 100 周年，按照新时代共青团"三力一度两保障"工作格局，积极融入"十大战略"行动，全面开展"三标"活动，真抓实干、锐意进取，各项工作取得新成效。

一、强化为党育人，引领青少年与党同心、跟党奋斗

紧抓为党育人主责主业，引导全市广大青少年听党话、跟党走。抓牢信念教育，围绕"喜迎二十大、永远跟党走、奋进新征程"主题，深化"青马工程""青年讲师团""红领巾巡讲团"等，建立红领巾讲解员队伍，"青年大学习"累计动员 800 万人次参学，25 期参学人数全省最高，连续 19 期参学人数全省第一。"开学第一课"主题队课、"十一三建队节"网络直播累计点赞量近 300 万。庆祝建团百年，举办郑州市学习贯彻习近平总书记在庆祝中国共产主义青年团成立 100 周年大会上的重要讲话精神座谈会，打造"建团百年致敬英烈　红色基因代代相传"红色记忆主题馆，评选五四青年奖章，制作"青春心向党　建功新时代"青年运动史画册，推进庆祝建团百年主题海报（视频）在千禧广场大厦

（"大玉米"楼）、科创大厦等郑州地标建筑上展播，引领青少年传承红色基因，争做时代新人。做强网络平台，创新打造郑州市青少年融媒体中心，新媒体平台粉丝数 168 万，较上年涨幅达 52%，全年发布推文 2000 余条，累计播放量近 1 亿次，微信公众号在全国地级市共青团公众号中综合影响力排名第二。打造原创产品，制作《"喜迎二十大、永远跟党走、奋进新征程"郑州青年说》《我在郑州挺好的》《同心战"疫"我来讲》等宣传片，策划《团团出发啦》《团团新青年》系列青春化短视频，讲述郑州故事，展现青春风采。推出的"新青年 郑青春"宣传片播放量 200 余万，在团中央五四主题文化产品展播中名列第二。

二、抢抓战略机遇，成功申创全国青年发展型城市建设试点

站位全市发展大局，抢抓全国青年发展型城市建设试点申报机遇。下好先手棋，在市委市政府大力支持下，快速启动青年发展型城市建设试点申报工作并申创成功。郑州市入选全国青年发展型城市建设试点，成为全省唯一、全国 45 个青年发展型城市建设试点之一。推动印发《中共郑州市委办公厅 郑州市人民政府办公厅关于印发〈郑州市青年发展型城市建设试点实施方案〉的通知》，在全市吹响青年发展型城市试点建设冲锋号。抓好五关键，迭代升级城市发展理念、健全青年发展政策体系、营造青年发展社会氛围、办好青年发展民生项目、搭建青年筑梦圆梦舞台，整合 29 项青年发展政策和 41 个青年发展实事项目，常议常抓"宜业宜居"两大重点，破解青年急难愁盼问题。

三、自觉担当尽责，建功郑州国家中心城市现代化建设

把牢围绕中心、服务大局工作主线，团结带领青年投身郑州国家中心城市现代化建设。赋能创新创业，成立科技创新团工委，承办河南青

年科技创新论坛，解读最新政策，分享创新发展方向，激发青年创新创业活力。建设青年创业会客厅，开展"团团帮忙"系列招聘会19场，累计参会人数13495人次，达成就业意向5700个，探索打造以市级会客厅为中心，县级团属阵地联动的服务青年创业就业实体化载体。成立青年创业就业导师团，目前已有72名导师，为广大创业就业青年提供政策宣讲、创业培训、就业指导等内容的公益服务。推进"人人持证青年当先"技能培训工作，完成培训5611人，超额完成全年民生实事培训任务。吸引青年留郑，创新开展"引力计划·市直单位大学生政务实践"活动，组织401名大学生在46家市直单位开展政务实践，引导大学生在学习实践中了解郑州。推进45家青年人才驿站上线运营，完成青年人才驿站的设计标识、开发线上管理系统、建立运行机制、筹建验收等工作，团中央书记处书记傅振邦调研时给予充分肯定。承办"创赢未来·优秀大学生中原行"，组织65名清华大学、人民大学等高校学子近距离感受郑州发展，激发投身家乡建设热情。助力经济发展，启动"青春联手·助力振兴"郑州首届青年年货节直播活动，发挥共青团服务青年优势，以本土优质产品和实惠价格吸引广大青年积极参与乡村振兴，助力市场回暖。深化志愿服务，创新开展"老家有爱'郑'在等你"专项服务活动，服务18109名由沪返豫大学生顺利隔离、安全归家。开展"青春守护·平安春节"主题活动，组织1914名平安青年志愿者配合排查各类矛盾纠纷300余起，化解280余起。深化"三下乡"、大学生"向基层报到""社区青春行动""农村人居环境整治行动"等活动，组织9万余名青年投身疫情防控、乡村振兴、生态环保等志愿服务，传播文明风尚。

四、心系重点群体，服务困境青少年健康成长

关注重点群体，及时把党的温暖传递给青少年。服务就业交友，强化青年人才实习就业，组织1400余名大学生参加企业实习，采用"线上＋线下＋精准指导"方式，筹集岗位19.7万个，持续拓宽青年人才就业渠道。举办青年交友联谊活动9场，助力解决青年婚恋交友难题。守

护心理健康，扎实推进青少年心理健康服务进村（社区）行动民生实事项目，建成"青翼家园"25个，完成心理个案咨询1312人次，开展心理服务活动320场。升级12355青少年服务台，全年接听热线2930个，化解心理问题1922个。点亮希望之光，希望工程全年募集善款482.75万元，资助学生7083人，直接受益学校200余所，建成"希望小屋"181间。护航健康成长，围绕防灾减灾、法治宣传、自护教育组织制作小视频30余个，开展活动630余场，不断提升青少年法治素养、自护能力。

五、深化改革创新，焕发昂扬向上精神风貌

纵深推进改革，以中牟、巩义、新郑3个县域共青团基层组织改革试点为牵动，一体推进全市12个区县（市）改革，3个试点县（市）均获得优秀等次（全国180个左右，全省9个）。

争取党委支持，12月29日，市委深改委第五次会议同意印发《郑州市县域共青团基层组织改革实施方案》，成立以市委副书记为组长的改革工作领导小组，推动各区县（市）将县域共青团基层组织改革纳入党委全面深化改革整体格局，不断优化改革环境，保障改革措施落地生效。

夯实组织基础，深入推进《中共郑州市委关于全面加强新时代少先队工作的实施意见》落地见效，向基层派驻"第一团支书"105人，新建社会领域团组织4332个，承办2022年度"活力杯"河南学校共青团基层基础工作大赛，发展团员28430名，13个市级团校获评河南省示范性中学团校，持续夯实基层组织基础。

厉行勤俭节约。"三公"经费支出6400元。召开会议2次，较2021年减少1次；没有开展督查活动。加强办公用房管理，杜绝超标问题。严格遵守各项规定，没有发生公款安排旅游和高消费娱乐活动问题，没有出现借节日之名巧立名目滥发各种实物、津贴补贴、奖金财物等问题。

郑州市 2022 年妇联工作报告

郑州市妇女联合会

2022 年，在市委、市政府和省妇联的坚强领导下，全市各级妇联组织坚持以习近平新时代中国特色社会主义思想为指导，深入学习贯彻落实习近平总书记关于党的群团工作和群团改革、关于妇女和妇女工作、关于注重家庭家教家风建设等重要论述，聚焦迎接宣传贯彻党的二十大主线，落实"疫情要防住、经济要稳住、发展要安全"的部署要求，深化引领服务联系，认真履职担当作为，重点难点工作攻坚突破，能力作风建设有效提升，团结带领广大妇女在锚定"两个确保"，开展"三标"活动、实施"十大战略"中发挥半边天作用，为保持平稳健康的经济环境、国泰民安的社会环境、风清气正的政治环境作出了积极贡献。

一、迎接宣传贯彻党的二十大精神有声有色，妇女儿童事业思想根基稳固

坚持用习近平新时代中国特色社会主义思想凝心铸魂。认真落实"第一议题"制度，及时跟进学，对标对表学，深刻领悟"两个确立"的决定性意义，进一步增强"四个意识"、坚定"四个自信"、坚决做到"两个维护"，不断提高政治判断力、政治领悟力、政治执行力，始终在思想上、政治上、行动上同以习近平同志为核心的党中央保持高度一致，

确保党中央决策部署和省委、市委要求在妇联系统落地见效。

深入开展"巾帼心向党 喜迎二十大"群众性主题宣传教育活动。以"巾帼心向党 喜迎二十大"为主题，开辟"歌舞绽芳华""扮靓我的家""童心向未来""实事暖万家"等五个线上专栏，唱响喜迎盛会的巾帼好声音。"郑州巾帼大讲堂"融入妇女群众生活；"三八""七一"等重大节庆活动主题鲜明、品牌响亮；参加"我奋斗 家国美"故事汇全国直播，讲好女航天员刘洋的家风故事；3386 支巾帼宣传队遍布城乡，以群众喜闻乐见的形式开展宣传，推出优秀作品 100 余部。各项群众性宣传教育活动影响带动妇女群众近 600 万人次。

迅速掀起学习宣传贯彻党的二十大精神热潮。党组以上率下、领学促学，通过党组会、党组理论中心组等层层传达，组织开展"十场活动聚人心""百场宣讲进基层""千名巾帼话出彩"等活动，原原本本学、联系实际学，推动党的二十大精神走进基层、走进妇女、走进家庭，把广大妇女的思想和行动统一到党的二十大精神上来，把智慧和力量凝聚到党的二十大确定的各项任务上来。

二、重点工作攻坚突破，妇女儿童事业起势向好

新周期妇女儿童发展规划颁布实施。通过调查研究、组织起草、征求意见、修改完善、专家论证等，科学编制《郑州市妇女发展规划（2021—2030 年）》《郑州市儿童发展规划（2021—2030 年）》，经市政府常务会议审议通过，正式颁布实施。

家庭教育促进工作成效显著。家庭教育地方立法领跑全国，《郑州市实施〈中华人民共和国家庭教育促进法〉办法》开启"依法带娃"郑州模式；《郑州市关于贯彻落实家庭家教家风建设工作的实施意见》《郑州市指导推进家庭教育的五年规划（2021—2025 年）》正式出台，科学化、规范化推进全市家庭教育提档升级、跨越发展。

儿童友好城市建设取得突破。制定印发《郑州市儿童友好城市建设方案》，完成第一批国家儿童友好城市建设试点申报，中央财政下拨1000

万元到位见效；参与编制《郑州市儿童友好城市规划建设标准》，并将儿童友好城市建设相关任务纳入全市综合考评，全力打造郑州儿童幸福标杆城市。

三、"三项职责"提升强化，妇女儿童事业成势见效

强化引领，凝聚更多人心。理论引领凝心聚力。完善市妇联巾帼宣讲团队伍建设，组织专家学者、妇联干部执委、妇女家庭典型、巾帼志愿者常态化开展线上线下大宣讲，"绿城巾帼大讲堂""巾帼大学习"等品牌有效覆盖网上网下、城乡社区，助推党的创新理论"飞入寻常百姓家"。活动引领厚植情怀。省委常委、市委书记安伟参加"六一"慰问，向全市儿童送上节日祝福；积极举办"双有"主题教育、"1米高度看郑州"等特色活动180余场，让"强国复兴有我"的时代强音更加响亮。宣传引领激发力量。在市妇联新媒体矩阵开辟专栏28个，编发原创文章578篇；联合主流媒体发起"追光的WOMEN"线上话题，宣传展示"十大女杰"先进事迹，获广泛关注；在"学习强国"平台签发稿件546篇，排名市直机关第一；全年获得各级媒体关注报道超过700次，其中，中央、省级媒体正面报道超过200次。价值引领滋养文明。深度融入文明城市建设创建大局，累计开展群众性精神文明创建活动1000余场；组织2.4万名巾帼志愿者开展服务2万余场，不断叫响"绿城月季花"巾帼志愿服务品牌；"绿城妈妈"项目参与全市文明实践志愿服务项目展示交流，获评全国巾帼志愿服务"十大优秀项目"；组织拍摄的全市首部儿童防性侵法治公益原创微电影《唤醒》，获评全国巾帼志愿服务关爱行动微电影大赛"十大优秀作品"。

强化服务，展示更大作为。服务中心大局更有力。"春风送岗"2.5万余个，求职人次超11万，获央视《新闻联播》报道；高质量推进"人人持证、技能河南"巧媳妇培训工作，完成技能培训6390人次，新增技能人才12251人，高技能人才5354人，完成比例分别达810%和660%；推出优化营商环境十项惠企举措，举办"赋能·她经济"女企业家发展

大会，市长何雄出席并讲话，授信 200 亿元助推女企业家发展；1 亿余元"巾帼创业贷"支持女性创业；推荐 4 家企业参加省巾帼科技创新创业大赛并分获一、二、三等奖；表彰第九届"十大科技女杰"，认定命名女性科技创新工作室、"巧媳妇"工程示范基地 35 个，宣树市级"巾帼文明岗""巾帼建功"标兵、优秀家政从业人员、"乡村出彩巧媳妇" 360 个（人），142 个集体（个人）获省命名表彰；推动"美丽庭院"示范创建活动纳入全市民生实事，创新"擂台赛""讲习所"等十大"硬核"举措助力美丽乡村建设，全年新增达标户 36009 户，其中 20 户获评省级示范户，全市达标总户数超 13 万，占总农村庭院数量的 37.2%。服务妇女儿童更高效。筹集发放各类防疫物资，成立党员志愿服务突击队、下沉工作专班，累计开展志愿服务 1.5 万余场，协助核酸采样 9 万余人次，服务群众 68.7 万余人次，助力 40 余个高风险楼栋（单元）顺利解封；采用市妇联抗疫事迹的市直机关下沉工作情况报告获省委常委、市委书记安伟肯定性批示。办理信访投诉事项 1005 件，办结率 99.5%；抓实平安建设工作，开展"法进万家"普法宣传 100 场，"六防六促"排查化解重点信访事项 144 件，领导包案跟进化解苗头性倾向性问题 18 件；全面助力党的二十大安保维稳工作，收到市信访工作联席会议表扬信。圆满完成"两癌""两筛"等民生实事项目；积极为"儿童关爱""春蕾计划"等项目募集资金，走访关爱特殊群体未成年人 1724 人；2022 年 11 月以来，谋划实施"关爱你我他（她）·温暖千万家——情暖绿城"巾帼关爱活动，通过十项"暖心"举措累计筹集发放物款 200 余万元，助销果蔬 13 余万斤，惠及群众 110 余万人次。服务广大家庭更精准。常态化开展"最美家庭季季推"活动，全市共揭晓各级各类"最美家庭" 21900户，28 户获全国、省命名；成功申报省移风易俗试点区县（市） 3 个。采取普发手机短信、宣传大屏滚动播放、打造全国首个家庭教育宣传地铁专列等多种形式，全方位、立体化、覆盖式宣传家庭教育法律法规，举办开展家庭教育知识讲座、心理团体辅导、《爱顾家》直播访谈、"特殊时期　特别家教"等活动 420 余期，惠及群众 430 万人次。精心策划开展"清廉家风润绿城"——廉洁文化进万家系列主题活动，征集廉洁故事和文化作品 1200 余个，组织开展郑州好家风宣讲 700 余场，寻找揭晓县级以上"廉洁治家"最美家庭 175 户；成功举办成果展示大会和郑州市廉洁文化进万家——"我家传廉"文化作品展，接待 50 多家市直单位近千人次参观。

强化联系，汇聚更多力量。将四级妇联组织、"三新"领域妇联组织、市直妇委会编入"四组一队"，实现四级联动、"三新"互动、末梢灵动，成功申报全市综合考评特色创新事项；对新的社会阶层人士、女性社会组织等的思想引领和联络服务进一步加强；做好党的民族宗教工作，积极开展民族宗教政策法规宣传，推进妇联系统援疆工作，支持建设"妇女之家""儿童之家"。"十村引领百村创建千村提升""四组一队"示范创建活动不断深入，认定市级"四组一队"100 个，获评省级示范"四组一队"9 个，创建数量位列全省第一；在全市各级妇联组织中开展"党建引领'五星'联创 三级联动"活动，助力基层党建"摘星夺旗、三级争创"。

四、自身建设扎实有力，妇女儿童事业胜势可期

高质量开展"能力作风建设年"活动。树牢目标导向、问题导向，突出实战实训，综合运用培训讲座、现场教学、典型示范、案例分析等方式方法提升七项能力，市妇联在河南干部网络学院年度考核中荣获优秀参学单位；坚持补短板、强弱项，制定印发市妇联应急能力提升大练兵方案、突发事件总体应急预案，推进大学习大培训，在疫情防控下沉等急难险重任务中强本领、锻作风，妇联组织政治性先进性群众性切实增强。

高标准深入推进全面从严治党。强化政治机关意识，坚持全面从严治党，严格落实中央八项规定及其实施细则精神，支持市纪委监委驻市政协机关纪检监察组履行监督职责，严格落实请示报告制度，持续巩固风清气正、干事创业的良好政治生态，市妇联被评为全市首批清廉机关建设优秀示范点。持续将党建带妇建机制纳入全市综合考评，推

动妇联工作高质量开展；策划落实郑州市"一把手"民情体验实事项目，为企业发展纾困解难，切实以党建"第一责任"引领和保障发展"第一要务"。

高水平持续深化妇联改革创新。深化基层妇联破难行动，持续加强妇联系统改革，制定出台《郑州市妇女联合会"十四五"时期深化妇联系统改革方案》，坚持用改革破瓶颈、解难题、求突破、促发展。发展团体会员21家；新建"三新"妇联组织509个，全省排名第一；策划完成市妇联改革专题片，改革经验在《中国妇运》刊发；"融入'四组一队'，争当'最美执委'"活动经验在全省推广。

Ⅲ

调研报告

关于乡村旅游赋能乡村振兴的调查研究

郑州市人大常委会

2021年2月，习近平总书记在贵州考察调研时强调，脱贫之后，要接续推进乡村振兴，加快推进农业农村现代化。关于乡村旅游在乡村振兴中应发挥的作用，2022年中央一号文件《中共中央　国务院关于做好2022年全面推进乡村振兴重点工作的意见》明确要求，鼓励各地拓展农业多种功能、挖掘乡村多元价值，重点发展乡村休闲旅游等产业，实施乡村休闲旅游提升计划。

为深入学习贯彻习近平总书记重要讲话指示精神，贯彻落实2022年中央一号文件精神、省委关于"实施乡村振兴战略"决策部署及市委关于"实施乡村振兴战略行动"要求，把乡村旅游打造成为郑州实现乡村振兴的重要途径和重要力量，市人大常委会专题调研组，于2022年3—10月开展了关于乡村旅游赋能乡村振兴的专题调研。调研组先后组织市人大代表、相关政府部门、旅游行业协会负责人及院校专家学者召开座谈会，深入惠济区、中牟县、新密市、巩义市等地查看，组织省文化旅游规划院专家、高校学者、乡镇负责人在中牟县召开研讨会。在此基础上，系统梳理存在的问题，深入分析内在根源，提出相关意见建议，具体如下。

一、主要做法及成效

（一）开展乡村旅游资源普查和发展状况调查。市政府及相关部门紧紧围绕具有黄河流域生态保护和高质量发展鲜明特征的国家中心城市建设目标，强化规划政策引领，丰富产品供给，完善基础设施，提升服务品质，优化乡村旅游环境，大力发展都市型乡村旅游，推进全市乡村旅游高质量发展。目前，郑州市已成功创建国家、省、市三级乡村旅游品牌 185 个，其中包括巩义市小关镇南岭新村等 7 个全国乡村旅游重点村（镇）和 55 个省级乡村旅游特色村和示范镇，形成了一定规模效应。2021 年 9—10 月，对郑州各区县（市）的乡村旅游资源进行摸底、排查，全面掌握全市乡村旅游资源数量、类型、特征，建立全市乡村旅游数据库，制订《郑州市乡村旅游资源分类评价表》，编制《郑州市乡村旅游综合评估报告》等，为郑州市乡村旅游的发展奠定了良好的基础。

（二）研究制定三个政策文件和一个标准。2020 年 12 月，市文化广电和旅游局联合市委宣传部、市财政局制定下发《关于推进乡村旅游高质量发展的实施意见》。为贯彻落实河南省、郑州市文化旅游大会精神，依据《河南省人民政府办公厅关于加快乡村旅游发展的意见》和郑州市关于文化旅游强市要求，在全市乡村旅游资源普查基础上，研究制定推进乡村旅游高质量发展的实施意见。2021 年 1 月，市文化广电和旅游局、市委宣传部等 13 个部门联合印发《郑州市乡村旅游民宿高质量发展实施意见》。2021 年 12 月，印发《郑州市乡村旅游发展三年行动计划（2021—2023）》。2021 年 6 月，创新编制《郑州市 A 级景区村庄评定标准（试行）》，推动美丽乡村精品村建设。围绕市委、市政府中心工作，贯彻落实《郑州市加快美丽乡村建设实施方案》；学习借鉴杭州乡村旅游发展成功经验，强化本土乡村调研论证，编制 A 级景区村庄评定标准，倡导主客共享，充分发挥农民主体作用，发挥以旅兴农的作用，真正实现旅游富民、旅游美村。

（三）打造乡村旅游精品线路和品牌。2021 年 4 月，开展"三座城、三百里、三千年"系列活动,精心策划和设计旅游线路,引导市民前往乡村旅游。围绕"山·河·祖·国"和"去郑州看华夏古国"文旅主题,策划推出"看山、亲河、拜祖、访国"4条市长推荐文化旅游精品路和10条郑汴洛经典文旅路线。策划组织嵩山之旅、河洛之旅、南岸之旅直播活动,带动环嵩山乡村旅游度假区、沿黄生态观光休闲旅游带和田园风情乡村旅游休闲区人流量大幅度提升。2021年5月,国家发改委和文化和旅游部推出"体验脱贫成就·助力乡村振兴"乡村旅游学习体验线路,郑州市巩义长寿山风情古镇一日游、康养之旅和登封近郊乡村游入选。2021年11月,郑州市文化广电和旅游局、农委、城建局等部门联合打造乡村旅游线路,整合全市美丽乡村精品村、乡村旅游特色村、A级旅游景区等乡村旅游资源,以"体验乡村旅游,助力乡村振兴"为主题,推出七条特色鲜明的乡村旅游精品线路,擦亮了全市乡村旅游品牌,丰富了乡村旅游产品。

二、存在问题与不足

(一)村庄建设城市化——长驱直入。发展乡村旅游、实施乡村振兴战略行动,做好村庄规划是前提。这样有利于科学布局农村生产生活生态空间,尽可能多地保留乡村原有地貌和自然生态,系统保护好乡村自然风光和田园景观。然而,近年来随着农村城镇化进程的加快,郑州个别地方出现规划缺失、超越发展阶段、建设无序等不当举措,导致乡村旅游景观"千村一面",失去了乡村不同于城市的特有魅力。其个性化缺失的根源是缺乏因地制宜,追求城市化,失去乡村本色,未能结合不同乡村的历史文化和风土人情进行开发和设计。同时,还存在着一定的"去农化"倾向,盲目追求城镇化、洋化、高档化,表现生硬,与主题不和谐,加之接待设施的大规模高强度建设,以"生态、绿色"为核心的吸引力逐渐弱化。

(二)文化挖掘表象化——蜻蜓点水。在乡村振兴过程中,农村文化的繁荣是发展乡村旅游、助推乡村振兴的内在保证和动力来源。但郑州现有的部分乡村建设将更多的着力点放在基础设施建设上，对于村落历史文化遗址、特色民宿风情等地域文化资源的挖掘力度不够，对传统历史文化的宝贵价值和珍贵内涵还没有形成深刻的认识。目前，郑州在乡村历史文化资源深度拓展和利用上没有倾注更多的精力，目光仅局限于村落历史文化的纸面宣传，未能从推动乡村旅游文化产业的视角来分类规划经营，也没有对地域文化资源的传承方式进行科学探索，更没有将地域文化资源融入环境治理、硬件配套设施建设、乡风文明建设和旅游项目开发中，忽略了地域文化资源内在美的深入挖掘和时代特色的深度注入。

（三）产业发展盲目化——有产无市。一是部分区域片面强调乡村产业的企业化、专业化、规模化转型，对乡村特色旅游资源开发和综合利用不够，很大程度上制约了乡村经济的多元化、综合化发展，影响乡村就业增收渠道的开拓和乡村旅游产业竞争优势的培育。二是关于乡村旅游的产品结构较为单一，产品同质化现象普遍，缺少精品，极易形成同质化竞争，不利于旅游市场的健康发展。部分乡村游项目存在一定程度的简单、低档等初级阶段特征，如接待设施呈现破败之相、生活环境简陋与陈旧等，难以适应人们追求返璞归真与简朴的市场需求变化。三是很多乡村旅游项目，定位不明确，主题不突出，没有深入挖掘当地历史文化内涵，难以形成自己的特色。此外，郑州目前农业、温泉、采摘等旅游项目虽多，但缺乏核心的主题整合，给人大而杂的感觉。

三、工作意见和建议

党的二十大报告提出，"全面推进乡村振兴"。从"实施"到"全面推进"，乡村振兴已成为我国构建新发展格局、推动高质量发展的重要组成部分。为此，调研组建议，深入学习贯彻党的二十大精神，持续贯彻习近平总书记重要讲话指示精神，贯彻落实2022年中央一号文件精神、省委关于"实施乡村振兴战略"决策部署及市委关于实施乡村振兴战略行动要求，立足郑州市乡村旅游现实基础，以更好地服务和满足人民群众的乡村旅游需求为动力，以助推乡村振兴为目标，做好都市型乡村旅游大文章。

（一）创新发展模式，推进乡村旅游产业融合发展。新时代背景下，实现乡村旅游的可持续发展和农业农村现代化的目标，必须发展形式多样的乡村旅游产业。一是充分发挥旅游业关联性强、辐射带动作用大的优势，推动乡村旅游与新型城镇化、农业现代化、现代服务业融合发展，打造特色旅游产品，完善和延长旅游产业链，促进农村二、三产业联动发展，增强农村"造血功能"，提高农村人口增收能力。二是遵循时代发展规律，充分运用自身的资源优势和产业吸引力，借助多方力量扩展更多的融资渠道提供资金支持，保证乡村旅游和第一、二、三产业之间的融合力度。注重对于旅游产业链的创新性打造，充分考虑和发挥不同产业之间的特色和优势，创新乡村旅游的产业形式，诞生亮点吸引游客。三是推进旅游与农业、林业、水利、体育、商贸、互联网等产业的融合。发展观光农业和休闲农业，开发农耕文化节庆活动，打造"农业观光＋农事娱乐＋农耕文化展示＋乡村生态体验＋购物美食游＋度假休闲"等旅游融合产业链。开展"旅游＋互联网＋电商"创新成果试点示范和推广应用，组织和引导返乡农民工、大学毕业生、专业艺术人才、青年创业团队等各类"创客"投身乡村旅游发展，建设乡村旅游创客示范基地。

（二）夯实人才支撑，优化旅游人才供给结构。人才队伍建设，是促进乡村旅游健康发展的重要举措，是转变经济发展方式、实现乡村振兴的必要条件。要通过充分激发乡村现有人才活力、营造乡村旅游人才良好就业环境、搭建乡村旅游人才高效引进渠道，把更多人才引向乡村、留在乡村创新创业。一是激发乡村现有人才活力。乡村振兴战略背景下，要体现乡村旅游的惠农性，必须切实提高当地村民在乡村旅游产业中的整体参与度，让农户获得切身的经济利益。政府及相关部门应出台相应政策，鼓励相关机构为本地农户提供职业技能培训，扩大在本地乡村旅游产业中的就业面，保证农民在乡村旅游市场中的地位。二是搭建乡村旅游人才高效引进渠道。树立人才引领农业农村发展的理念，精准引进发展乡村旅游急需的高精尖缺人才，创设条件搭建高能级人才平台载体吸引人才下乡创业就业，为乡村旅游产业提供人才与智力支撑。三是改善乡村的创业环境。研究和制定有助于高层次旅游人才发展需要的工作配套政策体系，积极营造具有竞争力的政策环境、有利于旅游人才安心干事创业的人文环境。完善乡村旅游产业的利益分配机制，保证多主体之间利益的均等分配，为郑州发展乡村旅游、助推乡村振兴奠定坚实的基础。

（三）彰显旅游特色，提升旅游产品文化内涵及品质。乡村旅游系列特色产品开发，应将乡村旅游设计视为关键，彰显乡村旅游业的核心吸引力，积极开发郑州特色文化，设计与策划具有鲜明郑州乡村特色的旅游系列产品。一是明确目标定位。针对旅游业发展特征，以特色化旅游产品为基准提升旅游产品内涵及品质，全方位满足游客群体个性化需求，强化游客群体对乡村旅游的体验性及参与性。深入考察郑州不同区域的特色资源，深刻认识自身的竞争优势，有序推进特色旅游产品的开发和转化，延伸乡村旅游产业链条，优化乡村旅游发展机制。二是挖掘地域文化元素。地域文化是每个村落独有的元素，也是规避与其他乡村出现同质化的重要元素之一，造出乡村地域"差异"是乡村旅游品牌形象设计中最需要解决的核心问题。因此，应围绕郑州乡村旅游的文化特点，打造配套的综合性旅游文化资源，挖掘乡村文化内涵，让文化元素充分展示在开发乡村特色旅游产品中，以文化的感召力吸引和留住游客。三是体现"乡土"特色。"乡土性"是乡村旅游景区建设的基础元素，也是乡村旅游项目吸引游客的特色优势。要积极且合理开发乡村旅游资源，使游客产生放松身心与回归大自然的体验，发展生态度假、中医健康疗养、田园休闲、运动健身以及健康养老等高水平旅游项目，在充分满足游客群体高端需求的基础上，有效提升旅游产品整体品质。

（四）坚持生态优先，推动旅游资源的保护性开发。生态优先，不仅仅是一种观念，更多地体现为一系列行为。随着乡村城镇化进程的加快，郑州部分乡村生态存在不同程度的破坏、退化，如果仅仅依靠旅游者生态保护意识的觉醒，或者写几个生态保护的口号，难以承载起乡村生态旅游可持续发展的重任。当前，郑州乡村的绿色生态旅游资源越来越吸引消费者。绿色和生态优先作为乡村旅游发展的核心，必须贯穿于乡村旅游开发运营的各个环节，保障乡村旅游的可持续发展。首先，政府及相关部门要充分发挥宏观调控职能，出台与生态保护相关的制度文件，及时制定并实施生态恢复和保护措施，树立正确的招商引资理念，严格审批乡村旅游开发企业，确保乡村旅游始终围绕农村旅游可持续发展来开展。其次，各级政府及相关部门和乡村要共同努力，加强绿色发展理念的宣传和学习，使旅游企业坚持短期利益和长期利益的统一，避免对自然资源造成不可逆的破坏。再次，要在乡村旅游开发期间坚持适度、合理的开发原则，加大低碳旅游设施的建设，对已经遭到破坏的生态旅游资源，及时采取生态恢复措施，从而有效保护乡村生态资源及其环境。在乡村旅游经营期间，应积极向游客宣传低碳旅游理念，倡导游客进行对生态负责的旅游，推动乡村旅游向高品质、低污染的方向发展。

（五）优化乡村治理，加强基层治理体系现代化建设。乡村治理是国家治理的基石，治理有效是乡村振兴的重要保障。加强乡村治理体系建设是发展乡村旅游、实现乡村全面振兴、满足农民群众美好生活需要的必然要求。一是加强基层组织建设。强化基层组织工作是发展乡村旅游、推进乡村振兴战略的前提，农村治理体系和基层组织的有序运行是发展乡村旅游、实现农村振兴的根本保证。加强乡村治理必须立足郑州实际情况、加强基层组织建设，以党建引领具有郑州特色的乡村善治之路。二是完善政策制度。加快基础设施和配套设施的建设和完善，构建旅游公共服务和保障体系，促使乡村旅游健康有序发展。完善危机预警和应急管理机制，加强综合治理的力度合理划分治理区域，有效整合乡村内部资源，防范辖区内的旅游危机事件发生。三是提升治理能力。把社会主义核心价值观融入乡村旅游和社会治理中，加强旅游从业人员的职业道德建设，构建诚信信用体系，规范乡村旅游行业有序发展。健全自治、法治、德治相结合的乡村治理体系，搭建县乡村三级党群服务平台，提升村干部专业能力和便民服务水平，让农村社会既充满活力又和谐有序，以乡村善治推动郑州乡村旅游的发展、实现乡村振兴的目标。

以打造世界"设计之都"为引领
积极推进"设计郑州"建设
——"设计郑州"专题调研报告

政协郑州市委员会

河南省第十一次党代会提出，发展工业设计、工业软件、建筑设计、创意设计等，打造"设计河南"。今年4月，河南省又专门召开"设计河南"建设专题协商座谈会，省委书记楼阳生明确指出：要把郑州作为"设计河南"的先行区来打造，支持郑州创建"设计之都"，推动设计企业、设计人才、设计平台等在郑州布局聚集。郑州市委第一时间作出"设计郑州"的战略部署，省委常委、市委书记安伟明确由市政协负责"设计郑州"专题研究。

为认真贯彻落实市委决策部署和安伟书记指示精神，市政协成立"设计郑州"调研工作专班，下设办公室和7个调研小组。组织政协委员、专家学者和设计机构负责同志，先后赴武汉、南京、重庆、成都等地考察学习，吸收借鉴先进经验，立足我市实际进行剖析，征求专家学者意见，提出对策建议。共召开座谈会、研讨会、协商会25场次，历时3个多月，形成此报告。

一、"设计郑州"建设的基础和现状

（一）设计体系相对完备，产业发展初具规模。

据统计，截至2021年底，全市经营范围涉及设计产业的法人单位超2万家，从业人员20余万人。全市设计产业总规模突破2000亿元，基本形成以工业设计、建筑设计、文旅设计、乡村设计为主，以其他创意设计为辅的设计产业体系。我市在各个工业行业领域有相对完备的设计体系，有数量较多的设计机构，共有工业设计产业园区2个，省级以上工业设计中心（企业）36家，占全省比重为40％。其中，国家级工业设计中心2家（郑州大信家居有限公司、宇通集团工业设计中心），省级（企业）工业设计中心23家，省级工业设计企业6家，省级高校工业设计中心5家。全市勘察设计企业共877家、占全省比重60.7％，现有从业人员8.4万人、占全省比重为71.2％。全市创意设计服务法人单位1.41万家，占全部文化产业法人单位比重为34.55％。全市生态环境设计机构260家，从业人员4590多人。

（二）部分领域优势明显，总体实力处于中上。

郑州市工业设计有一定基础，建筑设计有较大规模，部分领域具有比较优势，总体处于全国中上水平。工业设计方面：我市商用客车、重大装备等设计能力实现跨越式提升，进入国内外第一方阵。中铁装备2021年度共获国家级奖项1项、其他奖项7项，其中"超大直径常压刀盘泥水平衡盾构机"荣获2020年中国优秀工业设计奖金奖；宇通公司"小宇2.0"巴士荣获2021德国红点奖；恒天重工设计成果获得国家科技进步奖4项，省部级科技进步奖40余项。建筑设计方面：全市有13家甲级资质企业进入河南省工程勘察设计咨询企业20强，12家大型企业被认定为省政府重点扶持的骨干企业。黄河勘测规划设计研究院有限公司等3家企业进入全国建筑设计百强行列，多项研发成果荣获科技进步、勘察设计、优秀咨询等国家级奖项。全市勘察设计行业累计拥有专利6707项，拥有专有技术1103项，荣获科技进步、勘察设计、优秀咨询等

2397 奖项。

（三）文化资源优势突出，创意设计厚积薄发。

郑州历史文化资源丰厚，拥有不可移动文物近万处，其中世界文化遗产 2 项，国保单位 83 项。郑州有距今 10 万年的织机洞遗址，8000 多年的裴李岗遗址，3600 多年的商城遗址等文化资源，为创意设计提供了丰富素材，也为高端人才集聚提供了强大文化吸引力。近年来，郑州文旅设计产业整体向好，文旅空间布局设计合理，文旅设计业态持续升级，文旅设计产品体系渐成，特别是各类创意产品呈现爆发式增长，备受世人瞩目。其中，河南卫视"唐宫夜宴"及节日"奇妙游"系列节目频频"出圈"；河南博物院打造的"失传的宝物"考古盲盒入选全国博物馆文创精品榜单；只有河南·戏剧幻城、银基动物王国等文创项目，国家动漫产业发展（河南）基地、建业电影小镇等一批文化创意园区崭露头角。在全国印迹乡村创意设计大赛中，郑州共有 9 项作品获奖，其中"云上院子——有温度的山居美学民宿设计"获全国一等奖。小樱桃动漫、赏豫文化、华冠文化、梦祥银等本土文创企业不断守正创新，发展势头迅猛。

（四）政策支持力度加大，人才培育稳步推进。

政策支持方面：近年来，郑州市逐步加大了对工业设计中心建设的政策支持，对通过认定的国家、省级工业设计中心（企业），分别给予 300 万元、100 万元的一次性奖励，目前累计支持工业设计企业（中心）近 1000 万元。在去年世界工业设计大会上，郑州市金水区国家知识产权创意产业试点园区、郑州大信家居家设计工厂园区荣获"2021 年度中国设计产业 100 强十佳设计园区"。目前，市政府正牵头制订《建设"设计河南"先行区、世界"设计之都"实施方案》，将出台更加有力的支持政策。

人才培养方面：郑州现有本科高校 27 所，其中 24 所高校开设 8 个设计类本科专业，涵盖 77 个专业布点，2021 年设计专业在校生有 32715 人、毕业生有 7440 人。驻郑高职高专院校共有 41 所，其中有 28 所开设设计类专科专业 20 个，共有专业点 124 个，设计专业在校生 23845 人，每年毕业 6937 人。河南大学、郑州轻工业大学、中原工学院等 3 所高校开设 3 个设计学硕士学位授权一级学科点，每年毕业约 200 人。河南工业大学开设工业设计（工学）博士研究方向，已连续两年招生。河南工业大学、郑州轻工业大学、河南农业大学、中原工学院和郑州航空工业管理学院均已建成省级工业设计中心。另外，我市勘察设计行业设有院士工作站 1 个，博士后科研工作站 4 个，省级博士后创新研发基地 1 个。勘察设计行业拥有高级职称人员 1.1 万人、各类注册人员 1.13 万人次，拥有 1 位中国工程院院士、6 位全国工程勘察设计大师（包括细分行业大师）和 14 位河南省工程勘察设计大师。

二、"设计郑州"建设面临的困境和问题

郑州市设计产业发展起步较晚，与打造"设计河南"先行区、建设世界"设计之都"的发展目标要求相比，与国内先进城市相比，还存在较大差距。

设计理念相对滞后。普遍缺乏从战略高度认识"设计郑州"，对于如何发展设计眼界不高、概念不清、方向不明。多数企业重技术研发、轻设计创新，没有把设计视作企业发展的核心动力，满足于简单代工或模仿跟随，没有设计团队，也很少购买设计服务。公众设计意识淡薄，对设计的价值和地位认识不充分，对设计的追求不高，盗用、抄袭设计方案的情况屡见不鲜，缺乏重视设计、崇尚设计的良好氛围。

顶层设计相对迟缓。政府对设计行业关注少、支持力度小，整体发展水平和营商环境与发达地区相比差距明显。北京、上海、广州、深圳等地在"十二五"期间就制订了设计产业专项发展规划。2010 年以来，工信部等部委先后发布《关于促进工业设计发展的指导意见》《制造业设计能力提升专项行动计划（2019—2022 年）》等文件，全国有 18 个省份争相跟进。例如，深圳市 2012 年出台了《关于加快工业设计业发展的若干措施》，2020 年再次出台《关于进一步促进工业设计发展的若干措施》，从基础研究、人才培养、成果转化、服务体系等方面对工业设计行

业给予资金和政策支持。而郑州市至今没有出台相关文件，缺乏设计产业相关规划和扶持政策，缺少专门的统计指标，缺乏产业考核、决策评判标准和依据。调研中，多个市直职能部门都提供不出设计产业发展的准确数据，统计部门也没有设置专门的统计指标。

设计实践发展缓慢。从整体上看，郑州市设计产业规模小、数量少，工业设计难以赋能制造业实现高增长、高附加式发展，特别是目前尚未开展市级工业设计中心建设，没有工业设计中心培育库。而深圳、武汉、厦门、重庆、烟台等城市均已开展市级工业设计中心建设，梯次培育库健全，培育出了一批国家级工业设计中心。其中深圳已累计建成 13 家国家级工业设计中心，厦门 12 家，重庆 10 家，武汉 7 家，烟台 5 家，而郑州市只有 2 家。郑州市 36 家省级工业设计中心中，企业建立的工业设计中心 23 个，学校建设的工业设计中心 5 个，专业的工业设计企业只有 6 家，工业设计园区只有 2 个（武汉市工业设计园区 3 个）。企业的工业设计中心多隶属于企业的技术中心，人员大多在 30～50 人，业务规模与制造业总产值不相称。专业的工业设计企业人员多在 10 到 30 人，每年的营收 100 万～500 万元，规模偏小，缺乏工业设计龙头企业。科技创新与设计融合不够，工业设计、产品设计不注重个性化需求，城市设计存在贪大求洋现象，农业农村设计严重缺位、没有综合性农业设计机构，文化旅游设计同质化问题突出，乡村游、短视频、数字文创等新兴业态发展较慢。

设计平台相对欠缺。大赛和奖项是汇聚设计成果、提升产业影响力的重要途径。美国、德国、日本等已创立设计领域的全球顶级奖项，掌握了行业话语权。上海以创建"设计创新型城市"典范为目标，打出了一套组合拳，包括举办"世界设计之都大会"，筹建"国际设计百人"组织，培育具有国际影响力的设计大奖、设计企业和设计驱动型品牌，提升"上海设计周"影响力等。温州市政府 2017 创办"市长杯"中国（温州）工业设计大赛、杭州市政府 2007 年创办"市长杯"创意中国（杭州市）工业设计大赛、广东省创办"省长杯"工业设计大赛、江苏省创办"紫金奖"工业设计大赛等，影响力很大。就我市而言，目前尚未组织国际性、全国性设计大会、论坛等活动，没有设立市级设计奖项，缺少政府组织的设计赛事活动，没有专门的设计类专业刊物，没有专门的设计成果展示场所。媒体对设计领域关注不够，宣传报道少，设计宣传氛围不浓。

设计人才相对匮乏。人才是设计产业发展的第一资源。深圳 2021 年拥有工业设计师及从业人员超过 15 万人。上海计划未来 5 年内，集聚百人以上具有全球影响力的顶尖设计大师，培养千人以上的一流设计师，造就万人以上的设计师骨干队伍，储备十万能量级的青年设计人才。郑州市现有高校工业设计相关学科普遍存在建设经费投入不足、教学实验条件落后、产教融合不深入、毕业生设计能力不强等问题。调研中发现，一方面设计专业学生分配难，本地设计产业不够发达，就业渠道少，工资待遇低，设计能力强的学生到国内一线城市就业，许多学生毕业后改行从事其他工作。另一方面整个设计市场人才匮乏，尤其是高端人才紧缺，反映出人才供求之间的矛盾。现有省级以上工业设计中心，顶尖人才和高水平团队稀缺，各方面待遇低，人才招引难，专业设计人员流失率高。

三、国内外"设计之都"建设借鉴

（一）"设计之都"的概念。

"设计之都"是联合国"创意城市网络"授予某些"创意城市"的七大主题荣誉称号（文学之都、音乐之都、电影之都、设计之都、民间艺术之都、媒体艺术之都、烹饪美食之都）之一。"设计之都"是以设计为发展主题和定位的创意城市，强调将设计理念融入城市社会经济文化的方方面面，以设计引领城市产业转型升级、空间环境提升及精神文化传承。

创意城市网络每两年一评；由城市自愿提出申请，总结并展示本国城市在社会、经济和文化发展中的成功经验、创意理念和创新实践；由外部专家委员会进行评审，决定其是否入选。

（二）国际"设计之都"的发展启示。

在创意城市网络主要包括的七个领域之中，"设计之都"的竞争最为激烈。在已经加入和正在申请加入该网络的城市中，有 1/3 是指向这一称号的，目前国际上已有伦敦、纽约、巴黎、米兰等 40 个城市入选。其主要经验可概括为五个方面。

一是注重优秀创意设计人力资源要素。已入选的"设计之都"均非常重视创意设计人才的培育与吸引，将人才资源建设作为不可或缺的措施。有些城市，如纽约、伦敦、东京、柏林等，拥有优越的地理位置，对多元文化的认同、接受，巨大的设计消费市场，吸引并留住了创意设计人才；有些城市，如布宜诺斯艾利斯、蒙特利尔、神户、名古屋等，则通过鼓励创新创意，创造宽松开放的氛围，充分利用学校、培训机构实施创意人才培育措施，吸引和培育了大批创意人才。二是注重设计与技术的密切融合。设计与信息技术等高科技的融合，催生了新的创意模式，既为社会带来巨大的创意资源，也成为设计创新的主要推动力。比如意大利都灵作为工业设计之都，设计产业建立在高技术基础上，创意设计与高新技术的密切融合进一步促进了城市创意设计产业发展。三是注重多元开放的文化环境。多元开放的城市文化环境与创意设计有着密切的联系，既关系到创意设计可以有效率、无阻碍的实施，也涉及创意的成果能否被社会很好的接纳。比如深圳高度重视从"加工城市"向"创造力城市"的转变，以其巨大的文化包容力，创造了一个开放、有活力的创意环境。四是注重文化政策支持。"设计之都"的建设离不开各级政府支持。比如，英国注重加强创意产业的基础研究，培养公民创意生活与创意环境，重视数字化对创意产业的影响，积极探索国际合作与交流，以及为创意企业多方面筹措资金。五是注重创意产业集群化和品牌化建设。所有制造业在国际上具有较强竞争力的国家和地方政府都非常重视设计产业发展。比如，韩国首尔的数字内容创意设计、英国伦敦的时尚设计业、意大利米兰的建筑与家具创意设计业等，都与地域产业结构及优势资源的构成与分布密切关联。这些城市开展的创意设计节、时尚设计周等文化创意设计活动，又进一步提升了这些城市创意设计的向心力、凝聚力和影响力。

（三）国内四个"设计之都"的建设经验。

中国自 2008 年起，先后有深圳、上海、北京、武汉 4 个城市入选"设计之都"城市名单。深圳作为中国现代设计理念的发源地率先于 2008 年入选，上海凭借数字创意产业的特色进入创意城市发展的快速通道，北京因其"科技创新""文化创新"的双轮驱动战略成为其特色，武汉则是以"老城新生"为主题，凭借工程设计优势引人注目。

深圳市：2008 年 12 月 7 日，深圳加入联合国教科文组织全球创意城市网络，成为全球第六个"设计之都"，也是国内首个以工业设计为主的"设计之都"。该市 2012 年制定《关于加快工业设计业发展的若干措施》，提出坚持政府引导和市场调节相结合、设计创新与技术创新相结合、专业化发展和开放融合发展相结合，加大政策支持力度，优化产业发展环境，增强设计创新能力，培育高端设计人才，全面提升工业设计业发展质量和国际竞争力。通过持续加快工业设计业高端化、国际化、品牌化发展，发挥工业设计对制造业转型升级和提质增效的引领作用，"深圳设计"知名度显著提高，正日益成为辐射全国、面向全球的工业设计业集聚城市。

上海市：2010 年 2 月，上海继深圳之后成为中国第二个被联合国教科文组织授予"设计之都"称号的城市。上海文化创意产业的发展为建设创意城市，构建"设计之都"奠定了重要基础。早在 2000 年，上海正式"确定了 600 平方公里的中心城区优先发展现代服务业"小范围的文化市场逐渐形成。2009 年，上海文化创意产业逐渐与科技融合，全国首个"国家数字出版基地"落户上海，以数字创意为特色的上海新兴文创产业走上快速通道。文化创意产业已成为上海市的支柱产业，并以其创新、融合、开放的产业特征，展示出其创意设计的文化活力和无限宽广的发展前景。

北京市：2012 年，北京成为继深圳和上海后国内第三个被联合国教科文组织授予"设计之都"称号的城市，其最鲜明的特征为"科技创新"与"文化创新"。北京是中国"科技创新之都"，在京两院院士 700 余人，

III
调研报告

约占全国的 1/2，各类科研院所 400 余家，位居全国首位；2020 年全社会研究与试验发展经费支出约 2326.6 亿元，万人发明专利拥有量 33.6 万件，居全国首位；聚集了一批国际级设计大师和国内设计行业领军人才。北京也是中国的教育中心、文化中心，全市有 24 座公共图书馆、197 座博物馆和 266 家影剧院，互联网网民和网站数量均居全国前列；积极参与国际城市品牌竞争，先后举办或设立了北京国际设计周、中国创新设计红星奖、中国国际时装周、联合国教科文组织创意城市北京峰会、联合国教科文组织国际创意与可持续发展中心等诸多品牌活动，既促进了北京同世界其他重要创意城市交流互动，也有效提升了北京的国际知名度和美誉度。

武汉市：2017 年经联合国教科文组织评选批准，武汉成为继深圳、上海、北京之后的中国第四个"设计之都"。武汉在桥梁工程、高速铁路、城市规划、数字媒体艺术等领域的创新设计能力处于世界领先水平。2009 年筹建武汉工程设计产业联盟，把打造"工程设计之都"首次写入了当年的武汉政府工作报告。将工程设计作为产业打造，推行设计工程总承包模式，成立数字建造产业联盟，工程设计借助数字化转型发展。通过举办设计双年展，搞活一片区域，更新一片老城。依托雄厚的设计产业和瞩目的工程设计成果，以"老城新生"作为城市设计理念和申报主题，将创意设计作为可持续发展的关键驱动力之一，让老城不断焕发出新活力，为全世界老工业基地的城市转型提供了参考。

四、推进"设计郑州"建设、打造世界"设计之都"的建议

"设计郑州"建设涉及领域广，是一项系统工程。总体上，要围绕深入贯彻落实河南省第十一次党代会精神和楼阳生书记关于打造"设计河南"先行区、创建"设计之都"的指示精神，对标国内四个"设计之都"，以创建世界"设计之都"为突破标志，结合全面开展"三标"活动、深入实施"十大战略"行动，大力推进"设计郑州"建设。

（一）前瞻布局，凝神聚力筹建"设计之都"。

一是认清战略意义，凝聚思想共识。把打造"设计河南"先行区、推进"设计郑州"建设、创建"设计之都"纳入各级党委理论中心组学习内容或举办专题学习班，邀请国内外知名专家辅导授课，通过开展学习讨论，充分认识"设计郑州"建设和创建"设计之都"的战略意义，培育设计意识，强化设计理念，统一思想认识。二是坚持高举高打，做好"设计之都"申报筹备。武汉从2009年提出"打造工程设计之都"的目标，到2017年正式成为"世界设计之都"，花了8年时间。建议我市把申请"设计之都"作为中长期目标，成立市级负责申报"设计之都"的专门办公室，负责政府层面有关申报事项的协调，对标申报所需条件出台推进细则。同时由相关行业协会、产业联盟牵头组建郑州设计之都促进中心，动员成员单位和从业人员的力量为申报服务。三是坚持全方位宣传，营造浓厚氛围。组织媒体开辟"设计郑州"和创建"设计之都"专栏专刊，普及设计知识，对设计机构、设计人物、设计作品、设计活动进行广泛宣传，培养全社会重视设计、尊崇设计的意识。依托文博系统，联合设计企业，建设"设计博物馆"，在有关展览场馆开辟设计专区，常态化展示中原设计文化、优秀设计成果。

（二）明确路径，有序推进"设计之都"建设。

一是选准主攻方向。近年来，我国创意城市品牌逐渐增多。除四个"设计之都"外，"美食之都"成都、"网络之都"杭州、"文学之都"南京等城市也以各自独特的"城市性格"进一步提升了城市形象和品牌影响力。当前重庆、长沙、青岛、南京、哈尔滨、澳门等城市正在纷纷推动设计之都建设，郑州市作为国家中心城市，建议立足郑州市实际，摸清行业底数，以工业设计和文化旅游创意设计为突破口，抢抓发展机遇，发挥后发优势，扬长补短，实现申都之路弯道超车。二是把工业设计作为重中之重。楼阳生书记指出，"工业设计以其高度的创新性和超强的赋能性，在提高产品附加值、提升产业竞争力上具有重要引领作用。要大力发展工业设计产业，加快产业链关键环节设计植入，以设计创新为制造业高质量发展赋能增效。"建议我市把工业设计作为创建"设计之都"

的重中之重，以工业设计推动"设计之都"建设更加出彩。进一步提升装备制造、食品、新型材料、电子、汽车等主导产业的设计能力，壮大新兴产业、布局未来产业中的工业设计能力，推动规模以上工业企业研发设计活动全覆盖。支持设计机构争创国家级、省级工业设计中心、工业设计研究院，培育"专精特新"工业设计企业。树立全产业链设计创新的理念，着力加强制造业产业链关键环节设计创新能力，推动设计融入企业战略规划、产品研发、生产制造、营销服务和商业运营全周期，提升工业设计综合竞争力。深化工业设计与社会、文化、环境建设的融合，打造全球一流的工业设计人文城市。三是支持文化旅游创意设计率先突破。依托郑州丰厚的人文历史资源，打造中华文明全景式集中体验地，通过创意设计在文化旅游领域的持续发力，使中华文明主根和主脉在郑州得以全面展示，炎黄子孙寻根地、中华文化朝圣地、中华文明体验地的地位得到全面巩固。通过创意设计让"早期中国"文化元素变成"可看、可听、可读、可感知"的全感官体验方式和全方位生活方式。坚持设计赋能，布局旅游演艺、康养研学、考古旅游、动漫游戏、影视创作等全链条文化旅游新业态。擦亮城市文旅品牌，持续扩大"天地之中"建筑群、少林寺、黄帝故里等文旅景区作为国际旅游目的地的吸引力，只有河南·戏剧幻城、银基动物王国、建业电影小镇的影响力。通过创意设计，助推郑州文化旅游产业的转型升级、提质增效，将郑州打造成为国际旅游目的地和国家文化创新高地。四是促进设计产业综合提升。联合国教科文组织在评审世界"设计之都"时，不但看当地的优势设计产业的发展，也看当地的城市设计、工程设计、建筑设计、景观设计、视觉设计、艺术设计、服装设计、动漫设计、珠宝设计、工业设计、广告设计等各大设计产业的发展。我市在突出工业设计和文化旅游创意设计的同时，也要做到统筹兼顾。加大科技创新过程中的设计介入、设计转化力度，开展前沿技术研究与设计跨界融合，加大重大装置、重点实验室建设，促进基础研究和设计应用融通发展。加快工业软件成长，加快工业企业智能化改造，以数字技术引领设计业、制造业变革。实施建筑设计、商业设计、勘察设计领军企业培育和能力提升工程，整合上下游企业，统筹推进行业全产业链发展，提升全过程工程咨询能力。加强农业农村设计，组建农业农村规划设计研究院，成立郑州市农业农村设计行业协会或设计联盟，培育多层次农业农村设计人才和机构，推动城市设计资源下乡，促进农业产业园区设计全覆盖。加强农业机械化、农业生物技术和农业数字化的设计应用，开展特色乡村设计，加快推进城乡融合。

（三）科学规划，提供"设计郑州"政策保障。

一是科学制定设计产业发展规划。充分发挥"设计郑州"建设工作专班和申报"设计之都"的专门办公室作用，建立健全领导机制、协调机制、推进机制，形成党委领导、政府主导、企业高校科研单位协同参与，上下协调、整体联动的良好态势。立足我市实际，尽快编制《郑州市建设"设计河南"先行区，打造"设计之都"行动方案》，以及"设计郑州"专项发展规划、实施方案等，明确时间表、路线图、任务书，一体推进"设计郑州"建设和"设计之都"申报工作。二是出台系统化的产业政策。建议立法推进"设计郑州"建设，发挥"龙头"和"先行区"作用，探索出台关于促进设计发展方面的《条例》。对标一线城市，发挥后发优势，制定支持"设计郑州"建设的配套政策，重点在设计产业生态培育、人才柔性引育、职称评审认定、财税支持优惠、成果转化扩大等方面出台支持激励措施。以市场化方式设立设计产业发展基金，引导金融机构加大信贷支持。借鉴上海、武汉、成都等地经验做法，探索创新增设科研设计用地管理，降低研发设计类园区（企业）用地成本。设计机构享受科技创新相关扶持政策，支持重点设计机构绿色化、数字化转型，激发企业内生动力。三是加强统计考核。建立设计产业发展统计指标体系和"设计郑州"以及申报"设计之都"评价指标体系，将其纳入对部门和区县（市）的创新绩效考核，推动"设计郑州"建设和申报"设计之都"工作分步实施和渐进落实。四是加强知识产权保护。鼓励企业、个人进行设计类知识产权申请登记、应用推广，打击设计领域侵权、假冒、盗版等违法行为，营造良好法治环境。

（四）引育人才，提升"设计郑州"创新能力。

一是优化人才引育政策。建立国内外知名设计机构、设计大师信息库，绘制招商引才图谱。构建设计人才引育留用全链条工作机制和政策体系，把设计高端人才引进纳入全市人才引进计划，享受绿色通道、人才住房、个人税收、医疗保障、子女入学等方面的优惠政策，吸引海内外高端设计人才来郑工作。二是深化人才培育模式。以产业需求和未来发展为导向，鼓励高校加强设计学科与交叉学科建设，鼓励高校开展中外合作办学，支持高校深化产教融合、校企合作，建设一批一流设计学院、现代产业学院或设计商学院。增加在郑高校优势工业设计（产品设计）专业本科生和研究生招生规模，支持工业设计（产品设计）一流专业建设。推进市内高校在线师资共享，打造高水平设计人才培育摇篮。以本地骨干企业为依托，鼓励与知名高校、科研机构深度合作，成立专项联合实验室、博士后科研工作站、设计实训培训基地、创新联盟等，通过联合培养、定向交流等方式，提升设计从业人员能力水平。鼓励中小学校开设设计思维和创新意识启蒙教育，提高青少年的设计文化认知度。三是强化人才梯队建设。借鉴《上海建设世界一流"设计之都"的若干意见》中的先进理念，构建以"国际设计百人"和院士、大师领衔，产业领军人才、企业设计负责人为中坚，广大青年设计师锐意进取的人才梯队。创新设计人才成长激励机制，建立设计行业人才梯队库，开展青年设计师培训计划，由财政支持，每年选送一批青年优秀人才到国内外著名高校或研究机构定向培训或交流，不断壮大高水平人才队伍。四是培育行业领军人物。实施百名优秀设计师和千名青年新锐设计师成长计划。在产业精英人才选拔中加大设计领域支持力度，发现、培养和选拔更多专业领军人物。五是完善设计人才评价与激励机制。探索创新设计人才评价、职称评定制度，探索增加工业设计、创意设计等专业人才职称，畅通设计专业人才职业发展通道。完善设计类高校、职业院校毕业生就业支持体系，加强毕业生在创业、生活、住房等方面的政策保障，扩大设计人才供给。实施豫籍设计人才回归工程，促进在外创业就业的豫籍设计人才返郑创业就业。对取得国家级、省级设计大师称号的个人及所在公司给予奖励，鼓励所在企业设立"大师工作室"，并给予相应的政策支持。引导企业创新人才激励机制，将薪酬分配向关键岗位、骨干人才倾斜，为设计人才成长创造宽松环境。

（五）构筑平台，擦亮"设计郑州"品牌名片。

一是加快搭建产业平台。构建工业设计、文化创意设计、建筑装饰设计、商业设计、农业设计等设计公共服务平台和产业协同创新的开放平台，利用平台设计新产品、优化新体验、塑造新品牌。强化设计机构与金融机构的对接，鼓励各区县（市）依托特色产业高标准建设设计产业园区，打造服务型设计示范城市，引导设计企业集聚发展。组建设计公共服务中心，提供政策咨询、对接服务、成果展示、委托交易、技术交流、法律保障等。二是发挥设计行业组织作用。加强设计行业协会、联盟建设，发挥桥梁纽带作用，强化行业规范和行业自律。鼓励行业组织利用自身资源，组织开展设计进企业、信息沟通、设计研究等活动。三是举办重大赛事活动。发挥郑州国家中心城市龙头带动作用，积极承办国际设计论坛、全国性设计峰会、重要设计赛事等，加强设计领域交流。持续办好中国（郑州）产业转移大会、中国中部设计论坛等活动，积极培育区域设计和品牌集群优势。四是打造"设计郑州"整体品牌。把文化作为设计的"根"和"魂"，注重发挥河南和郑州历史文化资源优势，加强优秀历史文化资源的挖掘、保护、传承、创新，打造代表本地特色的标志元素，培育具有中原和郑州特色的创意和设计企业。深化设计在社会各领域的渗透融合应用，逐步树立具有设计产业支撑的"设计郑州"品牌形象。五是培育本土企业品牌。坚持国际视野、对标一流，大力引进国内外知名设计企业和科研院所，鼓励他们来郑设立或共建设计机构，采取一事一议的方式给予专项支持。鼓励本地设计企业与国内外知名设计企业联合竞标，参与重大设计项目，以市场换技术，提升本地设计企业水平。以建筑设计、工业设计、文化旅游创意设计等优势领域为重点，组织引导同业重组整合，培育若干个在国内有影响力的领军设计企业，鼓励设计优势企业打造跨界融合的产业集团和产业联盟，做强品牌。开展工业设计、城市设计、乡村风貌设计、文旅创意设计等示范工程评审，推行设计示范企业认证制度，建立设计龙头企业白名单并制定针对性扶持政策。六是支持个人品牌创立。支持设计人员创办工作室、开通社交媒体账号，支持参选国家级设计大师，推荐和评选省级、市级设计大师、十佳设计师、设计产业推动人物等活动。设立政府设计奖，分门别类对各设计领域的优秀成果、优秀人物予以表彰，对获得国内外重要设计奖项的机构和个人给予重奖，全面提升"设计郑州"影响力。

（六）四链融合，优化"设计郑州"产业生态。

一是构建价值链，拓展发展空间。利用大数据深度挖掘市场需求、分析未来趋势，创造性设计新产品、提供新服务、重组新流程、优化新体验、打造新模式、塑造新品牌。做强工业设计，提升创新和整合能力，引领产业发展趋势，打通科技成果转化最后一公里。做优建筑设计，释放创意活力。做精时尚设计，创设时尚消费场景。做大数字设计，加强前沿布局，强化虚拟世界与现实社会交互，融入全球前瞻设计网络，构筑未来竞争优势。做亮服务设计，优化流程体验，消解民生和治理的痛点、难点、堵点。推动"世界设计走进来，郑州设计走出去"，集聚高端设计资源，加大高端设计供给，打造国内外优秀设计首发高地、"设计＋"新业态新模式策源地。二是做强产业链，夯实供给基础。依据《郑州市"十四五"战略性新兴产业发展总体规划（2021—2025年）》，着力构建"一核、两带、五区、多点"的战略性新兴产业发展新格局。鼓励市内国有设计院所品牌化、规模化经营，中小设计企业专精特新发展。推动大型企业建立设计研究院，中小企业成立设计中心或设计部门。加大国际国内一流设计企业、设计团队引进力度，鼓励跨国企业、品牌企业在郑州设立设计中心。持续推进国家级工业设计中心培育、市级设计创新中心评定和设计引领示范企业创建工作。三是培育创新链，聚合内生动能。加强科技支撑和数字化转型，强化设计理论、基础数据、共性技术、规范标准等基础研究，发挥新材料、新技术、新工艺支撑作用。对市级以上工业设计中心、工业设计研究院和重点工业设计企业，给予政策和资金支持，鼓励其加快完善新型设计手段，深化绿色化和数字化设计技术运用，率先在绿色化和数字化设计能力上实现突破，培育更多设计机构进入国家级或省级工业设计中心、研究院行列。鼓励引导全市规模以上工业企业加快智能化改造步伐，深入推进5G＋工业互联网融合发展和企业云上平台提升行动计划，支持校校联合、校企联合，建立工业软件学院，加快培育工业软件名校、名院，构建工业软件研发和人才集聚、培养平台。四是提升服务链，激发行业活力。发挥促进中心、行业协会等组织力量，提供行业信息、设计工具、设计标准、柔性试制、检验检测、产业化对接、人才实训等公共服务。支持高校和科研院所面向社会开放仪器设施和测试平台。发展众筹众创等平台，构建设计协同和共创能力。重点借助在线新经济平台，构建打通设计创新、生产制造、市场销售的生态链闭环，孵化设计驱动型品牌，支持设计引领型企业发展。丰富金融服务支持，提供涵盖设计企业全生命周期的金融服务。鼓励社会资本成立设计类产业基金，对设计机构、设计引领型企业、设计关键环节项目等进行投入。鼓励银行等金融机构为设计企业提供特色化服务，开展知识产权和收益权等抵（质）押贷款业务。支持文创园区、楼宇和空间开展项目推介、融资对接等公共服务。推动价值链、产业链、创新链、服务链四链协同，构建市场、国际化、企业、载体、科技、人才、平台和金融八要素相融共生的设计创新生态体系，为"设计之都"建设提供坚实基础。

关于在疏解北京非首都功能中抢抓机遇主动争取央企总部迁郑发展的建议

中共郑州市委政策研究室

习近平总书记亲自谋划的京津冀协同发展重大国家战略，疏解北京非首都功能是"牛鼻子"所在。推动一批企事业单位外迁，为北京周边地区乃至全国创造共享发展机遇，提供强有力的发展势能。郑州，作为建设中的国家中心城市，经济总量超万亿，人口过千万，具有独特的区位和枢纽优势，应抢抓机遇，积极主动承接北京非首都功能疏解转移，在全国全省发展大局中展现更大担当作为。

一、疏解非首都功能进展情况

2014年2月，习近平总书记在北京市考察工作时提出要强化首都的"四个中心"定位战略（全国政治中心、文化中心、国际交往中心、科技创新中心），指出"要坚持和强化首都核心功能，调整和弱化不适宜首都的功能，把一些功能转移到河北、天津去"。2015年2月，习近平总书记在中央财经领导小组第九次会议上再次提出"疏解北京非首都功能"。2017年4月国家设立的雄安新区集中承接北京非首都功能。

从推进过程看，非首都功能疏解取得了阶段性效果。2014 年以来，一批区域性批发市场、一般制造业企业、学校、医院等有序疏解，已有 20 多所北京市属学校、医院向京郊转移，疏解一般制造业企业累计 3000 余家，疏解提升区域性批发市场和物流中心累计 1000 余个。非首都功能疏解为北京"高精尖"经济发展创造了空间，科技、信息、文化等领域"高精尖"产业新设市场主体占比从 2013 年的 40.7％上升至 2020 年的 60％。"十三五"期间，天津引进北京项目 3062 个、投资到位资金 4482 亿元人民币，河北承接京津 5000 万元以上项目 1171 个、总投资 11348 亿元。从全国看，北京非首都功能疏解释放出了巨大能量，部分地区分享了一批国家级乃至世界级的产业、科技、企业和人才。

从时间节点看，非首都功能疏解进入中央单位和地方协同发力的关键时期。新华社记者 2021 年 7 月 30 日专访京津冀协同发展领导小组办公室有关负责人的信息显示，按照总体工作部署，2021 年起以在京部委所属高校、医院和央企总部为重点，分期分批推动相关非首都功能疏解，需要中央单位和地方协同发力。2022 年央企将迎来最严"搬家令"。央企情况：全国共有 120 多家央企，包括非金融类央企 96 家、金融类央企 26 家，行政类央企 3 家，文化类央企 3 家。其中有 100 多家的总部在北京，超过 80％。2021 年 12 月 18 日，国务院国资委召开会议部署央企 2022 年工作，要求央企服务国家区域重大战略和区域协调发展战略，要进一步深化央地合作，落实北京非首都功能疏解要求。这意味着，2022 年央企总部外迁将进一步提速。高校情况：北京目前共有本专科院校 91 所，其中教育部和其他部委直属院校 37 所，北京市属院校 54 所，居全国之首。75 所教育部直属院校中有 24 所在北京，39 所"985 工程"高校中有 8 所，112 所"211 工程"高校中有 26 所。"十三五"期间，北京就提出有序疏解部分教育功能，推动在京部分普通高等学校本科教育有序迁出。2021 年 5 月，国家发改委、教育部、人社部印发《"十四五"时期教育强国推进工程实施方案》，提出要优化高教资源布局，支持一批在京中央高校疏解转移到雄安新区，支持一批南疆高校建设，支持一批中西部地方本科高校建设。预计北京部分高校向郊区、雄安新区疏解进度将加快，与全国其他地区高校院所的合作将提速。医疗机构情况：北京拥有大量优质医疗卫生资源，现有三级医院约110家，二级医院140余家，临床医疗重点专科超240个，居全国首位。根据《北京市医疗卫生设施专项规划（2020—2035年）》的要求，推动医疗机构向京内资源薄弱地区疏解、向京外疏解，部分央属在京三级医院重点向雄安新区、廊坊北三县区域疏解。

从承接地看，非首都功能承接区域已不限于京津冀。非首都功能疏解，承接地既有雄安新区和京津冀协同发展战略区域，还有长三角、粤港澳大湾区和山东、山西、内蒙古等邻近地区，有力促进了当地发展。比如，在京央企疏解方面，去年以来已有多家将总部迁至京津冀以外地区，9月中国电气装备集团落户上海、长江三峡集团总部回迁武汉，12月中国船舶集团迁驻上海、中国电子信息产业集团迁驻深圳。央企总部外迁，从全国看有利于优化产业布局，同时也有助于央企聚焦主业靠近市场前沿，拉动承接地区域经济发展。在京高校疏解方面，从目前了解情况看，近年来已有北大、清华等15所部委所属高校在北京中心城区之外的昌平、房山建立了新校区；北京城市学院、北京化工大学等11所高校，在河北的廊坊、秦皇岛等地建立分校区；还有北大、北师大、北理工等8所高校，在深圳、苏州、珠海等地，采取合作办学、研究生院等方式建有分校区。如表1～表2所示。

表1　　　经营性央企总部地域分布表（不完全统计）

省市		央企数量	央　企　名　称
北京		66	中国核工业集团、中国航天科技集团等
上海		8	东方航空、中远海运、中国商飞、宝武钢铁、交通银行、太平人寿、中国电气装备、中国船舶
东北三省	哈尔滨	1	哈尔滨电气集团
	齐齐哈尔	1	中国一重
	长春	1	中国一汽
	鞍山	1	鞍钢集团
	大连	1	中国华录

省市		央企数量	央 企 名 称
四川	成都	1	东方电气集团
江西	赣州	1	中国稀土集团
港澳	香港	5	招商局集团、港中旅集团、华润集团、中国太平保险、紫荆文化集团
	澳门	1	南光集团
广东	广州	2	南方电网、南方航空
	深圳	3	华侨城集团、中国广核集团、中国电子集团
湖北	武汉	3	东风集团、中国信科集团、三峡集团
河北	雄安	2	中国卫星网络集团、中国中化

表 2　　　　　　　　　在京津冀之外省市建有分校区的大学

校 名	分校区地址	分校区办学形式
北京大学	广东深圳	深圳研究生院
清华大学		深圳研究生院
北京理工大学		中外合作办学，与莫斯科大学合办
北京师范大学	广东珠海	独立学院
北京理工大学		独立学院
中国农业大学	山东烟台	中外合作办学，与荷兰格罗宁根大学合办
北京交通大学	山东威海	中外合作办学，与美国罗切斯特理工学院合办
中国人民大学	江苏苏州	国际学院（苏州研究院）、中法学院、丝路学院

二、多城竞相承接非首都功能疏解

近年来，部分省、市瞄准北京非首都功能疏解所带来的企业、学校、医院外迁和产业转移、人才流动、创新要素溢出等机遇，多措并举、综合施策，主动对接京津冀协同发展战略，积极承接北京非首都功能疏解，加快推动区域高质量发展。

Ⅲ 调研报告

一是制定引导政策。如，济南 2020 年出台了《精准承接北京非首都功能疏解的政策措施（试行）》，张家口 2020 年出台了《进一步加快承接北京非首都功能疏解工作方案》，天津 2019 年出台了《关于促进承接北京非首都功能项目发展的政策措施（试行）》、呼和浩特 2018 年出台了《承接北京非首都功能产业转移发展规划》，在人才保障、资金扶持等方面细化招商政策，优化营商环境，精准服务非首都功能疏解项目。

　　二是打造承接平台。如，济南规划建设占地约 100 平方公里的"央企城"，吸引北京的院士、专家、科研团队前来创新创业，打造央企和跨国公司北方总基地；青岛着力打造上合央企"国际客厅"，建设上合央企国际业务总部园区，搭建央企与上合组织国家的双向交流平台；沈阳与北京中关村合作共建沈阳·中关村科技园（14.2 平方公里），包括一个智能制造创新中心、一个创新基地、一个科技园区；天津建设以滨海新区为综合承载平台、宝坻京津中关村科技城等为专业承载平台的"1＋16"承接体系，与北京共建滨海中关村科技园。

　　三是积极对接招商。如，青岛市政府联合北京跨区域产业协作中心 2020 年 3 月共同组织召开北京·青岛跨区域产业协作启动仪式暨项目对接洽谈会。济南多次在北京举办与央企合作的对接会，主要领导多次率队赴京到央企开展对接洽谈合作、开展"双招双引"工作。陕西省政府与国务院国资委 2020 年 9 月共同举办了央企进陕推进大会，西安 2021 年成立了由市政府主要领导任组长，市级 13 个单位主要负责人为成员的央企进陕工作专班，制定《西安市央企进陕长效工作机制》，各区县（开发区）成立相应组织、完善工作机制，按月汇总项目进展、新增项目及问题办理情况。目前有央企进陕落地项目 57 个，项目落地率 95%，落地项目总投资 1624.05 亿元，完成投资 546.93 亿元。秦皇岛始终坚持招商推介不断、协调督导不停、跟踪服务不止，多渠道开展对接洽谈，近年来累计与北京开展对接 1561 余次，签约项目 117 个，协议总投资达 1836.45 亿元。上海奉贤区也在北京召开非首都功能疏解项目（北京）承接发布会，招引华润置地、中青旅等企业入驻。

　　四是强化产业集聚。如，雄安新区通过承接符合定位的北京非首都功能疏解，积极吸纳和集聚创新要素资源，中科院雄安创新研究院、中关村科技园等一批项目落地。天津发挥支柱产业规模大、行业集中度高的优势，吸引北京先进制造业和现代服务业定向转移，积极承接北京的新一代信息技术、节能环保、新能源新材料、航空航天、电子商务等战略性新兴产业和高新技术产业。秦皇岛市围绕世界医学最前沿精准医疗集中发力，与北大医疗、国家康复辅具研究中心等顶级健康服务机构对接，中关村生命科学园昌黎园、北医三院秦皇岛医院等一批项目加快建设，与北京市西城区、平谷区签署医疗战略合作协议，与北京广安门医院、北京医科大学等 10 余家知名医疗机构建立了长期合作关系，全市医疗健康产业聚焦效应初显。

三、郑州承接非首都功能疏解应积极行动

总体来看，在京高校和优质医疗资源机构迁出京津冀地区的政策障碍较多、外迁动力不足。建议聚焦央企，抢抓 2022 年外迁提速机遇期，我们应主动走出去、找机遇、寻企业，做好谋划、承接、服务和保障工作。

一是组建高级别领导机构。借鉴其他城市做法，组建由市委市政府主要领导牵头的高级别领导小组，统筹安排承接工作，加强与央企高层对接，争取省委省政府的全力支持。

二是尽快研究出台政策。组织市级层面加强专项政策研究谋划，提高政策精准度和含金量，找准疏解单位和人员关心关切的要害发力，形成资金、技术、项目、人才等方面政策保障配套体系，对外迁央企形成有效吸引。

三是充分发挥独特优势。结合战略定位，突出自身特色，主动"走出去、请进来"，吸引央企总部落户郑州。如，利用郑州区位和枢纽优势，争取中国物流集团（2021 年 12 月 6 日在北京成立）等央企总部落户；利用河南粮食主产区的优势，争取中粮集团、中储粮集团、中国农发集团等迁郑；利用制造业和产业链优势，争取中国机械工业集团、中国核工业集团等迁郑；利用距离北京较近的优势，争取一些不愿远迁南方的央企总部落户。

落实换道领跑战略
前瞻性布局元宇宙产业

中共郑州市委政策研究室

"元宇宙"（Metaverse）已成为席卷世界的热词，被称为"互联网乃至数字科技的终极形态"。随着元宇宙的兴起，新技术、新媒体、新产业加速融合，深度影响新一轮科技革命和产业发展，正在重构全球创新版图，重塑全球经济结构，重组全球社交网络。我们需不断深入研究元宇宙的丰富内涵，前瞻性布局元宇宙基础产业，为落实换道领跑战略打造平台和支撑，把强化科技创新、补齐短板弱项的过程变成构建后发竞争优势的过程，积聚高质量发展新动能。

一、"元宇宙"及关联产业

1990 年，钱学森先生在信件中提到了虚拟现实技术未来在"虚实结合"方面的发展愿景，提出了"灵境"的概念，可谓是元宇宙理念的鼻祖。"元宇宙"一词是在美国作家史蒂文森 1992 年创作的科幻小说《雪崩》中最早提出，书中勾勒出人类使用数字化身在虚拟世界中开辟生存领地与进行社会互动的场景。

"元宇宙"是一个不断发展、演变的概念，但有一个基本共识，元宇宙就是一个平行于现实世界且又能够与之高度互通的虚拟世界，贯通物理世界、虚拟世界、人类社会，推动人类活动从物理世界迁移向数字世界。清华大学在《2020—2021年元宇宙发展研究报告》中提出，元宇宙是整合多种新技术而产生的新型虚实融合的互联网应用和社会形态，是现实与虚拟世界的密切融合、互动和交织。元宇宙突破了地理空间限制和产业边界范围，前沿数字技术创新融合，产业新组织、新模式、新业态迅速涌现，数字经济和实体经济深度融合，物理世界和数字世界加速融通，深刻影响全球科技创新、产业结构调整和社会发展变革。

元宇宙将形成巨大的产业空间、市场空间。元宇宙的实现是对现实世界的虚拟化、数字化过程，需要对内容生产、经济系统、用户体验以及实体世界内容等进行大量改造，需要庞大而复杂的技术作支撑，而且是众多技术的集成创新和融合应用。比如，元宇宙的内容生产需要人工智能、数字孪生技术，存储和认证机制需要区块链技术，数据处理需要云计算、云存储，网络环境依赖5G技术，虚实交互需要虚拟现实（VR）、增强现实（AR）、混合现实（MR）、人体感知、脑机接口等技术。元宇宙在全球范围掀起了新一轮的科技革命浪潮，推动各种科技创新产业化及应用发展，释放巨大的产业机会。彭博行业研究报告预计，元宇宙将在2024年达到8000亿美元市场规模；根据普华永道的预测，元宇宙市场规模在2030年将达到1.5万亿美元。这意味着，元宇宙将对城市经济社会带来巨大的发展空间。

二、"元宇宙"产业国内外推进情况

"元宇宙"产业看似遥远，事实上许多国内外企业已经展开了竞逐，国内一些城市开始提前布局，深入研究和推进"元宇宙产业化、产业化元宇宙"，希望在未来产业发展竞争中抢占先机，实现入局避免出局。

（一）国内外企业纷纷入场元宇宙。

从国外看，科技巨头纷纷转战元宇宙，Meta、微软、谷歌、苹果、亚马逊等国际企业已在元宇宙领域进行了布局。全球社交平台脸书Facebook 2021 年 7 月改名为 Meta，全面转型元宇宙，Facebook 改名让元宇宙概念真正"破圈"，掀起了互联网行业的元宇宙热潮。Meta 将投入 100 亿美元到现实实验室，专注于虚拟现实（VR）、增强现实（AR）产品开发，将投入 150 亿美元培育元宇宙内容创造人才。微软 2021 年 11 月宣布正在打造"企业元宇宙"，倾向于以办公为主的场景，搭建了微软元宇宙办公平台，称之可以成为通往元宇宙的入口；2022 年 1 月，微软斥资 687 亿美元收购游戏公司动视暴雪，将加速微软游戏业务在移动端、PC 端、游戏机和云领域的增长，为搭建元宇宙提供基础。谷歌升级增强现实（AR）眼镜，搭建增强现实应用程序的新软件平台，创造出更身临其境的混合现实（MR）体验。苹果一直在推动主流增强现实（AR）体验，仅 2021 年苹果与增强现实（AR）设备有关的专利技术达到 11 项，相当于全年所获专利技术的九分之一。

从国内看，互联网企业竞相发力布局元宇宙，字节跳动、腾讯、百度等企业成为推动元宇宙发展主力军，加快推进相关领域产品研发、生产与应用。腾讯以游戏为入口进入元宇宙，截至 2021 年 10 月，腾讯直接或间接投资了 67 家游戏公司。阿里巴巴以购物为入口进入元宇宙，2021 年 10 月阿里成立扩展现实（XR）实验室，探索下一代云网端融合架构下的未来操作系统以及着力于新一代移动计算平台的研究，主要进行基于虚拟现实（VR）、增强现实（AR）相关的技术研究，且已形成一些实例，如天猫全息店铺、虚拟家装等。2021 年双十一，阿里巴巴举办了首届天猫元宇宙艺术展。百度以交互为入口进入元宇宙，2021 年 10 月正式发布百度 VR2.0 产业化平台，包含虚拟现实（VR）内容平台和交互平台，前者围绕素材采集、编辑管理、内容分发和采集设备等，后者则围绕元宇宙发展场景、虚拟化身、多人交互、VR 头显、社交网络，探索三维化信息在元宇宙中的更多可能。百度于 2021 年 12 月发布了元宇宙产品"希壤"App，造型是一个莫比乌斯环星球。该产品打造了一个跨越虚拟与现实、永久续存的多人互动空间，在视觉、听觉、交互三大方面实现技术创新突破。网易已有瑶台沉浸式活动系统、AI 虚拟人主播、星球区块链等元宇宙概念产品落地。京东，2021 年双十一采用虚拟人主播"VIVI子涵"在虚拟直播间中与大家实时互动，带来数字化购物体验。字节跳动，2021年8月收购中国虚拟现实（VR）市场份额首位的企业Pico，发力虚拟现实（VR）业务。华为在扩展现实（XR）技术方面，发布了扩展现实（XR）专用芯片，开发了游戏控制器和虚拟现实（VR）头盔显示器等相关专利产品。

（二）国内多地政府超前布局元宇宙。

2022年1月24日，工业和信息化部召开新闻发布会，在介绍支持中小企业发展的相关工作情况时提出要"培育一批进军元宇宙、区块链、人工智能等新兴领域的创新型中小企业"。这是中央部委首次提及"元宇宙"。实际上，国内一些省、市已积极关注相关领域，布局早已展开。

一是纳入发展规划。如，上海市委经济工作会议、产业和信息工作会议提出要布局元宇宙，在上海市电子信息制造业发展"十四五"规划中明确提出要支持满足元宇宙要求的技术攻关，并鼓励元宇宙在公共服务、社交娱乐、工业制造、电子游戏等领域的应用。浙江近期印发的《关于浙江省未来产业先导区建设的指导意见》中提到，构建元宇宙与人工智能、区块链、第三代半导体等领域为重点的未来产业发展体系。杭州市委全会报告、武汉和合肥政府工作报告中都提出要超前布局、谋划发展元宇宙。

二是布局发展平台。如，北京2022年1月7日在"推动新时代首都发展"新闻发布会提到要探索建设元宇宙产业聚集区，加快元宇宙产业技术创新与融合，推动元宇宙赋能实体产业发展。南昌将建设元宇宙试验区，在2022年2月7日江西省深化发展和改革双"一号工程"推进大会上南昌提出将布局建设元宇宙试验区，全力创建国家级VR创新中心，培育元宇宙内容产品，打造VR软硬件结合、总部企业集聚、科创文创迸发、绿色低碳宜居的元宇宙先导区。无锡将建设元宇宙生态产业示范区，2022年1月1日无锡推出的《太湖湾科创带引领区元宇宙生态产业发展规划》中提出，依托无锡先进技术研究院、国家超算中心等重大研发载体，开展应用理论和核心技术研究，培育、引进一批区块链、人工智能等元宇宙生态链企业，推进一批典型应用示范项目，打造国际创新高地和国内元宇宙生态产业示范区。三亚将与网易合作建设元宇宙产业基地。

三是制定引导政策。如,《上海市建设网络安全产业创新高地行动计划(2021—2023 年)》提出,聚焦元宇宙、数字经济、智能终端等重点方向,面向全国优秀企业,征集创新产品和解决方案,择优纳入 2022 年度上海网络安全产业创新攻关成果目录,并在城市数字化转型重大场景建设中率先应用、优先支持。北京通州出台《关于加快北京城市副中心元宇宙创新引领发展的八条措施》,将依托通州产业引导基金,采用“母基金+直投”方式联合其他社会资本,打造一只覆盖元宇宙产业的基金,支持元宇宙初创项目和重大项目,支持设立专注于早期和长期投资的元宇宙子基金。无锡推出“滨湖之光”人才计划升级版,将重点引进元宇宙全球顶尖专业人才、支持高校增设元宇宙生态产业关联学科、鼓励开办各类元宇宙培训等,加速培养一批元宇宙复合型创新人才和建成一批协同创新中心。

四是组建产业联盟。2021 年 10 月 15 日,中国移动通信联合会元宇宙产业委员会成为全国首家获批的元宇宙行业协会,于 2021 年 11 月 11 日挂牌并发布了《元宇宙产业宣言》,致力于推动元宇宙产业健康持续发展。国内一些地区积极组建元宇宙城市联盟或产业联盟,加强探索元宇宙新理念、新思想,促进稳健安全实践元宇宙的新模式、新业态。如,深圳于 2021 年 11 月成立元宇宙创新实验室,目前已经成功对接海内外超过 26 个国家的用户和技术团队,涵盖人工智能、5G、区块链、金融、人才、版权等各大协会、机构成员,打造科技基础、金融助力、产业落地的综合性服务平台。成都于 2021 年 12 月 18 日成立元宇宙产业联盟,杭州于 2021 年 12 月 30 日成立元宇宙专委会,北京于 2022 年 1 月 7 日提出将推动组建元宇宙新型创新联合体,无锡于 2022 年 1 月 11 日成立元宇宙创新联盟。

三、研究布局“元宇宙”基础产业的几点建议

放眼全国,一些地方能够重塑优势、后来居上,很大程度上得益于

敢为人先、换道领跑，武汉打造世界"光谷"、贵阳发展大数据产业、合肥发力"芯屏器合"战略性新兴产业（芯——芯片产业，屏——平板显示产业，器——装备制造及工业机器人产业，合——人工智能和制造业融合）等，都取得明显成效。"元宇宙"的兴起，将推动各层次、各领域的技术全面突破、加速迭代，蕴藏着大机遇、大市场、大产业。郑州作为国家中心城市，虽与先进城市有一定差距，但作为全省科技创新中心和文化中心，有大量科研院所、科技创新型企业，在探索发展元宇宙方面具有一定的基础。我们应积极行动，拿出敢为人先的气魄和胆略，勇于在元宇宙产业发展的前沿抢滩占先，赢得未来发展主动。

一是加强研究。借鉴其他城市做法，组建市级层面的专班力量，引导组建城市产业联盟，深入研究"元宇宙产业化、产业化元宇宙"的内涵和外延，对元宇宙产业进行全图谱式分析研究，瞄准我市有条件、有基础、能突破的方向，研究编制元宇宙产业发展规划，既要在空白领域、初创领域勇于尝试探索，也要推动关联企业转型融合。

二是谋划建设发展平台。以中原科技城为载体，以郑洛新自主创新示范区为依托，谋划和建设郑州元宇宙产业示范园。发挥国家超算郑州中心、嵩山实验室、黄河实验室等创新平台引领作用，布局建设重点实验室、新型研发机构、双创空间等，从创造平台、优化环境、行业监管等做起，加快构建适合元宇宙产业发展的生态体系。

三是要引育企业和团队。根据元宇宙产业链布局制定招商路线图，深入梳理元宇宙关联产业的国内外领军企业、代表产品、核心技术、重点团队等，加强引智引资引项目，并从产业政策、政府项目、扶持资金上支持企业团队进行技术创新、产品研发、场景建设等方面的探索尝试。

四是培育发展应用场景。发挥郑州数据资源丰富、制造业基础坚实、应用场景多元等优势，鼓励引导高校、院所、企业加强基础和应用研究，探索元宇宙与产业、金融、商务、教育、文化等融合，培育应用场景，突破传统模式，实现跨界链接。加快推进新基建，构建以通信网络为基础、以数据和计算设施为核心、以融合基础设施为突破的新型数字基础设施体系，为元宇宙产业发展提供物理平台支撑。

五是发挥比较优势力争在信息安全产业方面取得突破。元宇宙的落地应用场景对数据处理提出更高的要求，大幅提高算力、保障数据安全是发展元宇宙的重要前提。郑州的信息安全产业链优势明显，拥有解放军信息工程大学、郑州大学、中国电子科技集团公司第 27 所等科研院校，建成了河南省信息安全工程研究中心、移动信息安全关键技术国家地方联合工程实验室等信息安全研发机构，集聚了信大捷安、金明源、金惠计算机、山谷网安等一批信息安全专精特新企业。我市布局元宇宙产业发展，可依托郑州信息安全科研资源富集优势，把发展信息安全产业作为切入点和突破口，加大产业培育力度，不断完善产业生态，培育壮大产业规模，争取未来在元宇宙细分市场领域大有作为。

构建意识形态工作"四单"交办新机制 筑牢意识形态安全"防火墙"

中共郑州市委宣传部

　　建立责任制，落实责任制，是做好意识形态工作的关键所在。中央、省委多次强调要求各级党组织要层层落实责任，推动意识形态工作与行政管理、行业管理、社会管理更加紧密结合，更好地强主流、立主导、补短板、堵漏洞，不断提高意识形态工作质量和水平。但工作过程中仍存在责任制落虚落空、层层衰减的问题。一些地方和单位履行意识形态工作责任不到位，上热中温下凉；有的对意识形态工作说起来重要、干起来次要、忙起来不要；有的对意识形态工作表态多调门高、行动少落实差，把"说了当做了，做了当做好了"；有的落实有棚架、上下不贯通，眉毛胡子一把抓。意识形态工作"四单"交办新机制，属于在制度机制层面实施的行业性创新。通过实施"列单、派单、办单、交单""四单"工作机制，将风险排查、分析研判、督查考核发现的各类问题，领导交办的各类任务有力有效、得当得法予以解决，使意识形态领域责任有人担、任务有人领、问题有人管、疏漏有人补、风险有人解，隐患有人排，切实形成问题解决的工作闭环，杜绝小风险演化为大风险，个别风险演化为综合风险，真正达到防微杜渐治未病、化解风险在源头的目的，切实守牢意识形态安全防线。

一、做法与体会

全面排查风险，分级分类"列单"。建立"2＋N"风险排查机制。各地各单位每年常规开展2次意识形态风险隐患排查，并按照属地管理、分级负责原则，在重要时间节点不定期开展对重点阵地、重点行业、重点人群的滚动式排查。比如，在黄帝故里拜祖大典活动前，对可能出现的风险点进行全面梳理，活动安全方面的风险，包括现场的演出故障、踩踏事故、交通事故、食物安全卫生问题，利益受损群体聚集维权，突发公共安全生产事件、重大刑事案件等。对黄帝故里拜祖大典活动意义进行攻击的风险，包括质疑新郑黄帝故里文化根源历史合理性；与陕西黄帝陵拜祖活动形成对比，进行地域攻击；吐槽活动举办质量，造谣活动意义，质疑活动成本。文化旅游方面的风险，今年的拜祖大典恰逢周末，存在自驾出游、旅游景区交通安全风险以及飞机场、高铁站、汽车站、高速公路等交通点意外情况导致乘客滞留引发网民投诉等风险。建立重大决策意识形态风险事前评估机制。各级各部门在出台重大政策、实施重大项目、推进重大工程、召开重要新闻发布会等活动前，按照"一事一策""一事一议"要求，做好网络舆情及意识形态风险评估，对重大敏感事件进行多轮次的评估推演，做到防线前置、标本兼治。建立健全意识形态安全风险防范信息情报共享制度。各地各部门充分发挥各自优势，多渠道、多层次、全方位监测收集意识形态安全信息情报，包括思想理论领域出现的新情况新问题、群众关心的社会敏感问题；非法宗教和邪教渗透、境内外敌对势力等威胁意识形态安全的有关情况；涉及脱贫攻坚、生态环境、金融债务、征地拆迁、教育医疗、社会保障、公共安全、权力监督等可能引发舆情炒作，引向政治领域、意识形态领域的风险隐患等。在信息情报共享的基础上，有针对性地开展分析研判、预警引导和风险防范化解工作。

压紧压实责任，精准精确"派单"。针对省委、市委巡视巡察、督查考核反馈的各类问题、领导交办督办的各项任务，各地各单位分析研判、风险排查发现的各种隐患，逐项研判梳理归类，逐一确定"是谁的""谁主办""谁协办"，确保任务清晰、责任到人，避免出现推诿扯皮或一人生病全家吃药现象。年初收到风险提示清单，反映登封市中灵山存在"跑官、传灵"和看相算命等迷信活动，当地甚至将其作为"巩固脱贫攻坚成果"的旅游项目。针对该风险，我们立即核实相关情况，落实属地和行业主管部门，明确责任单位，向登封市、市市场监管局、市民宗局、市文广旅局、市公安局、市委网信办等有关地方和单位派发专题督办清单，认真研究制定防范化解措施，同步做好线上线下应对处置。登封市成立中灵山集中整治工作领导小组，由登封市委政法委、市委统战部牵头，市纪委监委、市委宣传部、市民族宗教局等 12 个部门协同，全面进驻颍阳镇，对中灵山实施近一个月的集中整治。经过属地和行业主管部门密切配合、协同整治，中灵山生态环境全面提升，封建迷信及疑似宗教问题全面遏制，安全隐患全面消除，整治成效显著。

统筹资源力量，协调联动"办单"。牢固树立意识形态风险防范化解工作"一盘棋"思想，遇到急难险重工作时需要多个部门协调负责的事项，明确牵头部门，分清主次责任。既厘清工作责任，又加强协调配合，形成防范化解工作合力。涉事牵头和责任单位按照"一风险一方案"要求制定切实可行的化解措施和工作台账，并按照时间节点、工作措施、工作流程、具体责任人等，逐一分解、逐条细化、逐个处置。针对清单派发情况按照"13710"工作机制要求，及时跟进工作进展情况、隐患化解程度，确保任务按时推进、定期清零。2022 年 3 月 29 日，我市网监部门发现"'河南省公安厅退休干部'新书惹争议　疑多头衔造假"报道，市委宣传部接报告后，要求新郑市委迅速行动，立即核查。当天，相关工作人员在现场调查时，找到活动横幅和网络报道中涉及的牌匾，并上交公安部门。3 月 31 日，新郑市文化执法部门将查获的非法出版物上缴省"扫黄打非"办公室，市公安系统对新郑盛荣生态园负责人进行询问调查。4 月 1 日，市委宣传部组织有关部门到现场开展联合调查、实地问询，摸清了人员关系、集聚活动、非法出版物等情况。在各部门的协同联动下，该舆情事件迅速得到处置化解，得到市委领导的充分肯定。

持续跟踪问效，化解隐患"交单"。认真落实省委《责任追究决定》和市委《责任追究实施方案》精神，对风险台账及办结情况持续跟踪督办，逐项审核、逐一销号，避免出现把"说了当做了，做了当做好了"等情况，确保问题隐患能够及时发现、迅速交办、协调应对、有效化解。建立和完善以风险防范化解实际效果为导向的意识形态工作考核评价体系，将"四单"制度落实情况和风险排查化解情况纳入意识形态专项巡察督查和年度考核。"唐宫夜宴"在河南春晚播出后好评如潮，成为我省一张靓丽的文化名片，对传播中原传统文化，提升河南文化软实力，产生了广泛影响。河南广播电视台、郑州歌舞剧院就"唐宫夜宴"商标注册相关事宜一直难以达成一致意见。国家商标局表示，若不能达成一致意见，将以行政裁决的方式确定该系列商标的归属。鉴于"唐宫夜宴"社会关注度高，行政裁决一旦公开或双方不服裁决进行法律诉讼，很可能产生舆情，影响河南或者郑州形象。为此，根据该事件处置进展情况，国家商标局先后3次对郑州市文化广电和旅游局（郑州市歌舞剧院）派发专题督办清单，要求站在维护河南形象的高度，积极做好相关人员思想工作，争取线下协商解决，避免对我省文化知名品牌形象造成负面影响。最终，在各方共同努力下，该事件得到圆满解决，未形成负面舆情。

"四单"交办机制有效促进了意识形态工作责任制的落实，确保各类风险得到及时有效化解，防止孤立个案向意识形态领域发酵扩散，防止非意识形态事端演化为意识形态事件。在全省宣传部部长会议上，会议对"用好'四单'工作机制，健全完善排查及时、研判到位、处置迅速、协同有力的风险防范工作体系"进行重点安排部署。实施"四单制"以来，共下发33期风险提示清单和34期专题督办清单，及时化解了二手房契税调整、核酸小屋、"雨衣爸爸"短视频、中牟酒吧拖拽、西棠地产、高校学生离郑返乡等舆情事件，各地各单位的风险应对处置能力、制度落实力、政策执行力都得到较大提升，全市意识形态领域保持了平稳健康、向上向好的良好态势。

二、启示与思考

在社会信息化条件下，意识形态舆情往往生成演化迅速，如果不能及时发现、处理就容易使别问题扩大化、简单问题复杂化、局部问题全局化。"少知而迷、不知而盲、无知而乱"，要"见之于未萌、防止于未发"，要求我们加强预警监测，增强工作的预见性和主动性。近年来，有些地方和单位面对突发舆情，反应迟钝、预警不力、处置失当，结果使小事变成大的舆论事件，教训很深刻。所以，一定要把预警监测摆在重要位置，建立健全意识形态安全预警监测体系和分析研判机制，运用好"四单"工作机制，形成发现、研判、处置等环环相扣、有效衔接的良好局面。

发现要"早"。预警监测关键是要见微知著、抓早抓小，及时掌握各种苗头性、倾向性问题。对风险点要做到心中有数。第一要通过定期召开意识形态工作联席会议，对一个时期的意识形态领域存在的问题和风险点进行分析研判，列出需要特别防控的问题和风险点，作为预警防范的重点和着力点，确保不出现扰乱大局的意识形态事件。第二要畅通信息沟通渠道，意识形态领域相关部门在加强分管领域风险监测的同时，对发现的其他领域问题及时反馈信息、交换意见，形成畅通的信息交换机制。第三要提升技术防范能力，运用大数据、云计算等先进技术，加强对重点部位、重点对象的监测，提高对敏感舆情态势的感知能力。第四要加强意识形态风险评估，各地区各部门在出台重大政策、组织重大活动、实施重大项目前，都要提前谋划、做好预案，要认真研判可能产生的社会影响并主动做好工作沟通和舆论引导，加强实施过程中的跟踪监测，发现问题及时应对，避免出现大的舆论旋涡。

研判要"准"。分析研判要善于从政治上、大局上看问题，不断完善重大舆情分析会商机制，准确把握舆情演变趋势，增强研判的科学性、精准度。从以往的舆情热点事件可以看出，开展分析研判是防范化解意识形态风险挑战，应对重大舆情事件，防止风险交织关联、叠加放大的一项切实有效的基础性工作。要定期召开舆情及意识形态方面的专题会议，分析梳理风险点，坚持以大概率思维应对小概率事件，坚持抓总、抓要、抓重、抓急，对可能发生的"黑天鹅""灰犀牛"等事件，坚持主动研判、主动会商、主动排雷，精准拆弹，做到底数清、情况明、情报灵，坚决避免走过场、搞形式。

处置要"快"。发现问题是前提，科学处置是关键。有的地方在重大突发事件中错失引导良机，引发公众广泛质疑，甚至被别有用心的人利用，借机攻击中国政治体制，严重损害党和政府的公信力。因此，处置意识形态领域问题一定要抢占先机，第一时间处置，不给别有用心的人可乘之机，尽可能减小社会影响。对可能出现的热点问题、重大突发事件、深层次问题，既要防止酿成舆论风波，又不要躲闪回避，要通过深入细致的阐释引导，及时回应关切。特别是对一些突发事件导致的社会上信息紊乱，主管部门要及时发声、准确发声，及时把情况搞清楚，站在正确立场上通报相关情况，发挥好稳定和引导作用，防止小事变成大事，防止清楚的事变成不清楚的事。各级各有关部门都要主动承担责任，发现问题要在向上级报告的同时，及时表明立场、妥善处理，不能把问题层层上交，贻误最佳处置时机。对局部地区发生的事件一定要控制和消化在局部地区，防止事态扩大蔓延，防止有人乘机兴风作浪，故意向意识形态领域延伸。

经开区关于青年就业创业的研究报告

郑州经济技术开发区组织人事和社会保障局

根据市政府研究室下发的《关于研究报送市级立项重点课题研究相关材料的通知》，郑州经开区高度重视青年群体就业创业，按照市政府要求，就"完善我市青年就业创业若干政策措施"有关问题进行专题研究。

一、青年就业创业工作基本情况

总体上看，郑州经开区就业创业工作稳中承压、稳中有进、稳中向好。2020 年新增城镇就业 4345 人、农村劳动力转移就业 420 人；2021 年城镇新增就业 3376 人、农村劳动力转移就业 229 人；2022 年城镇新增就业已完成 3629 人、农村劳动力转移就业 174 人，均超额完成既定工作目标，且城镇登记失业率控制在 4% 以内。

（一）发挥政策优势纾困惠企，全力服务推动就业创业。

一是创新思路加大宣传力度，促、保、稳青年就业。借助就业创业工作微信群拓宽宣传渠道，深入企业、园区、社区进行一揽子政策宣讲，实现就业信息、创业政策、惠企政策宣传工作常态化，惠民政策氛围不断浓厚，辖区企业和居民政策获得感不断提升。2020—2022 年开展各类政策宣传活动 180 余场次，发放职业技能培训、创业贷款、社保补贴、就业政策等宣传资料 20000 余份，确实让就业创业政策知晓度在企业和社区全覆盖。聚焦难点、持续发力，资金支持"保青年就业"，加大资金补贴力度，助力企业纾困解难，大力吸纳青年群体就业，对相关中小微企业吸纳毕业年度高校毕业生及毕业一年内未就业高校毕业生发放社保补贴 267.68 万余元；一次性吸纳就业补贴 23.3 万元；就业见习补贴 1045.133 万元，帮助 2115 名青年实现就业与稳定就业。

二是高频次举办招聘服务活动，为企业和青年求职群体牵好"红线"。以线上＋线下招聘模式，广泛收集并及时发布用工信息，为区内企业和青年求职者提供便捷高效的对接平台，保障企业用工需求和劳动者稳定就业，做好企业用工保障。2020—2022 年共举办了 24 场招聘会，累计参与企业数 1473 余家，为各类求职人员提供岗位数量 65286 个，达成就业意向 13930 余人。对青年求职人员和其他求职人员采取线上＋线下招聘和网络直播等形式宣传就业政策，了解他们的基本情况和就业意向，探索解决就业不稳定和就业难难就业的问题。

（二）强化职业技能培训质量，为青年群体提升就业能力和创业本领严把关口。

一是提高辖区培训机构软硬件质量。依托相关政策，统筹辖区民办职业培训机构布局和专业设置，优先支持先进制造业、战略新兴产业和急需紧缺工种类培训机构发展。规范职业技能培训学校培训专业和课时，加强培训机构软硬件建设，不断提高技能培训能力和水平。推行"互联网＋职业技能培训"，不断加大人工智能、大数据、云计算等新职业新技能培训力度。

二是加强校企合作。汇集辖区职业技能培训资源，搭建校企合作平台，鼓励院校与企业合作进行"订单式"人才培育，为企业进行"量身打造"专业型人才，并在师资、技术、办学条件等方面进行合作的办学模式，确保供需零距离对接、打造学生就业与企业用工一体化。

三是完善青年群体技能培训机制。整合辖区公共服务资源，充分发挥公共服务机构职能，鼓励面向辖区青年群体，开展以持证就业为目的的菜单式和项目制技能培训，帮助他们稳定就业、技能增收。

（三）就业见习工作成效显著，为青年就业企业用工增添新动能。

一是企业对见习工作的认可度不断提高。从加强政策宣传入手，主动靠前服务，通过专场政策解读、深入企业发放宣传资料、召开座谈会等多种形式，引导企业提高对就业见习工作的认识，见习基地的规模不断扩大，质量不断优化，2020—2022年我区见习岗位已累积到8156个。

二是高校毕业生参与见习的积极性日益高涨。通过对未就业高校毕业生和离校未就业应届高校毕业生实名制登记系统窗口和小程序、阿里云短信平台、逐人电话跟踪服务，开展就业指导工作活动，帮助毕业生了解就业政策，转变择业观念，提高求职技巧，引导高校毕业生通过就业见习顺利实现就业，报名参加见习的毕业生积极踊跃，见习期满后与见习单位签订劳动合同，实现就业率均达60%以上。

三是就业见习平台作用发挥明显。加强与企业和高校的合作交流，努力搭建人才供需交流平台。通过定期走访企业，了解用工需求，合理设置见习岗位，加强指导就业见习工作，使就业见习基地成为企业选人用人、青年群体实现就业的重要渠道。2020—2022年为24家见习单位发放见习补贴资金1045.133万元，政策红利进一步凸显。

（四）创优服务优化流程，促进青年创业带动青年就业。

一是按照实施积极就业政策的工作思路，有效开展创业扶持，通过推进创业来带动就业，充分发挥各项创业扶持政策在就业促进工作中的杠杆作用，给青年群体带来更加方便快捷的获得感。

二是落实创业担保贷款、创业补贴等优惠政策，帮助青年群体提供资金支持，实现自谋职业或自主创业。2020年至今，经开区至少有32家企业申请创业担保贷款，成功发放6780万元带动就业1000余人，个人创业担保贷款成功发放355万元，带动就业300余人贷款人员主要集中在服装销售行业、种植业、养殖业、餐饮服务业、日用品零售批发等行业。

三是积极推进创业培训。将创业辅导和技能培训有机结合，对学习职业技能的有创业需求青年群体提供创业指导、项目推介、开业指导、经营管理等方面的培训，帮助他们实现成功创业。

二、青年就业创业工作推进过程中的瓶颈制约及原因

当前阶段，受疫情及宏观经济波动影响，新经济时期青年就业呈现出诸多变化，如灵活就业的青年越来越多、青年就业创业比例逐步提高、青年就业意愿下降、"慢就业""尼特族"等情况日益突出，随着经济、社会和生活环境的不断改善，青年对就业创业质量关注度越来越高，"体面劳动"逐渐成为青年人就业的基本要求，成为青年人就业积极性的重要因素。一方面，总体的就业环境及条件，包括工资水平、社会保险、就业保护、劳资关系等；另一方面，包括工作待遇、工作环境、工作稳定性、工作生活平衡度、提升和发展机会、工作自主权和工作价值等都会影响到青年的就业创业。

（一）青年就业形势严峻。

青年就业总量持续攀升，特别受 2019 年高校扩招影响，普通高校毕业生数量急剧增加。同时，受就业观不正确、职业素养缺乏、就业信息不足等因素影响，青年初次就业时间普遍延迟，就业意愿下降"慢就业""尼特族"日益突出。

（二）青年就业质量整体偏低。

在工作时间方面，当前城镇就业青年每周工作时间较长，在工作稳定性方面，青年就业集中在仓储、通信、住宿、餐饮及批发零售、交通运输等传统行业，相比其他行业存在职业转换率高、就业稳定性弱的特点。在供需匹配方面，劳动力需求转变，青年就业技能供需不匹配矛盾突出。我国经济转型、产业升级和经济增长过程中的需求变化，对劳动者技能水平提出了更高要求。一方面，产业结构升级调整与劳动力供给不协调。目前，高校毕业生总量中超过一半是高职高专毕业生，产业升级导致高职毕业生供给大于需求。另一方面，高校毕业生就业能力与市场需求不匹配。高校毕业生普遍缺乏实操技能，由于技术进步加速了知识、技能和人力资本折旧，导致高校毕业生所学技能不能很好地满足市

场需求。近年来，新技术应用加速，智能化水平不断提高，机器替代低技能劳动力的趋势增加，加剧了青年失业风险。

（三）企业对青年人才资源开发不足。

部分企业，尤其是中小微企业管理模式粗放，未能有效提升青年群体素质技能，对人力使用存在短期化倾向，只注重企业效益而忽视员工利益，只依赖招聘使用而忽视培养发展，只重视奖惩约束而忽视员工激励。企业对员工成长缺乏系统规划和培养机制。企业文化建设滞后，未能营造和谐的人际关系和良好的工作环境，导致企业吸引力弱、凝聚力不强，青年群体就业积极性不高。

一是技能人才培养难度高、流动性大。当前新一代信息技术正在推动各行各业转型升级和高质量发展，高素质技能型人才供不应求，而北上广及沿海地区具备科技和经济优势，区域内适合人才施展才华、展示能力的发展平台亦不够健全，人才吸引力不够，导致本地存量人才外流。

二是共享员工平台搭建覆盖面不广。由于经开区企业生产经营旺季较为集中，以及多为产业密集型企业，区级层面收集企业淡旺季用工需求，多为用工短缺企业，推进企业间用工互助、行业间用工调剂受区域性限制。

三是相较于招聘的即来即用，企业人才培养成本高、留不住，企业更倾向于重"招"轻"培"。多数企业生产任务较重，急于赶生产进度，员工培训时间被大幅压缩，且受限于企业内部培训提升体系不健全或培训讲师欠缺，技能人才培养慢、流动大，培训所需的财力和时间等成本不断增加，导致企业存在重"招"轻"培"观念。

（四）青年就业创业政策措施缺乏针对性。

虽然目前就业服务体系已有长足发展，但与青年较高的服务需求相比，仍缺乏针对性和有效性。业务管理程序复杂，忽略青年人的意愿，难以适应青年就业群体多元化的服务需求，办事程序、材料审核烦琐，与青年群体习惯简约化、信息化、智能化的生活工作方式不适应。针对青年从校门走向社会的职业指导与就业培训较少。

（五）青年群体职业技能培训时长短。

职业技能培训周期短，无法真正做到提升技能；其中青年群体中的毕业年度大学生，无法对其所学专业进行培训和取证。

三、意见建议

一是针对青年就业方面，结合郑州经开区面临的青年群体就业情况来看，就业见习是企业吸纳青年群体就业的重要途径，但因就业见习政策规定见习人员不属于见习单位在岗职工和从业人员，意味着见习当月不可缴纳社保，与《劳动法》明确规定用人单位在员工入职一个月内，必须依法缴纳社会保险相冲突，导致极大部分企业考虑到要面临的投诉与法务问题，对就业见习工作敬而远之，真金白银却无用武之地。是否可以在不违背法律的前提下，合理调整见习政策，完善政策细节，统一社保缴纳时限，避免因此而产生的问题，建立一套完善的制度内容，并对制度内容进行合理整改，同时对信息失灵的问题及时修正，加大企业参与就业见习的积极性，扩大企业招收青年群体就业。

二是针对青年创业方面，受疫情反复和整体经济的影响，青年群体可抵押的实物较少，整体授信意愿不高；申报流程时间较长需对接银行等。建议简化申报审批手续，简程序、提效率、优流程。完善办事指南和相关表格、资料，提供详尽的材料规范，严格实行首问责任制、限时办结、服务承诺、一次告知深入推动业务开展。

新密市实施村党组织书记"头雁南飞助振兴"计划的实践与思考

中共新密市委

民族要复兴,乡村必振兴。全面推进乡村振兴,关键要靠一支强大的基层党组织带头人队伍。去年以来,新密以实施农村党建"五起来"工程为统领,强化系统观念、统筹理念,启动"头雁南飞助振兴"计划,分两批选派 45 名村党组织书记到浙江省、成都市的部分村,跟班学习、开阔眼界、增长见识,着力以高质量党建引领乡村全面振兴。

一、背景意义

2020 年中央农村工作会议召开,习近平总书记就乡村振兴部署了七项任务,强调加强对乡村振兴的组织领导,选优配强乡镇领导班子、村"两委"成员,特别是村党支部书记。2021 年 7 月 29 日,中组部召开抓党建促乡村振兴电视电话会议,指出要着力建设堪当乡村振兴重任的乡村干部队伍,不断优化村"两委"班子特别是带头人队伍,同时,制定出台《抓党建促乡村振兴若干意见》,全力推动基层党组织和党员责任落细落实。省委组织部制定《抓党建促乡村振兴若干举措》,聚焦"人、治、物、效"的问题,提出 28 条举措,筑牢实现省委"两个确保"目标的组织支撑。

近年来，新密市坚持抓基层、夯基础，始终把深化基层带头人队伍建设作为加强基层组织建设的关键重点，深入实施"万名党员进党校"、村党组织书记"亮赛比"暨"支书论坛"、"千名村官上党校"等，不断锤炼广大基层党员干部尤其是"村支书"的党性修养、素质涵养和能力水平，涌现出了一大批"双强"村（社区）党组织书记，为加强基层治理、推动改革发展提供了有力保证。同时，作为全国乡村振兴百佳示范县、全省乡村振兴示范引领县，新密市委坚持以党建引领美丽乡村建设，示范带动乡村振兴提速发展，规划确定美丽乡村 46 个，其中有 8 个被郑州市确定为精品村、38 个是示范村，累计投入资金 12.2 亿元，初步实现了聚点成面、连线成片，"一处美"向"全域美"的转变。

对标中央和省、市的部署要求，对照先进地区的成功实践，部分村党组织书记在发展理念、思考认知、路径方法上还有短板不足，在培育特色产业、引进龙头企业、挖掘生态文化、发展乡村旅游等方面办法不多，村级集体经济质量相对不高、农民增收效果不明显。为进一步抓人促事、抓村促镇，有效破解基层发展难题，市委决定分批选派有发展潜力的乡村振兴重点村党组织书记，以转变理念、发展产业、提升治理为目的，打破过去外出学习看版面、听讲解、问成效的传统方式，变"被动"为"主动"，通过一个月的学习历练，全程跟班、全程融入、全程历练，与所驻村"两委"干部同工同学、见教见学，实地学习先进经验和成功做法，切身感受先进地区的思维方式、工作理念，在新起点上探索乡村振兴新路径，更好地适应全市乡村振兴和高质量现代化建设现实需要。

二、主要做法

（一）"精心选派"，高位对接开好局。一是周密研判部署。贯彻落实中央和省委、郑州市委抓党建促乡村振兴部署要求，市委把"抓牢农村党组织书记"作为关键要素，谋定而动、精准发力，新密市委主要领导亲自谋划、亲自部署，出台《新密市村党组织书记"头雁南飞助振兴"计划实施方案》，建立每年选派 2～3 批、每批一定数量村党组织书记的跟班学习历练机制，为此项工作开展打牢了组织基础。二是择优审定人选。综合全市乡村振兴重点任务、304 个村实际情况、支部书记履职特点等，通过"个人提出申请、乡镇党委推荐、组织部门选定"等程序，因事选人、择优遴选。首批从全市美丽乡村精品村、示范村中确定 15 名村党组织书记，到浙江省进行跟班学习历练。第二批从乡村振兴任务重、村级产业发展提升空间大的村中确定 30 名村党组织书记，到成都市进行跟班学习历练。市委高度重视每批次选派工作，市委书记亲自审定选派村党组织书记名单，严格人选质量、确保历练效果。三是分组派驻送达。每批跟班学习地点选定后，积极争取河南省、郑州市组织部门高位对接。2021 年 10 月和 2022 年 7 月，新密市两批村党组织书记"头雁南飞助振兴"计划启动仪式先后在浙江安吉县委党校、成都村政学院举行，市委常委、组织部部长秦召玉亲自动员、带队送达，按照"三人一组"的形式，进行为期一个月的跟班学习历练。

（二）"倾心帮带"，躬身示范保实效。一是突出干货讲精髓。坚持既看"面子"又看"里子"，派驻伊始，市委就与派驻村党组织书记"约法三章"，要求把跟班学习历练人员纳入村"两委"干部管理，做到一视同仁。派驻村党组织书记结合本村本乡特色，立足把底子讲清、把方法教透，通过共同参加工作例会、联席协商会，一起参与"三会一课"、主题党日等组织活动，"手把手"教会跟班学习历练人员用机制抓班子带队伍，用党建与产业整合抓项目推进，切实提升开展工作的能力水平。二是聚焦问题教方法。问题导向是抓工作的重要方法。到先进地区学习，首先要想明白"学什么"，找准本村推进乡村振兴的薄弱点、困难点，以问题倒推路径。针对跟班学习历练村党组织书记开展工作中遇到的问题和瓶颈，派驻村积极传授抢抓机遇、解决问题的应对之策，发展经济、推动转型的创新之策，改进服务、促进发展的长效之策，使跟班学习历练人员的思想认识、业务水平、综合能力实现质的飞跃。三是立足长远传真招。坚持把培养理性思考、总结提炼作为一项重要帮带内容，始终学在一起、干在一起，近距离、全过程学习工作理念，实地观摩规范有力的党建经验、因地制宜的产业培育、丰富多彩的文化生活等，帮助跟班学习历练人员在学习实践中发现新特点、探索新规律、形成新认识、找到新答案，为推动美丽乡村建设探索新路径、锚定新目标。

（三）"真心融入"，吸收转换取真经。一是多视野了解"产业培育"。坚持把挖掘产业、壮大集体经济、带动群众致富增收，作为跟班学习历练的首要任务。跟班学习历练人员始终坚持用心记录，通过实地观摩、现场了解、近距离查看等形式，全面了解各村如何因地制宜，精准定位产业布局，严格把关产品质量，实现本地产业做大、做强、做出品牌。二是多形式推进"环境整治"。"绿水青山就是金山银山"。派驻村优美的村庄环境、整洁的大街小巷，带动了当地的旅游业茁壮发展。各村党组织书记设身处地，参与派驻村人居环境整治，通过数字化乡村建设规范垃圾分类、多形式宣传引导、村民积分管理激励机制等，实现村庄环境整治不仅靠环卫工人的定期清扫，更依靠党员群众自觉主动参与，推动环境整治"链条式"循环管理，有效助力乡村旅游。三是多角度体验"乡村治理"。跟班学习历练人员从派驻村开展村级治理的细微处着眼，细心观察、用心感悟。看到派驻村通过开展"红黑榜"评比、积分管理等文明实践活动，引导群众遵守村规民约，共享共建共治，讲文明懂道德；了解到派驻村开发线上村务办理模式，实现"群众办事只跑一次"；参与派驻村"奋进新时代、共筑强军梦""春泥计划"、乡贤代表联谊会、孝老敬老好家风褒奖礼、报国志强军行新兵欢送会等活动，学会如何提升人民群众的获得感、幸福感、安全感。

（四）"悉心管理"，全程纪实提质量。一是专人对接强联络。为强化过程管理，市委组织部明确专人负责联络对接跟班学习历练人员，在每组三名人员之中确定一名村党组织书记作为牵头人，负责日常沟通联络管理，加强与市委组织部和乡镇党委的常态化沟通联系，全面压实学习责任，确保跟班学习历练期间"信息不断、联系不停"。二是日志纪实促收获。市委组织部印制《跟班历练工作日志》，组织村党组织书记签订《跟班历练承诺书》，通过"每天一篇心得、每周一个纪实、一月学习总结"的方式，及时掌握每组跟班人员的学习情况，督促跟班学员及时对学习情况进行总结，强化对本村发展的深入思考，切实做到"跟班学习不停步、谋划思考不停歇"。三是宣传报道展风采。坚持把跟班学习历练成果及时进行宣传，在"新密党建""新密发布"开辟跟班学习历练专栏，每周刊发学习动态，及时掌握跟班学习历练人员工作状态，有效展示先进地区特色风采，激励全市村党组织第一时间学派驻村先进理念、创新方式、开拓意识，实现"学人之长，创己之新"。

三、取得成效

通过跟班学习历练，各村党组织书记坚持"学"字为先、"实"字贯穿、"情"字为本，以"真学、真问、真做、真看"的态度深入开展学习，在经验中悟创新，在理念中悟用心，在治理中悟融合，在作风上悟有为，在有限的时间内实现思想认识、思路眼界、综合能力等明显提升。

（一）创新了思维方式。跟班学习历练以来，各村党组织书记坚持由浅及深学习、由表及里接触，学到了派驻村善于创业、勇于创新的思维模式，学到了派驻村敢试敢为、敢闯敢干、敢为人先的工作"闯劲"，学到了派驻村立足本土资源、因地制宜推行文化融合、变废为宝的经验做法等等，思想得到了解放，思路得到了开阔。来集镇苏砦村党总支书记苏广辉跟班学习回来后，根据村内企业多、家庭农场多等特点，牵头组建乡村振兴产业联盟，发挥自身优势、整合特色产品，企业上缴税收逆势增长，集体经济增收 21.5 万元。岳村镇荐园村，依托乡村振兴合伙人计划，邀请返乡人士张季冬，大力发展艾草种植基地，打造种植、生产、销售产业链，带动群众就业 200 多人。

（二）转变了工作理念。在跟班学习历练过程中，通过参与村务工作、与村"两委"干部和党员群众沟通交流、实地走访等，看到派驻村从垃圾分类最基础的工作抓起，从撬动乡贤资源最有效的环节做起，学会了从大处着眼、小处着手的工作方法，学会了从宏观层面思考问题，从而在理念上得到进一步更新和转变。来集镇马沟村党总支书记马万治，转变发展思路、大胆先行先试，建成全市第一个村级集体经济产业园，引进企业5家，村集体收入有望突破200万元。

（三）理清了发展思路。派驻村从原始资本积累开始，从家庭工业起步，从小商品生产入手，从小经营发家，多村联建、抱团发展，这些新理念使跟班学习历练的村党组织书记看到了差距和不足，打开了眼界，增强了责任感、压力感和紧迫感，通过带着题目学、带着问题看，边学习边思考，结合自身实际，对本村的规划和发展有了新的方向和目标。伏羲山风景区党工委积极放大跟班学习成果，近两年持续打造了数条乡村旅游线路，嘤嘤客栈、云顶琼琚、响水堂等一批四星级、五星级民宿应运而生，拉动了景区全域旅游健康发展。

（四）提升了治理能力。突出数字化引领、撬动、赋能作用，加快智慧乡村和数字乡村打造，实现"数字乡村一张图"，这些超前的工作模式，让跟班学习历练干部大开眼界。通过一个月的跟班历练，亲身参与派驻村村级治理，切身参与派驻村自治、法治、德治、数治的治理模式，无论是抓班子、带队伍的能力，还是分析、解决农村实际问题的能力，都得到了锻炼和提升，切实增强了开展村级治理、做好群众工作的能力水平。

四、工作启示

跟班学习历练既是跟班学习历练人员思想上的大换血、理念上的大更新，更是跳出"新密"看"新密"的过程。

一是必须解放思想、更新观念。一个地方的生机和活力源于思想解放，没有思想的大解放，就没有改革的大突破，经济的大发展。深度汲取示范地区的先进经验，要建立跟班学习历练长效机制，切实用好联络平台，通过聘请"帮带导师"、邀请实地授课、共商村庄规划等形式，强化感情联络、资源联络、智慧联络，持续密切与派驻村的联系，为后续开展村级发展合作创造条件、搭建平台，实现"一次学习、多年受益"。

二是必须激发潜能、扩大效应。跟班学习历练不是结束，而是乡村振兴新的开始。要持续扩大学习成果，通过召开成果分享交流会、组织历练对象结对帮扶本乡镇类型相似村等形式，强化帮带提升、理念传导，持续做实做细跟班学习历练"后半篇"文章。同时，要加强对跟班学习历练人员的跟踪问效，通过日常督导、定期考核等形式，督促其将外地先进经验转化为推动本地工作实践的有效措施。

三是必须统筹衔接、全面进步。提升村党组织书记领富带富、推动乡村发展的能力和本领，目的是更好推进全市乡村振兴。要以实施农村党建"五起来"促进乡村振兴"二十条"举措为契机，将"头雁南飞"计划与乡村振兴有机结合，进一步强化党建引领，走好新时代中国特色乡村振兴之路，使此项工作在郑州市、河南省成为叫得响的品牌工作、亮点工作。

关于更好助力郑州黄河流域核心示范区建设的调查研究

中牟县人民政府办公室政研室

黄河流域生态保护和高质量发展上升为重大国家战略以来，中牟县深入学习贯彻习近平总书记关于黄河流域生态保护和高质量发展的重要讲话精神，按照"重在保护、要在治理"的根本方针，坚持绿水青山就是金山银山的理念，切实肩负起"为全市发展挑重担"的时代使命，充分发挥中牟区位优势和黄河流域生态保护和高质量发展节点作用，扎实开展各项工作，为郑州建设黄河流域生态保护和高质量发展核心示范区提供了有力支撑。经过三年的努力，中牟段黄河流域生态保护和治理工作取得了显著成效，但与黄河流域生态保护和高质量发展的要求，以及郑州建设黄河流域生态保护和高质量发展核心示范区的目标相比，都还有一定差距。因此，客观审视中牟段黄河流域生态保护和高质量发展的现状与问题，立足新形势、新要求，进一步明确发展思路、发展目标及重点任务，是更好地助力郑州黄河流域示范核心区建设的客观要求和必然选择。

一、近年来落实黄河流域生态保护和高质量发展战略的主要举措和成效

（一）建立健全工作机制。

一是强化组织领导。成立以县委书记为组长、县长为常务副组长、相关县级领导为副组长的中牟县黄河流域生态保护和高质量发展工作领导小组。领导小组下设办公室、文化旅游专项组、防洪工程与水资源专项组、规划建设专项组、生态综合治理专项组、滩区居民迁建专项组"一办五组"，分别明确人员组成和工作职责。二是明确工作重点。印发年度中牟县黄河流域生态保护和高质量发展重点工作，围绕实施生态廊道示范工程、开展生态保护修复行动、黄河滩区居民迁建等重点工作，累计实施重点任务 28 项、重点任务 37 个，完成投资 57.1 亿元。其中纳入郑州市建设黄河流域生态保护和高质量发展核心示范区重点项目清单 17 个，总投资 205.4 亿元。三是完善工作制度。制定《中牟县黄河流域生态保护和高质量发展工作领导小组工作规则》《中牟县黄河流域生态保护和高质量发展工作绩效考核方案》，不断完善相关工作机制，强化督导考核，确保各项工作有效开展。

（二）扎实推进生态保护治理。

坚持把黄河流域生态保护工作作为重大政治任务、重大社会责任、重大民生工程，积极开展各项保护和治理工作。一是继续强化生态环境保护力度。以"携手清四乱，保护母亲河"专项行动、工程管理大整治为契机，积极开展非法采砂、渔家乐等专项治理活动，累计清除临河渔家乐 21 家、采砂场 9 处，完成整改项目 279 项，清除违章建筑 3.07 万平方米，清理垃圾 9003.3 立方米。黄河"四乱"问题治理效果明显，工程面貌、河道管理秩序进一步提升。二是持续加大生态治理力度。强化对湿地保护区、湿地公园等重点区域巡查治理，相继开展"绿剑行动""亮剑行动""天网行动""人类活动清理整治"等一系列行动，完成了中央环保督察和"绿盾行动"的问题整改任务。同时，举一反三，扩延整

改范围，对黄河湿地内类似问题进行整改，拆除违法建设 29 处；郑州黄河湿地自然保护区人类活动清理整治拆除点位 223 处，拆除违建面积 15 万平方米。三是深入实施沿黄增绿行动。充分依托现有的 1.65 万亩防洪工程保护用地，以构建水源涵养、生物多样性维护为重点，坚持宜林则林、宜草则草，持续加大生态绿化力度，完成植树 1.19 万亩，植草 0.28 万亩，总绿化面积 1.47 万亩，加快构建集生态屏障、文化弘扬、休闲观光三位一体的多功能绿道网络和生态景观慢行系统。

（三）防洪安全防范治理持续加强。

坚持防洪为先，统筹推进区域内"堤（岸）、疏、蓄、滞"综合治理，加快黄河防洪工程、险工改建加固、防护坝工程等项目建设。一是积极做好韦滩河段滩岸坍塌应急抢护。受对岸新乡市原阳县滩区堤坝新建和延伸影响，我县狼城岗镇段黄河主流南滚，畸形河势持续发展，造成滩地大量坍塌，累计坍塌面积达 2 万多亩，直接经济损失 6000 多万元。险情发生后，县委、县政府高度重视，立即启动实施韦滩河段滩岸坍塌应急抢护工程，投资 8000 万元，新建垛 26 垛，护岸 25 段，总长约 2295 米，全力做好滩岸抢护工作，确保人民群众生命财产安全。二是统筹做好堤防建设。积极实施堤防道路提升工程，投资 590 万元，改造提升堤顶道路 3.6 公里。投资 230 万元，对大堤南岸堤防及赵口控导连坝道路进行整修，并对赵口险工、赵口控导、九堡险工、九堡控导根石进行加固。同时谋划申请上级资金 3572 万元，对其余中牟段堤顶道路实施改造提升。三是强化重点河段防洪工程建设。投资 2430 万元，实施贾鲁河、丈八沟、水溃沟、堤里小清河、大孟沟、运粮河及贾鲁河故道堤防等河道疏浚工程。

（四）黄河滩区居民迁建高标准推进。

按照省、市工作部署，有序推进黄河滩区居民迁建，统筹做好安置点建设、后续产业支撑、旧村拆除复垦、社区管理服务等各项工作，确保"搬得出、稳得住、能致富"。黄河滩区居民迁建工程共分三期进行。第二批试点项目全部完成。总占地 436 亩，总建筑面积约 40 万平方米，工程总投资约 11.3 亿元。项目建设内容主要包括 50 栋 11 层住宅（新建住房 2242 套），一处小学、一处幼儿园、一处托老所、一处社区管理中心。项目于 2016 年 6 月 28 日开工，2018 年 9 月完工，2019 年 4 月完成群众搬迁入住，2019 年 5 月完成旧村拆除，目前复耕已基本完成。2017 年实施项目顺利实施。总占地 889 亩，总建筑面积约 73 万平方米，工程总投资约 26 亿元。项目建设内容主要包括 117 栋 11 层住宅（新建住房 4448 套），两处幼儿园。该项目涉及村庄 3 个，群众 2798 户、10606 人，总投资 26 亿元。项目于 2017 年 9 月开工建设，目前 117 栋安置房及卫生院、中学、幼儿园等配套设施均已完工，1722 户、8101 人已全部实现回迁入住。迁建三期项目顺利启动。迁建三期建设项目分两批实施，迁建 3.1 期项目主要用来安置南北街村 656 户、3026 人。安置区占地 557 亩，总建筑面积约 38.3 万平方米，总投资约 18.9 亿元。项目于 2020 年 5 月 10 日启动建设，正在有序建设。

（五）持续加强黄河文化传承弘扬力度。

积极围绕黄河文化，统筹做好文化保护工作，深入挖掘中牟黄河文化、官渡文化、箜篌文化、潘安文化等蕴含的时代价值，推动传统文化传承创新，努力打造世界级黄河文化旅游带重要节点。一是加大黄河文化旅游产品供给。整合全县旅游资源，积极推出 4 条黄河精品旅游线路，充分借助郑州市黄河文化和旅游融合发展协作体平台，将沿黄主要旅游景区融入郑州黄河旅游精品线路产品体系，全面宣传推广。二是加快打造黄河文化旅游品牌。充分挖掘黄河文化，编制《黄河之畔·识中牟》《湿地烟波》等书籍；加大黄河宣传力度，特别是加大官渡文化、箜篌文化、潘安文化等黄河文化宣传力度；启动"大美黄河·醉郑州"短视频大赛和"我和黄河的故事"图文征集活动，在重构黄河文化和旅游内涵的同时，加快打造黄河文化旅游品牌。

二、推进黄河流域生态保护和高质量发展面临的困境

近年来，中牟县坚持以建设国家中心城市东部新城为目标，大力推进黄河流域生态治理，持续推进海绵城市建设，积极推广绿色建筑，全

面提升城乡生态综合承载能力,努力构建城乡高度融合、互为一体的生态城市。同时,为了确保黄河生态与人民生命财产安全,不断完善防洪减灾体系,通过持续加强各类工程防护设施建设并完善防洪减灾应对措施,黄河流域防洪减灾能力和水平明显提升。但同黄河流域生态保护和高质量发展的要求相比,与郑州建设黄河流域生态保护和高质量发展核心示范区的目标相比,在推动黄河流域生态保护和高质量发展重大战略落实方面还面临着诸多困难。

(一)黄河流域洪水威胁依然较大。

黄河中下游地区属于温带季风气候,降雨具有明显的季节性,夏季降雨往往过于集中。特别是近年来极端气候现象增多,年降雨量突然增大的可能性、风险性及防范难度都在明显增大。中牟地处黄河下游区域,受中上游洪水的威胁更大、风险更高、防线更长。自 2018 年,狼城岗镇段黄河滩地累计坍塌达 2 万多亩,现状黄河滩区内仍有人居尚未搬出,存在洪水淹没风险。黄河滩区功能性保护与资源有序开发管理的矛盾突出,在充分发挥黄河滩区生态功能的同时,如何兼具经济和生态作用仍需更深一步的思考。

(二)流域生态修复和保护难度依然较大。

受黄河中上游污染排放未能从根本性解决、水土流失未能从源头上消除、城市过度引用黄河水未能从实际上化解等因素影响,中牟黄河流域内水资源紧缺、生态水源不足等问题更为突出,对推进黄河流域生态修复及生态涵养功能的提升构成了持续性压力和挑战,黄河流域生态林草及湿地面积仍然处于自然萎缩与人工补救的被动应对状态。由于生态治理和工程建设不完善或滞后等原因,黄河流域生态修复进展缓慢,生态涵养功能整体上尚未形成,流域生态涵养自我循环系统的恢复更是长期而艰难的过程。

(三)流域内产业发展较为单一且水平不高。

按照《郑州建设黄河流域生态保护和高质量发展核心示范区总体发展规划(2020—2035 年)》功能定位,中牟县共涉及金水万滩板块、雁鸣湖板块、狼城岗板块,承担着构建科技创新引擎、发展文旅休闲产业、推动滩区发展等重要作用。目前，黄河流域中牟段范围主要为重要生态保护区域，受区域功能定位的影响，中牟县黄河流域内特别是滩区内产业主要以传统的种植业、林果业、渔业为主，整体产业水平不高、附加值较低，第一、三产业融合发展水平不高，产业支撑能力不强。乡镇之间产业同质化、产品相似化发展较为突出，特色不鲜明，区域发展协同力度不够。与周边区域项目，在产业竞争力、产业发展水平、创新能力等方面仍有一定差距，与市级规划中我县的区域定位目标有一定距离。

（四）历史文化资源需要进一步挖掘。

中牟县黄河流域历史文化资源较为丰富，但底蕴未能充分展现，未能充分发挥出应有价值。县域内分布的文化遗产类型多样，但不同时期和形态的文化遗产资源叠加交错，保存状况复杂；地下遗址类数量较多，价值难以直观展现；对遗产的保护重视程度不足，多数遗产处于自然放置状态。传承展示方式单一，主要以静态展示、点状展示为主，黄河文化的重要性和内涵缺乏深度挖掘，同现代生活生产融合不足。

三、其他地区的先进经验和做法

（一）惠济区。

一是建立完善工作机制。成立建设黄河流域生态保护和高质量发展核心示范区工作领导小组，统筹推进各项工作。二是高质量推进重点项目建设。高质量推进大运河文化片区、荥阳故城文旅融合、黄河滩区生态景观建设、东风渠景观提升等一大批重点项目建设。三是打造宜居宜业生态旅游环境。全面实施增绿工程，因地制宜打造城市景观，提升城市文化品位。四是高标准推进黄河滩区环境综合整治。纵深推进黄河滩区综合整治，高标准开展好沿黄环境保护整治专项行动，全面净化黄河生态环境。

（二）巩义市。

一是理顺工作机制。成立巩义市黄河流域生态保护和高质量发展工作领导小组，统筹推进黄河流域生态保护和高质量发展相关工作。二是突出规划引领。积极对接河南省、郑州市黄河流域生态保护和高质量发展规划，编制巩义市黄河流域生态保护和高质量发展规划。三是讲好黄河故事。依托大运河（伊洛河巩义段）、双槐树遗址、伏羲八卦台、康百万庄园、杜甫故里、石窟寺、河洛汇流等文化遗存，积极谋划河洛文化园、唐三彩窑址展示中心、杜甫诗歌文化体验中心等项目，推动沿河文化和旅游资源相互融通。四是打造黄河生态廊道。高标准实施"绿水青山"工程，深入开展国土绿化提升行动。

（三）荥阳市。

一是健全组织架构，细化职责分工。成立了荥阳市建设黄河流域生态保护和高质量发展核心示范区工作领导小组，下设"一办五组"，制定领导小组工作规则，建立工作专班机制、联络员机制、请示报告机制等，通过完善领导机制、推进机制、督导机制，确保工作扎实推进。二是制定三年行动计划和年度工作要点。结合荥阳实际，编制年度工作要点和各专项组编制三年行动计划、完善年度方案。三是积极谋划项目，夯实项目储备。初步筛选出《荥阳建设黄河流域生态保护和高质量发展核心示范区项目储备库》项目 256 个。

四、进一步推动中牟段黄河流域生态保护和高质量发展的政策建议

（一）总体思路及目标。

坚持以习近平新时代中国特色社会主义思想为指导，全面贯彻党的十九大和十九届二中、三中、四中、五中、六中全会精神，认真落实习近平总书记关于黄河流域生态保护和高质量发展重大国家战略作出的重要指示，紧密围绕"共同抓好大保护，协同推进大治理"的总体要求，坚持顺应自然、尊重规律，坚持区域协调、水城共融，坚持文脉延续、古今同辉，坚持开放创新、科技支撑，着力打造黄河流域生态保护和高质量发展增长极，为郑州建设黄河流域生态保护和高质量发展核心示范区做出新的更大贡献。

力争到 2025 年，黄河流域生态保护和高质量发展取得阶段性成果，生态修复和环境治理取得显著成效，科学治水与全域节水全面推进，黄河文化得到保护传承弘扬，高质量发展效益显著，幸福民生保障能力切实增强，对郑州黄河流域生态保护和高质量发展核心示范区建设提供有力支撑。到 2035 年，建设成为郑州黄河流域生态保护和高质量发展核心示范区重要增长极，沿黄山水林天湖草科学系统，防洪设施体系确保黄河安澜，建成黄河流域节水示范区域，形成创新引领的高质量发展新动能，成为中牟品质宜居乐享生活地。

（二）重点举措。

深入贯彻落实黄河流域生态保护和高质量发展重大国家战略，以建设亲水之城、生态之城、文旅之城、智慧之城、人文之城为重点突破，努力打造郑州黄河流域生态保护和高质量发展核心示范区区域增长极。

1. 强化水资源保护利用，打造郑州黄河流域生态保护和高质量发展核心示范区亲水之城

贯彻落实中央"节水优先、空间均衡、系统治理、两手发力"十六字治水方针，突出水资源刚性约束，推动县域经济社会发展、水资源利用与承载能力相适应，增强防控体系建设的整体性、协调性。一是加快节水型社会建设。深入贯彻节水优先方针，结合滩区生态建设修复，集中连片优化农业生产空间，发展旱作农业和生态农业，提高农业用水效率。加快推进三刘寨引黄调蓄工程建设，大力发展喷灌、微灌等节水灌溉技术。加强城镇节水降损，有序推进城镇节水改造，深入开展公共领域节水。强化工业节水，加快工业结构调整与用水工艺提升改造。坚持以水定城、以水定地、以水定人、以水定产，把水资源作为最大的刚性约束，统筹生产、生活、生态用水，大力推进农业、工业、城镇等领域节水，推动用水方式由粗放向节约集约转变。二是提升水生态环境品质。积极推进雁鸣湖片区水生态环境修复，加快中牟赵口引黄干渠提升、沉砂池生态修复等工程建设。统筹推进贾鲁河、堤里小清河等县域内重点河流生态治理，推动水系之间互联互通，构建循环畅通的水系网络。三是坚守黄河安澜底线。继续加强重点河段、险工段防洪工程建设，加大

对韦滩等主流摆幅较大河段监测力度。持续完善黄河堤防工程建设，谋划实施中牟段黄河大堤堤防帮宽工程，按照特别重要的 1 级堤防设计顶宽达到 8 米，帮宽堤段长度 10 公里。

2. 加大生态保护力度，打造郑州黄河流域生态保护和高质量发展核心示范区生态之城

深入贯彻"两山"理念，坚持既要金山银山，更要绿水青山。要像保护眼睛一样保护生态环境，像对待生命一样对待生态环境，让中牟的生态名片更加鲜亮。一是坚决守牢生态底线。落实最严格的生态环境保护责任，强化系统治理、综合治理、精准治理。全面实施城市空气质量清单式管理，重点抓好 $PM_{2.5}$、PM_{10} 污染源整治，基本消除重污染天气。加大治土力度，建立耕地土壤环境分类管理制度，严格控制工业污染物排放和农村面源污染。健全生态文明制度，构建现代化、科学化生态安全监控系统，建立生态补偿机制，强化生态环境监督执法，促进环境质量逐年提升。二是巩固提升生态品质。优化生态空间开发格局，强化"三线一单"的刚性约束，坚持山水林田湖草沙一体化保护和系统治理，打造天蓝地绿水清的生态空间、集约高效的生产空间、宜居适度的生活空间。拓展国家园林县城创建成果，高标准建设生态林区、城市公园、郊野游园、生态廊道。到 2025 年，新增造林面积 2.5 万亩，森林覆盖率达到 30%，让中牟大地更绿更美。三是着力推动绿色低碳发展。扎实做好碳达峰、碳中和各项工作，加快产业结构、能源结构、交通运输结构调整，倒逼"双高"企业转型出清，形成绿色发展模式。倡导绿色生活方式，全面实施垃圾分类，形成勤俭节约、低碳绿色、文明健康的生活方式和消费模式。

3. 强化产业支撑，打造郑州黄河流域生态保护和高质量发展核心示范区文旅之城

抢抓"三座城、三百里、三千年"世界级黄河文化旅游带建设机遇，保护好、传承好、弘扬好黄河文化，立足区位优势、发挥生态优势、塑造文化优势，推动文化与旅游深度融合，打造一批精品黄河文化主题游线和旅游产品，打造黄河文化旅游带重要节点。一是大力弘扬黄河文化。

讲好"黄河故事",加大黄河文化传承挖掘和保护利用力度,挖掘黄河文化蕴含的民族品格和时代价值。围绕官渡文化、箜篌文化、潘安文化等核心元素,打造重点区域、重要节点黄河文化标识项目,塑造中牟品牌。紧扣"中原文化高地"发展主题,围绕"大遗址生态文化公园"建设,继承创新,充分发挥文物和文化资源外溢辐射效应,为社会创造丰富多彩的文化生活空间。二是加快文旅融合态势。抓住郑州、开封、洛阳"三座城、三百里、三千年"世界级黄河文化旅游带建设机遇,推动文化产业和旅游业向互动延伸型融合、重组型融合、渗透型融合发展,形成以文促旅、以旅彰文的发展态势。坚持文化引领、产业融合、生态优先、开放合作,以保护传承弘扬黄河文化为主线,以全域旅游为主导,建设全域旅游数据中心,提升智慧旅游服务水平。到 2025 年,旅游接待人次突破 3000 万,创建国家级全域旅游示范区和文旅产业融合发展示范区。三是丰富文旅产品供给。推动黄河湿地公园、中牟鸟类湿地公园等项目加快建设,形成富有中牟特色的黄河风情旅游产品和精品线路。实施精品工程,提升打造等级旅游度假区、景区、民宿、乡村旅游经营单位、A 级景区村庄;盘活文化和旅游消费资源,串联景、城、地标形成特色旅游线路,创造多维消费场景,发展"夜游经济",培育文化和旅游消费业态,形成文旅商一体化发展构架;加大"云旅游""云景区""云民宿""云展馆""云娱乐"等数字产品的开发运用。

4. 持续加大创新力度,打造郑州黄河流域生态保护和高质量发展核心示范区智慧之城

智慧经济以集约、高效、绿色、人本为根本特征,不仅是未来提升城市竞争力、产业竞争力和服务竞争力的目标选择,也是推进中牟经济社会高质量发展的重要途径。一是以国家推进"新基建"和 5G 网络组网布局为契机,以河南省"5110"工程为载体,以产业数字化、数字产业化为路径,推进产业数字化、服务数字化、管理数字化,实现数字经济对传统经济的深入融合与提升,加快建设"数字中牟"。二是以产业数字化为核心,鼓励企业积极采用智能装备集成解决方案、数字化工厂集成解决方案、基于大数据的设备工艺参数优化解决方案等,大力促进跟产

业领域智能化创新应用和全产业链数字化、智能化，催化发展新产业、新业态和新模式，加快中牟产业体系向智慧产业转型升级。三是加快基于城市大脑的政务数据资源开放、共享系统建设，健全政策信息库、企业法人库、法律服务库、财税金融库、自然资源和空间地理库、电子证照库等基础数据库，完善中牟城市数据资源服务体系。同时，深化政务服务创新，推进社会公共服务资源向基层延伸，加快形成全民共享、优质普惠的智能化民生服务体系。四是谋划布局好数字产业发展用地，强化数字类项目引进，坚持"一硬一软"双路突破，谋划、对接、引进一批数创科技类项目和关联人才。大力提升数字政务水平，加快构建全县统一、上下互联的数据共享交换平台，为各领域智慧化应用赋能升级。

5. 坚持民生为本，打造郑州黄河流域生态保护和高质量发展核心示范区人文之城

保护传承和弘扬中华优秀传统文化，加强沿黄地区特色风貌塑造，处理好河与城、蓝与绿、古与今的关系，突出水城共融、蓝绿交织、文化传承，构建枢密有序、错落有致的城市空间秩序。一是优化空间发展秩序。以前瞻 30 年的战略眼光、战略思维，结合郑开同城化发展、未来撤县改区带来的发展定位、城市功能、人口激增等变化，科学划定"三条控制线"，落实"聚、优、控"要求，加快完成《中牟县国土空间总体规划》，形成纵向到底、横向到边的规划"一张图"，为中牟长远发展系好"第一粒扣子"。二是统筹城乡一体发展。以建设品质宜居生活地为目标，构建由基本公共服务设施、重大区域型公共服务设施及重大功能性设施构成的城乡公共服务设施体系。坚持做好城乡管理大文章，推动重建轻管向建管并重转变，持续提升精准、精确、精细化水平。深入推进以"一事件"为抓手的"一网统管"改革，下大力气打通影响群众出行、停车、休闲等"最后一公里"，打造整洁、有序、舒适、愉悦的城乡环境。三是打造综合交通体系。推进郑开大道快速化改造、陇海快速路东延、南三环东延、平安大道东延、省道 S224、省道 S317 等交通通道建设，新增 2 座黄河大桥、6 个高速出入口，实现与郑州市主城区、航空港区和开封市主城区等周边区域的无缝衔接。推动 K2 快线、地铁 8 号线等

轨道交通建设，让中牟早日走进"有轨时代"。打通文通路、中原大道等各组团之间交通主干道，实现各组团联通对接。提升传统农区路网等级与密度，加快通村硬化道路建设，畅通连接千家万户的"毛细血管网"。大力发展公共交通，加快形成畅联城乡、高效便捷、绿色智慧的全域公交体系。

同时，加强与黄河流域沿线合作。一是要建立健全重点行业发展协调联动机制。特别是在城市空间规划、产业发展、人口增长、社会发展等重点领域，通过建立协调联动机制，贯彻落实好省市黄河流域生态保护和高质量发展领导小组联席会议重要部署，推动城市空间科学规划、产业结构优化提升，特别是要突出发展节水型、环保型产业和技术，加强黄河文化旅游等方面合作。二是建立健全黄河流域生态保护合作机制，统筹城市生态建设和保护规划、政策措施等，通过常态化协作机制强化黄河流域生态保护一致性，实现生态保护工作统一部署、同步实施、因地制宜、协同攻坚，增强黄河流域生态建设整体合力，提高黄河流域生态保护整体效果。

关于中原区加快数字经济建设推动经济社会高质量发展的调查研究

中原区人民政府办公室

为全面落实省委、省政府锚定"两个确保"和市委、市政府开展"三标"活动的决策部署，我围绕深入实施中原区数字化转型战略，坚持数字产业化、产业数字化、数字化治理、数据价值化、数字生态化"五化"发展，为国家中心城市建设提供有力支撑进行了调研。

一、全市数字经济发展态势

2022年底，郑州市数字经济总量达到6000亿元，占GDP比重达到44％，数字经济生态体系初步形成。随着新型基础设施建设全面展开，第五代移动通信（5G）、物联网、新一代人工智能、网络安全、软件等数字经济产业规模不断壮大，传统产业数字化转型取得新进展，智慧城乡建设加快推进，数据价值化试点成效初显，数字经济对经济高质量发展的支撑作用进一步增强。郑州市数字经济飞速发展，得益于较好地突出了以下几方面。

一是以人为本、服务为民。坚持以人民为中心，把增强人民福祉作为数字化转型的出发点和落脚点，缩小数字鸿沟，创新公共服务提供方式，切实推动便民利民。二是需求导向、应用牵引。以解决实际问题为导向，综合考虑当前发展和未来需求，深化大数据、人工智能、物联网等新一代信息技术在各领域的应用，并适度超前布局，推动数字化转型走深走实。三是创新驱动、示范先行。把创新摆在核心地位，发挥郑州作为中原城市群领头羊作用，在经济发展模式和城市治理理念、治理模式及治理手段等方面开展创新，在重点领域、先进区域试点示范，不断推动信息技术在政府转型、城市建设、经济发展领域的深度融合。四是统筹规划、整体联动。充分发挥国家战略堆叠与郑州区位优势，在各个领域探索国家中心城市的数字化转型之路，纵向加强与国家、省融会贯通，横向全面实现一体协同，形成全市"一盘棋"建设格局，为全国推进数字化转型贡献郑州模式。五是标准引领、数据赋能。充分发挥标准规范的引领作用，先行构建包含政务服务、数据资源、业务接口、数据共享、平台系统等在内的市域统一标准规范体系，实现标准统一、系统互联互通、数据高效共享、赋能经济社会发展。六是政府引导、社会参与。加强政府统筹协调和组织引导，支持社会力量参与，鼓励各部门、各区域加强和行业优势企业的长期战略合作，推进形成了共建共治共享的数字化转型格局。

二、市级层面数字经济蓬勃发展为中原区加快数字经济战略转型提供了强力支撑

（一）高标准建设新型基础设施

实施新型基础设施建设提速工程，加快布局信息基础设施、融合基础设施、创新基础设施，构建高水平新型基础设施体系。

2022 年 5G 基站数量累计达 3 万个，数据中心机架超过 3.5 万架，力争互联网骨干直联点扩容 100G 以上，开展政务网、物联网、互联网三网融合智能感知网络"先行先试"试点建设，城市信息模型（CIM）平台建设，完成城市安全大脑的项目审批。截至 2023 年底，5G 基站数量累计不少于 3.5 万个，数据中心机架超过 4 万架，形成政务网、物联网、

视联网三网融合智能感知网络建设规范、建设运维新模式，形成长效运行机制，城市信息模型（CIM）平台稳定运行，基本完成建成区基础设施数据库的建设，完成城市安全大脑建设。2024 年全市 5G 基站数量 4 万个以上，实现 5G 网络乡镇以上区域连续覆盖，强化大型体育场馆、景点、重要交通干线及枢纽等流量密集区域 5G 网络覆盖，提升典型场景网络服务质量，结合 2G、3G 网络退网，推进 4G 和 5G 网络协同发展。

（二）持续推进数字产业化提质

实施数字经济重点产业提质工程，夯实数字经济发展根基。2022 年，全市数字经济核心产业增加值可达 1500 亿元。持续推进"Huanghe 鲲鹏"生态建设，加快建设中原鲲鹏生态创新中心、紫光计算终端全球总部、超聚变服务器等项目、中国长城（郑州）自主创新基地，打造计算产业集群。支持河南联通、河南移动、河南电信、数字中原、景安公司创建一批国家绿色互联网数据中心，发挥引领示范作用，全市大型、超大型互联网数据中心 PUE 值不超过 1.3。

（三）深入推进产业数字化赋能

实施重点领域数字化转型工程，加快推进数字乡村试点示范，打造一个跨行业、跨领域的综合性工业互联网平台，电商物流、智慧文旅、智慧金融等服务数字化水平大幅提升。加快制造业数字化转型。全市工业互联网公共服务平台建设取得初步成果，国家工业互联网平台应用创新推广中心实现试运营，构建完善 1＋N 工业互联网体系平台体系，推动制造业企业与解决方案服务商深度合作，开展揭榜挂帅和供需对接活动，形成一批可复制推广的"优秀数字化转型解决方案"。

（四）全面推进数字化治理能力提升

以新型智慧城市建设为突破、以市域社会治理一体化建设为关键，实现政府数字化监管能力进一步增强、电子政务服务水平进一步提升，数字化公共服务更加普惠均等。

1. 打造数字政府。推进政务信息系统整合，打造统一安全的电子政务云平台、政务大数据库、信息资源共享平台、政府数据统一开放平台。推动数据资源共享开放，探索建立相关制度，建设融合开放的数据服务平台，满足跨层级、跨区域、跨部门政务数据共享交换需求，探索政企数据互通共享，在保证安全的基础上有序开放共享数据。

2. 建设智慧城乡。以河南省新型智慧城市建设试点市为契机，加快郑州市城市大脑建设力度，实现海量多源数据归集、实时处理与智能分析的"城市大脑"建设，基本建设完成城市信息模型（CIM）平台，初步形成城市三维空间数据底板，明确包括城市综合管理服务、智能化城市安全运行管理等基于 CIM＋的应用。进一步探索新型智慧社区建设模式、服务内容、管理方式和保障机制，推动标准化、规范化智慧小区建设，打造综合集成社区服务和管理功能的一体化智慧社区。

3. 提升公共服务数字化。将"郑好办"App 打造成郑州市"城市大脑"建设面向市民服务的总入口，以"城市大脑"智慧健康、智慧停车、文化旅游、全民健身、一码通城等应用为基础，开发上线"电子钱包"，推广使用电子证照。

（五）构建数字经济发展生态体系

实施数字经济发展环境优化工程，加快产业园区、要素市场建设，统筹推进优势企业培育、对外开放合作。

1. 提升数字经济园区能级。优化整合省级大数据产业园，创建省级数字经济示范园区。鼓励有基础、有条件的区县布局、引进、发展特色数字经济，建设数字经济特色园区。

2. 分类培育数字经济优势企业。聚焦"补芯""引屏""固网""强端"，加快引进培育芯片材料、设计封测等产业链，强化核心企业引领。

3. 培育数据要素市场。郑州市正在和中国电子就数据要素市场化配置改革进行合作，前期向国家发展改革委申报试点城市，全国确定十个试点，郑州目前排名第九。

4. 全市依托统一的云网基础设施，归集数据 1211.85 亿条，围绕党建引领网格化基层治理工作，持续完善人口、法人、空间地理、电子证照四大基础数据库。建设"人、地、物、事、情、组织"六要素主题库，建立数据更新核验机制，截至 2022 年 8 月，人要素主题库 5607 万条数据，地要素主题库 7851 万条数据，事要素主题库 2.9 亿条数据，情要素主题库 502 万条数据，物要素主题库 4056 万条数据，组织要素主题库 636.9 万条数据。

5. 开展数据运营，挖掘数据要素应用场景。在疫情防控方面，在常态化疫情防控政策背景下，"电子哨兵"辅助安全出行，目前已部署"电子哨兵"5000 余套，覆盖郑州 16 个区（县）市，为市民安全出行保驾护航；大数据公司与市公交集团，市一卡通公司联合开发"卡码合一"系统，市民乘坐公交时不需要再扫车贴场景码，实名乘车支付时即可完成健康码信息核验。

三、中原区建设数字经济强区大有可为

（一）推动产业数字化提速刻不容缓

我区"十四五"发展规划提出利用现代信息技术对主导产业进行全方位、全角度、全链条的改造，以"数字＋"赋能，推动现有产业嫁接新技术、新业态、新模式，到 2025 年，创建国家级两化融合贯标企业 5 家左右，全区新增 30 家上云企业。利用 BIM 等技术发展特色化建筑设计，提升城市、建筑、园艺规划设计服务水平。充分挖掘中原区优秀文化资源，重点发展动漫、网络游戏、数字化内容制作等数字服务创意，大力发展以网络数字技术为依托的直播经济、短视频经济，打造特色鲜明的数字文创产品。积极承接产业转移，建立省级数字文化创意试验区。实施文化共享工程，完善文化惠民消费信息平台功能，搭建文化项目线上线下推广、展示、销售平台。支持融媒体中心建设，完善载体多样、覆盖广泛的互联网媒体传播体系。支持二砂、国棉三厂、郑煤机等历史文化遗产及文物的数字化镜像建设，推进泥猴、剪纸、糖画、面塑等传统工艺与人工智能、大数据等深度融合。

（二）培育壮大数字经济核心产业正当其时

聚焦新一代信息技术基础领域、信息技术软件领域、信息技术硬件领域三大领域、12 个重点方向，创新发展数字经济重点产业，引领中原区新产业新业态发展，打造新的经济增长点。依托中央文化区核心板块，

谋划建设中原人工智能产业园，创新开展人机交互、模式识别、机器学习等技术研发，培育发展智能机器人、智能家居、智能健康等产品。创新拓展新一代人工智能应用场景，开展"AI＋"重点场景营造试点行动，推进人工智能在产业经济、市民生活、智慧城市等领域的融合应用，提升公共服务能力、生产制造效率和民生获得感，在智能社区、智能教育、智能养老、智能零售等领域打造重点场景，不断拓展搭建智慧城市运行及智能化产业融合的应用场景，建设全省领先的人工智能融合应用先行区。

（三）加快新型数字基础设施建设方兴未艾

推进基于信息化、数字化、智能化的新型基础设施建设，完善5G网络基础设施建设标准体系。推动通信杆（塔）与电力等行业的杆（塔）资源共建共享，加快"千兆城市"建设，推动乡镇以上千兆无源光网络规模部署，扩大千兆光网覆盖范围，加快中国移动网络云郑州大区节点、中国联通5G核心网中部大区中心建设，提升我区5G业务承载能力。大力推进广电骨干网络IPV6升级改造，着力推进数据中心整合，引导规范地方、行业、企业数据中心（IDC）建设，整合分散的数据中心（IDC），认定一批绿色数据中心（IDC），努力将我区谋划打造成为全省重要的区域性数据中心。

四、意见建议

（一）加强组织领导，加强统筹谋划

充分发挥组织领导对数字经济发展的统筹协调作用，扎实推进重点工作任务，协调解决数字经济发展中的重大问题。

（二）项目带动，引入数字经济龙头企业

坚持"项目为王"，以高质量项目推动数字经济高质量发展，谋划储备数字经济重大项目，滚动实施数字经济"三个一批"项目。加快企业聚集，尤其是数据经济龙头企业，以芝麻街1958双创园、中央文化区为依托，加强数字经济头部企业引进工作，积极推动数字项目为主导，加快字节跳动、京东等企业河南总部在中原区发展，发挥龙头企业引领带动作用，吸引一大批上下游相关大数据产业进驻中原区。

（三）引进培养数字经济人才

数字经济领域人才纳入各类人才计划支持范围，积极培育数字经济新就业形态，鼓励各地建设创新工场、众创空间等集孵化与创投于一体的数字经济孵化器，促进数字经济初创企业人才集聚和成果转化。强化精准引才，绘制数字经济人才地图，编制急需紧缺人才目录，引导各地建设数字经济人力资源产业园和数字经济人才市场，引进一批数字经济青年科技人才、数字创客和数字工匠。

（四）建设配套制度体系

开展制度设计，从主体、设施、市场等方面细化所需的配套法律法规、政策文件、技术标准和市场规范等，打造层次分明、高效协同的制度体系，夯实机制体系保障。

（五）引育数字经济市场生态

聚焦数字经济市场培育和数据产业聚集发展，打造数字经济产业链，构筑数字经济产业增长极、创新策源地、经济强引擎。

（六）强化信息安全保障

一是建立健全数据分类分级管理标准和重要数据保护目录，对数据实行分类分级保护。二是开展本地化网络安全运营，培养网安产业人才，打造中部地区网络安全政、教、产、学、研一体化基地。

郑州与其他国家中心城市
综合性对比研究

郑州市发展和改革委员会

2016 年 12 月，经国务院批复同意，国家发改委发布《促进中部地区崛起"十三五"规划》，明确指出，支持郑州建设国家中心城市。这是党和国家深刻把握全国发展大局、实施区域协同发展战略作出的重大战略部署，同时也标志着郑州从此迈上了建设国家中心城市的新征程。这些年来，郑州市委市政府坚决贯彻中央和省委省政府决策部署，深入把握新发展阶段，完整准确全面贯彻新发展理念，主动服务和融入新发展格局，推动国家中心城市高质量发展，取得了堪称亮眼的发展成就，极大增强了郑州的城市综合实力。全市地区生产总值由 2017 年的 9130.17 亿元增长到 2021 年的 12691 亿元，首位度由 2017 年的 20.30％提升到 2021年的 21.55％。城镇居民人均可支配收入由 2017 年的 36050 元，增加到2021 年的 45246 元；农村居民人均可支配收入由 2016 年的 19974 元，提升到 2021 年的 26790 元。2021 年全市一般公共预算收入完成 1223.6 亿元，居全国省会城市第六位。三次产业结构由 2017 年的 1.7∶46.5∶51.7，调整为 2021 年的 1.4∶39.7∶58.9，城市发展后劲和产业支撑能力不断增强。2021 年全市常住人口增至 1274.2 万人，中心城区城市建成区面积达到 744.15 平方公里，市域城市建成区面积增至 1342.11 平方公里。在充分肯定发展成绩的同时，也应清醒看到，尽管郑州经济社会发展取得了骄人成绩，但与党中央、国务院和河南省委、省政府对郑州发展的要求相比，与郑州一千多万人民群众对美好生活的向往相比，与其他先进国家中心城市相比，还存在短板和相当大差距。要清晰认识郑州的发展优势和存在的短板与差距，需要在郑州与其他8个国家中心城市作相关数据的比较分析。

一、郑州与其他国家中心城市基础指标对比

国家中心城市的综合实力，是一个整体性、全面性的概念，体现和表征着一个国家中心城市的整体发展水平。国家中心城市的综合实力和整体发展水平受到诸多因素的影响与制约。因此，测度和衡量一个国家中心城市的综合实力与整体发展水平，需要按照科学性、客观性、可比性、协调性等原则的要求，构建合理的评价指标体系。为科学比较和准确评价郑州与其他国家中心城市的综合实力与整体发展水平，更准确把握郑州国家中心城市建设现状，要根据新发展理念要求和国家中心城市功能特征，从经济实力、科技创新、对外开放、生态宜居、区域辐射等角度，开展郑州与其他国家中心城市建设现状的对比分析，以期找准郑州发展的优势和短板。

（一）经济实力方面。

2017—2021年，郑州市经济保持持续健康较快发展，地区生产总值大幅增加，但在9个国家中心城市中仅高于西安市，排在第八位（见表1）。第七次全国人口普查结果显示，2021年郑州市常住人口1274.2万人，在9个国家中心城市中位居第九位。2021年郑州市人均地区生产总值为99599元，在9个国家中心城市中名列第六位。如表1所示。

2021年郑州社会消费品零售总额达5389.2亿元，比上年增长6.2%，在9个国家中心城市中名列第七位。一般公共预算收入上，2021年郑州仅高于西安，在9个国家中心城市中排在第八位（见表2）。对比来看，郑州在经济实力方面与其他国家中心城市相比还存在明显差距。

表 1　　2017—2021 年 9 个国家中心城市地区生产总值对比（亿元）

城市	2017 年	2018 年	2019 年	2020 年	2021 年
北京市	28000	30320	35371	36103	40269
天津市	18595	18810	14104	14084	15695
上海市	30133	32680	38155	38701	43214
广州市	21503	22859	23629	25019	28231
重庆市	19500	20363	23606	25003	27894
成都市	13889	15343	17013	17717	19917
武汉市	13410	14847	16223	15616	17716
郑州市	9130	10143	11590	12003	12691
西安市	7469	8350	9321	10020	10688

数据来源：各城市国民经济和社会发展统计公报。

表 2　　　　　　2021 年 9 个国家中心城市主要经济指标对比

城市	常住人口/万人	人均地区生产总值	社会消费品零售总额/亿元	一般公共预算收入/亿元
北京市	2188.6	184000	14867.7	5932.3
天津市	1373.0	11432	3769.8	2141.0
上海市	2489.4	173594	16280.0	7771.8
广州市	1881.0	150366	10122.5	1883.2
重庆市	3212.4	86879	13967.7	2285.4
成都市	2119.2	94622	9251.8	1697.9
武汉市	1364.9	17716.7	6795.0	2914.2
郑州市	1274.2	99599	5389.2	1223.6
西安市	1316.3	83689	4963.4	855.9

数据来源：9 个城市国民经济和社会发展统计公报。

（二）科技创新方面。

近年来，郑州坚持把创新摆在发展的逻辑起点、现代化建设的核心位置，推动科技创新取得显著成效。在创新要素投入上，2021 年郑州全社会研发投入强度在 9 个国家中心城市中排名第八位。创新成果上，技术合同成交额占河南省技术合同成交额的 55.3%，位列全省第一，在国家中心城市中排在第九位；专利授权量和发明专利授权量在国家中心城市中均排名较后（见表 3）。创新平台上，郑州的国家重点实验室数量仅有 6 家，双一流大学仅有郑州大学一所，在国家中心城市中均排在第九位（见图 1）。由于一流科研院所和高等院校数量较少，导致郑州在承接国家创新基地战略布局时缺乏相应的载体。

表 3　　　　2021 年 9 个国家中心城市创新指标对比

城市	全社会研发投入强度/%	技术合同成交额/亿元	专利授权量/件	发明专利授权量/件
北京市	6.53	7005.7	199000	79000
天津市	3.66	1300.0	97900	7376
上海市	4.10	2761.3	179300	32900
广州市	3.15	2413.1	189000	24000
重庆市	2.16	310.8	76200	9400
成都市	3.11	1228.0	88414	14996
武汉市	3.33	1105.3	86379	18553
郑州市	2.45	306.5	62853	24343
西安市	5.05	2209.5	64131	14055

数据来源：各城市统计年鉴及国民经济和社会发展统计公报，武汉未公布。

（三）对外开放方面。

近年来，郑州充分发挥"枢纽＋物流＋开放"比较优势，积极融入"一带一路"，不断提升"四条丝路"发展水平，服务国内国际双循环新发展格局，内陆开放高地建设成效显著。但由于种种原因，郑州在对外开放方面还远远落后于其他国家中心城市。2021 年郑州市实际利用外资仅为同为内陆省会城市武汉的 38.4%、西安的 55.8%、成都的 68.7%，在 9 个国家中心城市中排在末位；进出口总额在国家中心城市中排第七位；郑州的外贸依存度较高，在 9 个国家中心城市中名列第四位，明显高于广州、重庆、武汉，对服务和融入国内国际双循环新发展格局起到了积极影响（见表 4）。对外交流上，郑州尚无一家领事馆，在 9 个国家中心城市中排在末

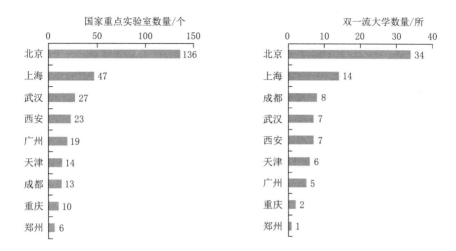

图1　2020年国家中心城市高水平科研平台数量

数据来源：国家重点实验室数量来自《国家重点实验室布局一二三》。

位。郑州机场国际航线数量仅高于武汉和天津，在9个国家中心城市中居于第七位。接待入境旅游人数，是反映一个城市对外开放程度的重要指标。2019年，郑州接待入境旅游人数在9个国家中心城市中排名第九位，不足成都、武汉的1/4，仅为西安的30%左右（见表5）。

表4　　2021年9个国家中心城市对外商贸相关指标对比

城市	实际利用外资 /亿美元	进出口总额 /亿元	外贸依存度 /%
北京市	155.6	30438.4	75.6
天津市	53.8	8567.4	54.6
上海市	225.5	40610.3	93.9
广州市	82.7	10825.8	38.3
重庆市	106.6	8000.6	28.7
成都市	70.7	8222.0	41.3
武汉市	125.6	3359.4	18.9
郑州市	48.6	5892.1	46.4
西安市	87.1	4399.9	41.2

数据来源：各城市国民经济和社会发展统计公报，外贸依存度根据各城市GDP计算。

表 5

9 个国家中心城市 2021 年开通国际航线

及 2019 年接待入境游客数排名❶

城　　市	机场开通国际航线/条	接待入境游客/万人次
北京市	136	376.90
上海市	114	897.23
广州市	220	899.43
重庆市	106	411.34
成都市	131	380.20
武汉市	53	239.22
天津市	49	198.31
西安市	91	198.30
郑州市	69	55.40

数据来源：根据 9 个国家中心城市统计局公布的数据整理。

（四）生态宜居方面。

生态宜居体现新发展理念、推动城市绿色发展和共享发展，建设高品质城市、涵养高品质生态、创造高品质生活的内在要求。在习近平生态文明建设思想指引下，郑州市在建设生态宜居城市方面作出了巨大努力，取得了显著成效。但与其他国家中心城市相比，郑州市生态宜居水平仍存在较大差距。在生态建设方面，截至 2021 年底，郑州市建成区绿地率、绿化覆盖率和人均公园绿地面积分别达到 36.74%、41.63%、15.26 平方米，成为长江以北地区唯一获得国家生态园林城市称号的省会及以上城市。郑州交通拥堵状况在 2016—2020 年呈现逐年好转趋势，2021 年全天交通拥堵指数下降为 1.597，在国家中心城市中均排在第一位。城市人文建设方面，郑州的地理标志数量、博物馆数量均排在国家中心城市第九位，海内外游客数量、旅游外汇收入

❶　受新冠疫情影响，中国入境旅游市场从 2020 年春节后出现断崖式下跌，至今尚未完全恢复，因此，考虑到 2020—2021 年 9 个国家中心城市接待入境客的相关数据不能正确反映这些城市的实际接待能力和水平，故采用疫情前 2019 年的相关数据。

和国内旅游收入相对较低。在空气质量方面，郑州空气质量持续改善，优良天数逐年增多，2020年达到230天，空气质量综合指数在全国168个重点城市中稳定退出后二十位；$PM_{2.5}$年平均浓度值呈现逐年降低的趋势，但仍在国家中心城市中排名第九位（见表6），表明郑州市大气污染防治短板明显。

表6　　2021年各国家中心城市生态宜居主要指标对比

城市	人均公园绿地面积/平方米	城市绿化覆盖率/%	全天交通拥堵指数	空气质量优良天数	$PM_{2.5}$年平均浓度值/（微克/立方米）
北京市	16.6	49.3	2.048	288	33
天津市	10.3	34.5	1.628	264	39
上海市	8.8	40.0	1.877	335	27
广州市	17.2	43.6	1.776	323	24
重庆市	16.6	43.1	2.006	326	33
成都市	14.9	43.9	1.702	299	35
武汉市	14.5	43.1	1.772	289	37
郑州市	15.3	41.6	1.597	237	42
西安市	12.3	41.8	1.736	265	41

数据来源：主要来自9个国家中心城市国民经济和社会发展统计公报。

（五）区域辐射方面。

在信息交流方面，郑州市邮电业务总量呈现逐年增长趋势，2020年全年邮电业务总量达到1917.1亿元，在国家中心城市中居于第六位；万人互联网用户数在国家中心城市中居于末位（见图2）。交通运输方面，郑州市货物周转量821.2亿吨公里，仅高于西安和成都两市，在国家中心城市中排第七位；客运周转量213.9亿人公里，在国家中心城市中名列第九位。机场年货邮吞吐量达70.6万吨，在国家中心城市中位居第四位；机场年旅客吞吐量为1895.5万人次，仅高于天津市，在国家中心城市中排在第八位（见表7）。

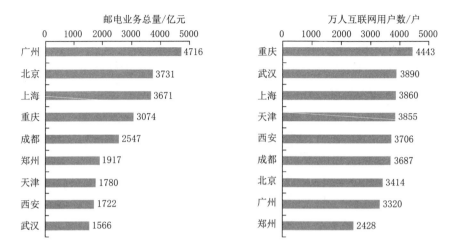

图 2　2020 年各国家中心城市信息交流主要指标对比

数据来源：各城市国民经济和社会发展统计公报。

表 7　　　2021 年 9 个国家中心城市交通运输主要指标对比

城市	货物周转量 /亿吨公里	客运周转量 /亿人公里	机场货邮吞吐量 /万吨	机场旅客吞吐量 /万人次
北京	881.1	1048.0	140.3	5763.59
天津	2681.6	324.0	19.5	1512.7
上海	16032.9	2376.7	436.6	6541.0
广州	21619.7	1149.2	204.5	4026.0
重庆	3841.6	644.6	47.7	3576.6
成都	497.1	831.1	62.8	4447.2
武汉	3719.6	731.4	31.6	1980.0
郑州	821.2	213.9	70.5	1895.5
西安	505.5	220.4	39.6	3017.3

数据来源：9 个国家城市国民经济和社会发展统计公报。

二、郑州与其他国家中心城市综合比较总体考量

（一）郑州建设国家中心城市的优势。

1. 经济发展态势稳中向好。

"十三五"以来，郑州市经济总量跃上万亿元台阶，每年迈上一

个千亿级台阶。2021年，郑州在特大雨灾与新冠疫情叠加交织的巨大压力下，实现地区生产总值12691亿元，实际增长4.7％，经济总量和增长率均高于西安，在9个国家中心城市中位居第八位。中原科技城建设加快，科技创新全面提速，嵩山、黄河等省实验室挂牌运行，获批国家新一代人工智能创新发展试验区，获批6家国家级创新平台。产业结构持续优化，战略性新兴产业和高技术产业增加值占比显著提升。2021年，郑州六大主导产业增加值增长13.3％、战略性新兴产业增长22.1％，分别占规模以上工业的82.1％、43.4％。2022年上半年，郑州地区生产总值达到6740亿元，经济总量在9个国家中心城市中虽仍居第八位，但增速表现尚可，同比增长2.5％，仅低于武汉（4.3）、重庆（4.0）、成都（3.0），增速在9个国家中心城市中位居第四位。

2. 综合枢纽优势持续强化。

郑州是全国重要的铁路、航空、高速公路、电力、邮政电信的枢纽城市。2020年，郑州机场开通客货运航线245条，通航全球132个城市，成为全国第二个实现航空、城际、地铁、公交、高速公路零换乘的机场城市。2021年，郑州新郑国际机场货邮吞吐量成功突破70万吨大关，货邮吞吐量在全国十大货运枢纽机场中名列第六位（见表8）。目前在郑州机场运营全货运航空公司29家（国际地区24家），开通全货机航线42条（国际地区35条）；通航城市49个（国际地区41个），通达全球货运前50位机场中的28个，连通"一带一路"沿线国家17个，已形成横跨欧美亚三大经济区、覆盖全球主要经济体、多点支撑的"Y"字形国际货运航线网络，成为国内外主要货运航空公司重点布局的枢纽机场，获得首个空港型物流枢纽建设运营标杆企业。2022年6月20日，随着济郑高铁濮阳至郑州段、郑州航空港站正式开通，以郑州为中心的"米"字形高铁网在全国率先建成。着力推动"陆上丝绸之路"扩量提质，中欧班列（郑州）形成"8个口岸出入境、17条线路直达"的网络，实现每周"16去18回"高频次往返对开。自2013年首班开行以来，中欧（郑州）班列已累计开行超过6000班，成为全国5个中欧班列集结中心之一，集货范围覆盖全国3/4区域，境外可达30多个国家130多个城市。2021年中欧班列（郑州）累计开行1546班次，班次、货值、货重同比分别增长37.6%、40.1%、41.2%。获批成为全国唯一跨境电商零售进口药品试点，全球跨境电子商务大会永久落户郑州，已基本建成的全球网购商品集疏分拨中心，业务覆盖全球196个国家和地区。2021年，郑州跨境电商交易额达1092.47亿元。郑州国家级互联网骨干直联点总宽带全国第三，通信运营商互通宽带全国第一，信息通信枢纽地位和信息集散能力进一步增强。

表8　　　　2021年全国货运枢纽机场货邮吞吐量前十排名

排名	城市/机场	货邮吞吐量/吨	同比增长/%
1	上海/浦东	3982616.4	8.0
2	广州/白云	2044908.7	16.2
3	深圳/宝安	1568274.5	12.1
4	北京/首都	1401312.7	15.8
5	杭州/萧山	914063.1	14.0
6	郑州/新郑	704748.9	10.2
7	成都/双流	629422.2	1.8
8	重庆/江北	476723.1	15.9
9	西安/咸阳	395604.5	5.1
10	上海/虹桥	383405.5	13.2

数据来源：9个国家中心城市统计局。

3. 科技创新能力快速跃升。

近年来，郑州市坚持创新驱动发展，政策环境不断优化，高新技术产业快速增长，普通高校数量在全国名列前茅，人才要素在全国位居第十位，取得成效较为显著。根据年度测度结果的横向比较，郑州科技创新功能在国家中心城市队伍中处于靠后位置，但排名在稳步提升，2019年和2020年两年均越过谷底，提升位次。在科技创新功能成长性上，

2020年，郑州跃居国家中心城市第2位，其中，科研要素投入和创新资源的增加有力促进了郑州科创功能提升，以科技创新引领城市高质量发展的后发优势逐步显现。特别是河南省第十一次党代会以来，郑州市大力实施创新驱动、科教兴省、人才强省战略，高起点高水平推动中原科技城与省科学院、国家技术转移郑州中心融合发展，着力打造从基础研究到应用研究、前沿研究的创新体系，打造全国区域创新策源地、科研体制机制改革先行区、要素市场改革先导区，加快引进领军人才、高端人才、潜力人才，构建一流创新生态，推动郑州市科技创新能力迅速提升。由世界知识产权组织发布的2022版全球创新指数部分内容显示，与2021年相比，2022年郑州市以上升15个位次的提升幅度，位居2022年科技集群排名中增幅最大的三个中国集群之首。

4. 内陆开放水平不断提升。

近年来，郑州市围绕建设国际交通枢纽门户、对外开放体系高地、参与国际合作高地，走出了一条独具特色的"枢纽＋开放"之路，创造了内陆开放的郑州经验。2021年全年对外贸易进出口总额5892.1亿元，增长19.1%，位居全国省会城市第五位。2022年3月16日，在成功获批全国重要国际邮件枢纽口岸之后，郑州已建成集航空、铁路两个一类口岸，新郑、经开两个综合保税区，汽车、粮食、邮政等9个功能性口岸于一体的"2＋2＋9"口岸体系，成为功能性口岸数量最多、种类最全的内陆城市。深化国际贸易"单一窗口"建设，通关服务更加便利，实现国际贸易单一窗口申报率100%，航空口岸"7×24小时"通关，铁路口岸"7×24小时"预约通关。加快推进制度型开放，着力打造开放平台。设立RCEP企业服务中心，依托国际贸易"单一窗口"和进出口企业服务平台，搭建RCEP货物贸易大数据服务专区，提供原产地证书签发、商事证明、出口退税等"一站式"涉外综合服务。持续推进郑州航空港经济综合实验区建设，加快各种开放创新要素的融合集聚。2021年航空港区生产总值达到1172.8亿元，工业总产值4174亿元，进出口总额排名全国各类开发区第4位，正在成为引领和引领郑州高水平开放的核心引擎。

5. 国家战略优势叠加。

随着黄河流域生态保护和高质量发展、促进中部地区崛起等重大国家战略的落地实施，郑州在全国发展大局中的战略地位和支撑作用日益突出。从国家战略布局看，郑州处于战略的核心区域：郑州航空港经济综合试验区及中国（郑州）跨境电子商务综合试验区本身就在郑州设立；中原经济区以郑州都市圈为核心，以中原城市群为支撑；郑洛新国家自主创新示范区包含郑州高新技术产业开发区；中国（河南）自贸区中涵盖郑州都市圈中的郑州片区；郑州在黄河流域生态保护和高质量发展和推动中部地区高质量发展中发挥着至关重要的作用。除此之外，郑州还是"一带一路"的重要节点城市。凭借着国家战略密集布局、功能叠加的优势，郑州正抓住难得历史机遇加快发展，全方位释放政策红利，加快国家中心城市建设，加快形成更高水平的高质量发展区域增长极。

（二）郑州国家中心城市建设短板分析。

1. 综合经济实力偏弱。

尽管近年来郑州市综合经济实力显著提升，但与其他国家中心城市相比，仍相对较弱。从经济总量看，2021 年郑州市以 12691.02 亿元在 9 个国家中心城市中排名第八位，仅高于西安市。从人均 GDP 看，2021 年郑州市以 99599 元高于成都、重庆、西安三市，在 9 个国家中心城市中排名第六位（见表 9）。从一般公共预算收入看，郑州市以 1223.6 亿元在 9 个国家中心城市中排名第七位。从居民人均可支配收入看，郑州市仅高于重庆和西安两市，以 39511 元在 9 个国家中心城市中排名第七位。从经济首位度看，郑州市以 21.82%，在作为国家中心城市的五个省会城市中排名末位，远低于武汉（35.95%）、成都（36.46%）、西安（38.27%）。从数字化发展能力看，2021 年郑州市以 51.51 的综合得分，在 9 个国家中心城市中排名第九位（见表 10）。从社会支撑力来看，郑州是 9 个国家中心城市中唯一一个地级市，行政资源与其他城市相比明显处于劣势。综合经济实力偏弱，是郑州国家中心城市现代化建设中的一个突出短板。

表9		2021 年 9 个国家中心城市人均 GDP 排名			
排序	城市	人均 GDP/元	排序	城市	人均 GDP/元
1	北京市	183997	6	郑州市	99599
2	上海市	173593	7	成都市	93984
3	广州市	150366	8	重庆市	86879
4	武汉市	129803	9	西安市	81199
5	天津市	114312			

数据来源：根据 9 个国家中心城市统计局公布的经济总量与人口数计算所得。

表10		2021 年 9 个国家中心城市数字化发展能力综合排名			
排序	城市	综合得分	排序	城市	综合得分
1	北京市	86.65	6	武汉市	54.12
2	上海市	75.75	7	重庆市	53.27
3	广州市	65.93	8	西安市	52.02
4	成都市	58.22	9	郑州市	51.51
5	天津市	54.97			

数据来源：《"万亿俱乐部"城市数字化发展能力评价报告》。

2. 科技创新能力不强。

郑州科研创新基础薄弱，科技研发与创新能力亟待提升。国家及部属重点院校和高端研究机构较少，仅有郑州大学一所双一流院校，国家重点实验室 6 家，在 9 个国家中心城市中均排在末位。研究与试验发展（R&D）活动的规模和强度这一指标，通常被用来反映一地的科技实力和核心竞争力。获得国家支持建设国家中心城市以来，郑州市高度重视研发投入，2018—2020 年，全市社会研发投入经费由 117.5 亿元增加到 276.7 亿元，投入强度从 1.74% 提升至 2021 年的 2.31%，快速接近全国平均水平（2.44%），增速在 9 个国家中心城市中位居第二。2021 年郑州市研发经费投入更是突破 310 亿元，研发投入强度达到 2.45%，首次超过全国平均水平。但是在 9 个国家中心城市中，无论研发经费投入经费总量还是研发经费投入强度，都排在第九位（见表11）。2021 年郑州专利授权量 62853 件，在 9 个国家中心城市同样排名末位，其他 8 个国家中心城市的专利授权量分别为：北京 198778 件、广州 189516 件、上海 179300 件、天津 98000 件、成都 88414 件、武汉 86379 件、重庆 76206 件、西安 64131 件。由此可见，郑州市的创新能力和创新质量亟待提高。科技创新能力不强，是郑州国家中心城市现代化建设中的又一突出短板，严重影响着郑州核心竞争力的提升。

表 11   2021 年 9 个国家中心城市社会研发投入
经费及投入强度排名

城市	社会研发投入经费/亿元	社会研发投入强度
北京市	2629.3	6.53
上海市	1819.8	4.21
广州市	889.3	3.15
重庆市	603.8	2.16
成都市	596.0	3.11
武汉市	590.0	3.33
天津市	574.3	3.66
西安市	538.7	5.03
郑州市	310.0	2.45

数据来源：根据 9 个国家中心城市统计局公布的数据整理。

3. 国际化水平不高。

在对外交流方面，2018—2020 年，郑州在对外交流功能方面仅高于天津和西安，在 9 个国家中心城市中排在第七位。从该功能表征指数来看，领事馆数量、机场国际航线数量和展览数量相比其他指标权重较大。一个城市拥有的领事机构和国际友好城市数量，在一定程度上反映该城市的地位和实力，标识着该城市的开放度和国际化水平。迄今为止，尚没有一个国家在郑州设领事馆，国际友好城市也只有 12 个，在 9 个国家中心城市中均是最少的。除首都北京外，其他国家中心城市所拥有的领事机构和国际友好城市数量分别为：上海（76 家和 92 个）、广州（66 家和 100 个），成都（20 家和 37 个）、重庆（12 家和 52 个）、西安（5 家和 38 个）、武汉（4 家和 28 个）。2021 年郑州市实际利用外资仅为 48.6 亿美元，在 9 个国家中心城市中同样排在第九位。近年来郑州会展业异军突起、快速增长，2020 获得年度中国最具竞争力会展城市（省会城市），但与先进国家中心城市相比仍存在较大差距。尽管展览场数及在全国的占比名列 9 个国家中心城市第五位，但展览面积及全国的占比名列却位居 9 个国家中心城市第七（见表 12）。9 个国家中心城市中，郑州在入境旅游人数方面也处于明显劣势。2020 年，郑州在国际化大都市发展指数综合排名中，位居第 15 位，在 9 个国家中心城市中排名第七位。所有这些都表明，郑州的城市国际化水平亟待提升，郑州提升国际化还有较长一段路要走。

表 12　　　　2020 年 9 个国家中心城市展览数量及面积排名

排名	城市	展览数量/场	全国占比/%	展览面积/万 m²	全国占比/%
1	上海市	550	10.17	1109.79	14.34
2	广州市	575	10.63	471	6.1
3	重庆市	242	4.47	447	5.79
4	成都市	211	3.87	305.78	3.98
5	北京市	89	1.65	178	2.3
6	武汉市	88	1.63	150	1.94
7	郑州市	113	2.09	149.3	1.93
8	西安市	30	0.55	91	1.18
9	天津市	41	0.76	50.66	0.66

数据来源：《中国展览数据报告》。

4. 综合承载力不足。

截至 2021 年末，郑州全域国土面积为 7567 平方公里，远小于重庆（82402 平方公里）、北京（16410 平方公里）、成都（14335 平方公里）、天津（11966 平方公里）、西安（9983 平方公里）、武汉（8569.15 平方公里），略大于上海（6340.5 平方公里）和广州（7434.4）平方公里，在 9 个国家中心城市中名列第七位，国土面积相对偏小，土地资源承载力相对不足。2020 年郑州市域水域面积为 156.9 平方公里，人均水资源占有量仅178m³，仅为全国人均占有量的十分之一。与其他国家中心城市相比，郑州的产业结构、能源结构、交通运输结构都尚待进一步优化，大气、水体、土壤的治理压力仍然比较大，环境容量已趋于饱和。综合承载力不足，严重制约着郑州市经济社会可持续发展和国家中心城市现代化建设。

5. 文旅文创融合度较低。

郑州位于天地之中，是华夏文明的重要发祥地、中国八大古都之一、国家历史文化名城、国家重点支持的六大遗址片区之一，历史人文景观众多，具有发展文化旅游产业的独特优势。近些年来，郑州市依托丰富文化资源，着力培育新型文旅业态，构建现代文旅产业体系，文旅产业规模稳步扩大，文旅企业市场活力逐步增强，全市文化软实力逐年提升。但与先进国家中心城市相比，郑州文化旅游产业发展还相对滞后。综合考察分析，主要在于文旅文创融合发展度还不高。研究过程中，本课题组采用 max-min 标准化＋熵值法，对郑州与其他国家中心城市文旅文创融合发展做了测度分析。测度结果表明，北京为0.8039，名列9个国家中心城市之首；上海为0.8039，位居第二位；重庆为0.3983，屈居第三位；广州为0.3981，排在第四位；成都为0.3676，排在第五位；西安为0.2779，排在第六位；天津为0.2550，排在第七位；武汉为0.1995，排在第八位；而郑州的文旅文创融合度指数仅为0.1278，排在9个国家中心城市最末位。从经济实力、文化产业、旅游产业各维度的发展指数来看，郑州都排在最后一位，在各方面都相对处于劣势。

6. 区域辐射带动力不够。

近年来，郑州因其地理区位优势得天独厚，城市枢纽功能稳步提升，但与其他国家中心城市相比，郑州市无论在信息交流方面还是在交通运输方面均存在较大差距。在信息交流方面，从万人互联网用户数指标来看，仍存在移动互联网普及率相对较低、信息公共服务有待优化提升等问题。从货物周转量和客运周转量指标来看，虽然郑州新郑国际机场货邮吞吐量逆势高速增长、航空客运快速恢复发展，在中部排名双第一，但是航空客运的总量和总规模在9个国家中心城市中仍处于靠后位置，仍有较大提升空间。郑州要建成国际物流中心和国际综合枢纽，亟须进一步发展枢纽经济。

7. 人文凝聚力不强。

人文凝聚功能是国家中心城市的重要功能之一。2019 年和 2020 年，郑州的人文凝聚功能评价得分在 9 个国家中心城市中居第七位。从该功能表征指数来看，世界文化遗产数量、万人公共图书馆藏书量和博物馆数量的权重相对较大。尽管郑州市在拥有世界文化遗产数量方面占优，在 9 个国家中心城市中与西安市并列第二位，但在其他方面发展相对滞后。2020 年郑州市万人公共图书馆藏书量为 3416.4 册，仅为武汉的 23.7%，广州的 17.5%，在 9 个国家中心城市中居于第九位。近年来，郑州所拥有的博物馆数量不断增加，从 2018 年的 38 个增至 2021 年的 44 个，但增长幅度小于其他国家中心城市，从而使郑州在 9 个国家中心城市中的位次由排名第七位降至排名第九位。这些不利因素，不同程度地影响了郑州市人文凝聚力的提升。

8. 生态宜居性不高。

生态宜居性，主要表现在城市的政治、经济、文化、社会、生态环境等方面协调发展，它不仅能够反映城市的人居舒适度，还能体现该城市教育、医疗、城市交通和公共设施等方面发展状况。从总体情况看，由于所处地理环境、经济社会发展和生态治理水平的不同，9 个国家中心城市之间的生态宜居性存在相当明显的差异。上海、北京、广州、成都等城市的生态宜居性较高。2020 年，郑州的人均公园绿地面积达到 14.47 平方米/人，在 9 个国家中心城市中位居第五位。2021 年，郑州市通勤高峰拥堵指数排在第九位（见表 13）。2021 年，郑州市医疗综合实力在 9 个国家中心城市中排名第七位，处于较低水平（见表 14）。近年来，尽管郑州市生态环境治理力度不断加大，取得了比较明显的成效，空气质量综合指数退出了全国 168 个城市的后 20 位，但排名依然比较靠后，空气质量依然较差，面临的问题和挑战仍不容忽视，亟须下更大力气治理提升。

表 13　　　　　2021 年 9 个国家中心城市通勤高峰拥堵指数
及实际速度排名

排名	排名同比升降	城市	通勤高峰拥堵指数	拥堵指数同比上年	通勤高峰实际速度/(km/h)
1	↑2	北京市	2.048	0.75%	25.84
2	↓1	重庆市	2.006	11.25%	25.27
3	—	上海市	1.877	2.84%	25.90
4	—	广州市	1.776	5.89%	30.94
5	↑10	武汉市	1.772	3.81%	27.64
6	↓6	西安市	1.736	12.64%	29.29
7	↓6	成都市	1.702	3.50%	33.57
8	↑2	天津市	1.628	1.88%	27.58
9	↑20	郑州市	1.597	4.67%	33.06

数据来源:《2021 年度中国城市交通报告》。

表 14　　　　　　2021 年 9 个国家中心城市医疗实力排名

排名	城市	公立三甲医院数/家	实有在职医师/人	实有床位数/个
1	北京市	81	156500	130259
2	上海市	69	69320	168545
3	广州市	67	48330	106532
4	武汉市	62	98740	148723
5	天津市	52	62490	68442
6	西安市	46	28520	77774
7	郑州市	41	34295	98278
8	成都市	39	57360	138430
9	重庆市	35	68432	208645

数据来源:搜狐号@城事百态。

三、对策建议

中国共产党河南省第十一次党代会坚定贯彻习近平总书记的嘱托，聚焦"两个确保"奋斗目标，对郑州市提出了"当好国家队、提升国际化，引领现代化河南建设"的要求。郑州要不辱使命，扛起历史重任，必须深入贯彻落实党的二十大精神，站位新时代全国、全省发展大局，把准定位、把握方向，抓住难得机遇，善于应对各种风险挑战，充分发挥自身比较优势，着力锻长版、补短板、强弱项，加快推进国家中心城市现代化建设。为此，在上述比较分析基础上，提出如下政策与对策建议。

（一）加快打造一流创新生态，奋力建设国家创新高地。

教育、科技、人才是加快建设现代化国家中心城市的基础性、战略性支撑。现在，郑州国家中心城市现代化建设比过去任何时候都更加需要创新驱动。郑州要迎头赶上其他先进国家中心城市，必须全面贯彻党的二十大作出的决策部署，坚持科技是第一生产力、人才是第一资源、创新是第一动力，坚持教育优先发展、科技自立自强、人才引领驱动，大力实施创新驱动、科教兴市、人才强市战略，开辟发展新领域新赛道，不断塑造发展新动能新优势，奋力建设国家创新高地，走好创新驱动高质量发展"华山一条道"。要着力抓好龙头带动，加快打造高水平创新平台。抢抓国家新一轮战略科技力量布局、河南省整合重塑实验室体系和重振科学院的机遇，加快推进中原科技城建设，着力优化科创空间布局，打造最优科创场景，构筑国家实验室、国家重点实验室、省实验室、省重点实验室以及技术创新中心、产业创新中心、制造业创新中心、中试基地、产业研究院、新型研发机构等创新平台，大力度引进高水平科技型企业、高层次人才团队，全力支持国家超算郑州中心、河南省科学院、嵩山实验室等创新平台发展，积极构建从基础研究到应用研究、前沿研究的科技创新体系，推动重大科研装置、重点实验室、重点高校研究院等创新资源集聚，全力打造全国区域创新策源地、科研体制机制改革先行区、要素市场改革先导区，为建设国家创新高地提供有力支撑，争创综合性国家科学中心，全面塑造竞争发展新优势。坚持以重大项目需求为牵引，以解决制约产业发展的关键核心技术问题为目标，发挥行业龙头骨干企业作用，组织产业链上下游企业、高校、科研院所开展联合攻关、协同创新，形成高效强大的共性技术供给体系，提升产业技术创新能力和核心竞争力。积极探索重大任务实施"揭榜挂帅""赛马"等制度，对前沿探索项目实行首席科学家负责制，设立颠覆性技术专项，支持科学家大胆探索，加快形成一批具有战略性、关键性、对经济发展有重大牵引和带动作用的科技成果，并大力支持数字经济、平台经济领军企业参与国家重大研发任务。选择有一定产业化基础、代表未来发展方向的重大科技创新应用场景，进行重点支持和持续建设，旨在加快培育形成新的经济增长点，提升产业链上下游协同创新水平，拉动投资、促进就业，为高质量发展提供强有力科技支撑。探索构建新型孵化模式，推进科技创新创业服务标准化体系建设，加快落实科技企业孵化器、众创空间、大学科技园等支持政策，以营造良好的科技创新创业生态。坚持人才引领发展，加快建设全国重要人才中心。抢抓高等教育综合改革机遇，着力调整优化郑州地区高校布局，全面提升高校办学质量和人才培养水平。坚持人才引领发展的战略地位，全方位培养、引进、用好人才，深化人才发展体制机制改革，营造识才爱才敬才用才的环境。着力培育学科领军人才、产业领军人才、青年人才，努力培养造就规模宏大、结构合理、素质优良的创新型人才队伍。

（二）坚持把制造业高质量发展作为主攻方向，加快构建现代产业体系。

打造先进制造业高地是郑州国家中心城市现代化建设的重要基石，也是推动郑州高质量发展的客观要求。要深刻领悟习近平总书记2019年9月在郑州考察时关于"把制造业高质量发展作为主攻方向"的重要指示精神，全面贯彻党的二十大关于建设现代化产业体系的部署要求，坚持把发展经济的着力点放在实体经济上，以深化供给侧结构性改革为主线，以改革创新为根本动力，以高端化、智能化、绿色化、服务化为方向，着力推动新一代信息技术和制造业深度融合，着力提升产业基础高级化、产业链现代化水平，着力激发市场主体活力，着力构建以先进制造业为支撑的现代产业体系。要抢抓新技术新产业发展机遇，顺应国际国内制造业深刻变革趋势，遵循制造产业演进规律，聚焦前沿技术产业领域，准确把握市场需求导向，大力发展电子信息产业，发展壮大战略性新兴产业，改造提升传统优势产业，加快布局未来产业，着力打造先进制造业生态体系。围绕智能终端、智能传感器、5G及北斗、新型显示、集成电路等重点领域，把电子信息产业打造成为支撑带动全市先进制造业高质量发展的"一号产业"，建设国家级电子信息产业基地。培育壮大新能源及智能网联汽车、智能装备、新型材料、生物医药、绿色环保五大战略性新兴产业，构建战略性新兴产业体系。聚焦装备制造、现代食品、铝加工、耐材建材、服装家居等五个传统优势产业，推动传统产业改造升级，重塑传统产业发展新优势。坚持现有产业未来化和未来技术产业化，密切跟踪世界科技前沿，牢牢把握未来产业变革趋势，积极谋划布局氢能与储能、类脑智能、未来网络、生命健康、前沿新材料等前沿技术和产业，加快多路径探索、交叉融合和颠覆性技术源头供给，突破一批核心技术，形成一批具有产业引领作用的龙头企业和创新平台，抢占产业发展制高点。高质量发展的核心是依靠科技创新。要紧紧围绕制造业高质量发展，大力实施创新驱动工程，积极培育壮大创新型企业，着力打造创新平台，优化创新生态体系。推动产业链创新链供应链深度融合是构建现代产业体系的关键。要大力实施强基提链工程，加快推进产业基础再造，加强关键核心技术攻关，着力强化工业产业基础能力；围绕主导产业、新兴产业，以产业链完整性、供应链安全性、价值链高端化为方向，优化产业生态，增强产业韧性，提升产业链供应链现代化水平，努力在国内大循环和国内国际双循环中迈向中高端、成为关键环。产业转型的根本路径是数字化转型。要大力实施数字赋能工程，抢抓新基建机遇，大力推进数字化基础设施建设；着力推进制造业数字化转型，加快实现"郑州制造"向"郑州智造"转变；促进新一代信息技术与制造业融合发展，着力提升产业数字化水平，夯实数字产业化基础。

（三）发挥独特比较优势，建设国内国际双循环门户枢纽城市。

构建国内国际双循环新发展格局，客观上需要有若干个战略节点和门户枢纽作为支撑。作为国家支持建设的国家中心城市，郑州区位交通优势突出、城市枢纽性和经济承载力较强、文化底蕴深厚、国家战略支撑叠加，具有建设国内国际双循环门户枢纽城市的基础条件和比较优势。应以国际性综合交通枢纽城市、国际性产业链供应链枢纽城市、国际性消费中心城市、国际性文化大都市为发展定位，以增强要素资源集聚和配置功能为主线，以构筑和畅通要素资源战略通道为重点，以强化产业和基础设施支撑为着力点，以推进区域经济一体化为依托，全方位打造和持续放大郑州国际陆港、跨境电商和商品交易所等平台优势，着力从空间、内涵和能级上进行全方位拓展和战略性提升，加快构建具有强大全球资源配置功能的高水平门户枢纽。牢牢把握实施"中国制造2025""互联网＋"等国家战略重大机遇，坚持以先进制造业、现代服务业发展为主导，以高端服务业为引导，实施创新驱动、集群发展，加快构筑现代产业体系。着力推进具有较强国际运输服务功能的铁路枢纽场站建设和国际航空货运枢纽建设，统筹推进交通基础设施网与运输服务网、信息网、能源网融合发展，加快构建高水平国际性战略通道体系。积极培育完整内需体系，推动郑州由投资拉动型经济向消费拉动型经济转型，从区域性购物中心到国际性消费城市跃升，将郑州打造成消费新增长极。加快推进中原科技城建设，着力打造全球人才集聚高地、科技人才创业高地、创新人才培育高地、高端人才服务高地。积极探索国际国内科技创新合作新模式，以多种方式引入国内外高端科教资源，推动构建以高品质科创空间为核心的科创载体，形成新技术快速大规模应用和迭代升级的独特优势。精心打造高水平科研团队和科技创新平台，完善风险资本、孵化器、科技中介服务等创新配套条件，攻克一批"卡脖子"关键核心技术，增强技术创新的策源功能。着力强化郑州金融中心建设和自贸试验区郑州片区金融开放创新联动，争取更多首创性金融开放创新措施试点，加快打造面向全球的金融枢纽门户。积极探索降低外资准入门槛路径，全面提升金融业对外开放水平，吸引更多外资金融机构、资管机构、私募机构在郑州集聚发展。要加快推进龙湖金融岛建设，做大做强郑州商品交易所，为构建金融开放枢纽门户提供平台支撑。要加快发展产业金融，优化航空金融服务、跨境金融服务、供应链金融服务，促进科技金融发展。坚定文化自信，发挥郑州大都市圈区域一体化优势，有效整合文化资源，推进华夏历史文明传承创新区建设，打造中华文明与世界文明交流对话重要平台，提升中华优秀传统文化对全球的吸引力、影响力，加快建设具有世界影响力的国际文化大都市。

（四）推动更高水平开放，打造内陆开放高地。

开放是当代中国的最鲜明标识，也是郑州国家中心城市现代化建设的强大动力。党的二十大强调，坚持高水平对外开放。郑州与其他国家中心城市在现代化国际化水平上的差距，在很大程度上是对外开放上的差距；郑州要缩小现代化国际化水平的差距，必须加快推进高水平对外开放。要紧抓构建新发展格局战略机遇，以改革创新为动力，以制度创新为核心，把郑州开放的大门越开越大，在深度融入"一带一路"、加快国家中心城市现代化建设中奋勇争先、更加出彩。准确把握郑州发展定位，充分发挥自身比较优势，找准主动服务和融入国内国际双循环新发展格局的结合点和融入点，加快推进"三中心一中枢一门户"建设，着力打造"四个高地"，完善"枢纽＋物流＋开放"的服务体系，不断提升城市能级和核心竞争力，努力把郑州打造成为国内大循环的战略支点和国内国际双循环的重要门户。坚定树牢平台经济思维，着力完善"枢纽＋物流＋开放"服务体系，积极搭建与高水平开放要求相适应的功能平台和贸易平台，推动枢纽经济的产业链、供应链、创新链、交易链、服务链、制度链不断完善。大力引进国内外航空、物流、货代、贸易等头部企业，加快集聚先进生产要素，强化创新引领、龙头带动、项目支撑，持续优化产业结构，提升产业核心竞争力和集群发展水平，推动交通体系、产业体系互动融合、协同发展，真正把区位交通优势转化为枢纽经济优势。进一步完善开放平台功能，着力优化自由贸易试验区、航空港经济综合实验区、综合保税区等开放平台和枢纽功能。依托中原地区人口多、市场大优势，立足本地产业结构现状和转型升级需要，用好国内国际两个市场、两种资源，大力发展枢纽偏好型产业，着力强化产业链供应链韧性，通过高水平开放加强资源整合能力，打造基于自身产业结构特征的核心竞争力。依托培育高端生产要素和引进国际先进要素，提升企业整合全球要素资源进行创新活动和全球化经营的能力，促进产业转型升级。依托培育高端生产要素和引进国际先进要素，着力提升全球要素资源配置能力，促进资金、技术、劳动力和信息等要素的双向有序流动，推动更多产品产业、技术装备、材料器件进入中高端、关键环，在"买全球、卖全球"中深度嵌入全球产业链、供应链。主动对接高标准国际经贸规则，找准制约开放的症结，把准扩大开放的关键，列出清单、建立台账，构建更加完备、更具活力的开放政策体系、规则机制，着力打造制度型开放新高地。以规则制度创新提升开放能级，持续开展首创性、集成性、差异化改革创新，打造市场化、法治化、国际化营商环境，高水平建设自贸试验区2.0版。持续优化口岸体系、制度体系、政策体系，在制度创新、政策争取、环境打造、主体引入、人才培养等方面同步发力，再造提升已有优势，加快培育形成新的竞争优势。

（五）顺应世界城市发展趋势，加快提升城市国际化。

当今世界，中心城市集聚和优化配置资源要素的功能显著增强，城市国际化成为当今世界城市发展的重要趋势和必然要求。加快提升郑州城市国际化，是加快郑州高水平建设现代化国家中心城市的现实要求。提升郑州城市国际化，应着力抓好提升城市产业国际化、功能国际化、人居环境国际化这三个重点。产业国际化的核心是资源要素配置全球化。提升郑州产业国际化，关键是要增强郑州配置全球生产要素的能力，这是提升其国际竞争力的根本所在。要全面融入和服务新发展格局，着力打造作为国内大循环战略节点、国内国际双循环重要门户的新郑州。企业国际化是产业国际化的微观基础。提升郑州产业国际化，必须着力提升郑州企业国际化。积极培育具有国际影响力的本土领军企业，做强做优头部企业，支持这些企业深度融入全球产业链、供应链、价值链，提升研发创新和产业链带动能力。现代产业体系是产业国际化的重要支撑。要以深化供给侧结构性改革为主线，着力培育发展新产业、新业态、新模式，支持传统产业改造升级，加快发展先进制造业和现代服务业。城市国际化的核心是城市功能国际化。要加快推进郑州贸易便利化、服务设施和交往平台国际化水平提升，增强对全球高端生产要素的吸附力、集聚力，提升郑州经济功能国际化；以更加开阔的胸襟和更加开放的举措向全球招才引智，加快推进国际性产学研合作，吸引全球顶尖创新资源落地郑州进行核心技术攻关，提升郑州科教创新功能国际化；把构建国际综合交通枢纽服务体系、国际商贸物流服务体系、国际金融服务体系、先进制造业服务体系、国际科教创新服务体系、国际社会环境服务体系、国际交流交往服务体系等作为重要目标选项，统筹推进，全面提升城市服务功能国际化水平；加强对郑州历史文化遗存和历史文脉的保护，推进历史文化传承创新，深入挖掘黄河文化蕴含的时代价值，提升郑州城市文化功能国际化。人居环境国际化既是城市国际化的重要组成部分，又是城市国际化的基础支撑。坚持以人为本理念，树立现代化思维，对标国际先进标准，全面构筑城市国际化的硬件基础、物质形象和功能内涵，加快提升城市公共设施国际化水平。对标国际先进水准，按照功能现代、服务集聚、生态宜居要求，加快推进郑州生态和人居环境的优化和完善，着力强化提升生态环境和居住、国际教育、国际健康医疗、休闲商务、多元文化融合等城市功能，致力于打造宜居宜业标杆城市，加快提升城市生活居住环境国际化水平。对标国际先进城市治理理念和治理标准，着力强化城市治理，推动城市管理手段、管理模式、管理理念创新，健全政府治理和社会调节、居民自治良性互动的多元共治、共建共享、良性互动的治理机制，提高城市的承载力、包容度和宜居性，加快提升城市治理国际化水平。

（六）贯彻落实习近平总书记重要指示，做大做强郑州—卢森堡货运航线"空中丝路"。

2022年2月6日，习近平总书记在会见卢森堡大公亨利时提出："做大做强中卢货运航线'空中丝路'"。为全面贯彻落实总书记重要指示，应推动郑州—卢森堡货运航线"空中丝路"建设上升为国家战略。做大做强郑卢"空中丝路"是一项跨国合作的复杂系统工程，涉及诸多国际和外交事务，事项层次高、协调难度大，不仅靠地方政府力量，还需要国家在产能合作、产业基金、适航互认、航权谈判等方面给予支持，应将其上升为国家战略，从国家层面加以推进。要加强与国家有关部门协作，科学拟定做大做强"空中丝路"规划及实施方案，按有关程序报批。要加快提升郑州国际航空货运枢纽能级。对标世界一流国际机场，聚焦全球航空货运枢纽发展目标，加快郑州国际航空货运枢纽建设。按照五条跑道、三大货运区运营、年货邮吞吐量500万吨的规模，适度超前规划设计、分步实施。加快推进郑州机场三期工程，适时启动南货运区工程、郑州机场四期工程建设；谋划和推进第二机场规划选址，使郑州稳步进入"双机场"时代。优化战略布局，构建覆盖全球、通达通畅的国际航空货运航线网络。加强与全球重要枢纽机场的联动，吸引更多国际国内货运航空公司开辟和加密联通五大洲主要枢纽城市的货运航线。鼓励国际大型物流集成商拓展至郑州机场的货运网络，将郑州打造成全球物流体系的重要节点。加快推进"轨道上的郑州都市圈"以及郑州国际机场衔接郑州铁路枢纽的通道建设，形成多方向辐射区域的网络格局。要打造具有国际影响力的临空经济示范区。按照"集约紧凑、产城融合、区域协同"发展理念，优化空间布局和产业布局，做大做强航空指向性和关联性显著的高端产业，推进以枢纽机场为核心的临空经济示范区建设，构建"航空核心产业＋临空先导产业＋临空未来产业"现代临空产业体系，加快融入全球产业链供应链价值链，促进高能级航空资源要素集聚。积极谋划建设郑州"空中丝绸之路"综合试验区，吸引更多关联国际国内金融机构、航空公司、临空产业、高端产业企业总部入驻，集聚更多高端临空产业资源要素，把航空港区打造成全国临空产业发展先导区。要以制度型开放推进郑卢"空中丝路"建设。支持郑州先行先试，推进市场准入、航权配置、时刻分配、货代管理、货运价格等领域改革，加快实施通关服务、货代管理、多式联运、航空安保等领域政策改革试点。依托以郑州航空港为核心的高端开放平台，积极申建郑州"空中丝路"自由贸易港。积极争取国家支持，最大限度开放空域，在航权资源配置中优先考虑对郑州机场的货运航权安排，以改善郑州机场的国际中转环境，优化其国际国内货运航线航班网络，为其物流网络扩张和物流规模拓展提供有力保障。争取试点开放第七航权，加密布局国际客货运航线，提升郑州的国际客货运输网络化和通达性，为发挥郑州贯通和链接京津冀、长三角、粤港澳大湾区的区位优势，实现国际航空货运高质量发展，畅通国内国际双循环，提供有力航权政策支撑。支持郑州机场与其他欧美货运枢纽机场建立货运枢纽联盟。

（七）优化科创空间布局，拓展升级"郑开科创走廊"。

洛阳是黄河经济带重要中心城市、"一带一路"重要节点城市、郑洛新国家自主创新示范区核心城市、中原城市群副中心城市，创新资源要素富集，产业基础条件良好。为深入实施创新驱动、科教兴省、人才强省战略，加快推进国家创新高地和人才高地建设，努力在创新发展上成高原、起高峰，建议优化科创空间布局，将"郑开科创走廊"拓展升级为"郑开洛科创走廊"。依托郑洛新国家自主创新示范区、中国（河南）自由贸易试验区、郑州航空港经济综合实验区等重要平台，发挥郑州国家中心城市、洛阳中原城市群副中心城市引领作用，以连霍高速公路（G30）和郑西高速铁路为主轴，规划建设郑洛科创走廊。强化顶层设计，突出战略重点，统一规划、统一布局、统一政策，在加快郑开科创走廊建设的同时，谋划推进郑洛科创走廊建设，并使二者无缝对接、形成合力。建议在河南省郑州国家中心城市建设领导小组统一领导下，建立郑开洛科创走廊建设市长联席会议制度，统筹推进郑开洛科创走廊建设。设立郑开洛科创走廊协同创新示范区，赋予特殊政策，在一体化发展体制机制方面先行先试。坚持发挥比较优势、差异化发展原则，抓紧谋划推进郑洛科创走廊建设。以G30、郑西高铁为轴线，以郑洛两个国家级高新技术产业开发区，以及区域内的郑州大学、中国人民解放军战略支援部队信息工程大学、河南科技大学、洛阳理工学院等高校和科研院所、科技园区、中试基地、制造业基地等科创主体为依托，以荥阳、巩义、上街、偃师等为支点，高水平规划建设伊洛未来城、嵩山科学城等科技创新平台，联动中原科技城、伊滨科技城，构建"一轴二廊三核多节点"空间布局。借鉴长三角G60科创走廊建设经验，发挥郑开洛科创资源要素富集优势，加强区域科技创新合作，加快构建郑开洛协同创新共同体。发挥郑州—洛阳双核带动作用，加快建设跨区域科技协同创新中心，促进科技要素协同集聚，引进和培养创新领军人才、创新团队，推动创新资源共享、科技联合攻关、科技成果协同转化。有效整合科技创新资源，构建郑开洛区域国家实验室体系协同机制。主动对接国家战略科技力量体系，联袂争取国家大科学装置和生产力布局，打造一批重大科技创新平台，形成国际一流重大科技基础设施集群，构筑国家战略科技力量聚合高地，协同打造具有世界影响力的科技创新中心。按照"围绕产业链部署创新链、围绕创新链布局产业链"要求，强化资源整合、协同创新纽带作用，推进科创走廊区域内高校、科研机构与相关产业互动融合，组建产业创新发展联盟，构建以产业需求为牵引，集创新资源、研发载体和产业需求于一体的技术创新体系，促进产业链、供应链、创新链、要素链、制度链深度耦合。坚持以市场为主导，突破行政区划限制，着力打造一流科技创新生态，促进科创资源要素自由流动和高效配置，加快提升郑开洛科创走廊一体化水平。

（八）实施文旅文创融合发展战略，建设国际文化旅游名城。

郑州市历史文化和旅游资源禀赋丰富。加快文旅文创融合发展，对于推进郑州产业结构优化升级和国家中心城市现代化建设意义重大。要着力优化文化创意产业空间布局，引导文化创意产业集群化发展，形成一批产业特色鲜明的文化创意产业集聚区，推动郑州文化创意产业高质量发展。坚持以规划为引领，对接黄河流域生态保护和高质量发展战略，聚焦郑州都市圈一体化发展，立足郑州文创资源禀赋优势，加快文创要素及产业集聚，打造"华夏之根、黄河之魂、天地之中、文明之源"国家黄河历史文化主地标城市。加强对历史文化遗产的资源调查和系统性保护，构建和完善文化遗产保护传承利用体系。加强非物质文化遗产系统性保护和活化传承，推动历史文化遗产的创造性转化和创新性。运用数字技术开发数字文化体验馆、沉浸式演艺、数字博物馆等新业态、新产品，让收藏在博物馆里的文物、陈列在广阔大地上的遗产、书写在古籍里的文字都活起来。建立非遗系统性保护联盟，构建非遗保护传承的生态社会圈。聚焦以天下黄河为代表的大河文明、以嵩山少林为代表的中国功夫，强化国际化阐释和表达，以世界级文化创意打造世界级文旅IP。重点打造颂扬中华人文初祖的轩辕黄帝文化IP、彰显华夏之光的仰韶文化IP、代表早期中国的二里头文化IP、体现中国武术精髓的少林禅宗文化IP等，着力提升其国际知名度和影响力。科学规划文旅体验新场景空间布局，运用高技术手段把文化内涵和艺术魅力有机融入旅游各要素，催生融合艺术文创文博等新型消费业态，打造沉浸式体验文旅商圈、精品街区和全通式体验消费新场景。高水平规划建设大运河国家文化公园、大运河沿线一系列主题明确、内涵清晰的文物和文化资源为基础，深入挖掘大运河承载的文化内涵和时代价值，系统呈现大运河文化的独特创造和价值理念。加快文化旅游产业数字化转型，重点培育和引进一批数字创意、动漫游戏、数字展示等领域高端数字科研机构和数字文化企业，扩大优质文旅产品供给，打造一批叫得响的数字文化品牌。注重数字文化产业发展与大运河文化公园、黄河国家文化公园、国家全域旅游示范区、国家文化和旅游消费示范城市、国家文化产业和旅游产业融合发展示范区、国家级夜间文旅消费集聚区等发展相衔接，培育若干个产业链条完善、创新要素富集、配套功能齐全的数字文化产业集聚区。加快郑州都市圈文旅融合一体化发展，整合古都、黄河、运河等线性文化旅游资源，将郑汴洛历史文化遗产项目串连成链成带，打造具有世界影响力的黄河文化旅游带。依托嵩山少林拳、陈家沟太极拳两个知名武术品牌，整合武术文化旅游资源，构建武术展示、演艺、赛事平台，打造全球独一无二的中国功夫旅游胜地。推动都市圈文旅节庆活动、文旅公共服务、文旅消费惠民营销推广、文旅融合发展治理一体化，推动各城市特色文创文旅空间联动发展。

（九）坚持生态优先、推动绿色发展，打造宜居宜业生态城市。

生态环境是国家中心城市高质量发展的关键要素和重要制约条件。要牢固树立"绿水青山就是金山银山"理念，坚定不移走生态优先、绿色发展城市转型之路，实现人与自然和谐共生、经济发展与环境保护协同并进，以生态环境助力经济社会高质量发展。加强黄河生态保护，着力提升生态系统质量。进一步优化沿黄生态保护空间，持续开展河滩清理治理，完善提升沿黄生态廊道，强化对功能减弱、生境退化的湿地进行生态恢复和修复，加快建设黄河流域生态保护和高质量发展核心示范区。坚定落实以水定城、以水定地、以水定人、以水定产，实施最严格的水资源管理和取水许可制度。统筹地表水与地下水、天然水与再生水、当地水与外调水、常规水与非常规水，优化水资源配置格局，提升配置效率。加强生态系统与生物多样性保护，以黄河流域和嵩山山区为骨架，着力构建大生态安全格局。实施湿地保护与修复工程，逐步恢复湿地生态功能。通过生态廊道连通城市公共空间、公园、风景名胜区，建设城市滨水景观休憩带和城市绿道系统，打造城绿融合的生态网络。加强对国家重点保护和珍稀濒危野生动植物及其栖息地、原生境的保护修复，连通重要物种迁徙扩散生态廊道，构筑生物多样性保护网络。持续优化产业布局，推动不符合城市建设规划、行业发展规划、生态环境功能定位或者涉及危险化学品等环境风险大的重点污染企业退出城市建成区，持续推进黄河流域高耗水、高污染、高风险产业布局优化和结构调整。深化"亩均论英雄"评估改革，打好税收、用水、用电、用地等政策组合拳，用好倒逼机制，促进资源要素加快向优质企业集聚，构建完善的区域性激励约束机制。从严从紧从实控制高耗能、高排放项目建设，坚决遏制"两高"项目盲目发展。持续开展能效、水效领跑者和绿色制造提升行动，加快推进高耗能设备系统节能技术改造，实现生产过程清洁化、水资源利用高效化和基础制造工艺绿色化，培育一批能效、水效标杆企业。加大过剩产能淘汰力度，持续排查整治"散乱污"企业，培育壮大节能环保产业，加快构建循环型产业体系。继续严控煤炭消费总量，加快能源结构优化升级，提高能源利用效率。加快抽蓄、风电、光伏、氢能等清洁能源发展，大幅度提高清洁能源利用比例。实施能源大数据创新应用，布局建设智能电站、虚拟电厂、分布式能源站项目，推进能源全领域、全环节智慧化发展。强化产业结构、能源结构调整等源头管控措施，积极发展低碳产业、低碳交通、低碳建筑，倡导低碳生活。加快推进工业企业污染深度治理，有效减少挥发性有机污染物排放，持续开展柴油货车污染防治，强化大气面源污染综合整治，显著降低重污染天气发生频率。

（十）争取行政区划调整，优化城市空间布局。

目前，郑州是9个国家中心城市中行政级别最低的一个，在很大程度上制约了郑州国家中心城市建设。在9个国家中心城市中，北京、上海、天津、重庆是直辖市，广州、武汉、成都、西安是副省级城市，唯有郑州还是地级市。这就使得郑州在国家中心城市竞相发展中明显处于下风和劣势，这对郑州来说是不公平的。郑州是"一带一路"重要节点城市、黄河经济带核心城市、引领中部地区崛起的重要城市、中原城市群核心城市。为更好发挥郑州服务和支撑全国发展大局中的重要作用，建议积极争取国家支持，将郑州市升格为副省级城市，赋予其副省级城市的经济社会管理权限，将省级在项目审批、规划、土地、环评等方面的部分权限下放或委托给郑州市行使，支持郑州与其他国家中心城市享有同样政策。目前郑州城市建成区面积过小，人口密度过大，人口和经济承载力严重不足，已成为制约其发展的瓶颈，行政区划亟待调整优化。目前，郑州市人口密度仅次于上海和广州，在9个国家中心城市中居第三位。这些年来，绝大多数国家中心城市都对行政区划进行了优化调整，不少城市还实现了无县化。有数据显示，9个国家中心城市市区面积在市辖区面积中的占比，北京市、天津市、上海市、广州市、武汉市均为100％，重庆市占52％，西安市占51％，成都市占27％，而郑州市却仅占14％。重庆、西安、成都三市虽然尚未实现无县化，但近年来都曾通过撤县设区对行政区划进行过调整，唯独郑州从来未曾做过任何调整。目前郑州市区土地、空间、水资源、环境承载力已趋于饱和。由于郑州市中心城区人口密度过大，城区面积过于狭小，行政隶属不同外围组团难以统筹推进公共配套建设的矛盾日益凸显。行政区划本身也是一种重要资源，用得好就是推动区域协同发展的更大优势，用不好也可能成为掣肘。郑州作为国家中心城市，客观上需要有与之国家中心城市地位相适应的行政区划布局。为合理运用行政区划资源工具，促进人口、资本、技术等要素在郑州空间上的优化配置，支撑国家中心城市现代化建设，建议支持郑州通过撤县（市）设区对行政区划进行优化调整：撤销中牟县，设立中牟区；撤销县级新郑市，设立新郑区；撤销县级荥阳市，在合并上街区基础上设立荥阳区。由于国家近期收紧行政区划调整政策，严控撤县设区，增加了郑州撤县（市）设区的难度。但中央强调的是非必要、拿不准、时机条件不成熟的不调不动不改，而郑州行政区划已到了非调不可、不动不改不行的程度，同时中牟、新郑、荥阳撤县（市）设区的条件也已成熟。应综合考虑郑州城市功能定位、现有规模、承载能力，充分论证、加强沟通，力争得到国家支持。